Léxico filológico en la Antigüedad tardía

Studien zur klassischen Philologie

Herausgegeben von Prof. Dr. Michael von Albrecht

Band 182

PETER LANG

Gemma Bernadó Ferrer

Léxico filológico en la Antigüedad tardía

Selección de vocabulario filológico en escolios y comentarios latinos tardoantiguos

PETER LANG

Bibliografische Information der Deutschen Nationalbibliothek
Die Deutsche Nationalbibliothek verzeichnet diese Publikation in der Deutschen Nationalbibliografie; detaillierte bibliografische Daten sind im Internet über http://dnb.d-nb.de abrufbar.

Gedruckt auf alterungsbeständigem, säurefreiem Papier.

ISSN 0172-1798
ISBN 978-3-631-84657-5 (Print)
E-ISBN 978-3-631-85949-0 (E-PDF)
E-ISBN 978-3-631-85950-6 (EPUB)
DOI 10.3726/b19173

Peter Lang – Berlin · Bern · Bruxelles · New York ·
Oxford · Warszawa · Wien

Diese Publikation wurde begutachtet.

www.peterlang.com

Agradecimientos

La preparación de este trabajo ha sido posible gracias al soporte de la Universidad de los Andes y su Fondo de Apoyo a Profesores Asistentes para el proyecto 'Escolios y comentarios latinos tardoantiguos'.

Quisiera agradecer a la Fundación Hardt la estancia de investigación en 2016 en Vandoeuvres; al Departamento de Clásicas de la Universidad de Cincinnati la residencia de verano en 2017 en la John Miller Burnam Classics Library; al Thesaurus Linguae Latinae de Múnich, la Biblioteca de Letras de la Universidad de Barcelona y la Biblioteca Ramón de Zubiría de la Universidad de los Andes la consulta de sus bibliotecas y archivo.

Agradezco al Prof. Michael von Albrecht la invitación a formar parte de esta colección. Por último, mi más sincero agradecimiento a mi maestro, Javier Velaza.

Prólogo

Este *Léxico* presenta un estudio técnico del vocabulario de la crítica textual utilizado en los escolios y comentarios latinos de entre los siglos III° y VI°. Tiene su origen en una tesis doctoral dirigida por Javier Velaza y defendida en la Universidad de Barcelona: https://www.tdx.cat/handle/10803/129896.

Su objetivo es, pues, precisar el uso y el significado de una selección de términos para poder determinar la aportación de los gramáticos y comentaristas tardoantiguos en la transmisión de los textos latinos. Los comentarios y escolios lexicalizados, presentados en orden cronológico, y de acuerdo con los propios criterios de cada edición, son los siguientes: *Pseudacronis scholia in Horatium, Porphyrionis Commentum in Horatium, Aeli Donati Commentum Terenti, In Vergilii carmina commentarii* de Servio, *Scholia Veronensia, Interpretationes vergilianae* de Tiberio Claudio Donato, *Scholia Bernensia, Scholia Bobiensia, Pseudo Asconii scholia, Scholia in Iuvenalem uetustiora, Lactantii Placidi Commentarii Statii in Thebaida, Commenta Bernensia, Adnotationes super Lucanum, Commentum Cornuti* a Persio, y, finalmente, las *Subscriptiones* en los manuscritos latinos clásicos.

Las entradas están constituidas de la siguiente manera. Después de un breve aparato bibliográfico, se presenta una definición del lema y, a continuación, las ocurrencias de este. Las entradas están divididas en bloques temáticos que han sido ordenados por su grado de incidencia en el texto, de mayor a menor impacto en el texto. Los bloques son los siguientes: textual, *distinctiones* o establecimiento de pausas en el discurso, métrica y morfosintaxis.

Precede al Léxico una Introducción a los diversos *corpora* de escolios o comentarios para poder contextualizar mejor el material proporcionado en el Léxico. Se han seguido los criterios de abeviación de autores y obras del TLL.

Índice

Introducción a los *corpora* de escolios y comentarios

LÉXICO

Introducción a los *corpora* de escolios y comentarios

1. Horacio

La tradición comentarística antigua de Horacio ha sido transmitida a través de dos colecciones de escolios formadas por un fondo exegético común[1]: el *Pomponi Porfyrionis Commentum in Horatium Flaccum* y los *Pseudo-Acronis Scholia in Horatium Vetustiora.* A pesar de que ambas colecciones habrían empezado a ser recopiladas en la Antigüedad tardía, ciertos testimonios evidencian la actividad de otros gramáticos desde tiempos atrás.

El estudio de la obra de Horacio en las escuelas de gramática se inició poco después de la muerte del poeta[2]. Aproximadamente un siglo después, Quintiliano lo consideraba en su *Institutio Oratoria* el único de los líricos latinos digno de ser leído[3]. En el siglo IV, Ausonio le recomienda a su nieto que lea aquello que es memorable, y, después de hacer mención de los autores griegos, prosigue con Horacio, Virgilio y Terencio[4].

Así pues, en cuanto autor escolar, no es de extrañar que el poeta fuera objeto de estudio por parte de gramáticos. Es conocido que Probo, que no aparece nunca mencionado explícitamente en los escolios de Horacio, marcó con notas el texto de Horacio[5].

Existen también testimonios que sugieren que otros gramáticos se ocuparon del texto de Horacio: Clarano[6] y Modesto[7], contemporáneos de Marcial[8], Quinto

---

1 TARRANT (1983: 186). NISBET, R.G.M.-HUBBARD, M. (1970: XLVII-LI); ZETZEL (1981: 168–170).

2 IVV. 7, 226–227; TAC. dial. 20, 5; BONNER (1977: 216); MARROU (1955).

3 QVINT. inst. 10, 1, 96.

4 AVSON. epist. 2, 44–65; KASTER (1983: 333).

5 NOT. SVET. gramm. VII 534, 534. REYNOLDS-WILSON (1974: 20 y 217). A partir de esta noticia, se atribuyó una *recensio* a Probo (ROSTAGNI, 1934: 3–4 y 20–26). No obstante, después de este positivismo inicial, se ha redimensionado el alcance de la actividad filológica de Probo. Por lo que se refiere a Horacio, BORZSÁK (1998: 18) se muestra bastante precavido de la labor ecdótica de Probo.

6 A partir del escolio PORPH. Hor. sat. 2, 3, 83 se ha tendido a considerar a Clarano como comentador de Horacio. No obstante, es preciso contrastar la vaguedad del *testatur* con la precisión de los *commentarii* atribuidos a Escauro. MAZZARINO (1955: 342–343) coloca como *Dubium* el *Claranii* que aparece en SERV. auct. Aen. 11, 316. JAHN (1854: 626) confirma: "nos tamen rem liberam opinaturis relinquemus". BORZSÁK (1998) se muestra prudente: "forse alude alla stessa persona in Serv. Dan. ad Aen. 11, 316".

7 SCHOL. HOR. vita Hor. p. 3. Sobre Modesto, *cf.* MAZZARINO (1940: 9–11), donde se resume el problema. Hay testimoniados un Julio M. y un Aufidio M., pero la mayoría de veces aparece como Modesto, por lo cual, MAZZARINO (1955: 10) expone sus dudas.

8 MART. 10, 21, 1–2. MAZZARINO (1955: 11) considera este testimonio como *Dubium.*

Terencio Escauro[9], en palabras de Gelio, gramático *nobilissimus* de la época de Adriano[10], del cual hay dos noticias que hacen referencia a sus *Commentarii x in artem poeticam*, así como también otros comentaristas anónimos que no aparecen citados por su nombre[11]. Ausonio, en una carta *Ad Ursulum grammaticum*, habla también de Clarano y de Escauro, quienes se deduce que habrían podido ejercer el oficio de *grammaticus*[12].

En cuanto a la citación de pasajes de Horacio en otros gramáticos, es mucho más común en tratados gramaticales de tipo métrico que en los lexicográficos[13]. En época tardoantigua, aparece citado en las *Artes*, pero no profusamente[14].

Junto con estas referencias concretas, dentro de los dos grandes comentarios a la obra horaciana, aparecen expresiones indefinidas para introducir ciertas divergencias. Por un lado, en el *Commentum*: *qui de Horatianis scripserunt*[15], *alii*[16], *nonnulli*[17], *nonnulli veterum grammaticorum*[18], *quidam, dicitur, fertur, legitur, traditur, sunt qui dicant*[19]. Por otro lado, en el Pseudo-Acrón se encuentran también expresiones de este tipo: *apud commentatorem sic inveni relatum*[20], *alii*[21], *grammatici*[22].

Por lo que se refiere a su presunto autor[23], Porfirión vivió probablemente hacia la primera mitad del siglo III[24]. Se ha establecido el *terminus post quem* a partir de los escolios del *Commentum* que citan a Quinto Terencio Escauro y a Suetonio[25]. También se menciona a Helenio Acrón[26] que, probablemente, habría vivido después de Gelio. Para el establecimiento del *terminus ante quem* se cuenta con el testimonio de Julio Romano citado por Carisio[27]. Jerónimo de Estridón proporciona

---

9 PORPH. Hor. sat. 2, 5, 92; CHAR. gramm. 202, 26–29; CHAR. gramm. 210, 19–23.
10 GELL, 11, 15, 3.
11 HIER. adv. Rufin. 1, 16.
12 AVSON. epist. 11, 26.
13 Véase al respecto el artículo de DE NONNO (1998: 31–32), y todavía CASTILLO (1991), que ofrece una panorámica de la interpretación de los versos horacianos por parte de los metricólogos latinos.
14 *Cf.* DE NONNO (1998: 33–39).
15 PORPH. Hor. sat. 1, 3, 21; 1, 3, 90. Véanse KLINGNER (1935) y DIEDERICH (1999).
16 PORPH. Hor. carm. 1, 3, 21; 1, 36, 13–14; 3, 4, 34; 3, 4, 77–78; 3, 16, 41–42; PORPH. Hor. sat. 1, 8, 16; 2, 99; PORPH. Hor. epist. 1, 17, 50; 1, 18, 19; 1, 18, 75; 1, 19, 15*; 2, 1, 55–56; 2, 1, 230; 2, 2, 114*.
17 PORPH. Hor. sat. 1, 1, 105; PORPH. Hor. sat. 1, 2, 2; PORPH. Hor. sat. 1, 2, 44.
18 PORPH. Hor. sat. 1, 3, 1.
19 PORPH. Hor. epist. 2, 147; PORPH. Hor. epist. 2, 147.
20 PS. ACRO Hor. ars 120.
21 PS. ACRO Hor. ars 193, carm. 3, 19, 1; epist. 1, 1, 2; sat. 5, 65.
22 PS. ACRO Hor. epist. 1, 3, 8; sat. 2, 3, 280.
23 Su autoría ha sido cuestionada, *cf.* SCHWEIKERT 1915.
24 Sobre la datación de Porfirión, *cf.* HELM (1952).
25 PORPH. Hor. sat. 2, 5, 92; PORPH. Hor. epist. 2, 1.
26 PORPH. Hor. sat. 1, 8, 25.
27 CHAR. gramm. I, 220, 26–30.

la información de que Carisio habría vivido en el siglo IV[28]. Julio Romano cita a Marcio Salutario *vir perfectissimus*[29], por lo cual se lo ha podido identificar con el *procurator Augustorum* del 246[30]. A partir de esto, se ha situado a Porfirión en la primera mitad del siglo III, fecha confirmada por indicios internos del propio *Commentum*[31]. A pesar de estos datos positivos, la cronología de Porfirión fue muy controvertida a finales del siglo XIX[32]. Siguiendo a Sittl y a Meyer, Urba lo situó hacia el fin del siglo IV argumentándolo a partir del estudio de diferentes aspectos de la obra de Porfirión[33]. Wessner, no obstante, desmintió las hipótesis de Urba y reubicó a Porfirión en el siglo III[34].

En cuanto a su lugar de procedencia, se había creído, a causa de ciertos elementos lingüísticos[35] y de sus conocimientos de la región[36], que Porfirión podría ser originario de África, aunque esta hipótesis ha sido ya desestimada[37]. También se había propuesto, a partir de referencias del propio *Commentum*, que habría podido realizar una estancia en Roma[38].

Junto con el comentario a Horacio, Usener[39] atribuyó a Porfirión un comentario a Lucano a causa de dos notas encontradas en un códice del siglo X. No obstante, no hay ningún testimonio suficientemente contundente para confirmar su existencia.

Una vez establecida la cronología de Porfirión en la primera mitad del siglo III, se ha tendido a situar la primera redacción del *Commentum* en aquella época. El texto habría sufrido múltiples modificaciones a lo largo de su transmisión, tanto procesos de reducción como de adición[40]. Wessner ofrece un catálogo de los

---

28 *Cf.* HIER. chron. 241c.

29 CHAR. gramm. I, 229, 19. Sobre Carisio, Julio Romano y Marcio Salutario, *cf.* KASTER (1988: 392–394; 424–426; 427–428).

30 *Cf.* PLRE I *s.u.*, p. 800.

31 KELLER (1864–1867: 491), WESSNER (1893: 155). En cuanto a los aspectos internos del comentario que confirman esta cronología, *cf.* HELM (1952: col. 2413) y MASTELLONE (1998: 21–22, n. 1 = MASTELLONE, 1994: 101–102, n. 1), y sobre todo la nota de DIEDERICH (1999: 13–14, n. 13) acerca del modo de trabajar los *realia* de los comentaristas.

32 DIEDERICH (1999: 3).

33 SITTL (1882: 89), MEYER (1874: VI), MEYER (1874: 9), Pars I,: 'De codicibus Porphyrioneis'; p. 26, Pars II,: 'Observationes lexilogae', p. 44, Pars III,: 'Observationes ad syntaxin Porphyrioneam pertinentes'; p. 59, Pars IV: 'De quibusdam stili Porphyrionei proprietatibus'.

34 WESSNER (1893: 156–160).

35 KELLER (1864–1867: 496), SITTL (1882: 89).

36 KELLER (1864–1867: 494).

37 URBA (1885: 3–5), HELM (1952: col. 2414).

38 KELLER (1864–1867: 493–494), DIEDERICH (1999: 4).

39 *Cf.* USENER (1863: 5–6).

40 KALININA (2007: 19–20), ZETZEL (2009: 1).

distintos tipos de interpolaciones en los escolios de Porfirión con ejemplos[41]. Se trata de traducciones latinas de palabras griegas, que habrían sido añadidas en el siglo IV o más tarde[42]; aclaraciones en latín de palabras griegas que habrían desaparecido; aclaraciones en latín de palabras latinas[43]; dos glosas a una misma palabra[44]; los *tituli* o *inscriptiones* añadidos por escribas posteriores; dos sinónimos latinos seguidos. Wessner propone una serie de enmiendas a partir de la comparación con más de un centenar de pasajes dependientes de Porfirión con el cod. *A* del Pseudo-Acrón, escrito hacia el siglo IX, con material que se podría remontar hasta el siglo V[45]; también habría contrastado, si bien con más cautela, los escolios *G*. Además, propone enmiendas a partir de errores de copista y de corruptelas. Wessner hace un estudio de los supuestos lugares donde faltaba texto, los contrasta con el Pseudo-Acrón y corrige determinadas incongruencias sintácticas. El *Commentum* habría sufrido también operaciones de reducción[46], que han podido ser identificadas a causa de reenvíos internos inexistentes[47], de incongruencias que podrían hacer referencia a una versión ya desaparecida[48] y de referencias de la tradición indirecta que no poseen ningún referente en Porfirión[49].

El texto fue conservado como un comentario separado de la obra de Horacio. A partir de una sola referencia al escolio de *Serm.* 1, 9, 52 se ha dicho que habría sido pensado en su origen para acompañar un texto de Horacio puntuado y se justificaría de este modo la incoherencia de ciertos *lemmata*[50] con el texto, porque habrían sido añadidos con posterioridad[51]. Esta hipótesis ha sido puesta en tela de juicio por Kalinina, quien propone que el texto hubiera sido desde su origen un texto separado[52].

---

41 Wessner (1893:161–166) ofrece un catálogo de los tres tipos de interpolaciones. Kalinina (2007: 29–33) proporciona también un esquema. En cuanto a los procesos de reducción, *cf.* Wessner (1893: 185–186).
42 *Cf.* Wessner (1893: 162).
43 Wessner (1893: 165).
44 *Cf.* Wessner (1893: 165).
45 *Cf.* Keller (1864–1867: 499), Keller (1864–1867: 501).
46 *Cf.* Wessner (1893: 185), Porph. Hor. sat. 2, 3, 103–41; 2, 6, 72–117.
47 Por ejemplo, Porph. Hor. sat. 1, 9, 22 con Porph. Hor. sat. 1, 10, 83.
48 Porph. Hor. sat. 1, 6, 41
49 Porph. Hor. sat. 1, 9, 22: *de Visco infra dicetur*; pero en Porph. Hor. sat. 1, 10, 83, no se lee nada acerca de la copia a los amigos, "Viscorum uterque". Sin embargo, en Crvq. Hor. sat. 1, 10, 83, puede leerse: "Visci duo fratres fuerunt optimi poetae et iudices critici, quorum pater". Esta noticia hace pensar que podría provenir de una versión no reducida que Cruquio habría tenido en su posesión.
50 *Cf.* Schweikert (1915: 22).
51 *Cf.* Nisbet-Hubbard (1970: XLVIII), Diederich (1999: 5), Meyer (1870: 13).
52 Kalinina (2007: 19).

El *Commentum* posee un carácter esencialmente retórico[53], con escolios referentes a lexicografía[54], etimología, gramática, estilística y, sobre todo, a mitografía, prosopografía e historia[55]. En concordancia con los cánones y necesidades de la escuela del siglo III, son escasas las observaciones de tipo métrico e incluso, en determinadas ocasiones, no se percibe correctamente la cantidad vocálica[56]. Se observa una gran presencia de terminología griega, especialmente en comparación con escolios o comentarios más tardíos. En cuanto a las observaciones de crítica textual, estas son muy escasas y no implican un valor determinante para la transmisión: lecturas alternativas generalmente introducidas por la expresión *legitur et*[57], pero generalmente sin ningún tipo de razonamiento. Solo en determinados casos se proporciona una explicación, pero el escoliasta expone las variantes, no se decanta por ninguna de las opciones[58]. A pesar de esta falta de decisión, una única vez se muestra partidario de una lectura, que defiende con distintos argumentos, pero que ha sido totalmente desestimada por la crítica posterior[59]. Con respecto a las cuestiones de puntuación, hay relativamente bastantes más escolios, sobre todo en las *Odas*, que tratan cuestiones de separación de poemas, de nuevo con una argumentación bastante pobre o inexistente[60].

La amalgama de escolios conocidos como *Pseudo-Acronis Scholia in Horatium Vetustiora* presenta una tradición textual complicada y terriblemente enmarañada[61]. Una vez establecida esta consideración, la opinión generalizada es que Helenio Acrón habría vivido hacia finales del siglo II y principios del siglo III, porque es citado por Porfirión y también porque nunca fue citado por Gelio ni Suetonio, si bien el silencio de estos autores no resulta un elemento concluyente. Si se considera que el origen de los escolios no porfirianos a Horacio es Acrón[62], sería entonces preciso considerar los autores citados y un escolio para situar a Acrón en tiempo de los Antoninos[63]. Aparte del comentario a Horacio, hay testimonios que le atribuyen comentarios a distintos autores: Terencio[64] y, quizás, Persio[65].

---

53 *Cf.* la riqueza, variedad y precisión del léxico que se utiliza para referirse a la declamación: *pronuntiare cum admiratione*, *percontative*, *interrogative*, *horatative*, *gravi sono*.
54 PORPH. Hor. sat. 1, 6, 128.
55 DIEDERICH (1999: 240).
56 *Cf.* PORPH. Hor. epod. 17, 52. o bien PORPH. Hor. sat. 1, 6, 122.
57 Hay una introducida por la partícula *num*: PORPH. Hor. epist. 1, 3, 10.
58 *Cf.* PORPH. Hor. sat. 2, 3, 166; PORPH. Hor. epist. 2, 2, 80; 2, 2, 82.
59 Esta variante es introducida por la expresión *legendum est*.
60 *Cf.* PORPH. Hor. carm. 3, 24, 25.
61 NISBET-HUBBARD (1970: XLIX).
62 *Cf.* KELLER (1904: V y IX).
63 WESSNER (1912: col. 2841).
64 CHAR. gramm. I, 192, 30–31; I, 201, 3–4; I, 210, 15. WESSNER (1912: col. 2841).
65 CORNVT. Pers. sat. 2, 56. A partir de este escolio, JAHN (1843: CLVIII) sostiene que habría comentado a Persio. *Cf.* WESSNER (1912: 2841).

El comentario de Acrón posee un marcado carácter retórico y ofrece también observaciones de tipo básico, que a veces incluso se limitan a paráfrasis del texto y breves notas de gramática y mitografía. Las citaciones de autores latinos y las escasas de autores griegos no aportan mayor información para la interpretación del texto.

Noske, después de haber contrastado la edición de Keller con los manuscritos de la familia Φ y con otros manuscritos importantes como, por ejemplo, el Bernensis 516, introdujo cambios determinantes en el *stemma codicum* propuesto por Keller en su edición[66]. Así pues, distinguió dos grupos o familias de escolios, cada uno con su propia tradición manuscrita que a menudo se entremezcla: la Expositio A y los Escolios-§[67].

Dado el elevado grado de complicación del proceso de transmisión textual de estos escolios, hay que manejar el concepto de autoría con todas las precauciones posibles, especialmente si se considera que el nombre de Acrón se encuentra asociado por primera vez a este conjunto de escolios con Pierre Daniel, que habría añadido en 166^{v} del manuscrito Bernensis 516 del siglo xv, la siguiente nota: *Glossae Acronis grammatici.* Poco después, cuando el texto pasó a manos de Bongars, este añadió en 166^{r}: *Acron*[68]. Pero hasta ese momento no se habría encontrado ninguna indicación o atribución de autoría[69].

---

66 Keller (1904: vol. ii, viii).
67 Noske (1969) ofrece un resumen de sus tesis en las páginas 280 y 281.
68 *Cf.* Noske (1969: xvi-xvii).
69 *Cf.* Sabbadini (1914: 199).

2. Terencio

La valoración literaria de las obras de Publio Terencio Afro comenzó en época de los Gracos, cuando Lucio Afranio, máximo exponente de la *togata tabernaria*[70], consideró incomparable a Terencio[71]. En época republicana, sin embargo, no disfrutó precisamente de buena fama. En efecto, el poeta Porcio Licinio habla despectivamente de ciertos detalles de su vida privada[72]. Volcacio Sedigito[73], en su desaparecido *Liber de poetis*, lo coloca en el sexto lugar de su canon de autores cómicos, después de Cecilio Estacio, Plauto y otros[74].

El giro en la apreciación de la obra y la figura de Terencio como autor se produce cuando Cicerón y César reconocen su obra[75], aprecian sus cualidades lingüísticas y lo relacionan por primera vez con Menandro. Inauguran así una línea de análisis comparativo que seguirá hasta Donato. Varrón, por su parte, destaca su caracterización[76]. A partir de este momento, la percepción de Terencio se vuelve positiva y se reivindica su obra[77].

El testimonio de Horacio muestra cómo ya en el siglo I a.C. Terencio es un autor de escuela[78], que se aprende de memoria y se valora por su *ars*. Ovidio lo cita como ejemplo, junto con Accio y con aquellos que *bella canunt*, para ilustrar los motivos inadecuados de censura utilizados por César[79]. Quintiliano afirma en el siglo I d. C. que los *Terenti scripta* son *in hoc genere elegantissima*[80], siempre, no obstante, considerados en un menor grado que los de Menandro[81]. Plinio el Joven cuenta que Pompeyo Saturnino habría leído unas cartas de su amante escritas de tal manera que Plinio las habría creído propias de Plauto o Terencio[82].

---

70 DIOM. gramm. I, 490, 16–17.
71 FUNAIOLI (1907: 123–124).
72 FUNAIOLI (1907: 79–82).
73 Sobre el canon, *cf.* COCCIA (1959). Otros fragmentos de Volcacio mencionan a Terencio (FUNAIOLI, 1907: 82–84, frg. 1, 2, 3), el 2 habla de la colocación de *Hecyra* en el sexto lugar dentro de las comedias (FUNAIOLI, 1907: 83, frg. 2), y el fragmento, considerado como *Dubium* por Funaioli, se pregunta si Escipión Emiliano no habría sido responsable de una edición de las comedias de Terencio (FUNAIOLI, 1907: 84 frg. 4 [*Dubium*]).
74 FUNAIOLI (1907: 82–84, Volcacius Sedigitus, frg. 1, pp. 82–83).
75 FUNAIOLI (1907: 420 frg. 4, M. Tullius Cicero, pp. 417–421) y FUNAIOLI (1907: 157, frg. 31).
76 FUNAIOLI (1907: 225, frg. 99).
77 AVSON. ad Nep. 58–60.
78 HOR. epist. 2, 1, 59–62.
79 OVID. trist. 2, 1, 357–360.
80 QVINT. inst. 10, 1, 99.
81 QVINT. inst. 10, 1, 69.
82 PLIN. epist. 1, 16, 6.

En el siglo IV sigue siendo un autor de escuela y deviene un modelo para el aprendizaje de las construcciones gramaticales adecuadas. Arusiano Mesio dedica incluso a los cónsules del 395 sus *Exempla elocutionum ex Vergilio, Sallustio, Terentio, Cicerone digesta per Litteras*. En el siglo VI, Casiodoro llama a estos autores *Quadriga Messii*[83].

En los siglos IV y V se puede captar su impacto en autores literarios como Ausonio y Sidonio Apolinar, y en autores gramaticales como Prisciano, que lo cita continuamente[84].

En este contexto de amplia difusión escolar, la exégesis terenciana tuvo, pues, una gran tradición. El primer testigo documentado es Marco Valerio Probo[85], a quien habría atribuido, de manera muy controvertida, una edición de la obra de Terencio que se ha fechado entre los siglos II y III[86]. Emilio Aspro habría podido realizar una edición y comentario de Terencio, pero los pocos fragmentos conservados que se han tomado para justificar esta hipótesis junto con el desajuste cronológico para la edición de Terencio son demasiado escasos para confirmarlo[87].

Hacia el siglo II d.C. Sulpicio Apolinar escribe las *Periochae terentianae*, un resumen del contenido para cada una de sus comedias[88]. Un siglo después, Helenio Acrón habría comentado al menos *Eunuchus y Adelphoe*[89], y Arruncio Celso, como mínimo, el *Phormio*[90].

A través de los testimonios de su discípulo Jerónimo, que habla a menudo de él como *praeceptor meus*[91] y también una vez *grammaticus*[92], recomendando leer *in Terentii comoedias praeceptoris mei Donati commentarios Donati (sc. commentarios)*[93], se conoce la atribución de la autoría del *Commentum* a Elio Donato. Estas citas de Jerónimo permiten ubicar a Elio Donato hacia mediados del siglo IV en la ciudad de Roma[94].

---

83 Cassiod. inst. 1, 15, 7.

84 Sobre las citaciones de Terencio en Prisciano, *cf.* Craig (1930); sobre Ausonio, *cf.* Green (1977: 447–448); sobre Sidonio Apolinar, *cf.* Cain (2013: 384).

85 Para los fragmentos terencianos de Probo, *cf.* Velaza (2005: 51–61).

86 Sobre la hipotética edición de Probo, *cf.* Velaza (2007), especialmente el capítulo 6, páginas 113–126, 'Probo y el texto de Terencio'. Como resumen de la edición probiana, véanse las páginas 129 o la página 126, último párrafo.

87 Sobre los fragmentos de Terencio, *cf.* Wessner (1905), Buffa (1977). Sobre Aspro y sus fragmentos de Virgilio, *cf.* Tomsin (1952).

88 Para una visión de las *periochae*, con bibliografía detallada, *cf.* Velaza (2007: 53, 57).

89 Char. gramm. I, 192, 30–33.

90 Char. gramm. I, 213, 15–19.

91 Hier. in eccles. 1, 9.

92 Hier. chron. s. a. 354.

93 Hier. adv. Rufin. 16.

94 Las subscripciones, a su *Ars* como *grammaticus urbis Romae* permiten reconstruir el nombre completo.

El *Commentum Donati* es encabezado por la *Vita Terenti* de Suetonio, el *De Fabula*, un tratado sobre la historia del género y la teoría de la puesta en escena y los *Excerpta de Comoedia*, breves introducciones a las características de cada una de las comedias, de Evancio. Comienza entonces propiamente el comentario a todas las comedias de Terencio, a excepción del *Heautontimouromenos*[95].

Restos de tradición exegética anterior aparecen en el propio comentario: Varrón, Nigidio, Probo y Aspro, y después con el uso de expresiones indeterminadas que introducen interpretaciones de otros exégetas: *quidam, alii, multi*, o bien *quaeritur, dubitant, bene intellegit qui*. En el caso del *Commentum*, es bien destacable algún *ego* que replica estas interpretaciones.

El comentario ha sido descrito como *variorum editio*[96], *bulky*[97], *mosaic*[98]. Blundell ofrece una clasificación de los escolios según su contenido[99]. Primeramente, escolios que marcan el inicio de una escena y explican su contenido, introducidos por expresiones *in hac scaena*, o bien *haec scaena continens*. En segundo lugar, cuestiones sobre la validez del texto, que hacen referencia a su autenticidad, dudas sobre lecturas, validez y ortografía de determinados lemas. En tercer lugar, escolios acerca de la prosodia y el metro. En cuarto lugar, aspectos lingüísticos, entre los cuales se encuentran definiciones de palabras del texto, identificación de referentes de una palabra en su contexto, sustitución de una palabra por otra al ser esta inapropiada o redundante, aclaración de arcaísmos o rasgos propios de la lengua de los *ueteres*, indicaciones gramaticales, etimologías, explicación del significado de una palabra a través de la diferencia por la que se distingue de otra, escolios que hacen referencia al *sensus* y al *ordo*, implementación de elipsis, aclaración de la entonación en casos que puede conducir a la confusión, usos típicos del autor. En quinto lugar, aclaraciones de elementos de la comedia, ya sean sobre costumbres, sociedad, instituciones, geografía, etcétera, ya sean referidas al teatro. En sexto lugar, aspectos que tratan el lenguaje de Terencio: errores de dicción, ambigüedades o puntos oscuros, repeticiones; técnica dramática; análisis de la *proprietas* de las palabras; figuras y tropos; consideración del grado de oportunidad de las palabras; cualidades en la forma y expresión; relaciones semánticas de las palabras en el texto. En séptimo lugar, escolios sobre dicción, dentro de los cuales se encuentran gestualidad y puntuación. En octavo lugar, los

95 Se ha especulado sobre la ausencia del comentario a esta última pieza de Terencio: intencionada o perdida.

96 *Cf.* Schmidt (1989: 155).

97 *Cf.* Zetzel (1975: 353).

98 *Cf.* Blundell (1987: 28).

99 Blundell (1987: 27–46): 'Contents of the extant commentary'. Para una clasificación alternativa, *cf.* Diederich (1999: 15–306), que aprovecha la de Tiranión y categoriza así: *Ἀνάγνωσις: Die Rezitation, Διόρθωσις: Die Textkritik, Ἐξήγησις: Die Texterklärung, Κρίσις ποιημάτων: Die Dichterkrtik und Ihre Kriterien.*

escolios sobre la retórica. En noveno lugar, los que refieren las cualidades y los juicios sobre Terencio como autor dramático.

Grant ha realizado un análisis sobre los estadios de composición del *Commentum*[100]. Originariamente, habría sido constituido a partir de una serie de notas en los márgenes de por lo menos dos manuscritos del texto de Terencio[101]. Posteriormente fueron añadidos nuevos escolios y nuevas notas, y después el comentario fue separado del texto de Terencio y copiado como un comentario continuo. Usener, Sabbadini y Wessner, tomando los *Scholia Bembina* como *terminus ante quem*, proponen que este proceso se produjera en el siglo V. Löfstedt, sin embargo, fijándose más en las diferencias que en las semejanzas entre los *Scholia Bembina* y el *Commentum Donati*, propone que la fuente para estos escolios habría sido una versión más amplia y completa del comentario transmitido, por lo que la fecha de composición de los *Scholia Bembina* no puede ser considerada como un *terminus ante quem*, sino que más bien constituiría un *terminus post quem*. Reexaminando este mismo pasaje, no obstante, Zetzel demuestra que estos escolios no habrían sido añadidos directamente del *Commentum*, sino de otro manuscrito de Terencio con escolios provenientes de Donato. Aumentaría así a cuatro el número de manuscritos con el comentario original de Donato. Grant sostiene la hipótesis de que Prisciano habría conocido el comentario de Donato en una de sus versiones iniciales[102].

Wessner edita los escolios del códice Victorianus D, escritos junto con el texto de Terencio en el siglo IX. Al sostener que se basan en el comentario de Donato, establece así un nuevo *terminus ante quem*. Lindsay creyó que los escolios de D provendrían del comentario completo de Donato[103]. Grant, no obstante, analiza los ejemplos de Lindsay y concluye poniendo en duda su validez[104], pues precisa aún más la fecha de composición del comentario: hacia finales de la segunda mitad del siglo VIII[105].

---

100 GRANT (1986: 60–96).
101 *Cf.* junto con GRANT (1986: 61), UMPFENBACH (1867: 333) y WESSNER (1902: XV-XVI).
102 GRANT (1986: 64).
103 En LINDSAY (1927) aparecen los argumentos que su autor expone para refutar las tesis de Wessner.
104 GRANT (1986: 68).
105 GRANT (1986: 70).

3. Virgilio

Virgilio vivió en primera persona el éxito de su obra: reconocimiento, grandes aplausos en lecturas públicas[106], recitales a Augusto de las *Geórgicas* y de los libros segundo, cuarto y sexto de la *Eneida*[107], impacto en el arte...[108]

Quinto Cecilio Epirota fue el primero en introducir, en época de Augusto y antes de la publicación de la *Eneida*, el estudio de Virgilio en las escuelas[109]. Desde ese momento hasta las invasiones bárbaras, Virgilio se convertiría en autor canónico de las clases de gramática[110] y su estudio se extendería por todo el Imperio[111].

Poco después de su muerte, Higinio inauguró una rica tradición de exégetas que se dedicaría a estudiar la obra del poeta mantuano[112]. Tal como Gelio reporta, habría sido autor de unos *Commentarii in Vergilium* o bien *libri de Vergilio*, que no se han conservado[113]. Otros exégetas que se habrían ocupado también de Virgilio[114], cuya obra ha sido transmitida tan solo por tradición indirecta, son Julio Modesto, Lucio Anneo Cornuto, Emilio Aspro y Probo[115]. De la época de Trajano es preciso mencionar a Flavio Capro y a Velio Longo[116]. Otros destacados exégetas virgilianos son Urbano[117] y Sulpicio Apolinar[118].

Por su parte, los gramáticos se dedicaron a citar a Virgilio ampliamente para ilustrar cuestiones de fonética, morfología, métrica, sintaxis, semántica, prosodia, que discurren tanto por las *Artes* de mayor extensión como por tratados gramaticales más breves o métricos[119].

---

106 Tac. dial. 13, 2.

107 Don. vita Verg. 27; 32.

108 Sobre la fortuna tardoantigua de Virgilio a través de grafiti y códices, *cf.* Gigante (1986); sobre su fortuna a través de las inscripciones, mosaicos, sarcófagos, gemas e *instrumenta domestica*, *cf.* Horsfall (1995b).

109 Svet. gramm. 16, 2. *Cf.* Della Corte (1985a).

110 Marrou (1955: 341, 374); Bonner (1977: 32, 126, 213–214 219, 306).

111 Geymonat (1986: 109).

112 Sobre Higinio, *cf.* Svet. gramm. 20, Della Corte (1985b).

113 Gell. 16, 6, 14; 1, 21, 2.

114 Sobre la virgilianística antigua y tardoantigua, *cf.* Nettleship (1898); Funaioli (1930); Georgii (1971); Timpanaro (1986; 2001); Ziolkowski-Putnam (2008: 623–698).

115 Para Julio Modesto, *cf.* Mazzarino (1955: 9–11); para Lucio Anneo Cornuto, *cf.* Geymonat (1984e); para Emilio Aspro, *cf.* Geymonat (1984a), y, para Probo, *cf.* Lehnus (1988).

116 Para Flavio Capro, *cf.* Lomanto (1984); para Velio Longo, *cf.* Lomanto (1991).

117 Geymonat (1990).

118 Para Urbano, *cf.* Geymonat (1990); para Sulpicio Apolinar, *cf.* Brugnoli (1988a).

119 *Cf.* Lomanto (1985: 788).

Prisciano, por ejemplo, lo cita, bajo la grafía *Virgilius*, 1170 veces[120], entre las que predominan unas 940 citaciones a la *Eneida*, unas 140 a las *Geórgicas* y unas 90 a las *Bucólicas*. Prisciano suele seguir el siguiente modo de citación: después del texto de Virgilio, menciona la obra y el libro del que proviene[121]. A pesar de su número elevado, las citas no son relevantes para la constitución del texto de Virgilio[122].

Virgilio fue el autor más citado por los escoliastas y comentaristas que se dedicaron al estudio de otros autores. La tradición comentarística de Virgilio responde en calidad y cantidad al impacto que su obra fue acumulando a lo largo del tiempo y de la historia cultural del mundo romano.

Servio realizó un comentario continuo a toda la obra completa de Virgilio[123]. Su nombre no es claro y aparece testimoniado de varias maneras: Servius, Sergius, Servius Maurus Honoratus, Marius o Maurus Servius Honoratus[124]. En cuanto a su origen, se han postulado varias opciones como el Norte de África y Sicilia[125]. Se cree que desarrolló su actividad pedagógica en Roma[126]. Tanto Macrobio como las *intitulationes* de algunos manuscritos le otorgan el cargo de gramático, aunque también podría haber ejercido de rétor[127]. Además de su obra más conocida, los *Commentarii* a Virgilio, se le han atribuido otras como el *Commentum in artem Donati, Explanationes in artem Donati, De littera de syllaba de pedibus de accentibus de distinctione, Centimeter, De finalibus, De metris Horatii, Glossae Servi grammatici.*

La datación de Servio ha sido muy controvertida[128], puesto que el único dato positivo del cual se dispone es su aparición en *Las Saturnales* y la datación de Macrobio y de la composición de su obra es también problemática[129]. Con todo,

120 Para un desglose de las citaciones, *cf.* De Nonno (1988a: 280).

121 *Cf.* De Nonno (1988a: 280) para las excepciones de este método de citación, introducidas por *ut, Virgilius, illud Virgilianum*, entre otros. Sobre la precisión de Prisciano al citar libros concretos de Virgilio, *cf.* Perl (1967).

122 De Nonno (1988a: 280–281).

123 Para una visión introductoria a la figura de Servio, *cf.* Brugnoli (1988).

124 Kaster (1988: 356–357) detalla las distintas denominaciones de Servio según obras y manuscritos.

125 Para la hipótesis del Norte de África, *cf.* Monceaux (1894: 409–413); para la de Sicilia, *cf.* Brugnoli (1988: 805).

126 Ps. Acr. Hor. sat. 1, 9, 76. Sobre este 'urbis' que Keller edita entre paréntesis, *cf.* Kaster (1988: 357).

127 *Cf.* Sihler (1910).

128 *Cf.* Georgii (1912); Cameron (1966); Marinone (1969–1970); Kaster (1980); Bruggisser (1984); Kaster (1988: 357–358); Murgia (2003).

129 Para la fecha de composición de *Las Saturnales*, Georgii (1912) propone una datación alta (395–410); Cameron (1966) una datación baja (431); Döpp (1978) se sitúa en medio con una datación entre el 402 y el 410.

parece que Servio habría vivido entre el tercer cuarto del siglo IV y principios del siglo V[130].

Es difícil precisar la fecha de composición de sus *Commentarii*[131]. Los *realia* aducidos para establecer la cronología —la citación de Avieno[132], las alusiones a los *imperatores pontificis*[133], y el saqueo de Roma en el 410 por parte de Alarico[134]— no pueden ser considerados de su autoría, ya que podrían haber sido incorporados después. Los estudiosos coinciden en que el siglo VI aparece citado por Prisciano[135]. Al ser este dato demasiado tardío, la crítica se ha centrado de nuevo en Macrobio. No ha habido consenso sobre si, en el momento de componer los *Saturnalia*[136], Macrobio conocía los *Commentarii* o no, tampoco sobre la edad real de Servio. En efecto, hay que tener en cuenta que la imagen de Servio de los *Saturnalia* ha sido considerada un retrato fidedigno suyo, aunque de este se desprenda un contraste entre ese Servio y el de sus *Commentarii*. Es preciso, pues, leer con cautela el retrato ofrecido por Macrobio y no extraer certezas biográficas[137].

Los *Commentarii* nacen como libros de escuela con el objetivo de facilitar a los alumnos la lectura de Virgilio; de cumplir la *poetarum enarratio* y de inculcarles la *recte loquendi scientia*[138]. El nivel de elaboración de los *Commentarii* con respecto a otros *corpora* ha promovido una reflexión sobre su nivel de espontaneidad: hasta qué punto son el reflejo vivo de las clases de Servio o más bien una reelaboración posterior[139].

La estructura de los *Commentarii* consiste en la presentación de un problema y su solución[140]. Verso a verso, los escolios se ocupan de cuestiones diversas: historia, arqueología, mitología, filosofía, religión, lingüística, etimología, crítica textual.

---

130 UHL (1998: 590–594) ofrece un resumen del estado de la cuestión de la cronología de Servio.

131 GEORGII (1912: 395–400); MARINONE (1969–1970: 430–435).

132 *Cf.* SERV. auct. Aen. 10, 272; SERV. Aen. 10, 388. Además de que estos comentarios podrían haber sido añadidos en estadios de composición posterior (véase también como el primer ejemplo es de SD y no de Servio), la datación de Avieno es también poco precisa, antes del 387.

133 SERV. Aen. 3, 80.

134 SERV. Aen. 7, 604.

135 PRISC. gramm. II, 233, 14; II, 256, 14; II, 515, 22.

136 MACR. Sat. 6, 6, 1.

137 PELLIZZARI (2003: 15–23) en el subcapítulo titulado "I limiti di una testimonianza contemporanea: *I Staurnalia* di Macrobio" reúne bibliografía y resume las críticas a la interpretación verídica del Servio de Macrobio. *Cf.* también GOLDLUST (2011), donde se analizan las críticas de Macrobio a Servio.

138 *Cf.* THOMAS (1880: 182–183); STOCKER (1963: 14); LEVY (1971–1972: 168); SCHINDEL (1975: 9); KASTER (1978: 181); KASTER (1980: 217); KASTER (1987: 332); KASTER (1988: 159–161); UHL (1998: 14–15).

139 SHARROCK (2008: 7–9).

140 FOWLER (1997: 414–415).

Los *Commentarii, Expositio* o *Explanationes,* han sido transmitidos en dos redacciones conocidas como la de Servius o Servius Vulgatus[141], y la de Servius Danielis, Servius Auctus o bien Servius Donatianus[142]. Ambas tienen tradiciones textuales paralelas y contaminadas[143]. Debido a los reenvíos de unos escolios a otros, el orden originario de composición habría sido: *Prólogo, Eneida, Églogas, Geórgicas*[144].

No obstante, el orden de transmisión en los manuscritos depende de cada caso. Así, cuando el comentario acompaña al texto de Virgilio, se suele seguir el orden cronológico de composición, *Prólogo, Églogas, Geórgicas* y *Eneida.* Pero en algunos manuscritos que contienen solo el *Comentario* de Servio, se ha mantenido el orden cronológico de composición virgiliana[145].

Por otra parte, desde el siglo IX circulaba una serie de manuscritos con una versión ampliada del texto con explicaciones alternativas, más comentarios y citas junto con el texto de Servio, a menudo adaptado para acoger nuevas adiciones. A través de referencias internas, se deduce que el orden que seguía el comentario era: *Prólogo, Églogas, Geórgicas* y *Eneida.* En 1600 Pierre Daniel publicó por primera vez en París este texto: el Servius Danielis.

A partir de la publicación de Daniel, se plantea el problema sobre la relación de dependencia que se establece entre S y DS. En el siglo XIX comienzan a articularse diferentes teorías[146]: primero se constata que DS no proviene de S porque en la *Eneida* aparecen citas de las *Bucólicas* y las *Geórgicas*; Thomas destaca la *variorum* naturaleza de DS y Thilo que D se sirve de autoridades anteriores a S, con lo que establece conexiones entre Donato y antiguos comentadores de Aspro a Macrobio, que DS comienza con las *Bucólicas* y que, donde S cita a Donato como fuente suya, DS no dice nada[147].

En el siglo XX todas estas hipótesis cristalizan en tesis más elaboradas: Barwick constata que Donato estaría constituido por anotaciones provenientes de un único comentario preserviano y que la amalgama entre S y el material escoliástico se habría producido durante el siglo VII en Irlanda[148]. Así como también que en general DS precisa la información y las fuentes, mientras que S no lo hace, Lammert, Wessner y Rand señalan a Donato como el autor del material escoliástico no serviano; Rand va más allá y sigue con la hipótesis de que DS fuera el comentario de Donato; Santoro y Marinone demuestran que los escolios de DS derivan de Donato. Así pues, queda establecido que DS sería el resultado de la

141 A partir de ahora S.

142 A partir de ahora DS.

143 Para un estado de la cuestión, breve pero claro, *cf.* MARSHALL (1983).

144 GOOLD (1970: 103).

145 Es el caso, por ejemplo, del Leydensis B.L. 52.

146 GOOLD (1970: 102–117) ofrece un panorama aclarador del estado de la cuestión.

147 *Cf.* THOMAS (1880) y THILO (1860, 1867).

148 *Cf.* BARWICK (1911).

unión del comentario de s más el de Donato[149]. Esta hipótesis deja, sin embargo, totalmente al margen la figura del compilador medieval y su actuación sobre el texto.

Goold hace un análisis exhaustivo de las técnicas compositivas del compilador y extrae las siguientes conclusiones[150]: el compilador habría copiado en un ejemplar propio de Servio escolios del comentario a Servio de Donato y, probablemente, también de material que no sería de Donato. Goold muestra mediante diferentes ejemplos un compilador no siempre crítico, que comete inconsistencias, contradicciones e intromisiones. Le atribuye también todas las referencias cruzadas a comentarios recurrentes que se encuentran en DS y que, tal y como demuestra, no pertenecen a Donato, sino que son obra del compilador. Otro punto en el que se hace evidente la mano del compilador es en la utilización de dos fuentes en s, Donato y Urbano. Donato no se citaba a sí mismo en su comentario, así como tampoco a Urbano, el cual debería de haber vivido posteriormente, entre Donato y Servio, quien sí lo cita. El compilador, por su parte, cuando Servio se refiere explícitamente a Donato y a Urbano, suprime sus nombres y los menciona como *alii* o *commentatores*. Sin embargo, en otros pasajes no toca sus nombres. Goold señala también que el compilador transfiere escolios tanto de s como de DS hacia otros lemas. Incluso repetiría notas o partes de notas en pasajes citados del escolio original.

En cuanto a la exégesis virgiliana antigua, los *Commentarii* cumplen con una labor de metabolización de la tradición anterior[151]. Se citan, entre otros, los siguientes exégetas: Aspro[152], Carminio[153], Donato[154], Urbano[155], Asconio Pediano, Calvo[156], Celso[157]. En efecto, uno de los principios sobre los cuales se sostiene la *auctoritas* de Servio es el uso tanto de autores literarios como de otros gramáticos, comentaristas y exégetas que gozan de reconocimiento[158]. Por un lado, Servio se sirve de una serie de expresiones indeterminadas del tipo *sunt qui, quidam, alii*, para introducir explicaciones alternativas. Por otro lado, cita fuentes concretas. Cabe decir que s cita mucho menos a sus fuentes que DS, que es mucho más preciso al ofrecer detalles e información concreta. En cuanto a los autores literarios que se mencionan, los hay republicanos[159], Enio, Pacuvio, Accio, Cicerón,

---

149 *Cf.* el resumen que ofrece GOOLD (1970:103–105).
150 GOOLD (1970: 105–117).
151 BRUGNOLI (1988: 811).
152 *Cf.* GEYMONAT (1984a).
153 *Cf.* GEYMONAT (1984f).
154 *Cf.* BRUGNOLI (1985).
155 *Cf.* GEYMONAT (1990).
156 *Cf.* TANDOI (1984).
157 *Cf.* GEYMONAT (1984c).
158 Sobre el concepto de *auctoritas* en Servio, *cf.* KASTER (1978); UHL (1999: 218–230).
159 LLOYD (1961) produce un estudio de las citaciones de autores republicanos y extrae frecuencias.

Lucrecio, Plauto, Salustio, Terencio; imperiales, algunos más consolidados como Horacio y Plinio el Viejo, pero también los llamados *idonei auctores*, que Servio eleva a la categoría de *auctoritates* o modelos a seguir, como son Estacio, Persio, Juvenal[160].

Servio representa uno de los hitos de la exégesis virgiliana, pero esta cuenta con otros *corpora* de escolios, entre los que destacan los *Scholia Veronensia*[161]. En 1817 Angelo Mai descubrió en la Biblioteca Capitular de Verona que el manuscrito *Veronensis* XL (38) contenía cincuenta hojas palimpsestas con restos de los tres poemas virgilianos y escolios con los nombres de antiguos exegetas. Se trata de un códice antiguo en capitales, quizás proveniente de la Galia, de finales del siglo V[162]. En cada hoja habría espacio para trece versos y dispondría de amplios márgenes para el emplazamiento de los escolios. Parece que, en la preparación para su posterior reutilización en el siglo VII, las hojas habrían sufrido una reducción de unos tres centímetros, con la consecuente pérdida de los escolios correspondientes. La configuración de la página hace pensar que se trata de un ejemplar perteneciente a un gramático, que tuvo, probablemente, más de un posesor. En cuanto a la composición de los escolios, dos manos han sido distinguidas, así que se supone que dos escoliastas configuraron el corpus.

Los *Scholia Veronensia* han sido considerados de alto nivel dentro de la exégesis virgiliana[163]. La recopilación está constituida por escolios generalmente breves, de temática variada, pero con especial interés por la mitología, problemas de métrica, variantes textuales, etcétera. Una de sus características distintivas son las numerosas citas concretas que ofrecen. Por un lado, de autores griegos: Homero, Hesíodo, Teócrito, Demócrito, Antímaco, Calímaco y Zenódoto. En estas citas, cabe destacar que el griego aparece un poco descuidado. Por otro lado, a autores latinos: especialmente arcaicos como Ennio, Nevio, Lucilio, Plauto, Terencio, Accio, Pacuvio, Afranio y Catón; autores republicanos del siglo I a. C., como Cicerón, Lucrecio, Catulo, Varrón y Salustio, y autores contemporáneos a Virgilio, como Horacio, Válido Rufo; de entre estos los imperiales son prácticamente olvidados a excepción de Persio y Frontón.

Finalmente, cabe destacar la minuciosidad con la que los *Scholia Veronensia* reproducen las fuentes gramaticales de las que han obtenido su información. En ningún otro corpus de escolios puede observarse tal diligencia al dejar constancia de las fuentes utilizadas[164]. Emilio Aspro es el gramático que cuenta con más citas, 18[165]. Lo sigue Velio Longo con 8, después Lucio Anneo Cornuto con 6, Ateriano con 5[166],

---

160 *Cf.* Kaster (1978).
161 *Cf.* Baschera (1999).
162 Daintree-Geymonat (1988: 710).
163 *Ibid.*
164 Baschera (1999: 52).
165 Sobre Aspro, *cf.* Tomnsin (1952) y Buffa (1977).
166 Geymonat (1984b).

Valerio Probo y Escauro con 3 cada uno y Sulpicio una sola vez. Mai conjeturó también los nombres de Meliso[167] y Niso, pero la conjetura no prosperó entre los editores posteriores.

Las *Interpretationes Vergilianae* evidencian el contraste y la multiplicidad de formas de los estudios virgilianos antiguos. Su autor, Tiberio Claudio Donato, habría vivido no más tarde del siglo V, o bien a finales del siglo V[168]. Sin embargo, su cronología no ha sido todavía suficientemente bien delimitada[169]. Si bien no hay datos bibliográficos sobre Tiberio, Georgii especuló sobre si ejerció de *rhetor, orator* o *declamator.* Donato escribió las *Interpretationes Vergilianae ad Tiberium Claudium Maximum Donatianum*, comentario a los doce libros de la *Eneida*, que se concluye con una carta en la que el autor dedica la obra a su hijo.

A diferencia del comentario de Servio, con tendencias más gramaticales, el comentario de Tiberio ha sido tipificado como retórico[170]. Aunque los dos comentarios versan sobre la misma obra y son los únicos conservados completos de los doce libros de la *Eneida*, no se sabe si Donato conocía la obra de Servio. Sin embargo, se ha creído más bien que no la conocía, dado que en las *Interpretationes* no se encuentra ninguna referencia directa y que hay una gran diferencia de forma y contenido entre ambas[171]. Las *Interpretationes* han sido calificadas de paráfrasis en prosa de la *Eneida*[172], hecho que contribuyó a una valoración negativa de Tiberio[173]. No obstante, recientemente se han retomado los estudios de la obra de Tiberio Claudio Donato[174].

La última obra corresponde a los *Scholia Bernensia*. Reciben su nombre de una serie de manuscritos altomedievales, tres de los cuatro más importantes provienen de Berna y son del siglo IX[175]. En estos manuscritos hay comentarios a las *Bucólicas* y parte de las *Geórgicas*, atribuidos a Filargirio[176], y, en menor medida, a Galo[177] y a Gaudencio[178].

Tal como Daintree y Geymonat señalaron, el corpus presenta graves problemas de constitución. Cadili se centra en la relación de los *Scholia Bernensia* con

---

167 Geymonat (1987).

168 Brugnoli (1988: 127); Jones, PLRE I, pp. 268–269, cree que después de Servio, ya que Servio se refiere a Elio Donato tan solo como Donato, cosa que hace suponer que no conocía a Tiberio.

169 Brugnoli (1988: 127) repasa los diversos horizontes cronológicos propuestos.

170 Gioseffi (2003: 140–141).

171 Brugnoli (1988: 129).

172 Ziolkowski-Putnam (2008: 625).

173 Brugnoli (1988: 128); Zetzel (1981: 136). *Cf.* Gioseffi (2000a: 151–152).

174 *Cf.*, entre otros, Gioseffi (2000a; 2003; 2008); Pirovano (2004: 2006; 2007–2008; 2009; 2010).

175 Daintree – Geymonat (1988: 713–715).

176 Geymonat (1985).

177 Geymonat (1985a).

178 Geymonat (1985b).

las *explanationes* a las *Bucólicas*, atribuidas a Filargirio, y con la *Brevis Expositio* a las *Geórgicas*. Considera los *Scholia*, por un lado, y las *explanationes* y la *Expositio*, por otro, *due distinte "recensiones"* de un *Complesso di glosse*. Repasa el estado de la cuestión: cómo Thilo y Mommsen habrían señalado que el corpus tenía su origen en el siglo VII, en ambiente insular, señalando un compilador, Adamnano[179]. Cadili señala además los límites de la edición de Hagen[180]. Expone la intención de Funaioli, truncada por su muerte, de editar *la restituzione dell'originaria silloge (ω)*[181].

Daintree y Geymonat destacan tres características importantes[182]: en primer lugar, comentarios a un nivel básico, explicaciones de palabras o de frases simples; en segundo lugar, la información no ha sido elaborada con un espíritu crítico, ordenada con coherencia ni jerarquizada, tampoco la cuestión de la autoría ha sido considerada cuidadosamente, sino que aparece como una acumulación; en tercer lugar, centran el interés en cuestiones que hacen referencia al contenido, tienen tendencia a la alegoría y un interés reducido por la gramática y la prosodia, y la posible atribución a un autor cristiano.

179 CADILI (2003: 381–383).
180 CADILI (2003: 383–384).
181 CADILI (2003: 386–387).
182 DAINTREE-GEYMONAT (1988: 715–716).

4. Cicerón

Tras su muerte, Cicerón fue configurándose como un icono cultural[183], que fue reinterpretado desde puntos de vista diversos[184]. Fue el autor en prosa más difundido en la escuela[185]. El propio Cicerón explica a su hermano Quinto cómo sus discursos son recitados de memoria por los jóvenes en las aulas[186]. Marcial cita en un epigrama a Virgilio y a Cicerón como los autores de las clases de gramática y de retórica[187].

La obra de Cicerón era objeto de estudio en las escuelas de retórica[188], estadio posterior a la enseñanza gramatical[189]. En su programa pedagógico del orador ideal, Quintiliano no duda en empezar la instrucción retórica por los mejores autores, entre los cuales se hallan Livio y Cicerón[190]. A continuación se leerán otros, pero siempre debido a sus semejanzas con Cicerón[191]. En estadios más avanzados, dedicados al aprendizaje de la abogacía, Cicerón continúa formando parte del programa educativo y Quintiliano habla muy especialmente de *Pro Milone*[192]. La preponderancia de Cicerón respecto a otros autores queda confirmada en su aparición dentro del canon establecido por Quintiliano. En la confrontación con su parangón griego Demóstenes, Cicerón es el único autor en lengua latina que logra vencer[193].

La tradición comentarística de Cicerón tiene una larga historia, cuyo primer superviviente es Asconio[194], pues en el siglo I escribió el comentario conservado

183 Kaster (1998: 249–263) recorre el proceso de conversión en icono de Cicerón a través del análisis de cuatro puntos (*amplification*, *competition*, *sentimentalization* y *simplification*).

184 Empezando por sus fervientes *obtrectatores*, pasando por Quintiliano, que lo consideraba la elocuencia personificada (Qvint. inst. 10, 112, 3–4), Richter (1968:161–197) analiza la configuración de esta imagen.

185 Marrou (1955: 374).

186 *Cf.* Cic. ad Q. fr. 3, 1, 4.

187 Mart. epigr. 5, 56, 3–6.

188 Marrou (1955: 374); Zetzel (1980: 48, 55); Qvint. inst. 2, 5, 18–20.

189 Qvint inst. 2, 5, 1.

190 Qvint. inst. 2, 5, 19 y 20.

191 Qvint. inst. 2, 20, 1.

192 Qvint. inst. 11, 3, 47.

193 Qvint. inst. 10, 1, 105.

194 Marshall (1985: 26–32) sostiene que Asconio vivió entre el año 3 y el 88 d. C. y que era originario de Padua, probablemente *domi nobilis*, a pesar de que sus conocimientos de la ciudad de Roma muestran que o pasó una temporada allí o vivió un tiempo. Habría podido hacer carrera pública. Es posible que escribiera otras obras, la *Vita* a Virgilio de Donato le atribuye un *librum* contra los *obtrectatores*

más antiguo a las obras de Cicerón. Se trata de un comentario dedicado a sus hijos, de carácter fundamentalmente histórico y con ciertas pinceladas de retórica[195].

Asconio escribió este comentario, del cual solo se habría conservado una parte[196], con el objetivo de proveer a sus hijos de los datos históricos necesarios para favorecer la comprensión. Por medio de Asconio, se conoce la existencia de otros *commentarii Ciceronis*[197], como el de Cornelio Nepote[198], que refuerzan la hipótesis de una tradición comentarística anterior desaparecida. Además, la presencia de unos fragmentos atribuidos a los *Ciceronis obtrectatores* y a la *Ciceromastix* de Larcio Licinio hace reflexionar sobre si se habría escrito algún otro comentario a Cicerón[199]. Queda también testimoniado que Asinio Galo escribió unos *libri de comparatione patris et Ciceronis*[200], contra los que el emperador Claudio habría respondido en un intento de defensa con los *Ciceronis defensio adversus Asini Galli libros*[201].

Así pues, comentarios a ocho discursos de Cicerón fueron copiados y editados conjuntamente y se atribuyó la autoría a Asconio sistemática e indiscriminadamente, hasta que en 1828 Madvig distinguió entre estos dos autores[202]. Así pues, Madvig cuestionó la adscripción de la autoría a Asconio de los ocho comentarios y separó los de Asconio —*In Pisonem, Pro Scauro, Pro Milone, Pro Cornelio* (discurso perdido), *In toga candida* (discurso perdido)— de los que bautizó como los de Pseudo-Asconio —*Divinatio in Caecilium* e *In Verrem,* Act. I, Act. II lib. 1, 2 hasta 14, 35—. Madvig señaló las diversas interpolaciones de comentarios que se habían ido añadiendo a los originales de Asconio a lo largo de su transmisión[203] y demostró, tanto con aspectos lingüísticos como de *realia*, que no se trataba de un solo comentario, sino de dos. La distinción de Madvig fue plenamente aceptada y seguida por todos los editores y estudiosos posteriores[204].

Vergilii; el comentario de Probo, una obra sobre Virgilio; el Pseudo-Acrón, una *Vita* a Salustio.

195 *Cf.* Marshall (1985: 32–38).

196 *Cf.* Marshall (1985: 2–25) lo demuestra mediante la evidencia interna en los mismos comentarios, dividida en referencias a discursos ya comentados, no conservados, y referencias cruzadas que aparecen faltas de un referente, ya mediante las evidencias externas indirectas que se desprenden del uso de Asconio por parte de escoliastas posteriores, sobre todo *los Scholia Bobiensia* y el Pseudo-Asconio.

197 Ascon. tog. cand. 94, 24; Mazzarino (1955: 118).

198 Mazzarino (1955: 159) (Gell. 15, 28, 1).

199 Mazzarino (1955: 116); Mazzarino (1955: 370–371) (Gell. 17, 1, 1).

200 Plin. epist. 7, 4, 3; Qvint. inst. 12, 1, 22 de Mazzarino (1955: 36–37).

201 Svet. Claud. 41, 3. Mazzarino (1955: 60, test. 3).

202 *Cf.* Madvig (1828).

203 Madvig (1828: 23–56) explica cómo se perpetra esta falsa adscripción. De las páginas 48 a 51 señala las diferentes interpolaciones que se introdujeron en el cod. Hotomanus, de las páginas 51 a 56, en otras ediciones.

204 Schanz-Hosius (1927: 448); Gessner (1888: 7–8).

Esta falsa atribución había comenzado cuando Poggio Bracciolini copió todos los comentarios de un manuscrito, perdido en la actualidad, probablemente del siglo IX y muy deteriorado[205], en el monasterio de San Galo en 1416[206]. En una carta a Guarino de Verona, Poggio explica que el manuscrito contenía el comentario de Asconio a ocho discursos de Cicerón, las circunstancias de su hallazgo y las condiciones en que realizó su copia[207]. El manuscrito de Poggio (P) contenía también otros textos[208]. En su estancia en San Galo, Poggio iba acompañado de Bartolomeo de Montepulciano, quien también hizo una copia del texto que se perdió, pero que generó a su vez el Laur. 54. 5 (M). El año siguiente, Sozómeno de Pistoia copió el manuscrito S. De P derivan todos los manuscritos excepto el París. lat. 7833, que deriva de S[209]. Reeve advierte, sin embargo, que el próximo editor deberá revisar determinadas relaciones entre manuscritos y componer un nuevo *stemma codicum*[210]. Probablemente, las circunstancias caóticas en que Poggio copió el manuscrito debieron facilitar el añadido de otros comentarios en Asconio[211].

Madvig situó a Pseudo-Asconio hacia el siglo V[212], tal y como Clark[213]. A partir de los testimonios internos del comentario[214], que toman como fuente a Orosio, Benario precisa el *terminus post quem* en el 417[215]. En cuanto al *terminus ante quem*, queda establecido en el 550[216], aunque dejando un margen demasiado amplio, gracias a dos noticias de carácter topográfico y la información que de estas se desprende.

Por lo que se refiere al lugar de origen del escoliasta, Madvig propone Roma[217], Gessner cree que Pseudo-Asconio habría vivido en Roma y que, por lo menos, tenía unos muy buenos conocimientos de la *urbs*[218]. Benario, a partir del escolio a las *Verrinas* II, 1, 154, donde se especifica la localización de la estatua de Vortumno con más detalle que quien es considerada su fuente, Porfirión[219], considera que Pseudo-Asconio vivió en Roma[220]. En cuanto a su religión, tanto Madvig

205 Sobre la fortuna de este manuscrito, *cf.* GARROD (1913; 1913a) y CLARK (1896; 1899; 1913).
206 REEVE (1983a: 24).
207 CLARK (1907: XII-XIII).
208 CLARK (1907: XXIX).
209 CLARK (1907: XV).
210 WELSH (2017: 324).
211 MARSHALL (1985: 1).
212 MADVIG (1828: 140).
213 CLARK (1907: XI).
214 *Cf.* BENARIO (1973: 66–68).
215 BENARIO (1973: 66).
216 BENARIO (1973: 67–68).
217 MADVIG (1828: 142).
218 GESSNER (1888: 13).
219 PORPH. HOR. Epist. 1, 20.
220 GESSNER (1888); BENARIO (1973: 67).

como Gessner lo consideran cristiano[221]. Debido a las similitudes con Servio, ya Hagen había propuesto que el propio Servio o alguno de sus discípulos hubiera escrito los comentarios a Cicerón[222]. Más adelante, Gessner, en su intento de identificación de Pseudo-Asconio, desestima la hipótesis de la autoría de Servio por la comparación de escolios que se encuentran en ambos autores[223], por motivos cronológicos y de estilo[224], y propone que se trate más bien de alguien *ex officina Servii*. En cuanto a la forma originaria del comentario, Madvig propone que el comentario se habría escrito en los márgenes de un texto de Cicerón[225], y luego los escolios se habrían separado del texto y copiado aparte, lo que habría conducido a confusiones y errores[226]. Posteriormente se habrían añadido a este comentario base nuevas adiciones[227].

El comentario de Pseudo-Asconio ha sido infravalorado por sus primeros estudiosos[228] porque fue comparado constantemente con el comentario de Asconio, a pesar de que fueron compuestos con cuatro siglos de diferencia. Además, en contraste con el comentario de Asconio, el de Pseudo-Asconio tiene un enfoque más retórico que histórico[229]. En esta tendencia de infravaloración, se podría situar también la comparación que Gessner hace con Servio[230]. Benario, sin embargo, intenta redimensionar la obra de Pseudo-Asconio[231] y ofrece un análisis de las aportaciones de Pseudo-Asconio: amplio conocimiento de las leyes y alcance de sus explicaciones para hacer comprensible al lector el texto de Cicerón[232].

En 1814 Angelo Mai descubrió en la Biblioteca Ambrosiana un palimpsesto proveniente del monasterio de Bobbio, probablemente del siglo V[233], que identificó como el comentario de Asconio. Madvig, sin embargo, demostró que estos comentarios no eran de Asconio, a pesar de que compartían mucha información[234]. Poco

---

221 GESSNER (1888: 23).
222 THILO-HAGEN (1881: XXXI); (GESSNER, 1888: 8).
223 *Cf.* GESSNER (1888: 18–19), donde se expresa un posicionamiento diverso hacia la religión: Servio desde la perspectiva pagana y Pseudo-Asconio desde la cristiana; se ofrecen variantes sobre hechos mitológicos.
224 GESSNER (1888: 11).
225 MADVIG (1828: 89–90).
226 MADVIG (1828: 88–89).
227 MADVIG (1828:142, n. 4).
228 SCHANZ-HOSIUS (1927: 448).
229 MADVIG (1828: 90).
230 *Cf.* GESSNER (1888). Sin embargo, no parece adecuado comparar estos dos comentarios, en primer lugar, por el tipo de texto comentado, en un caso prosa, en otro, poesía, y lo que ello implica. En segundo lugar, por el desnivel del número de comentarios antiguos sobre Virgilio, más abundante, y el de Cicerón, en su mayoría tardíos.
231 BENARIO (1973: 68).
232 BENARIO (1973: 71).
233 HILDEBRANDT (1907: XX).
234 MADVIG (1828: 142).

después, Mai encontró la continuación del palimpsesto en la Biblioteca Vaticana, también del siglo v. Al descubrir una nueva versión del *Pro Milone* y ver que no correspondía con la de Asconio, Mai, en la publicación del palimpsesto en 1828, desestima la posible atribución a Asconio.

Estos dos palimpsestos contienen unos escolios a Cicerón bautizados como *Scholia Bobiensa*. Se trata de un conjunto de comentarios a *In Verrem lib. I*, *Pro Sulla*, *In Clodium et Curionem* (discurso perdido), *De rege Alexandrino* (discurso perdido), *Pro Flacco*, *Cum senatui gratias egit*, *Cum populo gratias egit*, *Pro Milone*, *Pro Sestio*, *In Vatinium*, *Pro Plancio*, *De aere alieno Milonis* (discurso perdido) y *Pro Archia*. El comentario debería ser en un principio bastante más extenso[235] y debería contener comentarios a otros discursos, como, por ejemplo, el *Pro Murena*[236], el *De domo sua*[237] y otros libros de *las Verrinas*[238].

La unidad lingüística y la técnica interpretativa han propiciado la atribución de la autoría de los *Scholia Bobiensia* a un escoliasta del siglo IV[239] o V[240]. Este habría sido incluso identificado con Volcacio[241], por un testimonio que habla de los *Volcacii in orationes Ciceronis*[242]. Bücheler intenta precisar, a través de una inscripción romana, que reza *Fl. Magnus V.C. Rhetor Vrbis aeternae*[243], su carácter retórico antes que histórico[244]. En cuanto a la datación de Volcacio, Bücheler propone el siglo II[245], Strzelecki sostiene que es complicado determinar y que, si se sigue el orden de Jerónimo, sería preciso situar a Volcacio entre Aspro y Gayo Mario Victorino. No obstante, dada la incierta datación de Aspro, no es un sistema adecuado. Strzelecki propone el siglo III, a pesar de que considera también posible el II[246]. Schmidt propone prudente la identificación de Volcacio con el *Lehrdichter* del siglo III Vulcacio Terenciano que aparece en la *Vita Gordiani* 21, 5 de la *Historia Augusta*[247].

Como en el comentario se utiliza el sintagma *secundum ueterem superstitionem*[248], se ha deducido que el cristianismo debería estar bastante arraigado[249]. Hildebrandt propone fechar el comentario en el siglo IV[250] y que sea una

235 Hildebrandt (1907: xxxix).
236 Schol. Bob. Mil. 118, 6.
237 Schol. Bob. Sest. 47.
238 Schol. Bob. Planc. 35.
239 Schanz-Hosius (1927: 448).
240 Madvig (1828: 148).
241 Schmidt (1989: 141). Sobre Volcacio, *cf.* Strzelecki (1961: col. 758).
242 Hier. adv. Rufin. 1, 16.
243 Cil vi 9858 [Dessau 2951].
244 Bücheler (1930: 387).
245 *Ibid.*
246 Strzelecki (1961: col. 758).
247 Schmidt (1989: 141, n. 2).
248 Schol. Bob. Cic. Planc. 23, l. 9.
249 Schanz-Hosius (1927: 449); Stangl (1910a: 107).
250 Hildebrandt (1894: 39).

reelaboración de un comentario del siglo II[251], que un profesor de retórica habría reordenado cronológicamente y al que habría añadido también notas tomadas de un comentario de finales del siglo I[252]. La hipótesis, sin embargo, parece difícil de sostener. Las semejanzas con Asconio hacen pensar que estos escolios provienen directa o indirectamente del comentario de Asconio[253]. El comentario tiene una intencionalidad retórica[254], si bien la aclaración de los *realia* y de determinados acontecimientos históricos también tiene un lugar importante[255]. Un hecho destacable es que, tal y como Asconio, ha salvado algunas obras de Cicerón[256].

251 HILDEBRANDT (1894: 49).
252 HILDEBRANDT (1907: 286).
253 REEVE (1983a: 25).
254 *Cf.* MARSHALL (1985: 32–38), en la sección titulada "The Purpose of Asconius' commentaries" donde detalla a qué tipo de público iba dirigido el comentario y con qué finalidad.
255 SCHANZ-HOSIUS (1927: 448).
256 STANGL (1884: 108, 16 ff).

5. Juvenal

Por un lado, el gusto arcaizante de la época en que Juvenal vivió y según el cual compuso su obra, y, por otro, el desinterés que sus versos satíricos suscitaron en los autores cristianos favorecieron que no fuera un autor escolar y, consecuentemente, la falta de testigos entre autores o gramáticos. El único que probablemente lo habría citado[257], debido a su amistad y no a su admiración poética, habría sido Marcial en tres de sus epigramas[258].

Cabría esperar al siglo IV para encontrar las primeras citas con Lactancio[259] y Amiano Marcelino[260]. Los poetas de la época Ausonio y Claudiano lo conocían bien y su influencia se deja entrever en sus obras, especialmente en la *sátira contra Eutropio* de este último[261], así como también en la *Historia Augusta*[262]. Por otra parte, el poeta pagano Claudio Rutilio Namaciano lo considera el representante de la sátira junto con Turno[263]. Hacia finales del siglo IV y después en el siglo V, Macrobio[264] y Marciano Capela[265] transmiten versos de Juvenal sin mencionarlo.

Después del silencio de Jerónimo y de Donato, Servio tuvo un gran papel en la valoración de la figura de Juvenal, ya que lo cita 94 veces en sus *Commentarii* a Virgilio[266] y, probablemente, esto impulsó su introducción en el programa escolar. En el siglo IV o bien a principios del siglo V, Niceo firma dos suscripciones a las sátiras V y X. Estas suscripciones podrían ser consideradas una muestra del estudio en esta época de Juvenal *apud Servium magistrum*, en la escuela[267].

En los siglos V y VI Juvenal es bastante leído, tal como demuestran las numerosísimas citas en autores gramaticales, de entre los cuales se encuentran Cledonio[268],

---

257 Es una hipótesis generalmente aceptada que el amigo de Marcial es Juvenal. En el momento de publicación de los *Epigramas*, Juvenal aún no habría publicado sus *Sátiras*. La identificación de Juvenal con el satirista no es del todo segura. *Cf.* al respecto Anderson (1970).

258 Mart. 7, 24, 1–2; 7, 91, 1–2; 12, 18.

259 Lact. inst. 2, 3, 2, 17; Ivv. 10, 365–66.

260 Amm. 28, 4, 14.

261 Sobre la influencia de Juvenal en Ausonio, *cf.* Colton (1973), en Claudiano, *cf.* Long (2000: 51–63, capítulo 2: “Traditions of Roman Satire”, 51–63).

262 *Cf.* Cameron (1964).

263 Rut. Nam. 1, 603.

264 Macr. Sat. 3, 10, 2.

265 Mart. Cap. 2, 119; 4, 333; 5, 425; 9, 999.

266 Véanse los pasajes concretos en Mountford-Schultz (1930: 93--94 s.v.) y aún Fendrick (1971) y Monno (2009).

267 Kaster (1988: 356–357) lo identifica con el comentarista de Virgilio. *Cf.* también (Pecere: 1986).

268 Cledon. gramm. v, 42, 21; v, 47, 7.

Focas[269], Agroecio[270] y Pompeyo[271], en el siglo V, y Prisciano, en el siglo VI, que lo cita con cierta predilección[272]. También era conocido en la parte oriental del Imperio, según testimonio de Juan Lido[273] y la existencia de glosarios bilingües que contienen palabras de sus sátiras traducidas al griego[274]. En la Edad Media, considerado *poeta ethicus*, deviene un autor venerado y estudiado en las escuelas[275].

Los *Scholia in Iuvenalem vetustiora* reúnen el material exegético antiguo a los escolios de Juvenal[276]. A partir de la justificación de Mommsen, se acepta la hipótesis de que el arquetipo, en origen un comentario continuo, bautizado *Commentum vetustum*, habría sido escrito hacia el siglo IV en Roma[277].

Si bien la hipótesis general sitúa la génesis del *Commentum vetustum* en el siglo IV, hay voces discordantes. Ciertamente, poco después del descubrimiento de los 36 versos inéditos de Oxford[278], que los estudiosos consideraron, o bien auténticos —hipótesis actualmente generalizada—, o bien interpolados, o bien fruto de una segunda edición a manos del mismo Juvenal; Leo, siguiendo la hipótesis de una segunda edición, la habría relacionado con una doble redacción del *Commentum*. Es decir, en una primera fase poco después de la composición de las sátiras, hacia el siglo II, se habría escrito una primera parte del *Commentum* basada en la primera versión de las sátiras. Después, hacia el siglo IV, se habría compuesto su segunda parte, basada en una segunda versión de las sátiras y que incluiría los versos antes mencionados, a los que se corresponden la mayoría de los escolios[279]. Luck continuaría en la línea de Leo[280]. Townend llegaría a justificar esta doble fase de redacción aduciendo el uso de fuentes históricas, ya desaparecidas, de la segunda mitad del siglo I[281].

Bartalucci identifica al autor del *Commentum* con Probo[282], el gramático del siglo IV. Esta hipótesis, sin embargo, no ha sido generalizada. La adscripción a Probo como autor del comentario es tardía y todo hace pensar que se trata de una falsa atribución debido a la fama del primer Probo. Paniagua, con base en

---

269 PHOC. gramm. V, 426, 20; V, 414, 19.
270 AGROEC. gramm. VII, 125, 3.
271 POMP. gramm. V, 192, 35.
272 Prisciano cita a Juvenal 135 veces. *Cf.* el estudio de LUHTALA (2005).
273 LYD. DE MAG. 1, 41. *Cf.* también LYD. DE MAG. 1, 20 (a la Sat. 5, 110).
274 *Cf.* GOETZ (1895: 106–113).
275 *Cf.* MANITIUS (1891).
276 GRAZZINI (2011) reúne los *scholia recentiora*, el material más reciente de la tradición escoliográfica.
277 MOMMSEN (1909A: 511) señala diversos hechos históricos y sus fechas, y concluye.
278 *Cf.* WINSTEDT (1899).
279 *Cf.* LEO (1909: 617) donde aparece formulada toda la teoría.
280 *Cf.* LUCK (1972).
281 *Cf.* TOWNEND (1972). Nótese bien la observación de PANIAGUA (2008: 109).
282 *Cf.* BARTALUCCI (1973).

determinados pasajes que tan solo pueden provenir de Solino, ha reafirmado la teoría que sitúa el comentario en el siglo IV, señalando la influencia de la obra de Solino, gramático latino que probablemente floreció en el siglo IV, en los *Scholia*[283]. Wessner, en su *stemma* de la edición, dice "*sub finem s. IV*".

El *Commentum* habría sufrido diferentes *retractationes partim restrictae, partim amplificatae*[284] hasta llegar a tomar forma en los testimonios más antiguos conservados, los más antiguos de los cuales, los *Scholia Bobiensia*, pertenecen a la rama α. Los escolios se conservan en el cod. Vat. 5750 (antes Bob.) del siglo IV o V, Φ, que contiene un folio con sátiras de Persio y Juvenal. De la sat. 14, 323 a la sat. 15, 43, en el margen del texto, se habrían añadido unos escolios del siglo VI[285]. Además, parece que habría tenido incluso unas glosas[286]. Wessner constata algunas características que lo hacen dudar de la calidad de estos escolios[287]: escolios sin *lemmata*, glosas interlineares, lemas que no concuerdan con el texto, pero sí con lecturas falsas.

La rama β, que habría transmitido sus escolios en el códice Π, del siglo X, tiene sus primeros testimonios en los escolios de la familia π, conocidos como *Scholia Pithoeana*, con un papel preponderante en la transmisión textual de los *Scholia vetustiora*[288]. El Cod. Montepessulanus bib. med. 125, P, escrito en el siglo IX en Laurisheim, luego albergado en la Biblioteca Palatina de Heidelberg en 1406, fue inspeccionado por Widmann de Kemna en 1464, unos cien años más tarde fue a parar a Pithou y, una vez muerto este y después de la revolución, acabó en los estantes de la École de Medicine de Montpellier. La mano que escribió los textos de Persio y Juvenal añadió un amplio comentario en los márgenes, luego otra mano habría añadido escolios de diversos tipos, muchos en la primera sátira, al resto poquísimos; a estos Pithou les habría añadido otros basándose en unos más antiguos.

En cuanto a los escolios más antiguos, los *lemmata* fueron añadidos con posterioridad. Los *Fragmenta Aroviensia*, Q, pertenecieron tiempo atrás al códice de Juvenal. Se trata de un manuscrito del siglo X que fue dañado por los monjes que lo custodiaban[289]. A pesar del mal estado de conservación en que se encuentra, se pueden apreciar similitudes compositivas y de la sistematización de los *lemmata* con P. Los escolios fueron escritos por la misma mano que el texto de Juvenal, y fueron corregidos por otra mano, tras la que una tercera habría añadido unas glosas a la sat. VI, 136–132.

---

283 *Cf.* PANIAGUA (2008).
284 WESSNER (1931: XLIII).
285 WESSNER (1931: VI).
286 *Ibid.*
287 WESSNER (1931: VII).
288 WESSNER (1931: VIII).
289 *Cf.* WIRZ (1880).

El Cod. Sangallensis 870m del siglo IX, S, contiene de la página 31 a la 37 algunos escolios a Juvenal con los que se mezclan escolios a Persio, y versos enteros e incompletos de otros autores satíricos. De la página 40 a la 326, hay un comentario íntegro a Juvenal, sin separación de escolios, que se cierra con un éxplicit[290]. En esta parte pueden distinguirse cuatro manos, la última de las cuales posee una técnica muy cuidada[291]. El sistema de lematización vuelve a ser similar al de PQ con ciertas diferencias. Los *Excerpta Sangallensis*, se encuentran en la segunda parte, entre las páginas 31 y 37 del cod. 870, son una serie de escolios extraídos de un comentario continuo[292].

En tercer lugar, se halla la rama γ, llamada *communis 'Probi' et recentiorum fons*, de la que derivaría el *Probus Vallae*, los *Excerpta* quizás provenientes del Cod. Nicaei, de los cuales a su vez derivarían los escolios que se encuentran en L y Z, y, finalmente, los *Excerpta*, de los cuales derivarían los escolios φ y χ. Los comentarios de época carolingia serían el fruto de una reelaboración de φ y χ con influencia de todos los testigos de las ramas β y γ.

Los escolios a Juvenal contienen mayoritariamente comentarios sobre la literatura griega y latina, la historia natural, la mitología y la situación geográfica de determinados puntos y poblaciones.

En cuanto a los autores que los *Scholia* citan con más preferencia se hallan, por delante de todos, a Virgilio con 79 citaciones[293], después le siguen en un *decrescendo* significativo de citas, 12, Terencio, Horacio[294] y Lucano[295]; a continuación sigue Cicerón con 11 citaciones; Salustio con 9; Lucilio con 6; Persio, Marcial, Suetonio y Lucilio con 4; Persio con 3; Enio con 2, y con una sola cada uno: Varrón, Bibáculo, Syro, Cina, Tibulo, Ovidio, Pomponio Mela, Sulpicia, Tácito, Plinio el Joven, Sereno, Pseudo-Asconio. Los autores griegos quedan representados por las 5 citas de Homero y la de Aristófanes.

Los diversos estratos compositivos de los *Scholia* quedan confirmados, pues, por las citas de tan variadas épocas[296], por el uso de expresiones indeterminadas

---

290 WESSNER (1931: XI).
291 WESSNER (1931: XII).
292 WESSNER (1931: XII).
293 Para la citación de autores y su recuento, se sigue la edición de WESSNER (1931), que no coincide del todo con CONSOLI (1922), que se basa, a su vez, en la edición más antigua de Jahn-Leo-Bücheler. En cuanto al caso de Virgilio, considérese el desajuste del número de citaciones a causa de las diferentes ediciones utilizadas, para su explicación y análisis, *cf.* CONSOLI (1922: 38–42).
294 CONSOLI (1922: 48–49).
295 CONSOLI (1922: 49–51).
296 De aquí las diferentes teorías que han surgido acerca de la cronología.

del tipo *alii*[297], *quidam*[298], *nonnulli*[299], que introducen otras lecturas o puntos de vista, y también de conjunciones o locuciones conjuntivas que cumplen la misma función, *aut... aut... aut*; *certe... sim.*

La forma original del *Commentum vetustum* quedaría a su vez confirmada por expresiones del tipo *ut superius dixi*[300] y *supra dictum est*[301]. Este proceso compositivo explicaría también los diferentes grados cualitativos de los escolios.

297 Schol. uet. Iuv. 7, 33, 60; 3, 38, 108, 207, 251, 296; 4, 67; 5, 127; 6, 57, 276, 444, 537; 7, 40, 80, 168, 221; 8, 207, 228; 9, 143; 10, 136, 158, 247; 12, 3; 15, 94, 146.
298 Schol. uet. Iuv. 1, 71; 3, 38, 210, 226; 4, 37; 7, 118, 221, 234; 8, 207; 15, 16; 16, 1.
299 Schol. uet. Iuv. 1, 33.
300 Schol. uet. Iuv. 6, 117.
301 Schol. uet. Iuv. 13, 33.

6. Estacio

Los versos finales de la *Tebaida* de Estacio muestran que era recitada y estudiada en la escuela de su época[302]. Juvenal presenta una ciudad expectante de una nueva recitación[303]. Estacio entró en el canon escolar poco después de su muerte y, junto con Lucano y Virgilio, fue un autor estudiado en las clases de gramática[304]. Quintiliano, siguiendo su costumbre de no hablar de escritores vivos, a excepción del emperador Domiciano, no lo cita en su obra[305].

A pesar de este impacto inicial, la utilización de Estacio por los gramáticos y su influencia en poetas no será destacable hasta el siglo IV. Valmaggi atribuye esta pausa a las corrientes de tipo más arcaizante de la gramática de finales del siglo I y del siglo II[306]. Posteriormente, durante el siglo III, se extenderá esta tendencia[307], si bien se comienza a reintroducir entonces el estudio de autores de los siglos I y II[308]. Así pues, de las 86 citas de Estacio que aparecen en autores gramaticales, la gran mayoría, 69, pertenecen a Prisciano[309], 6 a Eutiquio, 4 a las *Explanationum in artem Donati libri*, 3 a Pompeyo y una a Cledonio. En cuanto a la vertiente literaria, se han reconocido imitaciones de Estacio en autores como Ausonio, Claudiano, Sidonio Apolinar, Marciano Capela y Sedulio, entre otros[310].

No hay noticias de otros comentarios o escolios aparte de los de Lactancio Plácido. Jerónimo de Estridón, que menciona múltiples comentarios tardoantiguos en su pasaje de *Contra Rufino*[311], no refiere ninguno de Estacio, pero como Van den Woestijne señala, Jerónimo tampoco menciona el Pseudo-Asconio a Cicerón que sí estaba documentado[312]. Por otra parte, cabría también considerar el uso de expresiones indeterminadas de los escolios del tipo *alii, multi, quidam*, con verbos como *dicunt, legunt, volunt*, que hacen pensar en la existencia de una exégesis estaciana anterior[313]. Servio, en sus *Commentarii*, lo cita también 83 veces[314], y

302 STAT. Theb. 12, 810–819; Ach. 5, 3, 215; silv. 5, 2, 163. La *Tebaida* fue publicada el 92 d. C., las recitaciones deberían de haberse celebrado anteriormente. *Cf.* VALMAGGI (1893: 430–438).
303 IVV. 7, 82.
304 VALMAGGI (1893: 446–447).
305 VALMAGGI (1893: 443–445).
306 VALMAGGI (1893: 447–450).
307 VALMAGGI (1893: 456–458).
308 VALMAGGI (1893: 459–460).
309 Para un listado, *cf.* "Statius" en LOMANTO-MARINONE (1989–1990, vol. 3: 1875–1876).
310 *Cf.* ARICÒ (1983).
311 HIER. adv. Rufin. 1, 16.
312 *Cf.* VAN DE WOESTIJNE (1948).
313 SWEENEY (1997: I).
314 Para un listado de los pasajes concretos, *cf.* MOUNTFORD-SCHULTZ (1930: 158–159, s.v; "Statius").

se puede suponer que, tal como sucede con Persio y Juvenal, este uso de Servio podría implicar un ensanchamiento en su horizonte de difusión[315].

A partir del escolio a la *Tebaida* 6, 364, y de los epígrafes de ciertos manuscritos[316], se ha deducido que los escolios a Estacio habrían sido elaborados por Celio Firmiano Lactancio Plácido. El nombre de Lactancio Plácido ha sido transmitido tan solo en ciertos manuscritos. Sweeney detalla las características de cada uno de los manuscritos[317], cuáles se atribuyen a Lactancio, cuáles se le atribuyen algunas veces y cuáles nunca. Pronto sospecha que los dos primeros nombres, Celio y Firmiano, habrían sido interpolados. Brugnoli postula que la atribución a Lactancio es propia de una tradición lateral de la transmisión o incluso de un proceso de *intrusione congetturale*[318]. Brugnoli, con base en un par de escolios de tono cristiano y una mención a Moisés[319], reconsidera la identificación del Lactancio del escolio 6, 364, con el autor de las *Glossae Placidi*, oponiéndose de este modo a la tesis lanzada por Wessner, quien creía que no se podía tratar de la misma persona que el autor de las *Glossae*, puesto que este último sería cristiano, mientras que el de los escolios, pagano[320].

Sea como fuere, parece claro que la forma de conservación de los *Scholia* no es la original. Lo prueban diversas expresiones indeterminadas antes mencionadas que muestran restos de una exégesis anterior, cláusulas alternativas introducidas por conjunciones, a menudo *sive*, *aut*, aclaraciones de una misma cuestión de maneras diferentes, dobles escolios aclarando un único verso, etcétera. También hay restos de acortamientos y mutilaciones de escolios, junto con lo que se ha perdido, como la introducción general a los *Scholia* y el *argumentum* del primer libro[321]. Si el *argumentum* del sexto libro también ha desaparecido o si ya faltaba originariamente, no es claro[322]. A partir de esto, Wessner propone que los *Scholia* se hubieran transmitido no como un comentario continuo, sino como escolios escritos en los márgenes de manuscritos que contenían el texto de Estacio. Sin embargo, continúa Wessner, no se pueden ofrecer garantías de que en un principio se tratara de un comentario continuo[323]. En cuanto a su periodo compositivo, se ha propuesto el siglo V o principios del VI[324].

---

315 Klotz (1882: 19) señala que no hay ninguna evidencia clara para determinar la presencia de Estacio en las escuelas.
316 Schol. Stat. Theb. 6, 364.
317 *Cf.* Sweeney (1969).
318 Brugnoli (1988: 18).
319 Klotz (1908a: 514); Schol. Stat. Theb. 4, 516.
320 Wessner (1924: col. 360); Funaioli (1930: 498), pero ya Klotz (1908a: 525) lo pone en duda.
321 Schol. Stat. Theb. 1, 61.
322 Klotz (1908a: 487).
323 Wessner (1924: col. 357).
324 Wessner (1924: col. 358); Klotz (1908a: 512); Funaioli (1930: 498).

Los *Scholia* tratan, en su gran mayoría, temas mitológicos y geográficos, pero no realizan muchas incursiones en el campo de la gramática ni de la retórica, y solo ocasionalmente ofrecen variantes de lectura[325]. Se explora a menudo en el comentario la relación entre Estacio y Virgilio, con un 70 % de las citas. Le sigue Lucano, con 108 citas. Otros autores que se citan son Horacio, Ovidio, Persio, Juvenal, Terencio, Lucrecio, Salustio, Cicerón, Varrón, Ennio, Plauto, Pomponio, Tibulo, Petronio, Séneca, Claudio, Marcial, Corvilio, Terenciano y el Homero latino. En cuanto a los autores griegos, aparecen citados Homero, Hesíodo, Píndaro, Baquílides, Aristófanes, Sócrates, Eurípides, Calímaco, Arato, Tucídides, Pitágoras, Platón, Aristóteles, Epicuro, entre otros. Varias veces aparece una nueva expresión del escoliasta en primera persona, *ego composui*[326], *mihi uidetur*[327], en la primera persona del singular[328], y aún más en la primera persona del plural en expresiones del tipo *legimus, dicimus, volumus.*

---

325 Sweeney (1997: i). *Cf.* Wessner (1924: col. 357); Klotz (1908a: 510); Brugnoli (1987: 139).

326 Schol. Stat. Theb. 6, 364 (342). *Cf.* Klotz (1908a: 504); Wessner (1924: col. 360–361); Brugnoli (1987).

327 Schol. Stat. Theb. 4, 599.

328 Schol. Stat. Theb. 5, 134; 2, 58. *Cf.* Schol. Stat. Theb. 3, 247; 4, 306; 4, 530; 3, 560; 4, 516.

7. Lucano

Marcial[329] deja entrever las divergencias que suscitaba la adscripción de Lucano al grupo de los poetas. Esta ambigua clasificación genérica de Lucano queda ilustrada cuando, por una parte, Tácito[330] lo cita junto a los grandes poetas Virgilio y Horacio, y, por otra, Quintiliano[331] hace la observación de que hay que tenerlo más en cuenta como orador que como poeta. Suetonio explica al final de su *Vita* que Lucano era leído en la escuela[332]. Estacio se muestra como admirador de Lucano en *Genethliacon Lucani ad Pollam*[333] y Frontón lo alaba en una de sus cartas[334]. En la práctica de ejercicios declamatorios, determinados episodios y discursos de la *Pharsalia* eran leídos por su valor histórico[335]. Ciertamente Lucano ejerció una gran influencia en escritores históricos, como Floro. Servio deja claro que no hay que contarlo entre el número de los poetas dado que la *Pharsalia* es *historia*, no un poema[336].

A partir del testimonio de Jerónimo, se supone a Lucano como autor con comentarios ya en el siglo IV[337]. Así pues, con base en el testimonio de Suetonio y en estos supuestos comentarios, se podría pensar que Lucano fue en la Antigüedad tardía un autor estudiado en la escuela y con una tradición comentarística. Juan Lido menciona un cierto Polemón[338], que habría comentado a Lucano. Además, los *comentarios* y las *Adnotationes* presentan a otros exégetas: Porfirión[339], Cornuto[340], junto con expresiones indeterminadas que sugieren la existencia de otros: *alii ita/sic intellegunt, alii (dici) volunt, alii acipiunt, alii legunt, alii dicunt, alii sic distinguunt* y *quidam uolunt*, entre otros[341].

Entre los autores gramaticales Lucano empieza a disfrutar de renombre a partir del siglo IV. Prisciano es quien más lo utiliza con cerca de doscientas citaciones y otros gramáticos como Eutiquio, Focas y Cledonio también lo citan.

---

329 MART. 14, 194.
330 TAC. dial. 20, 5.
331 QVINT. inst. 10, 90.
332 SVET. Vita Lucani, 52, 2–3. *Cf. ThLl* 10; 2, 1; s.v. "praelegere. II", col. 687–688.
333 STAT. silv. 2, 7, 1–4.
334 FRONTO, 151, 7.
335 BONNER (1966: 286).
336 SERV. Aen. 1, 382.
337 HIER. adv. Rufin. 1, 16.
338 LYD. De Mag. 3, 46.
339 COMMENT. Lucan. 1, 214.
340 COMMENT. Lucan. 1, 214; 3, 375; 3, 381.
341 Como ejemplo, *cf.* COMMENT. Lucan. 1,1; 1, 675; 5, 117; ADNOT. Lucan. 3, 201; 3, 301; 3, 586.

El material exegético a Lucano más antiguo ha sobrevivido en dos grupos: los *Commenta Bernensia* y las *Adnotationes super Lucanum*[342], de los cuales se habría editado también un *Supplementum Adnotationum super Lucanum*. La evolución de estos grupos de escolios, así como las diversas relaciones textuales entre sus manuscritos, hacen reconsiderar su división e incluso su origen común[343].

Los comentarios se han conservado en forma de *commentum continuum* en un manuscrito del siglo IX, Bernensis 370, C. El manuscrito contiene notas que han sido extraídas de otro comentario, conocidas como las *Adnotationes super Lucanum*. También son destacables los manuscritos B, Bernensis 45, del siglo X, pero que no ofrece escolios más allá de 3, 286; A, una *Síloge* antigua de escolios que llevan por título *Adnotationes*; G, Cod. Bruxellensis bib. Burgundicae 5330, del siglo X; V Cod. Leidensis Voss. lat. XIX Q. 51, del siglo X; y U Cod. Leidensis Voss. lat. fol. 63, siglo X.

Las *Adnotationes* no se conservan completas en C, que contiene desde I 394 hasta III 65, de III 182 hasta IV 824, de IX 17 hasta X 36, sino que hay que completarlas con otros manuscritos, sobre todo con el manuscrito del siglo XII, Wallersteinensis (W), que las contiene de forma íntegra. También se encuentran en U, con lecturas muy parecidas a W. Algunas lecturas son ofrecidas también por P, Pragensis 1, 627 (VIII H9), del siglo XII, muy similar a W. Por último, cabe destacar G que, si bien no contiene todos los escolios de las *Adnotationes*, es uno de los manuscritos que ofrece mejores lecturas.

Posteriormente Cavajoni editó el *Supplementum Adnotationum super Lucanum*, que se basa en *Aadrv*, una familia de manuscritos independiente de los utilizados en la edición de las *Adnotationes*[344]. Constituye una especie de *excerpta* de las *Adnotationes*[345] que ha sido nombrada *retractatio Adnotationum*.

Todos estos *corpora* se han conservado en manuscritos y en una redacción de época carolingia, pero hay indicios para pensar que se basan en un fondo exegético no anterior al siglo IV. Primeramente, se lanzó la hipótesis de que Isidoro habría utilizado un antiguo comentario de Lucano, pero Endt, y después Weber y Genthe, demostraron que esta hipótesis era falsa. Últimamente, Marti reavivó la hipótesis de que Vacca, compilador del siglo VI, sería el responsable de la redacción del comentario, pero esta hipótesis también ha caído en desuso[346].

Hay determinados escolios tardoantiguos con un fondo historiográfico y anticuario. Ramminger señala dos pasajes de los comentarios, 2, 359 y 2, 379, y uno

---

342 WERNER (1998: 134–143) dedica un subcapítulo de su monografía, "The Editions of Usener and Endt", a la influencia en la recepción del material exegético lucaneo, a la manera de editarlo y cuestiona los métodos.

343 WERNER (1998: 9).

344 ENDT (1998) identificó la independencia de esta familia y anunció su intención de publicarlos.

345 *Cf.* la "Prefazione" de CAVAJONI (1979: IX-XLIII) a su edición.

346 Para partidarios de Vacca, *cf.* MARTI (1950); para detractores, *cf.* WERNER (1998).

de las *Adn.* 2, 356, que contendrían material de Varrón. Analizando las fuentes de las que podría provenir este fondo, pero sin tener ningún tipo de evidencia, propone que estas notas puedan datarse de los siglos IV o V[347]. Rawson señala toda una serie de escolios de tipo histórico que provendrían de Salustio y no de Livio, como se creía hasta el momento. Añade también que este autor era conocido en la Antigüedad tardía, tal como demuestra el conocimiento de sus *Historias* por parte de Ausonio y de Agustín, así como también de los autores gramaticales[348].

347 *cf.* RAMMINGER (1985; 1986).
348 *Cf.* RAWSON (1987).

8. Persio

Persio abre su primera sátira con una pregunta retórica sobre la fortuna de sus versos[349]. Lido afirma que, queriendo imitar a los mimos de Sofrón, Persio terminó siendo más oscuro que el propio Licofrón[350]. Algunos copistas medievales encabezaban o concluían sus manuscritos con un pequeño epigrama que comparaba la oscuridad de las sátiras de Persio con la del Orco.

A pesar de la oscuridad que lo envuelve, Persio fue un autor leído desde su muerte hasta nuestros días. En el siglo I, autores como Marcial[351] y Quintiliano[352] aprecian y rememoran su única obra. La *Vita Persii* informa también de que Lucano lo admiraba[353]. En el siglo II, Juvenal lo toma como precedente en la composición de sus *Saturae*. En los siglos III y IV, los rétores y gramáticos lo citan sistemáticamente: Lactancio[354], Diomedes[355], y Carisio en su *Ars*[356]. En los siglos siguientes, Prisciano se refiere a él diversas veces en sus *Institutiones*[357] y en alguna en sus obras menores[358]. En las *Explanationes in Donatum* también aparece citado[359]. Jerónimo proporciona el primer testimonio de la existencia de comentarios sobre Persio, sin especificar, sin embargo, quienes fueron sus autores[360] y él mismo cita a menudo a Persio[361]; otros autores tardíos como Agustín[362] e Isidoro[363] lo citan tanto a él como a sus versos.

En la Edad Media, Persio suscitó un gran interés, tal como lo demuestran los numerosos manuscritos que de esta época han pervivido y sus numerosas

---

349 PERS. 1, 2–3.
350 *Cf.* LYDUS, De Mag. 1, 41.
351 MART. 4, 29, 7–8.
352 QVINT. inst. 10, 1, 94.
353 SVET. Vita Pers. 73, 13–15.
354 *Cf.* LACT. inst. 2, 2, 18; 2, 4, 10; 3, 16, 15; 6, 2, 11.
355 DIOM. gramm. I, 386, 5; I, 485, 32.
356 CHAR. gramm. 109, 10; 332, 3; 88, 4; 124, 18.
357 PRISC. gramm. II, 107, 18; II, 205, 9; II, 218, 23; II, 238, 17; II, 251, 19; II, 333, 4; II, 341, 15; II, 350, 22; II, 398, 3; II, 433, 7; II, 433, 11; II, 433, 24; II, 450, 4; II, 472, 1; II, 479, 8; II, 490, 5; II, 495, II; 537. 11; II, 583, 11; III, 68, 14; III, 85, 7; III, 42, 11; III, 166, 17; III, 192, 6; III, 205, 11; III, 208, 16; III, 211, 1; III, 226, 9; III, 293, 2; III, 342, 4; III, 365, 7; III, 369, 16.
358 PRISC. gramm. III, 410, 18; III, 415, 28; III, 526, 8.
359 SERG. gramm. IV, 494, 22.
360 HIER. adv. Rufin. I, 16.
361 HIER. Ep. 22, 402; 22, 415; 40, 474; 2, 37; 48, 506; 68, 2. *Cf.* GODEL (1964).
362 AVG. civ. 2, 6. AVG. epist. 118, 3. AVG. mag. 9, 28. *Cf.* COURCELLE (1953) y SARR (2006).
363 ISID. orig 12, 4, 1; 6, 11, 4; 1, 37, 3; 1, 3, 7; 1, 36, 17;17, 9, 71;1, 24, 1;1,36,17;17, 9,71; 1, 24,1; 1, 36, 17.

citaciones en autores de la época[364], a excepción del primer periodo carolingio. Ahora bien, que formara parte de los autores estudiados en la escuela, parece más difícil de justificar[365].

La transmisión textual de la exégesis persiana es muy entrelazada, pero se pueden distinguir varios estratos: los escolios, el *Commentum Cornuti* y las glosas y comentarios medievales.

Los cuatro principales manuscritos que contienen el *Commentum Cornuti* son los siguientes: M, München Bayerische Staatsbibliohtek CLM 23577, del siglo XI o XII[366]; L, Leiden Universiteitsbibliotek pub. lat. 78, de la primera mitad del siglo XI, que incluye la *Vita*, y el texto de Persio junto con el *Commentum* en columnas paralelas; U, München Bayerische Staatsbibliothek CLM 14482, de principios del siglo XII con el *Commentum* y el texto independiente; R, London Brit. lib. Regius 15B XIX, siglo X de Reims, que presenta el *Commentum* como texto independiente[367]. Los cuatro manuscritos provendrían de un arquetipo que no se ha conservado y quedan divididos en dos familias[368]: R, que ofrece un texto revisado en 1601 por Élie Vinet, coherente y plausible, resultado de una alteración deliberada por un interpolador que pone coherencia a *lemmata* incoherentes, elimina el doblete del inicio de la primera sátira, y MLU, en el que M debería corresponder a una fase anterior y LU a una posterior.

Aparte de la tradición manuscrita temprana, manuscritos más tardíos y las primeras ediciones pueden iluminar el proceso de transmisión del *Commentum*. Los manuscritos tardíos son T, München, Bayerische Staatsbibliothek CLM 19488, del siglo XII de Tegernsee, y B, Bern Bürgerbibliohtek 223, del siglo XV. El T ofrece un texto en mal estado, contiene el nombre de Cornuto en el íncipit, escrito de la mano original, y en el éxplicit, escrito de otra mano. Sigue algunas lecturas de R en los escolios, pero en el texto sigue a MLU. Si bien los escolios tienden a simplificar y omitir, también ofrecen adiciones, a veces sin sentido. A pesar de ser un manuscrito elegante, bien escrito, el texto que ofrece B está lleno de errores y omisiones. Contiene también el nombre de Cornuto. Ligado a una tradición textual anterior a la de T, sigue la línea de R y tiene un interés especial porque es uno de los tres manuscritos en que Vinet se basó para su edición.

El 1563, en Poitiers, Élie Vinet publica la edición príncipe del *Commentum Cornuti*. Vinet se basa en tres manuscritos: uno descubierto junto con Martinus Voltanus en la biblioteca de Dax en 1545, el segundo, que presenta semejanzas considerables con B, perteneciente a Franciscus Berna, de Saintonge, y el tercero, que comprendería el comentario a Juvenal y notas al texto de Cornuto,

---

364 MANITIUS (1889: 711–720).
365 MANITIUS (1889: 712).
366 A diferencia de los otros tres grandes manuscritos, no hay identificación de Cornuto como autor.
367 El nombre de Cornuto solo aparece en un título después de las notas del prólogo.
368 Con restos de contaminación horizontal.

perteneciente al humanista Jean Amariton de Auvernia. Sin embargo, las noticias disponibles sobre las fuentes empleadas por Vinet son a veces incoherentes[369]. A pesar de las semejanzas de la edición de Vinet con B, presenta también lecturas comunes a MLUR. En 1601, Vinet lleva a cabo una *editio altera* del *Commentum*, eliminando los errores de la primera y trabajando mucho más cuidadosamente. Así, por ejemplo, señala con mayor precisión fuentes: el manuscrito de Rousso, muy parecido a R[370], y las *Glossae Veteres* de Pithou[371].

Aparte del *Commentum*, cabe destacar que en la última edición de Clausen y Zetzel el material escoliástico no quedó incluido[372], lo que suscitó opiniones favorables[373] y contrarias[374] a esta decisión.

El proceso que condujo al establecimiento del texto del *Commentum Cornuti*, tal como ha sido transmitido, parece que se remonta al siglo IX. En el *Commentum* hay varias noticias que se remitirían al pasado y que hacen creer que el *Commentum* habría comenzado a circular en el siglo IV, aunque de esta fase hayan quedado pocos restos. Sin embargo, hay en el *Commentum* todo un fondo exegético antiguo que se puede datar en una época bastante anterior a la carolingia. Se trata de determinados temas históricos, costumbres, elementos de la topografía de Roma, imitación de Persio por parte de otros autores, imitaciones de Lucilio y Ennio, y citación de fragmentos desconocidos de Varrón. Berger, desde el punto de vista jurídico, sitúa la composición del escolio a la Sátira 2, 14, extendiéndolo al *Commentum*, como máximo en el año 428, probablemente hacia el siglo III o IV, porque se hace referencia a un artículo del Códice Teodosiano. También hay una cita de Helenio Acrón y a partir de esta se le habría llegado a atribuir la autoría del comentario. Como última evidencia interna aparecen varios adverbios temporales que vinculan a ciertos personajes.

Zetzel insiste en la peculiaridad del sistema de lematización creado por el compilador del *Commentum* y lo considera único en el panorama escoliástico y gramatical latino. Ciertamente Zetzel afirma que la amplitud de los *lemmata* y el uso de signos para marcarlos son, no solo el rasgo distintivo del *Commentum*, sino también la muestra de que este sería el fruto de la recombinación de al menos dos versiones marginales del antiguo *Commentum*, al que, durante el proceso de transmisión, se habrían añadido paráfrasis, glosas y repeticiones. Otra prueba de

---

369 WIENER (2001: 574).

370 Es tan parecido que incluso ha sido identificado con R.

371 Fueron publicadas por primera vez junto con el texto de Persio por Pierre Pithou. Si bien Pithou poseía un manuscrito que contenía los mejores escolios medievales a Juvenal (Montpellier 125), no era de la misma la calidad del *Commentum* a Persio, mucho más deficitaria.

372 ZETZEL (2005: 193, 227), "Appendix III. Additional Scholia to Persius" incluye todo este material escoliográfico que ha quedado fuera de la edición.

373 SMITH (2006: 1).

374 SCHLEGELMILCH (2006: 1).

la doble transmisión de un único *Commentum* sería la existencia de dobletes, es decir, dos notas diferentes que explican un verso diciendo lo mismo de manera diferente.

Finalmente hay que destacar que también hay restos de diferentes fases compositivas que se hacen evidentes por el uso de expresiones indeterminadas del tipo *alii*[375], *quidam*[376], *multi*[377] y *dicunt*[378]. En cuanto a los autores citados en los escolios, hay 58 citaciones de Virgilio, 42 citaciones de Horacio, 9 de Juvenal, 5 de Terencio, 4 de Lucano, 3 de Ovidio, 3 de Cicerón y una de Accio, la *Antología Latina*, Atio Labeón, Cornelio Severo, Lucilio, Pacuvio, Salustio y Varrón[379].

---

375 Cornvt. Pers. sat. 1, 4; 1, 20, 9; 1, 42, 2; 1, 103, 4; 1, 114, 9; 1, 134, 4; 2, 2; 2, 29, 5; 2, 36, 3; 2, 48, 5.
376 Cornvt. Pers. sat. 1, 45, 7; 1, 76, 5; 1, 101, 4; 4, 13.
377 Cornvt. Pers. sat. 1, 13, 10.
378 Cornvt. Pers. sat. 1, 42, 2.
379 *Cf.* "Index Scriptorum" de Clausen-Zetzel (2004: 177–178). *Cf.* también el apéndice de "Testimonia" (153–173).

9. *Subscriptiones* en los manuscritos latinos tardoantiguos

Las *subscriptiones* son una veintena de microtextos que dejan testimonio en primera persona de una actividad de "lectura" y "corrección del texto"[380]. Es la primera vez en que un personaje con nombre y apellidos hace constar explícitamente su implicación en la "edición"[381] del texto. La mayoría de suscripciones, a excepción de la de Cicerón, es de finales del siglo IV, del siglo V y principios del VI, época conocida como el *Renacimiento pagano*[382]. Entonces, un grupo de aristócratas, constituidos en torno a los Símmacos y Nicómacos, dos familias con un papel destacado en la resistencia política y cultural a la implantación del cristianismo[383], tuvo un papel decisivo en la preservación y transmisión de los textos clásicos griegos y latinos[384]. El público al que iban dirigidas las obras era muy reducido: un grupo cerrado de aristócratas, maestros y alumnos[385]. Esta transmisión pasó, pues, por la escuela[386].

Es difícil saber en qué medida y en qué consisten exactamente los procedimientos que los suscriptores realizaron con los textos. Sin embargo, es cierto es que, por primera vez, emerge alguien que hace saber que ha participado en este proceso y que deja constancia de ello. Hay una conciencia de participar e intervenir en la transformación del texto, tal como indican las referencias a otras versiones de la obra en algunas suscripciones. En tanto que la literatura es una parte de lo que define a las clases altas, una manifestación cultural creada y dirigida a este círculo[387], las audiciones públicas de las obras constituían un acto social adicional al *performance* artístico.

Al contrario de lo que se ha pensado hasta hace poco, parece que los miembros de las élites eran capaces de escribir *sua manu*[388]. En efecto, habían sido educados en los preceptos de la gramática y la retórica para una lectura activa, eran

---

380 Zetzel (1981: 209–210).

381 *Edición*, con toda la precaución con que hay que emplear este término en la actualidad. En primer lugar, hay que definir el alcance de este término en su contexto para poder entender el proceso global. Resulta interesante en este sentido la observación de Reeve (1983b: 412n).

382 Para una visión crítica del renacimiento pagano y la importancia de los círculos aristocráticos, *cf.* Cameron (1977). No hay que menospreciar el aporte de sus homónimos orientales, especialmente en el campo de la historiografía y de la filosofía. *Cf.* el artículo de Cameron (1977: 8, 11, 13).

383 Bloch (1963: 193).

384 Bloch (1963: 215); Velaza (1999: 291).

385 *Cf.* Cavallo (1992: 93–94, 97).

386 *Cf.* Cavallo (1992: 94–95).

387 Kenyon (1980: 117).

388 *Cf.* McDonnell (1996: 476), el caso de Claudia Severa.

hombres doctos y con mucho gusto literario. A pesar de que no eran profesionales, probablemente poseían versiones de los textos.

Las *subscriptiones* nacen en este contexto, ligadas a la consolidación de los gramáticos, especialistas de la literatura y su enseñanza. Estos personajes se encuentran a partir de los siglos I y II en el punto de confluencia de las estructuras culturales de la época imperial[389]. Eran los encargados de la formación de nuevos lectores que tenían gustos diversos y una visión más crítica de la obra literaria. Los aristócratas, bajo la supervisión de los gramáticos, son los encargados de revisar los textos transmitidos durante el Renacimiento pagano. Una vez revisado el texto, escribían la *subscriptio*, generalmente al final de la obra.

En 1851, Jahn publica por primera vez las suscripciones en los manuscritos de los clásicos latinos[390]. Antes que él, Sirmond, Valois, Lindenbrog, Fontanini, Schneidewin y el propio Jahn habían prestado especial atención a algunas de ellas en relación con determinados autores. Sin embargo, nadie hasta Lersch[391] las había estudiado detalladamente en su conjunto. Jahn, en desacuerdo con el trabajo de Lersch[392], edita y comenta las veintitrés suscripciones.

La edición de Jahn sigue siendo la canónica, si bien muchos han constatado la necesidad de una reedición[393] debido a una mejora de los conocimientos históricos y de transmisión de los textos a los que acompañan. Zetzel comenta, en 1973, sus intenciones de hacer una edición[394], pero se escapa del alcance de su estudio debido a la complicación textual[395]. En su obra propone una versión[396] sin un estudio de la prosopografía ni de cuestiones históricas, pues Zetzel se centra en la muy limitada función que tenían las suscripciones en la historia de la crítica textual[397]. Cameron, en cambio, desvincula el papel que tuvieron las *subscriptiones* en la transmisión textual de determinados textos en el Renacimiento pagano, las tendencias paganas de sus autores y la validez de su trabajo[398]. Tarrant insiste en la desvinculación de las suscripciones con el Renacimiento pagano y en el carácter no profesional de sus autores[399].

La mayoría de *subscriptiones* ofrece un patrón estructural muy similar, tal y como han señalado Jahn[400], Zetzel[401] y Pecere[402]. Se construyen alrededor de los

---

389 Pecere (1984: 216).
390 Jahn (1851).
391 Lersch (1845).
392 Jahn (1851: 327).
393 Zetzel (1981: 225).
394 Zetzel (1973: 225).
395 Zetzel (1981: 210).
396 Zetzel (1981: 211–231).
397 Zetzel (1981: 210).
398 Cameron (1977: 5).
399 Tarrant (1992: 9–10).
400 Jahn (1851: 328).
401 Zetzel (1984: 209).
402 Pecere (1986: 69–71; 1991a: 64–65, 71–72).

verbos *legere* y *emendare*, y otros como *adnotare, corrigere, distinguere, recensere*. A veces se añaden adverbios que concretan un poco más la acción: *rursus* y *feliciter*, por ejemplo, y sustantivos o sintagmas que especifican qué metodología siguieron: *codicem, sine antigrapho, ad exemplum, de codice*. El sujeto, suscriptor y a menudo propietario del códice, aparece determinado con los rangos políticos o militares. Suelen ser miembros de la aristocracia: Nicómaco Déxter, Nicómaco Flaviano, Aurelio Memio Símaco. Generalmente, se facilitan también las coordenadas temporales, la datación consular, *ipso Cicerone te Antonio css.*, y espaciales, *Romae, Constantinopoli(m)*, necesarias para situar la *subscriptio* en un punto concreto: un ambiente urbano entre los siglos IV y VI d. C.

La primera *subscriptio* que se conserva fue escrita en el siglo II d. C. por Estatilio Máximo al *De lege agraria* de Cicerón[403]. Después de la ausencia del siglo III[404], los siglos IV y V son especialmente prolíficos en la producción de *subscriptiones*. Una decena de textos de este periodo tienen una serie de características comunes[405]: aparecen en el contexto del Renacimiento pagano[406], estrechamente vinculados a los *grammatici* y a los *rhetores*[407]. Es importante situar las *subscriptiones* en un ambiente no profesional, a pesar de que sus autores son miembros destacados de la élite aristocrática con una muy buena educación. A veces recuerdan que su labor ha sido realizada, ya sea bajo la supervisión de un maestro o de un personaje de autoridad con respecto al texto, *oratori Endelechio, cum Macrobio Plotino Eudoxio*, o bien sin este: *sine magistro* y por tanto *prout potui*; ya sea en el marco de la clase, *in foro diui Augusti Martis, in scola fori Traiani*, lo que legitima su trabajo y valida la copia a través de una figura de autoridad. Además, las *subscriptiones* cumplen una función de *ex libris* y recuerdan la importancia de la formación[408].

Finalmente, las *subscriptiones* constituyen un testimonio del proceso de reorganización formal de los textos en el proceso de consolidación del *codex* en detrimento del *uolumen*. Así pues, están estrechamente ligadas a la constitución de *corpora*[409]. Se trata de un proceso complicado, ya que se entrecruzan diferentes filones textuales que dependen de los modelos utilizados que, a su vez, se supeditan a las posibilidades del escriba de acceder a las fuentes y no a criterios de calidad[410].

---

403 Para un análisis de esta *subscriptio*, resultan imprescindibles ZETZEL (1974) y PECERE (1982).

404 PECERE (1991a: 65) nombra varios factores que podrían haber contribuido a esta escasez, junto con los pocos códices conservados del siglo III.

405 PECERE (1986: 30).

406 *Cf.* CAMERON (1977: 26–28), BLOCH (1963) y PECERE (1986: 75–78).

407 PECERE (1986: 78–79).

408 PECERE (1986: 71).

409 PECERE (1986: 71–74).

410 PECERE (1986: 74).

Las *subscriptiones* del siglo vi d. C. no rompen el hilo de continuidad metodológica ni funcional, pero introducen ciertos cambios. En primer lugar, se hace más evidente la influencia de la cultura cristiana en el uso del lenguaje. En segundo lugar, a pesar de que las *subscriptiones* a los textos literarios continúan, los textos suscritos tienen un carácter más funcional y se incorporan las antologías. Por último, cabe destacar el desplazamiento geográfico que se produce de Roma hacia Ravena primero y luego hacia Constantinopla.

LÉXICO

Accipere

B: TLL s.v. 'accipio' 1.0.304.38–1.0.322.21 (Hey, 1900); Uhl (1998: 337, 489); Schad (2007: 9–10); Bernadó (2015: 245–251).

Proveniente del léxico común y con un amplio espectro semántico que se desarrolla desde la materialidad hasta el ámbito de lo intelectual[411], este término formaba parte del léxico utilizado por gramáticos[412]. Recoge, además, un número destacable de ocurrencias en diversos *corpora* de comentarios y escolios, hecho que pone de manifiesto su alto rendimiento en este campo. Los testimonios aquí recopilados se refieren, en su gran mayoría, a la comprensión del texto, ya sea intelectual o de oídas, pero a menudo también dejan entrever una inclinación hacia una lectura y, en algunos casos, atañen incluso a la transmisión textual.

En primer lugar, la acepción que hace referencia a la introducción de variantes textuales o lecturas alternativas es la que tiene un carácter más intervencionista respecto al texto y, consecuentemente, una mayor importancia en la historia de la transmisión textual. Aparece a menudo utilizada después de *lego*, a veces equiparada, cosa que podría utilizarse como argumento a favor del uso de *accipio* como un término para introducir variantes textuales. Ciertamente, los ejemplos citados han dejado testimonios en la tradición textual. A través, por ejemplo, del análisis de un escolio de Servio pueden observarse los distintos grados de intervención textual[413].

En segundo lugar, se encuentra la acepción que hace referencia a las *positurae* o *distinctiones*, que señalan las separaciones o pausas en el discurso. En este apartado, *accipio* aparece asociado a palabras que claramente pertenecen al universo semántico del establecimiento de pausas en secuencias, como *distinguo*, *separatim* e *infero*, entre otras. En Servio[414], *accipio* aparece después de hacer referencia a una *distinctio plena* y especificando cómo debe ser leída la secuencia, teniendo en consideración dicha pausa. El establecimiento de *distinctiones* podía también hacer referencia a las palabras. A veces esta división de palabras se vuelve problemática, como puede apreciarse en las variantes textuales que pueden encontrarse en la tradición manuscrita. A modo de ejemplo, las *Adnotationes super Lucanum* dejan testimonio de esto con la posibilidad de *inlato* junto o separado[415]. Tal como señala Seewald en su comentario[416], la tradición textual queda dividida por la lectura *inlato* (MZa; *illato* v) y la lectura *in lato* (PUGac). Housman señala en su

---

411 Hey (1900).
412 Schad (2007).
413 Serv. Aen. 7, 740. *Cf.* Bernadó (2015).
414 Serv. Aen. 4, 486.
415 Adnot. Lucan. 9, 323.
416 Seewald (2008: 192).

edición la explicación de Oudendorp y Weise[417]. Sin embargo, parece claro que la lectura de *in lato* separado no tiene sentido y es una prueba de que los copistas no habrían entendido la metáfora militar. En efecto, los editores modernos, encabezados por Housman[418], optan por la lectura *inlato*. Este apartado comprende también la acepción que concierne a la entonación con la que debe ser leído el texto, ya sea exclamativamente[419], ya sea interrogativamente[420]. Especialmente destacable es el hecho de que, de las cinco ocurrencias que aparecen en Servio, tres van unidas a los nombres de gramáticos de los cuales tenemos referencia que habrían tratado cuestiones virgilianas: Urbano, Donato y Probo; las otras dos a *alii* anónimos. Así pues, tal y como aparecen vinculados a otros ámbitos de la labor exegética, también están asociados a las recomendaciones sobre la entonación con la cual debe leerse un pasaje. El subapartado *d)* lo ocupa la acepción que hace referencia a la distribución de los personajes o del diálogo. Consecuentemente, aparece a menudo en Donato, ya que, al versar su comentario sobre obras de género dramático, se producen frecuentes malentendidos a causa de la atribución de las intervenciones de los diferentes personajes. En un comentario al *Formión*[421], se muestra esta vacilación en la atribución de personajes que queda apoyada en la transmisión textual de los manuscritos que le atribuyen estas palabras a Geta y los que se las atribuyen a Antifón. En Servio también aparecen algunas ocurrencias, no solo en las *Églogas*, donde el diálogo tiene un papel preponderante, sino también en algunos pasajes de la *Eneida*. Asimismo, también en Tiberio Claudio Donato se encuentran testimonios.

En tercer lugar, aparece la acepción dedicada a la métrica que, con tan solo cuatro ocurrencias, deviene significativa en cuanto ofrece información que va a constituirse como una constante en este tipo de comentarios. Resulta ilustrativa la dificultad de adaptación de los metros griegos con el nombre "Eneo" presentada en Servio[422]. Esta dificultad queda sellada en la aparición de variantes en algunos de los códices virgilianos más antiguos: el Mediceus y el Romanus. Horsfall propone que Virgilio podría estar pensando en un Εὔνηος en Homero[423], aunque el mismo Horsfall señala que Paratore objeta que no hay ningún otro Euneo atestiguado en ninguna otra parte[424]. El caso de la ocurrencia de Donato resulta también destacable[425], pues asocia el trato de un problema métrico a la figura del gramático Emilio Aspro.

---

417 Housman (1926: *ad loc.*).
418 Housman (1926).
419 Serv. georg. 4, 150.
420 Serv. Aen. 7,556.
421 Don. Ter. Phorm. 552, 2
422 Serv. Aen. 11, 666.
423 Hom. Il. 7, 468.
424 Horsfall (2003: 372).
425 Don. Ter. Ad. 559, 5.

En cuarto lugar, la acepción de la morfosintaxis incluye anotaciones de diverso tipo. Algunos comentarios dejan testimonio de la dificultad en la determinación de los casos en ejemplos ambiguos. Los dos ejemplos siguientes sirven también para ilustrar cómo los escoliastas se sirven de un material exegético común, pero presentándolo de manera diversa. En Pseudo-Acrón[426], *mero*, la palabra problemática y objeto del comentario, no aparece en el lema. En cambio, en Porfirión puede leerse la secuencia completa[427]. En cuanto al comentario, puede observarse cómo ambos comparten la primera parte de la explicación, en la que se deja constancia de la posibilidad de entender *mero* como dativo o como ablativo. Pseudo-Acrón califica ambas posibilidades como *bene*, es decir, las aprueba. Porfirión, en cambio, va más allá y considera que el *sensus* tendrá *suam rationem* en cada uno de los casos y pasa a continuación a especificarlos. Esta referencia al *sensus* como elemento motivador de la toma de decisiones en casos de ambigüedad se presenta también en otro pasaje del mismo Porfirión[428], concerniente a la *distinctio* como motivación para establecer pausas en los discursos[429]. El *sensus* como elemento decisorio para la toma de decisiones, en lo que se refiere a la *distinctio*, también aparece en otros comentarios, especialmente en Servio[430], pero también Donato[431], y en las *Adnotationes super Lucanum*[432]. En el campo de la morfosintaxis aparece también en otros gramáticos como Elio Donato[433]. Tal y como apunta Blundell[434], *sensus* estaría relacionado con el sentido y la palabra: con su plasmación. Quedaría también reflejado este sentido a menudo con la restauración de un *ordo*[435], buscado a menudo en el contexto de una clase de gramática para facilitar la comunicación de un mensaje. Aparece también en otros comentarios de Donato[436], de Servio[437], de Servio Aucto[438], y de los *Scholia Veronensia*[439]. Finalmente, entre las ocurrencias de la morfosintaxis, destaca el uso del término *vocativus* utilizado por Porfirión, pues antes de Gelio no era conocido[440]. Además, a diferencia de la única ocurrencia en Pseudo-Acrón[441], en Porfirión aparece en diversas ocasiones[442].

426 Ps. Acro Hor. carm. 2, 7, 7.
427 Porph. Hor. carm. 2, 7, 6.
428 Porph. Hor. carm. 1, 14, 19+.
429 Diederich (1999: 25–26).
430 Serv. Aen. 4. 486.
431 Don. Ter. Ad. 595.
432 Adnot. Lucan. 9, 323.
433 Don. Ter. Andr. prologus 25, 2
434 Blundell (1987: 167).
435 Blundell (1987: 323–325)
436 Don. Ter. Andr. 655.
437 Serv. Aen. 10, 188; 1, 518.
438 Serv. auct. georg. 1, 102.
439 Schol. Veron. Aen. 9, 363.
440 Diederich (1999: 155).
441 Ps. Acro Hor. Carm. 1, 11, 2.
442 Porph. Hor. Epod. 17, 20.

1. Acepción textual

SERV. auct. Aen. 11, 268: DEVICTA ASIA SVBSEDIT ADVLTER *quidam 'sub' pro 'post'* ***accipiunt****, ut sit pro 'post possedit'.*

SERV. Aen. 7, 740: ET QVOS MALIFERAE DEPECTANT MOENIA BELLAE multi Nolam volunt intellegi et dicunt iratum Vergilium nomen eius mutasse propter sibi negatum hospitium, et id aperte noluisse dicere, sed ostendere per periphrasin; nam illic Punica mala nascuntur: ut nunc 'Bella' pro 'Nola' posuerit. alii ita volunt **accipi**, ut sit synalipha et legatur 'moenia Abellae'. *quidam hanc civitatem a rege Murano conditam Moeram nomine vocatam ferunt, sed Graecos primum eam incoluisse. quae ab nucibus Abellanis Abella nomen accepit. alii quod inbelle vulgus et otiosum ibi fuerit, ideo Abellam appellatam. huius cives cum loca circa Capuam possiderent, †ortu tumultu interisse, aliosque fugientes Moeranum abisse et eius incolis se iunxisse: et quod inbelliores fuerint Abellanos dictos.*

SERV. auct. Aen. 8, 40: TVMOR OMNIS ET IRAE CONCESSERE DEVM *quidam 'concessere' pro 'discessere'* ***accipiunt****. alii ita tradunt: nondum concesserunt, sed utiliter dissimulat. sed* aliqua hemistichia in Vergilio tam sunt sensu inminuta, quam verbis, ut ecce hoc loco: namque non possumus intellegere quievisse omnem tumorem et iram deorum, cum et adhuc inimica sit Iuno, et ad Troianorum perniciem addantur alia numina, ut furia, ut Iuturna: unde mire quidam conclusit hunc versum, dicens 'concessere deum profugis nova moenia Teucris'. *'concessere' ergo indulserunt vel cesserunt, id est permiserunt, ut nec, si muneribus certes, concedat Iollas, id est permittat, indulgeat, et extremum hunc Arethusa mihi concede laborem.* quodsi ita acceperimus, ut dicat Teucros constituere civitatem, nec ea numina, quae irata sunt, vetant, nihil erit contrarium: nam et ipsa Iuno hoc dicit <VII> "non dabitur regnis, esto, prohibere Latinis: atque inmota manet fatis Lavinia coniunx". hic autem sensus, etiamsi detrahas subauditionem, potest accipi a superioribus, ut sit: tumor omnis et irae concessere deum, ut hic tibi sit certa domus certique penates.

CLAVD. DON. Aen. 10, 402: *Tum Pallas biiugis fugientem Rhoetea praeter traicit, hoc spatium tantumque morae fuit Ilo. Ilo namque procul validam direxerat hastam, quam medius Rhoeteus intercipit optime teutra : (...)* teutra **accipiendum est**, ut veteribus placuit, velut scutum.

ADNOT. Lucan. 6, 353: TRACIM hoc Trachin **accipimus,** id est eminet.

COMMENT. Lucan. 9, 9: ET AETERNOS ANIMAM COLLEGIT INORBES animas philosophi tradunt diuino igne constare. (...) propter quod et hic 'patientis aetheris igni fecit', hoc est in hunc aerem imum uenire et corpus regere ac deinde in suam sedem remeare hoc est in solis globum lunae. aut quoniam Pythagoras dixit huius modi animas in stellas conuerti: quo modo **accipimus** 'aeternos orbes'.

2. *Distinctio*

a) Secuencia

Porph. Hor. sat. 1, 5, 77–78: *Incipit ex illo montes Apulia n<o>tos ostentare mihi:* Non est 'ostentare mihi' **accipiendum** potius quam 'notos [ostentare] mihi'. Ideo maxime non est intellegendum, quia, si[c] hoc uellet, intellegi, 'ostentare nobis' dicendum erat, cum non solus iter faciat, nec illos montes solus uidere incipiat.

Porph. Hor. carm. 1, 14, 19+: *Interfusa nitentis uites aequora C(ycladas):* Hic sensus per se **accipiendus** et subaudiendum hic 'suadeo', ut sit: suadeo, uites aequora inter Cycladas nitentes fusa.

Don. Ter. Ad. 595: 1 SI QVAM FECERE hoc distingue et separatim infer ipsi expostulant. 2 SI QVAM FECERE IPSI EXPOSTVLANT sensus manifestus est, sed obscura sunt uerba et eorum collocatio et distinctio. nam incertum, utrum 'si expostulant' intellegendum sit an 'si quam' pro una parte orationis **accipi** oporteat.

Don. Ter. Ad. 608: 1 QVAPROPTER TE IPSVM PVRGARE utrum 'te ipsum' una pars orationis an diuise **accipiendum** 'te' Micionem 'ipsum' Aeschinum 'purgare'?

Serv. georg. 2, 424**:** GRAVIDAS CVM VOMERE FRVGES 'cum' abundat; nam hoc dicit: subministrat fruges vomere, id est per vomerem: Ennius "effudit voces proprio cum pectore sancto", id est proprio pectore; nam 'cum' vacat. Vrbanus tamen sic **accipit**: 'gravidas cum vomere', id est statim post arationem.

Serv. Aen. 4, 486: SOPORIFERVMQUE PAPAVER incongrue videtur positum, ut (...) potest tamen melior esse sensus, si 'servabat in arbore ramos' plena sit distinctio, sequentia vero sic **accipiamus** 'haec se promittit carminibus curas solvere, spargens umida mella, soporiferumque papaver, id est miscens, ut Cicero "et spargere venena didicerunt". nec incongrue ad amaritudinem amoris mel adhibet, ad oblivionem papaver. *haec enim Didoni prosunt, de qua ait <529> "nec umquam solvitur in somnos".*

Serv. Aen. 8, 630: MAVORTIS IN ANTRO potest **accipi** et 'fecerat lupam Mavortis' et 'Mavortis in antro'.

Serv. Aen. 8, 223: TVRBATVMQVE OCVLIS ea parte turbatum, quae proditrix mentis est. alii 'oculi' legunt et **accipiunt** a superioribus 'videre turbatum oculi'.

Serv. Aen. 10, 484: CVSPIS INGENS ita **accipiendum** est, ne incongruum sit, de puero si dixeris 'ingens pectus'. sane cuspidem abusive pro hastae mucrone posuit.

Serv. auct. Aen. 11, 818: FRIGIDA LETO leto alii 'telo' legunt et intellegunt 'vulnere'. *et quidam labuntur leto non 'leto frigida', sed 'leto labuntur'.alii 'frigida leto'* ***accipiunt****, quia sequitur post 'captum leto posuit caput'. non nulli 'frigida lumina' tradunt, scilicet igni caloris extincto, ut e contrario ad caelum tendens ardentia lumina.*

b) Palabras

Don. Ter. Hec. 707: 2 SINE 'sine' separatim **accipe**, quia uim habet comminantis.

Adnot. Lucan. 9, 323: ET INLATO potest sic **accipi** 'in lato', ut duae partes orationis sint, [potest et ut una sit], et sit hic sensus: (...). Et 'inlato', quod fluctus a Syrtibus in mare traxerit eosdemque fregerit in litore. 'Inlato' ergo una pars orationis est, ut ad fluctum admoveretur litus, non veniret fluctus ad litus; hoc ad celeritatem posuit exprimendam.

c) Distribución personajes/diálogo

Don. Ter. Ad. prologus 24: 1 IN AGENDO PARTEM OSTENDENT σχῆμα ὑπεξαίρεσις: hic enim iam non senes **accipiendi**, sed et ceterae personae.

Don. Ter. Ad. 196: 1 PRO SVPREME IVPPITER haec allocutio ad hoc inducta est, ut ex uerbis lenonis appareat, quam facile mitis fieri possit et quiduis libenter **accipere.**

Don. Ter. Phorm. 368: VIDEAS TE ATQVE ILLVM VT NARRAS melius hoc clare dictum a seruo **accipimus,** ut defendisse dominum uideretur. (...) 6. An sic **accipiendum** est, ut seruus summissa uoce hoc per iocum dixerit: tantum tu in uita te uideas optimum, quantum fuit ille quem narras?

Don. Ter. Phorm. 552: PEDETEMPTIM TAMEN hoc quidam sic **accipiunt**, tamquam Getae dicat Antipho, ut caute aggrediatur senem fallere.

Serv. Aen. 5, 615: ASPECTABANT FLENTES multi 'flentes heu' distingunt, ut sit 'miserabiliter flentes', et a persona dicatur poetae. alii 'heu' a mulieribus dictum **accipiunt.**

Serv. auct. Aen. 12, 486: HEV QVID AGAT (...) *alii ab Aeneae persona dictum* ***accipiunt****, ut diceret 'heu quid agam'?*

Serv. ecl. 6, 55: CLAVDITE NYMPHAE melius hoc a persona Pasiphaes dictum **accipimus**, ut dicat Silenus, hoc illam aliquando dixisse.

Clavd. Don. Aen. 5, 870: *o nimium caelo et pelago confise sereno, nudus in ignota, Palinure, iacebis harena*: haec ex persona Aeneae **accipienda sunt,**

d) Marcas de entonación: exclamación e interrogación

Serv. georg. 4, 150: PRO QVA MERCEDE (...) nam, ut etiam Donatus dicit, tragicum est et ultra carmen georgicum, si **accipiamus,** 'pro qua mercede' exclamationem esse, ut sit, pro quanta hoc mercede fecerunt!

Serv. Aen. 4, 656: VLTA VIRVM (...) alii haec quasi per interrogationem volunt **accipi**, ut nihil dicat esse perfectum: 'numquid urbem statui? numquid ulta sum virum? numquid a fratre poenas recepi? felix tamen fuissem, si vel hoc tantum contingeret ut Carthaginem non veniret Aeneas'.

Serv. Aen. 7, 556: EGREGIVM VENERIS GENVS (...) IPSE LATINVS (...) Vrbanus tamen totum hunc locum per interrogationem **accipit** 'terrorum et fraudis abunde est? stant belli causae'? ut quasi per gratulationem non credat, sicut illud Terentii quia plus cupio, minus credo.

SERV. auct. Aen. 11, 830: *ARMA RELINQVENS alii 'arma relinquunt' legunt. Probus hypallagen vult esse vel contrarium, ut ipsa relinquat. alii 'arma relinquunt' cum laude dictum* ***accipiunt****, id est illa decidebant e manibus Camillae exanimis.*

SERV. auct. Aen. 12, 646: VSQVE ADEONE MORI MISERV EST tacitae quaestioni occurrit. *et quidam hoc verbum reprehendunt 'usque adeone'; melius dici 'usque eo': Lucilius septimo usque adeo studio atque odio illius efferor ira. quidam sic* ***accipiunt*** *'usque adeo ne mori miserum est', ut non quasi confirmet, sed quasi interroget, quare dea sic de illo laboret ut vivat, cum satius sit honeste mori, quam turpiter vivere. ergo 'usque adeone', ut tamen tanta turpitudo ferenda sit.*

3. Métrica

DON. Ter. Ad. 559: 5 EM VIDE VT DISCIDIT LABRVM Asper mediam longam a caedendo **accipit**, ego mediam breuem a scindendo.

DON. Ter. Andr. 784: 1 AH NEC TV OMNIA aut 'nec' pro non legitur aut 'ne omnia', ut 'ne' producatur et **accipiatur** pro non. 2 NEC TV OMNIA audisti subauditur.

SERV. Aen. 11, 666: EVNEVM quia Latina est declinatio, ideo 'ne' **accipit** accentum: nam Statius quia graece declinavit, graecum accentum posuit dicens Euneos ante et nunc ante Thoas et Euneon audit.

LACT. PLAC. Stat. Theb. 6, 391: DECŎRA [AEQVA IVGALES] propter metrum 'co' syllaba breuis **accipitur.**

4. Morfosintaxis

PS. ACRO Hor. carm. 2, 7, 7: FREGI CORONATVS] (...) mero uero uel datiuus uel ablatiuus casus bene **accipiatur.**

PORPH. Hor. carm. 1, 6, 6–7: *Nec cursus duplicis per mare V(lixei):* Amfibolum; nam et duplicis Vlixi intellegi potest, quod significat 'callidi', potest et duplicis cursus per accusatiuum pluralem **accipi**, id est: itus ac reditus.

PORPH. Hor. carm. 2, 7, 6: *Cum quo morantem saepe diem mero fregi* : (...) Mero autem siue datiuo casu siue ablatiuo **accipias**, habebit suam rationem sensus: aut enim 'illa re fregi diem', aut 'illi rei fregi'.

PORPH. Hor. carm. 2, 13, 2–3: *Et sacrilega manu p(roduxit) a(rbos):* Vocatiuo casu **accipe** arbos, hoc est 'o arbos'.

PORPH. Hor. epist. 1, 20, 23: *Belli domique*: Haec modo aduerbia sunt **accipienda**, non nomina.

DON. Ter. Ad. 389: 3 CREDO VT EST DEMENTIA sic et in Eunucho: et nominatiuus et septimus casus potest esse. si septimus, subaudias 'praeditus' aut quid tale; sed melius nominatiuum **accipimus** casum.

DON. Ter. Andr. prologus 25: 2 RELIQVVM sunt qui 'reliquorum' **accipiunt**, ut sit sensus: de hac fabula sumite specimen, ut sciatis, an ceterae uobis spectandae sint. nam postmodum dicit in alio prologo "alias cognostis eius: quaeso hanc noscite".

Don. Ter. Andr. 647: 1 FALSVS ES modo participium est, id est falleris, si Pamphilus dicit; si uero coniungitur, pro fallax **accipitur.**

Don. Ter. Andr. 655: 3 QVO MINVS TV quo id est quod. et deest audi. 4 Vel **accipe**, ut sit quod uel quoniam. 5 Vel 'quo' id est ex quo aut qua re. 6 Aut certe erit sensus cum subauditione huiusmodi: immo etiam quo minus scis aerumnas meas, eo magis audi, aut: immo etiam hae nuptiae non apparabantur mihi, quo ipso minus tu scis aerumnas meas, id est falsae nuptiae erant, quae res te magis fallit irascique mihi cogit merito.

Don. Ter. Eun. 343: 3 Nam 'interea' nunc coniunctio **accipienda est**, non, ut alias, pro aduerbio ponitur.

Don. Ter. Eun. 622: 2 Et MANSIT (...) 3 Si miles, 'mansit' passus est; si Chremes, 'mansit' immoratus est conuiua; nec enim statim discessisse **accipiendus est.**

Don. Ter. Eun. 666: 4 VERVM MISERAE si 'uerum' pro coniunctione **accipimus**, subaudiendum erit hic 'amatores mulierum esse eos maximos'.

Don. Ter. Phorm. 1: 2 POSTQVAM POETA VETVS P(OETAM) N(ON) P(OTEST) nota postquam apud ueteres non praeterito modo sed etiam praesenti tempori adiungi, ut "postquam nos Amaryllis habet, Galatea reliquit Verg. Buc.1, 30".quamquam sunt qui 'postquam' pro 'quoniam' **accipi** uelint.

Serv. georg. 2, 1: HACTENVS ARVORVM CVLTVS ET SIDERA CAELI (...) et 'hactenus', ut multi volunt, una pars orationis est, et est adverbium significans 'hucusque'. Alii duas partes volunt, pronomen et adverbium, ut sit 'tenus hac', sicut (III 53) et crurum tenus mento palearia pendent; sed melius est unam partem **accipere** orationis 'hactenus'.

Serv. georg. 2, 70: STERILES PLATANI MALOS GESSERE V(ALENTIS) 'fagos' enim incipit graecus esse nominativus singularis, non pluralis noster accusativus. alii neutrum probant et ita **accipiunt** 'castaneae fagos, piri flore ornus incanuit', ut similiter 'fagos' nominativus sit graecus.

Serv. georg. 2, 324: VERE TVMENT TERRAE ET GENITALIA S(EMINA) P(OSCVNT) Asper simpliciter **accipit**, ut 'terrae' nominativus pluralis sit; Donatus vero 'terrae' genetivum vult esse singularem, ut sit sensus mutata distinctione 'vere tument silvae' – scilicet a superioribus – 'terrae et genitalia semina poscunt', id est tument silvae et genitalia semina terrarum requirunt.

Serv. georg. 2, 327: MAGNO COMMIXTVS CORPORE FETVS pro 'corpori', ut haeret pede pes, item alibi et magno se corpore miscet: licet possimus **accipere**, commixtus terrae magno suo corpore, id est aetherio. *et aliter: corpore aut suo aut terrae: si terrae, ('corpore') pro 'corpori'.*

Serv. georg. 3, 46: MOX TAMEN (...) et 'ardentis pugnas' legendum est: nam male quidam 'ardentis Caesaris' **accipiunt,** ut 'is' communis sit syllaba.

Serv. auct. Aen. 1, 257: PARCE METV (...) *alii 'metu' pro metui* ***accipiunt****, ablativum pro dativo; aut certe ideo metum aufert, ut animo securiore possit audire, ut alibi solvite corde metum, Teucri.*

Serv. auct. Aen. 2, 48: *EQVO LATET id est sub praetexto, sub specie equi. alii 'equo' in equo* ***accipiunt.***

Serv. auct. Aen. 3, 241: PELAGI VOLVCRES quia dicuntur Ponti et Terrae filiae: unde in insulis habitant partem terrarum, partem maris tenentes. alii dicunt eas Neptuni filias, (...). alii vero dicunt harpyias filias esse Thaumantis et Electrae. *quidam 'pelagi' adverbialiter* ***accipiunt****, ut 'belli', ut 'domi', propterea quod res in insula geritur.*

Serv. auct. Aen. 4, 10: *QVIS non nulli pro 'aliquis'* ***accipiunt****, vel 'qualis'.*

Serv. Aen. 6, 618: PHLEGYASQVE MISERRIMVS OMNES ADMONET si 'Phlegyas' nominativus est singularis, hoc dicit, Phlegyas omnes admonet apud inferos poenas ferentes: si autem 'Phlegyas' accusativus pluralis est, Theseum omnes Phlegyas admonentem debemus **accipere**.

Serv. Aen. 9, 124–125: ET AMNIS RAVCA SONANS licet antiquitas habuerit 'hic' et 'haec amnis', melius tamen est **accipere** 'rauca sonans' pro 'rauce', quam 'rauca amnis'.

Serv. Aen. 9, 706: ET CLIPEVM SVPER INTONAT INGENS aut ipse ingens super clipeum intonat: aut ingens clipeum supra ipsum tonat: nam lectum est etiam 'hoc clipeum', ut probat Caper: quod magis debemus **accipere:** nam Homerum imitatus est, qui ait ἀράβησε δὲ τεύχε' ἐπ' αὐτῷ (Il. 4, 504).

Serv. Aen. 10, 188: CRIMEN AMOR VESTRVM Phaethontem amatum a Cycno aut pie aut turpiter, accipiamus necesse est. si turpiter, talis est sensus: crimen vestrum est, o Cycne et Phaethon, quod sic amastis; hoc vobis tantum potest obici. alii 'vestrum' pro 'tuum' **accipiunt,** et ad solum Cycnum referunt, ut <9, 523> vos, o Calliope, precor. si pie amavit, secundum Asprum 'crimen' erit 'causa', ut alibi <2, 65> "et crimine ab uno disce omnes", ut sit sensus: o Phaethontiades sorores et o Cycne, causa vestrum, id est vestrae mutationis, amor est, quia sic Phaethontem amastis, ut periretis.

Serv. Aen. 10, 327: MISERANDE pro 'miserandus'; nam pro nominativo vocativum posuit, ut contra <12, 192> socer arma Latinus habeto: licet illic possit **accipi** 'socer arma Latinus habeat': nam 'habeto' et secunda et tertia persona est. tamen etiam et alibi nominativum pro vocativo posuit, ut <8, 77> "corniger Hesperidum fluvius regnator aquarum".

Serv. auct. Aen. 11, 208: NEC HONORE *ideo 'nec honore'*, quia 'nec numero', *quod in numero et ordine honos spectatur*: nam aliud verbum pendet ex altero. *alii 'nec' pro 'sine'* ***accipiunt.***

Serv. auct. Aen. 11, 425: MVLTA DIES (...) *quidam sane non 'dies multa'* ***accipiunt****, sed 'multa retulit in melius': et 'varii aevi' non ut ipsum varium sit, sed ut fortuna eius.*

SERV. auct. Aen. 11, 633: *GEMITVS MORIENTVM aliquanti 'morientum' genetivum corruptum pro integro **accipiunt**: facit enim 'morientium'.*

SERV. auct. Aen. 11, 886: DEFENDENTVM ideo 'defendentum' et 'ruentum', quia ad masculinum retulit, et 'hi defendentes' facit, quod et de feminino dicimus: si autem de neutro loquamur, 'defendentium' dicamus necesse est, quia 'haec defendentia' facit et, ut supra dixi, genetivus pluralis a nominativo plurali minor esse non debet. quod si forte minorem eum aliquando invenerimus, metri necessitate fit, et incipit iam pathos esse, non declinatio. *non nulli ergo in his nominibus genetivum corruptum pro integro **accipiunt.***

SERV. auct. Aen. 11, 887: *LACRIMANTVM quidam 'lacrimantum' genetivum corruptum pro integro **accipiunt**, quia facit 'lacrimantium'.*

SERV. Aen. 12, 176: ESTO NVNC SOL TESTIS bene eum primum invocat deum, quem orientem intuens vidit: nam ait illi ad surgentem conversi lumina solem. 'esto' autem multi volunt tertiam esse personam, id est 'sit mihi Sol testis', quia sequitur 'et haec Terra', ut elocutionem per nominativum factam intellegamus. sed hoc non procedit, quia sequentia vocativum habent, ut 'et tu Saturnia Iuno' item 'tuque inclite Mavors': unde per vocativum eum omnia dixisse **accipiamus,** in hoc vero tantum ad nominativum fecisse transitum 'et haec mihi Terra precanti': licet etiam hic possit esse vocativus; nam δεικτικῶς est dictum 'haec Terra esto mihi testis', ac si diceret 'o Italica terra, testis *mihi* esto'.

SERV. auct. Aen. 12, 366: AEGAEO mari scilicet, sicut sequentia indicant 'sequiturque ad litora fluctus': nam male ait Donatus montem esse, unde flat Boreas, cum certum sit eum de Hyperboreis montibus flare *quidam 'fluctus' melius numero singulari **accipiendum** putant.*

SERV. auct. Aen. 12, 502: INQVE VICEM in vicem: nam 'que' vacat. *alii 'que' expletivam coniunctionem **accipiunt.***

SERV. auct. ecl. 6, 35: TVM DVRARE SOLVM ET DISCLVDERE NEREA PONTO canebat etiam quemadmodum *se durare coeperit solum et mixtam sibi ante aquam sua contractione discludere. sane 'solum' si nominativus est, 'durare' absolute **accipiemus,** et omnia quae infra dicuntur ad solum [et rerum terrestrium] referentur; si accusativus, ad mundi orbem cuncta pertinebunt.*

SERV. ecl. 7, 6: TENERAS DEFENDO A FRIGORE MYRTOS varie hic locus exponitur. nam alii simpliciter **accipiunt**: dum myrtos tego et tueor, ne eas frigus exurat. alii, qui aestatis illud fuisse asserunt tempus, dicunt: 'defendo a frigore' tego contra frigus futurum. alii dicunt: 'dum defendo', id est dum mihi ad defensaculum praeparo 'myrtos a frigore', id est quae sunt sine frigoribus; solent enim pastores vindicare sibi loca aliqua propter frigus futurum.

SERV. auct. ecl. 7, 9: *ADES alii pro imperativo **accipiunt,** cuius pronuntiatio similis est indicativo: Terentius "ades dum; paucis te volo".*

Adnot. Lucan.. 1, 40: POENI SATVRENTVR SANGVINE MANES casus hic duo **accipi** possunt et nominativus pluralis 'hi Poeni manes' et genitivus singularis 'huius Poeni manes', id est Hannibalis.
Adnot. Lucan. 2, 553: SCYTHICIS CRASS. R. optativum modum de praeterito tempore debemus **accipere:** utinam remeasset, ut Virgilius 'fecissentque utinam'.
Adnot. Lucan. 3, 362: ROBORA D. quid sit 'robora' exponit, id est densae silvae, dictae casu nominativo. Possumus et genitivum **accipere** 'huius silvae robora'.
Adnot. Lucan. 5, 566: FLATVSQUE I. F. incerta' numero plurali **accipimus** genere neutro, ipsa incerta futuri flatus aequora testantur.
Adnot. Lucan. 6, 754 : PALPITAT ARTVS et nominativus potest **accipi** singularis 'omnis hic artus palpitat', id est omnes artus.

Addere

B: TLL s.v. 'addo', 1.0.580.10–1.0.592.19 (Kempf, 1900); Delvigo (1987: 20); Schad (2007: 15–16).

En el artículo del TLL no se encuentra ninguna acepción que haga referencia a operaciones de tipo gramatical o filológico[443]. Sin embargo, en diccionarios no especializados, en la definición de este vocablo aparecen explicaciones y usos que implican la incorporación de elementos textuales en producciones orales o textuales. En Schad, el término recibe un tratamiento extenso y el lema queda dividido en distintas secciones que afectan a la adición de letras, sílabas, palabras, acentos o diacríticos, letras en el alfabeto e ítems en una lista[444].

Así mismo sucede en la primera acepción, que hace referencia a la fijación y transmisión del texto. El elemento añadido puede ser incluso una aspiración, como en Servio Aucto[445]: Probo lee *Orco* con aspiración y Cornuto, en cambio, la prohíbe. Como señala Timpanaro[446], el hecho de que Cornuto vete la aspiración refuerza la hipótesis de que existieron testimonios anteriores de esta. La tradición manuscrita, a excepción del códice Palatinus que lee *Horcus*, se decanta por *Orcus*. No casualmente Delvigo ha señalado que el códice Palatino, P, habría sufrido una gran influencia de las lecturas de Probo[447]. Timpanaro considera que quizás se ha exagerado esta caracterización[448]. En cuanto a los editores, se han dividido entre los que optan por *Orcus*, por ejemplo Mynors[449], y los que lo hacen por *Horcus*, por ejemplo Geymonat[450]. El *Orchus* de Servio Aucto podría ser, según Timpanaro[451], un error del copista. De hecho, en el aparato crítico de la edición de Servio de Thilo y Hagen puede leerse *supra* o *P. Daniel h addidit*[452].

Nótese cómo, más allá de cuestiones de pronunciación que se infieren en el texto, hay casos numerosos en los que la adición o supresión concierne a una palabra entera. La recopilación de ocurrencias de este tipo ha seguido el criterio de la presencia en la tradición manuscrita. No casualmente, el *Comentario a Terencio* de Donato es uno de los que ofrece un mayor número de estas. Se trata, por lo general, de interjecciones, pronombres y a veces nombres. Estas adiciones

---

443 Kempf (1900).
444 Schad (2007: 15–16).
445 Serv. auct. georg. 1, 277. Sobre esta adición, *cf.* Delvigo (1987: 19–26).
446 Timpanaro (2001: 47–48).
447 Delvigo (1987: 64).
448 Timpanaro (2001: 47–48).
449 Mynors (1969: *ad loc.*).
450 Geymonat (2008: *ad loc.*).
451 Timpanaro (2001: 47–48).
452 Thilo- Hagen (1881–1887, vol. 3: 195).

textuales podían ser también menos concretas, incluso podrían estar revestidas de cierto carácter legendario, como se puede observar en los comienzos de las epopeyas de Virgilio y Lucano. En el testimonio de Servio de la *Vida de Virgilio*, se deja constancia de que *Augusto ordenó por ley a Tuca y a Vario que corrigieran el texto* [de la Eneida] *de manera que no sacaran nada, pero que tampoco lo añadieran*[453]. Es decir, la adición de versos se considera en la esfera semántica de la acción de *emendare*, una de sus consecuencias. Es interesante constatar cómo aparecen ejemplos tanto de las compleciones de versos imperfectos como de la supresión de otros: entre los versos arrancados, aparecen *Ille ego qui...*, versos iniciales de la *Eneida* considerados ya espurios por la crítica. La noticia resulta valiosa porque permite constatar que, cuando se está escribiendo la *Vita*, estos versos ya habían sido identificados como espurios, pero que, sin embargo, el autor de la *Vita* continúa creyendo la cuestión digna, al menos, de mención. Por lo que se refiere a la enmarañada cuestión de las *Vitae Vergilianae*, hay que destacar que están transmitiendo, como lo llama Sparrow, un *popular account*[454]. Es decir, una historia que debió de circular ampliamente y que fue nutriéndose de las simplificaciones y adiciones de la tradición indirecta. Apoyando la versión de Servio, la tradición cuenta con el relato de Gelio, y con otros testimonios que proporcionan versiones parecidas como Macrobio y Plinio[455].

Comentarios de temática similar se encuentran en el *Bellum ciuile* de Lucano[456]. En efecto, tanto en las *Adnotationes* como en los *Commenta Bernensia* —con textos muy similares, a pesar de que el texto de las *Adnotationes* sea más breve— aparece un comentario que deja constancia de que los primeros siete versos del *Bellum ciuile* habrían sido añadidos por Séneca, según algunos (*quidam*) por el tío abuelo de Séneca, según otros por su hermano. En la *Vida* de Suetonio se encuentra también una noticia parecida[457]. Lo que es claro es que por motivos cronológicos no es posible que hubiera sido su tío, pues el suicidio de Séneca precedió al de Lucano. Además, Roche ofrece un análisis detallado de los modelos épicos del proemio, esto es, los de la *Eneida* y la *Ilíada*, especialmente de la voz del narrador, de la intertextualidad con el resto de la epopeya y, finalmente, hace un análisis pormenorizado de cada verso[458]. En este caso sucede justo lo contrario que con Servio; pues, a pesar de las dudas que suscitaron estos versos, parece que no cabe duda sobre su autenticidad.

En segundo lugar, el ámbito de las *distinctiones* tiene un gran abanico de ocurrencias que aparecen bien ligadas con todo el vocabulario propio del

---

453 Serv. Uita Uergilii 2, 12.
454 Sparrow (1977: 10).
455 Gell. 1, 17, 10. Macr. Sat. 24, 6. Plin. nat. 7, 30.
456 Comment. Lucan. 1, 1 y Adnot. Lucan. 1, 1.
457 Svet. Luc. 13.
458 Roche (2009: 91–109).

establecimiento de pausas en el discurso: *distinguo, subdistinguo*[459]. También con la determinación de la pronunciación, *admiratiue*[460].

En tercer lugar, la adición, por lo general de letras o sílabas, por razones métricas, viene justificado muy a menudo en Servio, pero también en Servio Aucto, *causa metri*[461], también con la fórmula *propter necessitate metri*[462], o bien *propter metrum*[463], o bien por paráfrasis más largas que lo explicitan[464].

1. Acepción textual
   a) Variante textual
      DON. Ter. Ad. 618: 2 VBI VIDI sunt qui **addant** superuacue 'hanc' et legant 'hanc ubi uidi'.
      SERV. georg. 1, 262: OBTVSI (...) antiqui 'n' *litteram* **addebant**, quod nos propter euphoniam in aliquibus detraximus, ut 'obtusus'; in aliquibus enim remansit, ut 'tunsus'.
      SERV. auct. georg. 1, 277: PALLIDVS ORCVS quia pallidos facit: *nam ipse niger est. Probus 'Orchus' legit, Cornutus vetat aspirationem* ***addendam.*** *Hesiodus Orcum quinta luna dicit natum; Celsus, ut iuris iurandi deum, pallidum dictum, quia iurantes trepidatione pallescunt: nam apud Orcum defunctae animae iurare dicuntur, ne quid suos, quos in vita reliquerunt, contra fata adiuvent.*
   b) Adiciones textuales de secuencias textuales largas
      SERV. Verg. Uita Uergilii 2, 12: Augustus vero, ne tantum opus periret, Tuccam et Varium hac lege iussit emendare, ut superflua demerent, nihil **adderent** tamen: unde et semiplenos eius invenimus versiculos, ut hic cursus fuit, et aliquos detractos, ut in principio; nam ab armis non coepit, sed sic:'Ille ego, qui quondam gracili modulatus avena/ carmen, et egressus silvis vicina coegi/ ut quamvis avido parerent arva colono,/ gratum opus agricolis, at nunc horrentia Martis/ arma virumque cano'.
      SERV. Aen. 6, 165: MARTEMQVE ACCENDERE CANTV hemistichium hoc dicitur **addidisse** dum recitat.
      COMMENT. Lucan. 1, 1: BELLA (hos VII uersus primos dicitur Seneca ex suo **addidisse**, ut quidam uolunt auunculus Lucani, ut quidam uolunt frater, ne uideretur liber ex abrupto inchoare dicendo QVIS FVROR).
      ADNOT. Lucan. 1, 1: BELLA PER EMATHIOS hos versus primos VII Seneca dicitur **addidisse**, ut quidam volunt avunculus Lucani, ut quidam frater.

459 SERV. auct. Aen. 5, 404; CLAVD. DON. Aen. 4, 672.
460 DON. Ter. Ad. 262, 9.
461 SERV. Aen. 3, 603.
462 COMMENT. Lucan. 7, 633.
463 SERV. Aen. 7, 717.
464 SERV. Aen. 5, 299.

c) Adiciones problemáticas textualmente

DON. Ter. Ad. 268: 1 EGO ILLAM HERCLE VERO OMITTO apparet nunc non primum dici Ctesiphoni ab Aeschino 'omitte tristitiam' nec nunc primum responsum 'omitto', sed ideo **additum** 'hercle uero', quia nunc demum data est plena securitas.

DON. Ter. Ad. 315: 2 VAH QVIBVS ILLVM LACERAREM (...) 3 *Et* nota, **cum** 'Syrum' dixerit, **addidisse** de supercilio rursus 'illum'.

DON. Ter. Ad. 409: LACRIMOR PRAE GAVDIO immoderata laetitia et maxime parentum lacrimas habet. recte ergo **additum** 'gaudio', quia solum 'lacrimor' maerorem significat.

DON. Ter. Ad. 618: 1 NAM VT HINC FORTE AD OBSTETRICEM ERAT MISSA apparet inter cetera anum dixisse, ad obstetricem se missam. *an ultro hoc suspicatus est Aeschinus?* 'hinc' autem **addendo** ostendit se ante fores Sostratae stare, ut alibi (And. 70) 'ex Andro commigrauit huc uiciniae'. 2 VBI VIDI sunt qui **addant** superuacue 'hanc' et legant 'hanc ubi uidi'.

DON. Ter. Ad. 690: 3 SI TE IPSVM MIHI PVDVIT DICERE 'puduit dicere' optime **additum** est, quasi non debuerit Aeschinum apud Micionem pudere.

DON. Ter. Ad. 755: 3 ATQVE VTI DECET HILAREM ET LIBENTEM bene **addidit** 'et libentem': multi enim hilares simulantes se non libentes sunt.

DON. Ter. Ad. 983: FACIET ne quid negatum in fine fabulae uideatur, **addidit** Demea 'faciet'.

DON. Ter. Ad. 994: 1 HAEC REPREHENDERE ET CORRIGERE ET OBSECVNDARE IN LOCO (...) alii 'secundare' obsequi dictum putant et ideo **additum** 'in loco', quasi non semper faciendum sit.

DON. Ter. Andr. prologus 8: **7** ANIMADVERTITE legitur et attenditeunde. manifestum est et 'attendite' et 'aduertite' non esse plenum, nisi **addideris** 'animum'.

DON. Ter. Andr. 37: 3 Et MIHI ἔμφασιν habet: quod mihi libertus factus sis, non filio. 4 Aut ideo mihi **additum** quia libertus ad aliquid dicitur. 5 MIHI bene mihi ne pertimesceret filium, cui nec liberti munus.

DON. Ter., Andr. 353: TVVS PATER MODO ME PREHENDIT pro 'prendit': **addita** aspiratione geminauit syllabam.

DON. Ter. Andr. 614: NEC QVID NVNC ME FACIAM S(CIO) nos quid faciam, ueteres autem 'me' **addebant.**

DON. Ter. Eun. 87: CVR NON RECTA INTROIBAS quasi parum fuerit 'introibas', satis mire **additum** 'recta'.

DON. Ter. Eun. 192: 1 CVM MILITE ISTO 'isto' bene **additum** quasi odioso, ut alibi (Ad. 754) 'iam uero mitte, Demea, tuam istanc iracundiam' et Vergilius (Aen. 9, 94) 'aut quid petis istis?' haec enim pronomina spernentis sunt odiumque monstrantis.

Don. Ter. Phorm. 88: EX ADVERSVM EI LOCO legitur et illico. et annotatur 'ex abundanti **additum** ut apud ueteres multa sunt'.

Serv. georg. 1, 469: ET AEQVORA PONTI non sine causa **addidit** 'ponti', quia sunt et campi aequora, ut (I 50) "ac prius ignotum ferro quam scindimus aequor".

Serv. auct. georg. 1, 102: NVLLO TANTVM SE MOESIA CVLTV IACTAT (...) *ergo potest et hic sensus esse, ut sit: cum ea sit anni temperies, ut hiemps serena sit et solstitium umidum, fructus optime provenire; haec autem adeo esse agris necessaria, ut sine his ne illi quidem fecundissimi Moesiae agri responsuri sint opinioni fertilitatis, quae de his habetur. 'Moesia cultu' autem ideo* ***addidit****, tamquam diceret : (...).*

Serv. auct. georg. 1, 185: *POPVLATQVE veteres 'populo' 'munero' 'aucupo' 'lucto' dicebant, nos* ***addita*** *'r' littera pronuntiamus.*

Serv. Aen. 2, 173–174: SALSVS SVDOR bene **addidit** 'salsus', ut significaret laborem futurum, ne forte alter in simulacro *quilibet* umor intellegeretur. *SALSVS SVDOR] indicium commoti numinis fuisse dicitur. Probo sane displicet 'salsus sudor', et supervacue positum videtur. hoc autem Ennius de lamis dixit.*

Serv. Aen. 1, 518: CVNCTI NAM LECTI NAVIBUS bene **addidit** 'lecti', ne penitus omnes intellegeres. nonnulli tamen 'lectis navibus' legunt: quod et si sit, hypallage est, et illuc sensus recurrit. et sciendum, plerumque ut hoc loco addi aliquid generalitati et fieri specialitatem. item si dicas 'omnes scolastici laborant', generalitas est; si addas 'isti', fit specialitas, ut Sallustius "transgressos omnis recipit mons Balleia" prudenter **addidit** 'transgressos'.

Serv. Aen. 4, 42: LATEQVE FVRENTES BARCAEI hi prope sunt a Carthagine: unde **addidit** 'late furentes'. hi secundum Titianum in chorographia Phoenicen navali quondam superavere certamine. Barce autem civitas est Pentapoleos, quae hodie Ptolomais dicitur: nam Cyrene et Barce reginae fuerunt, quae singulis dederunt civitatibus nomina. *sed hoc per prolepsin dictum est.*

Serv. auct. Aen. 4, 327: *SI QVA MIHI DE TE et SI QVIS MIHI PARVVLVS 'qua' et 'si quis'* ***addita*** *putantur: nam integrum est 'si suscepta fuisset ante fugam suboles, et mihi parvulus aula luderet Aeneas'.*

Serv. auct. 4, 356: INTERPRES DIVVM Ἑρμῆς: expressit verbum de verbo. *sed hic 'interpres' pro nuntio posuit: et ne forte fingere putaretur,* ***addidit*** *'testor utrumque caput'. deinde multa cum adfirmatione hoc agit, dicendo 'ipse deum manifesto in lumine vidi', non ab alio dictum; et 'lumine', non in tenebris, non per quietem: omnia tamen haec per translationem aguntur.*

Serv. Aen. 9, 707: EVBOICO BAIARVM LITORE bene 'Baiarum' **addidit**, ne Euboeam insulam intellegeremus, unde Chalcidenses venerunt, qui condiderunt Cumas, quae sunt Bais vicinae. *Postumius de adventu Aeneae et Lutatius communium historiarum Boiam Euximi comitis*

Aeneae nutricem, et ab eius nomine Boias vocatas dicunt: veteres tamen portum Baias dixisse. Varro a Baio Vlixis comite, qui illic sepultus est, Baias dictas tradit.

SERV. auct. 12, 906: *VIRI mire 'viri'* ***addidit,*** *quasi propter rationem eius, qui languide iecerat, ut ipse lapis sine effectu fuerit: ut si dixisset, talis est vir qualem descripsi.*

CLAVD. DON. Aen., 5, 835**:** *iamque fere mediam caeli nox umida metam contigerat:* iam forte media nox agebatur, pars quippe eius iam fuerat transacta. idcirco **addidit** fere, ut aestimantis potius esset quam definite pronuntiantis; esset enim vitium poetae, si noctis tempus, quod liquido dici non poterat, pro manifesto et cognito poneretur *placida laxabant membra quiete sub remis fusi per dura sedilia nautae:*

2. *Distinctio*

a) Secuencias

DON. Ter. Eun. 1079: 8 FATVVS EST INSVLSVS haec quae nunc **addit** non ex superioribus pendent. (...) FATVVS EST INSVLSVS haec bene **adduntur,** quia <quod> dixit 'et habet quod det et dat nemo largius', ad eam rem ualebat, ut amaretur miles a meretrice et praeponendus esset omnibus: sed ingrata sunt mulierculis maximeque lasciuis haec omnia quae subiecit.

SERV. Aen. 5, 404: ANIMI TANTORVM *hic distinguendum:* hoc est virorum fortium, *quos aequum non erat magna mirari.* unde **addidit** 'ante omnes stupet ipse Dares': nam stultum est dicere 'tantorum boum', cum dixerit septem.

SERV. auct. Aen. 8, 131: MEA ME VIRTVS haec adrogatio ad honorem Euandri pertinet. *et sane paulo adrogantius videretur virtutem suam laudasse, nisi deorum oracula et fata coniungeret. deinde ut Euandro blandiretur, 'tua' inquit 'terris dedita fama'. et ut in audientis mente remaneret, in ultimo* ***addidit*** *'et fatis egere volentem'. sed hic singula distinguenda, ut maior sit enumeratio.*

CLAVD. DON. Aen. 4, 672: *audiit*: hic distinguendum est, dehinc **addendum** *exanimis trepidoque exterrita cursu, unguibus ora soror foedans et pectora pugnis per medios ruit ac morientem nomine clamat.* audiit et cum audisset sororis interitum, soror exanimis facta advolavit turbata ferali nuntio et morientem vocare coepit nomine suo. idcirco separandum diximus audiit, quia multi audiit exanimis pronuntiant, quod contra est.

Ps. ASCON. Cic. Verr. II, 2, 34: "Si quid perperam iudicarit senatus". Multi subdistinguunt et separatim **addunt** "senatus", ut quasi per interrogationem ostendat ne senatui quidem cuiusquam civitatis in potestate fuiste iudicare quod senserat.

b) Exclamación

Don. Ter. Ad. 262, 9: 1 QVIN OMNIA admiratiue **additum** 'quin' et sic pronuntiandum.

3. Métrica

Don. Ter. Ad. 27: 3 IERANT 'ierant' producta <I> pronuntiandum, quod nos **addita** V 'iuerant' dicimus. tale est illud Vergilii (Aen. 2, 25) 'nos abiisse rati et uento petiisse Mycenas'.

Serv. Aen. 3, 603: PETIISSE causa metri **addidit** syllabam, ut <2, 25> "nos abiisse rati et vento petiisse Mycenas".

Serv. auct. Aen. 4, 360: *QVERELLIS 'l' litteram metri causa* ***addidit:*** *nam 'querela' dicitur, quia 'querulus' facit: hoc modo et 'loquela', 'suadela'.*

Serv. Aen. 5, 299: TEGEAEAE tegeaeae si derivativum fuerit 'de' non sequitur; si 'Tegeae' legerimus, non stat versus, nisi **addita** 'de' syllaba. derivativum autem ille indicat locus <8, 459> "tunc lateri atque umeris Tegeaeum subligat ensem" . et Tegeum oppidum est Arcadiae, *a Tegeo Arcadis filio.*

Serv. Aen. 5, 457: NVNC ILLE SINISTRA 'ille' vacat: nam metri causa **additum est:** de ipso enim dicit, ut 'creber utraque manu pulsat versatque Dareta'.

Serv. Aen. 7, 717: INFAVSTUM INTERLVIT Allia nomen Allia fluvius haud longe ab urbe est. iuxta quem Galli Brenno duce, XV. Kal. avg. die deleto exercitu, post triduum deleverunt etiam urbem excepto Capitolio. sane 'Allia' **additum** unum 'l' propter metrum, ut 'relliquias'. Lucanus bene posuit "quas Aliae clades" <7.633>.

Serv. Aen. 8, 27: ALITVVM pro 'alitum', sed metri causa, ut diximus supra <VI 653>, **addidit** syllabam.

Serv. Aen. 8, 646: PORSENNA unum 'n' **addidit** metri causa: unde et paenultimae datus accentus est: nam Porsena dictus est: Martialis <I 21, 6> hanc spectare manum Porsena non potuit.

Comment. Lucan. 7, 633 : QVAS ALIAE CLADES Alia fluuius haut longe ab urbe est. iuxta quem Galli Brenno duce XV kalendas augustas deleto exercitu post triduum etiam urbem uastauerunt excepto Capitolio. Sane 'Alia' dicitur sicut hic: nam Virgilius propter necessitatem metri unum L **addidit**, sicut 'relliquias'. hoc Sergius ita exposuit conmentator Virgili.

Adnotare

B: TLL s.v. 'adnoto' 1.0.783.58–1.0.785.44 (Vollmer, 1901); Jocelyn (1984, 1985, 1985a); Timpanaro (1986: 42–46); Kaster (1995: 261–262); Diederich (1997: 193); Steinova (2015: 439); Zetzel (2018: 71–72, 95, 108, 129–30, 132, 148, 153, 205, 208).

Suetonio describe la actividad del gramático Marco Valerio Probo como sigue: *multaque exemplaria contracta emendare et distinguere et annotare curauit*[465]. Tradicionalmente se atribuyó esta actividad a Aristarco. En efecto, el propio Porfirión[466], que coincide con el *Anecdoton Parisinum*[467], ofrece una aclaración en cuanto a las labores de Aristarco con el texto de Homero. En el ámbito romano, las ocurrencias de este lema en Servio Aucto están casi todas vinculadas al gramático Probo[468], en menor número hay ocurrencias que vinculan esta actividad a Aspro[469]. En cuanto a otros *corpora* de escolios, cabe mencionar que los *Scholia Veronensia* también adjudican esta actividad a gramáticos concretos: Cornuto, Probo y Aspro[470]. Donato, por su parte, ofrece dos usos relevantes, pues, por una parte, suele referirse a este proceso en cuanto a parte de su actividad, usando incluso la primera persona del plural *adnotauimus*[471]; por otra parte, también relaciona esta actividad con Probo[472], y luego con unos *critici*[473], si bien se trata de comentarios de tipo estilístico e interpretativos. Es menester también mencionar que el uso de *critici*, siempre en plural en la literatura escoliástica y comentarística, aparece relacionado con el verbo *adnotare* o *notare*. Esto permite también indagar hasta qué punto estos dos verbos son usados de manera muy similar por Servio, no por Servio Aucto —quien parece presentar una debilidad por *adnotare*—, si bien una vez usa también Servio Aucto *notare*[474].

En cuanto a la actividad que podría referir, por lo general se ha entendido como el proceso de poner notas junto al texto[475]. Este significado resulta a menudo ambiguo con el proceso de llevar a término una lectura explicada, aclarada y contrastada de la obra de un autor, tal y como puede observarse en la acepción I del TLL *ex vario variorum technicorum usu haec fere latius patuere: de enarrando explicando libros*[476]. Se incluye en esta acepción, por ejemplo, un uso que remite a

465 Svet. gramm. 24, 2.
466 Porph. Hor. ars 450.
467 Not. Svet. Gramm. vii 535, 13.
468 Serv. auct. Aen. 1, 21; Aen. 4, 418; Aen. 12, 605.
469 Serv. auct. Aen. 10, 673, y a Cornuto, Serv. auct. Aen. 9, 348.
470 Schol. Veron. Aen. 5, 488; 9, 368; 9, 402.
471 Don. Ter. Andr. 946, Eun. 365, Hec. 383.
472 Don. Ter. Phorm. 49, 3.
473 Don. Ter. Andr. 808,
474 Serv. auct. Aen. 8, 731.
475 Jocelyn (1984, 1985, 1995[a]); Kaster (1995: 261).
476 Vollmer (1901: *ad loc.*).

algún tipo de actividad que no se limitaría a esta mera lectura explicativa, sino que incluiría cierto tipo de actividad de anotación a la cual haría referencia el *duo versus in Probi adpuncti sunt*[477], y que iría a su vez seguido de una aclaración que podría significar la anotación que se añadía en este comentario. Este proceso aclaratorio, con la explicación que se encontraba en una hipotética nota, se repite en otros escolios de Servio Aucto[478], y en otro de Donato[479]. La explicación del proceso de adnotación resulta muy reveladora, pues llega incluso a indicar el carácter espúreo de un verso en Servio Aucto[480], y suele remitir a casos en los que la tradición textual presenta dificultades. Esta conexión, aunque débil, pues Donato ofrece solo un ejemplo en el que se añade la explicación, podría contribuir a reforzar la hipótesis de que Pierre Daniel habría podido trabajar con el comentario de Elio Donato a Virgilio por esta similitud metodológica.

Estas ocurrencias pertenecientes a la literatura escoliástica y comentarística, que están relacionadas con ocurrencias no solo textuales, sino también, por ejemplo, con el establecimiento de *distinctiones*, pueden hacer pensar que este tipo de actividad, el establecimiento de separaciones o pausas, ya sea de palabras o de secuencias, era evidenciado con notas, es decir, con señales o marcas en el texto.

Junto con las ocurrencias de la literatura escoliástica, hay un grupo de ocurrencias pertenecientes a las *subscriptiones*, esto es, el grupo de paratextos que en pleno renacimiento pagano fueron añadidos en los manuscritos de autores prominentes de la literatura latina para dejar testimonio de una actividad de revisión de los textos. Las tres ocurrencias que aquí aparecen acompañan al texto de las *Sátiras* de Persio. Resulta destacable cómo se recalca que este proceso fue realizado *sine antigrapho*, es decir, sin contrastar la lectura con la del manuscrito original del autor.

1. Acepción textual. Adnotación y problemas.

 PORPH. Hor. sat. 1, 10, 18: *Neque simius iste:* **Adnotandum,** <quod,> cum uulgo receptum sit 'simiam' tantum dici debere, 'simium' dixit.

 PORPH. Hor. sat. 2, 3, 317: *Num tantum, sufflans:* **Adnotandum** tantum pro 'tam' positum, id est: tam magna.

 DON. Ter. Phorm. 88: EX ADVERSVM EI LOCO legitur et illico. et **annotatur** 'ex abundanti additum, ut apud ueteres multa sunt'.

 SERV. auct. Aen. 1, 21: *LATE REGEM pro late regnaturum, nomen pro participio. quidam hoc δημοκρατικῶς intellegunt. et 'hinc populum late regem belloque superbum venturum excidio Libyae sic volvere parcas' in Probi adpuncti sunt et* ***adnotatum*** *"hi duo si eximantur, nihilo minus sensus integer erit". sed Vergilius amat aliud agens exire in laudes populi Romani.*

---

477 SERV. auct. 1, 21.
478 SERV. auct. 4, 418; 9, 348; 10, 637; 12, 706.
479 DON. Ter. Phorm. 88.
480 SERV. auct. Aen. 4, 418.

Serv. auct. Aen. 4, 418: ET LAETI NAVTAE id est *aut* minime timentes: *aut adeo non necessitate, nec iussu abeunt, sed volentes. et hoc aut ad spem retinendi, aut ad indignationem commovendam dictum est. et sicut supra, prope ad invidiam Annae loquitur, ut et alibi "tu prima furentem his germana malis". Probus sane sic* ***adnotavit*** *"si hunc versum omitteret, melius fecisset".*

Serv. auct. Aen. 9, 348: ET MVLTA MORTE RECEPIT PVRPVREVM (...) *vel secundum Homerum * * * Cornutus 'nocte' legit et* ***adnotavit*** *"utrum 'nocte' pro morte, an cum multa nox esset?"*

Serv. auct. Aen. 10, 673: *QVOSVE NEFAS Asper 'quosne' legit et* ***adnotavit*** *'ne' pro 've', quasi expletiva particula.*

Serv. auct. Aen. 12, 605: FLAVOS LAVINIA CRINES antiqua lectio 'floros' habuit, id est florulentos, pulchros: et est sermo Ennianus. *Probus sic* ***adnotavit****: neotericum erat 'flavos', ergo bene 'floros': nam sequitur 'et roseas laniata genas': Accius in Bacchis 'nam flori crines, video, ei propessi iacent', in iisdem 'et lanugo flora nunc demum inrigat', Pacuvius Antiopa 'cervicum floros dispergite crines'.*

Don. Ter. Andr. 808: NVMQVAM HVC TETVLISSEM PEDEM Vergilius (Aen. II 657 – 58) 'me ne efferre pedem, g(enitor), t(e) p(osse) r(elicto) s(perasti)' et (Geo. I 11) 'ferte simul f(auni)(que) p(edem) d(ryades) q(ue) p(uellae)' sed critici **adnotant** altius esse charactere comico 'tetulissem pedem'.

Don. Ter. Phorm. 49: 3 VBI INITIABVNT legitur apud Varronem initiari pueros Eduliae et Poticae et Cubae, dis edendi et potandi et cubandi, ubi primum a lacte et a cunis transierint; quod Vergilius (Ecl. 4, 63) 'nec deus hunc mensa, dea nec dignata cubili est'. hoc **annotauit** Probus; sed Terentius Apollodorum sequitur, apud quem legitur initiis Samothracum a certo tempore pueros imbui more Atheniensium, quod ut in palliata probandum est magis.

Schol. Veron. Aen. 5, 488. Long.: **adnotat** Cornutus quod indecenter sacram matri suae avem sagittis figendam constituerit; sed videlicet Homerum (Il. 23, 853sqq.) secutus est. Sed et eodem modo quamcunque aliam avem expositam queri potuit, quia singular genera alitum diis quibuscumque sacrata sunt. Praeterea columbae in tutela sunt.......a..er..ati magna quae....quia ...ratae quod leones Matris Magnae, contra deam faciet, qui leonem occiderit, nisi qui forte fuerit sacratus.

Schol. Veron. Aen. 9, 368: PRAEMISSI EQVITES. Neque alio loco ostendit illos a Turno missos. Hoc loco **adnotat** Probus et Sulpicius contrarium illi esse: Saepsit se tectis rerumque reliquit habenas. (A.7, 600).

Schol. Veron. Aen. 9, 402: Asp. **adnotandum**...........s.........vex..u.ns...... eam......ue.......qi........quae in metro..promn...i.....untes.....facit ; ergo hic **adnotemus** adfectatam structuram, quod loci...............................ora... spar orationis adquiri, ut: Luctus ubique pavorque et plurima mortis imago (A. 2, 369) et: Pingue superque oleum infundens ardentibus extis. (A.6, 254)

SVBSCR. Pers. sat. 4a: FLAUII• IUL• TRE• NN• SABINI• UI POTECTOR DOMESTICUS TEMPTAUI EMENDARE SINE ANTIGRAPHO MEU ET **ADNOTAUI** BARCELLONE CSS DO• NN• ARCKADIO ET HONORIO Q

SVBSCR. Pers. sat. 4b: FL. FL.• IUL• TRE• NN• SABINI• UI PROTECTOR DOMESTICUS TEPTAUI EMDARE SINE ANTIGRAPHO MEU ET **ADNOTAUI** BARCELLONE CSS DO• NN• ARCHADIO ET HONORIO Q

SVBSCR. Pers. sat. 5: Flavius Iulius Tryfonianus Sabinus v.c. protectos domesticus temptavi emendare sine antigrapho meum et **adnotavi** Barcellone coss. Dd. Nn. Arcadio et Honorio V.

2. *Distinctio*

DON. Ter. Ad. 927: 2 COLERE ADIVVARE ADIVNGERE 'colere' ad Syrum pertinet, 'adiuuare' ad Hegionem, 'adiungere' ad Sostratam. 3 *Et* **adnotandum** coli a superiore, ut (Verg. Aen. I 16) 'posthabita c(oluisse) S(amo)'.

3. Métrica

DON. Ter. Andr. 300: CAVE **adnotant** quidam 'caue' hic corripiendum esse.

4. Morfosintaxis

PORPH. Hor. carm. 2, 11, 16: *Assyriaque nardo p. u.:* (...) Et **adnotandum** hic quoque nardum feminino genere dici, sicuti supra. ||

PORPH. Hor. epod. 17, 48: *nouemdialis dissipare pulueris:* Cineres reliquiarum uult intellegi. Nam nouemdiale dicitur sacrificium, quod mortuis fit nona die, qua sepultur<a> est. Nec illud sine amaritudine est in superiore uersu, quod anum illam appellet, quae adhuc amari uelit. Et **adnotandum** pluraliter dixisse pulueres.

DON. Ter. Andr. 946: [*Et*] GAVDERE supra (v. 36) **adnotauimus:** nostris gaudere, alienis gratulari. . Sallustius (Hist. I fr. 89 M.) 'et ei u. m. u. g.' plus est ergo gaudere quam laetari.

SCHOL. Veron. ecl. 3, 30. BIS VENIT AD MVLCTRAM. **Adnotandum,** quod hic 'mulctram' feminino genere posuerit, cum alibi neutro: Inplebunt mulctraria vaccae. (*G.* 3, 177). Hoc autem est ex illo Theocriti: μόσχον ἐγὼ θησῶ· τὺ δὲ θὲς ἰσομάτορα ἀμνόν. (Theocr. *Id.* 8, 14) et reliqua.

SCHOL. BOB. Cic. Flacc. Fragm. 6: *Nullam in re familiari sordem.* Notabile hoc, quod singulari numero sordem dixit, cum de moribus ad cupiditatem pecuniae promtioribus secundum numerum pluralem consuetudo celeberrima sit sordes dicere. Hoc igitur de verbis rarioribus **adnotemus**.

SCHOL. BOB. Cic. Planc. 68: *Quamquam dissimilis est pecuniae debitio et gratiae:* .... qui adgreditur, quae proficient et ad coniecturae statum et ad [illum] compensativum. Nam ... valebit gratia ipsius Ciceronis et eorum, qui propter illum Plancio fuerunt adiumento ad impetrandam aedilitatem. Nec non etiam per hoc ... id est compensatio implebitur, ut iudices reo maxime prodesse patiantur ad inpunitatem praesentis huiusce discriminis ea beneficia, quae Ciceroni praebuerit exolanti, ut haberet in integro civem patria, quem reposceret. Verbum hoc quoque non incuriose **adnotemus**, quod debitionem pecuniae dixit.

Adnotatio, -onis

B: TLL s. v. 'adnotatio' 1.0.783.11–49 (Vollmer, 1901); Steinova (2015: 434, 443, 449, 451); Zetzel (2018: 22, 72).

Este lema tiene una única ocurrencia en toda la literatura escoliástica, considerada dudosa desde la edición de Estacio de Caspar von Barth[481]. En esa edición, que iba acompañada de comentarios antiguos a los cuales Caspar von Barth sumó los propios[482], Barth consideró que había que tomar desde *quam* hasta *commemorat* como una glosa. Jahnke, en cambio, en su edición de los comentarios elimina los corchetes y considera de esta manera *adnotatio* como parte del texto[483]. Sweeney, en la última edición del *Comentario*, no solo considera *adnotatione* como una glosa, sino que amplía el inicio del corchete a *tetigit*[484]. Van De Woestijne en su edición del códice más antiguo que conserva los escolios de Estacio a la *Tebaida*, el códice Valentinianus 394, de alrededor de los siglos IX y X, muestra cómo no aparecen estos versos de la *adnotatio*[485]. Se trate o no de una glosa posterior, parece claro que hace referencia a un comentario posterior y que se lo denomina *adnotatio*.

Podría también resultar un ejemplo ilustrativo de lo que constituye la labor de *adnotare:* escribir comentarios a un texto para aclarar su significado en una época más tardía. Es decir un sinónimo de comentario, escolio, nota. En Pseudo Acrón se encuentra una ocurrencia en la que *nota* aparece con un uso similar al de la *adnotatio* de Lactancio Plácido[486]. Es preciso destacar también el título de la obra de las *Adnotationes super Lucanum*, cuyo contenido consiste en breves comentarios aclaratorios del texto con un carácter fundamentalmente lexicográfico.

1. Textual

   Lact. Plac. Stat. Theb. 4, 515: (ET TVRBARE HECTAEN) NI TE THYMBRAEE VERERER bene: licet magicam faceret, honorem seruauit Apollini. cuius et reuerentia nolle se dicit germanae eius dei inuocationis metu contumeliam facere. [ipsa autem Hecate et Diana dicitur.] [tetigit et philosophice partem sacrorum iuxta picturam, quam inferiore **adnotatione** commemorat].

---

481 von Barth (1664).
482 Sobre Barth y sus métodos, véase Berlincourt (2013: 114–140).
483 Jahnke (1898).
484 Sweeney (1997: ad loc.).
485 Van De Woestijne (1940: 50).
486 Ps. Acro Hor. ars 149.

ALOGVS, -I

B: TLL 1.0.1714.64.1.0.1715.3 (VOLLMER, 1905); JOCELYN (1984: 468); JOCELYN (1985b: 467. 469. 472); KASTER (1988: 191); ZETZEL (1981: 44); STEINOVA (2015: 426 ;447); ZETZEL (2018: 72).

Este término, que proviene del vocabulario de la crítica textual griega, cuenta con un rendimiento muy bajo en la lengua latina. *Alogus*, como sustantivo de género masculino, alude a una nota crítica, un *signum* según se lee en el *Anecdoton Parisinum, alo[n]gus*[487], o una *nota* según se lee en los *Hermeneumata* de Pseudo Dositeo, *Alogus nota est in libris*[488], que se coloca junto al texto para indicar que hay algún tipo de error, como indica Isidoro[489]: *alogus nota ad mendas adhibetur.*

Si bien hay una sola ocurrencia en la literatura escoliástica, esta resulta significativa, pues está asociada al gramático Probo, al cual Suetonio atribuye entre sus labores principales la de *adnotare*, y en esa medida podría hacer referencia a uno de los símbolos utilizados por este gramático al realizar esta actividad con los textos. Cabe destacar el nivel de corrupción textual y de múltiples interpretaciones que ha suscitado esta última parte del escolio por lo que se refiere a la corrupción y al mismo *alogus.*

1. Acepción textual

   SERV. Aen. 10, 444: AEQVORE IVSSO pro 'ipsi iussi'. et est usurpatum participium: nam 'iubeor' non dicimus, unde potest venire 'iussus'. sic ergo hic participium usurpavit, ut Horatius verbum, dicens "haec ego procurare et idoneus imperor et non invitus". ergo satis licenter dictum est, adeo ut huic loco Probus [hic corruptum] alogum **adposuerit.**

---

487 NOT. SVET. Gramm. VII 534, 3.

488 GLOSS. III, 509,60.

489 ISID. Orig. 1, 21, 27.

Bene

B: TLL s. v. 'bonus' 2.0.2079.21–2.0.2127.11 (Sinko,1906); Jakobi (1996: 6, 68, 107, 109, 293); Uhl (1998: 298); Diederich (1999: 253); Buongiovanni (2014).

En la literatura escoliástica y comentarística latina de época tardoantigua, aparecen ciertos adverbios que acompañan verbos que sugieren la interpretación del escolio o comentario en clave de intervención textual, pues hay huellas en la transmisión textual de variantes. Se trata de verbos más generales como *dico*[490], siempre contrastados con una vacilación en la transmisión textual. En este espectro semántico poco concreto, *aio* apenas es usado por Servio[491], quien claramente muestra una preferencia por *dico*, pero lo suple algunas veces Servio Aucto[492], para aclarar explicaciones. Otros verbos de tipo general son *utor* y *pono*. Este último es especialmente fructífero en Tiberio Claudio Donato[493]. Otras veces se trata de verbos que implican una intervención en el texto más marcada como *addo*[494], *lego*[495], y, a veces, aparecen incluso combinados[496]. Resulta destacable que, por ejemplo, en Servio[497], esta acción de *bene addidit* sea contrarrestada por Servio Danielino aduciendo la autoridad de Probo y que, además, este verso desaparezca por completo en el códice Vaticano de Virgilio.

En esta acepción textual, no obstante, la mayoría de ocurrencias aparece sin verbo, simplemente confirmando una lectura, que ha dejado variantes discordantes no solo en los manuscritos de los textos de los autores comentados, sino también entre los distintos *corpora* de escolios. Así pues, esta alineación permite establecer relaciones entre estos: hay diversos casos en los que las lecturas de Porfirión se oponen a las de Pseudo-Acrón[498], o, en cambio, se presentan alineadas a Elio Donato y a Servio[499], o a Donato con Eugrafio[500], o a Servio con Tiberio Claudio Donato[501]. Hay otros casos en los que se establece un diálogo con gramáticos como el Pseudo-Probo[502], con el *De compendiosa doctrina* de Nonio[503], o con

490 Ps. Acro Hor. epod. 2, 19; Porph. Hor. sat. 1, 2, 73–74; Don. Ter. Ad. 70; Serv. auct. Aen. 2, 800; Serv. Aen. 9, 454.
491 Serv. Aen. 12, 603.
492 Serv. Aen. 6, 56; 57.
493 Clavd. Don. Aen. 5, 446–449 ; Aen. 8, 406.
494 Serv. Aen. 1, 518; 2, 173–174.
495 Serv. auct. Aen. 3, 75.
496 Serv. Aen. 1, 518.
497 Serv. Aen. 2, 173–174.
498 Porph. Hor. epist. 2, 2, 216.
499 Don. Ter. Ad. 907.
500 Don. Ter. Phorm. 164.
501 Serv. Aen. 1, 518.
502 Serv. auct. georg. 1, 251.
503 Don. Ter. Andr. 855.

los *Saturnalia* de Macrobio[504], o, incluso, en el seno del propio escolio[505], existen discordancias con los lemas más antiguos, con anotaciones en los manuscritos y con el texto del propio comentario.

En cuanto al ámbito de las *distinctiones*, resulta destacable que el campo semántico de palabras que rodean el *bene* está claramente relacionado con el establecimiento de pausas. Las *distinctiones* pueden aparecer en una secuencia con *subdistinguere*[506], con *separare*[507], con una mención a Donato[508], como también como una forma de determinar la entonación con la que debe pronunciarse una secuencia, ya sea interrogativamente con *interrogat*[509], ya sea exclamativamente: una *abrupta exclamatio*[510], o *exclamare*[511].

En cuanto al ámbito de la métrica, *bene* aparece en relación con síncopas[512], o con la reducción[513], entre otras pocas ocurrencias.

En cuanto al ámbito de la morfosintaxis, sucede algo parecido a la acepción anterior y el *bene* aparece junto con vocabulario técnico de la terminología gramatical, como verbos frecuentativos[514], uso del plural[515], tiempos verbales de pretérito perfecto[516], dudas de ablativos de la tercera declinación en -e o en -i[517].

1. Acepción textual

Ps. Acro Hor. epod. 2, 19: INSITIVA DECERPENS PIRA] Proprii laboris fructum, ut (Verg. ecl. 9, 50): "Insere, Dapbni, piros". **Bene** dixit 'insitiua', quia de semine nata degenerant.

Ps. Acro Hor. carm. 2, 16, 2: PRENSVS] **Bene** 'prensus', tamquam furtum nauigans faciat insidiatus sereno.

Ps. Acro Hor. sat. 2, 7, 15: § Iusta] **Bene** 'iusta', quae eius puniret insaniam

Porph. Hor. epist. 2, 1, 268: *Capsa porrectus:* **Bene** porrectus, et 'in capsa operta', quasi mortuus in feretro.

Porph. Hor. epist. 2, 2, 183: *Alter fratrum*: **Bene** fratrum. Haec res enim facit, ut mirum sit dissimile<s> esse.

---

504 Serv. Aen. 9, 474.
505 Schol. uet. Iuv. 8, 93.
506 Serv. auct. Aen. 2, 604.
507 Ps. Ascon. Cic. Verr. I, 55.
508 Serv. ecl. 2, 17.
509 Don. Ter. Eun. 994.
510 Porph. Hor. epod. 5, 1.
511 Serv. auct. Aen. 2, 361.
512 Serv. auct. Aen. 1, 200.
513 Serv. auct. Aen. 12, 298.
514 Serv. Aen. 4, 3.
515 Serv. Aen. 6, 286.
516 Serv. Aen. 3, 327; 11, 189.
517 Serv. Aen. 9, 467.

PORPH. Hor. epist. 2, 2, 216: *Rideat et pulset:* **Bene** adiectum pulset, id quod peius est.

PORPH. Hor. sat. 1, 2, 73–74: *At quanto meliora monet pugnantique istis diues opis natura suae*: *quanto* meliora monet, quam quae tu e natura aestimas. **Bene** autem dicta [dicta] 'diues opis suae' natura, quoniam, quantum est in ipsa, non denegat uoluptatem simpliciter quaesitam.

PORPH. Hor. sat. 2, 2, 40–41: *At uos, praesentes Austri:* **Bene** 'praesentes', sicut deos praesentes†. quim uocare dicitur.

DON. Ter. Ad. 70: 3 TANTISPER CAVET 'peccare' subaudiendum, nam totum ἐλλειπτικῶς et obscure dictum est. 4 *Et* **bene** 'cauet' dicit quasi malo.

DON. Ter. Ad. 573: 2 HANC DEORSVM **bene** 'hanc deorsum', quia non est una.

DON. Ter. Ad. 755 (756): 3 ATQVE VTI DECET HILAREM ET LIBENTEM **bene** addidit 'et libentem': multi enim hilares simulantes se non libentes sunt.

DON. Ter. Ad. 907: 9 TVRBAS LAMPADAS TIBICINAS **bene** totum pluraliter, ut qui reprehendit sic multa. Plautus (Curc. 546) "quid tu mihi parasitos, luscos, quid summanos somnias?" haec igitur uultu pronuntianda sunt, ut appareat ea displicere dicenti.

DON. Ter. Andr. 37: 3 *Et* MIHI ἔμφασιν habet: quod 'mihi' libertus factus sis, non filio. 4 Aut ideo 'mihi' additum, quia 'libertus' ad aliquid dicitur. 5 MIHI **bene** 'mihi', ne pertimesceret filium, cui nec liberti munus debebat.

DON. Ter. Andr. 347: MEA QVIDEM HERCLE C. certa sententia est: uidetur Charinus plus dixisse 'interii' quam Pamphilus 'mea quidem hercle c. in d. u. e.', sed non est hoc; plus enim Pamphilus dixit. nam qui uiuit, non potest interisse, is autem qui uiuit, potest in dubio uitam habere. ideo et iurauit 'hercle' et adfirmans iusiurandum 'certe' addidit. 2 HERCLE CERTE **bene** 'certe', quasi illud 'interii' falsum sit. ita Pamphilus plus fecit periturum se esse dicendo quam Charinus interisse.

DON. Ter. Andr. 367: 2 OPINOR NARRAS **bene** a prima ad secundam personam.

DON. Ter. Andr. 471: 1 HAEC PRIMVM ADFERTVR IAM MIHI satis se sagacem senex ostendit, quando ipsa principia inceptionesque comprehendit. 2 HAEC PRIMVM **bene** 'primum' quasi ex multis, quas parauerat Dauus.

DON. Ter. Andr. 855: 1 NESCIO QVIS SENEX MODO VENIT **bene** 'nescio quis': etenim si notus esset, uideretur gratificari, *id est gratiosus esse testis et minus uerus.*

DON. Ter. Eun. 9: 2 *Et* **bene** 'nunc nuper', ut ex uicinitate facti ostendat nihil esse dicendum, quam displicuerit haec comoedia Luscii Lanuuini, propterea quod res recens sit et omnes meminerint.

DON. Ter. Eun. 192: 1 CVM MILITE ISTO 'isto' **bene** additum quasi odioso, ut alibi (Ad. 754) 'iam uero mitte, Demea, tuam istanc iracundiam' et Vergilius (Aen. 9, 94) 'aut quid petis istis?' haec enim pronomina spernentis sunt odiumque monstrantis.

Don. Ter. Eun. 640: 1 SALTEM HOC LICEBIT **bene** bis dictum 'licet' 'licebit', quasi de re magna loquatur. totum ergo amatorie.

Don. Ter. Eun. 957: 1 NVNC MINATVR P(ORRO) S(ESE) **bene** 'minatur', ut succurri possit ei, qui non sit passus.

Don. Ter. Hec. 182: 1 FVGERE E CONSPECTV ILICO **bene** 'e conspectu', utpote quae caueret grauida intellegi. sed tamen subiungitur 'uidere nolle', ut ignorantia Parmenonis appareat, qui argumentum odiorum credidit, quod Philumena neque uideri iam uellet neque uidere.

Don. Ter. Hec. 334: 1 CAPITI ATQVE AETATI I(LLORVM) **bene** τῷ εὐφημισμῷ maluit 'illorum' quam 'puellae' dicere, quod utique intellegitur.

Don. Ter. Hec. 496: 1 MANE INQVAM QVO ABIS **bene** 'quo abis', quia patrem deseris et uxorem.

Don. Ter. Hec. 527: 2 EX QVI **bene** 'ex qui', quia argumentum impudicitiae est puerperium taciturnum.

Don. Ter. Hec. 630: 1 NE REVEREATVR MINVS **bene** 'reuereatur', ne odisse socrum sed metuere uideatur, et quasi ipsa socrus non odium meruerit sed reuerentiam.

Don. Ter. Phorm. prologus 20: 1 BENEDICTIS SI CERTASSET AV(DISSET) B(ENE) **bene** 'certasset' quia supra (v. 16) dixit 'in medio omnibus palmam esse positam', quasi dicat: quicquid in certamen uenerit, in eo uincendos aemulos esse. 2 SI CERTASSET ἀντὶ τοῦ 'prouocasset': ab eo quod praecedit id quod sequitur. Vergilius (Aen. 1, 548–49) 'nec te certasse priorem paeniteat'.

Don. Ter. Phorm. 164: 1 NAM TVA QVIDEM HERCLE CERTE VITA HAEC **bene** 'certe', quia supra omnia cum εἰρωνεία dixit.

Don. Ter. Phorm. 228:1 MELIORE ET CALLIDIORE **bene** 'meliore et callidiore', quia tunc prolusio fuit, nunc ipsum proelium.

Don. Ter. Phorm. 242: 1 MEDITARI OPORTET SE CVM **bene** additum 'se cum': insaniae enim uidebitur hoc palam agere.

Don. Ter. Phorm. 312: 1 DIVORTAR **bene** 'diuortar' quasi de uia.

Don. Ter. Phorm. 379: 2 MIHI VT RESPONDEAS **bene** 'mihi' utpote patri adulescentis uel domino Getae uel etiam seni.

Don. Ter. Phorm. 414: ATQVE AMITTERE **bene** 'amittere', quia finis cupiditatis amissio est.

Don. Ter. Phorm. 1048: 1 TV TVVM NOMEN DIC **bene** dicit 'tu': interim pronomine utitur, quod non habet nomen.

Serv. Aen. 1, 190: TVM VVLGVS **bene** 'vulgus' ductoribus interemptis. *Ennius "avium vulgus" et alibi "hastarum", id est multitudinem hastarum et avium.*

Serv. Aen. 1, 518: CVNCTI NAM LECTI NAVIBUS **bene** addidit 'lecti', ne penitus omnes intellegeres. nonnulli tamen 'lectis navibus' legunt: quod et si sit, hypallage est, et illuc sensus recurrit. et sciendum, plerumque ut hoc loco addi aliquid generalitati et fieri specialitatem. item si dicas 'omnes scolastici laborant', generalitas est; si addas 'isti', fit specialitas, ut Sallustius “transgressos omnis recipit mons Balleia” prudenter addidit ‘transgressos’.

Serv. auct. Aen. 1, 521: PLACIDO SIC PECTORE COEPIT: more suo uno sermone habitum futurae orationis expressit. ***bene*** *ergo ‘placido’, ne timore consternatus videretur, quem ideo aetate maximum et patientem ostendit, ut ei auctoritas et de aetate et de moribus crescat. ergo ‘placido’ ad placandum apto; et definitio est oratoris, qui talem se debet componere, qualem vult iudicem reddere.*

Serv. auct. Aen. 1, 530: *GRAI COGNOMINE DICVNT* ***bene*** *‘Grai’, ut et ipsa cognoscat, sicut in octavo Electra, ut Grai perhibent, Atlantide cretus.*

Serv. Aen. 2, 173–174: SALSVS SVDOR **bene** addidit ‘salsus’, ut significaret laborem futurum, ne forte alter in simulacro *quilibet* umor intellegeretur. *SALSVS SVDOR] indicium commoti numinis fuisse dicitur. Probo sane displicet ‘salsus sudor’, et supervacue positum videtur. hoc autem Ennius de lamis dixit.*

Serv. Aen. 2, 281: SPES O FIDISSIMA **bene** per contrarium: spes enim semper incerta *est*, in Hectore fidissima dicitur.

Serv. auct. Aen. 2, 800: DEDVCERE TERRAS iuxta morem Romanum deduci coloniae dicebantur. ***bene*** *ergo de Aenea dixit ‘deducere’, quod eis civitatem conditurus erat.*

Serv. Aen. 3, 26: MONSTRVM **bene** monstrum; nam statim quid esset apparuit. et hoc proprietatis est; abusione tamen plerumque corrumpitur.

Serv. Aen. 3, 42: PIAS **bene** etiam ille qui laeditur excusat Aeneam: quod pietatis grande testimonium est. *‘pias’ autem propter penates de excidio liberatos, aut quia sacrificabat.*

Serv. auct. Aen. 3, 75: PIVS ARQVITENENS ***bene*** *‘pius’, aut* qui ultus est matrem *de Tityo, de Niobe, de Pythone: aut quia patriam stabilivit errantem. legitur et ‘prius’.*

Serv. Aen. 3, 224: DAPIBVSQVE EPVLAMVR dapes deorum sunt, epulae hominum: **bene** ergo utrumque posuit; nam et sacrificiis et conviviis operam tribuunt.

Serv. Aen. 3, 303: MANESQVE VOCABAT sacrificiis inani sepulturae conciliabat manes Hectoreos. et **bene** in luco, ut diximus supra.

Serv. auct. Aen. 4, 19: HVIC VNI FORSAN POTVI SVCCVMBERE CVLPAE ***bene*** *‘forsan’, quasi adhuc dubitet.* singula pronuntianda sunt: ingenti enim dicta sunt libra, quibus confessioni desiderii sui quandam inicit refrenationem.

Serv. auct. Aen. 4, 517: IPSA MOLA *id est* farre et sale, *quam molam salsam a molendo appellant.* ordo autem est: ipsa Dido mola et piis manibus, id est puris, deos testatur. *Et* ***bene*** *‘ipsa’, quia supra de sacerdote erat locuta.*

Serv. auct. Aen. 5, 35: MIRATVS is qui mirabatur: aut certe ‘miratus occurrit’. *et* ***bene*** *temperato usus est verbo, ne videretur aut quasi inhospitalis dolere, aut exultare voti nescius Troianorum.*

Serv. Aen. 5, 135: NVDATOS **bene** nudatos, quia *veste* tecti esse consuerunt: nam 'nudum' est numquam tectum, ut facies.

Serv. Aen. 6, 56: PHOEBE GRAVES TROIAE SEMPER MISERATE LABORES secundum Homerum, qui eum dicit semper Troiae propugnatorem fuisse. et **bene** *ait* 'miserate', quia Troia defendi non potuit: ideo non dixit, qui defendisti, sed miseratus es.

Serv. Aen. 6, 57: DARDANA QVI PARIDIS Achilles, a matre tinctus in Stygem paludem, toto corpore invulnerabilis fuit, excepta parte qua tentus est. qui cum amatam Polyxenam ut in templo acciperet statuisset, insidiis Paridis post simulacrum latentis occisus est: unde fingitur quod tenente Apolline Paris direxerit tela. et **bene** *ait* 'direxti', quasi ad solum vulnerabilem locum. 'Dardana' autem ideo, ut non adultero, sed genti praestitisse videatur.

Serv. Aen. 6, 332: SORTEMQVE ANIMO MISERATVS INIQVAM iniqua enim sors est puniri propter alterius neglegentiam; nec enim quis culpa sua caret sepulcro. **bene** autem 'animo', quasi re praesaga, ut alibi <10, 843> "praesaga mali mens": ipse enim Aeneas insepultus iacebit, ut <4, 620> "mediaque inhumatus harena".

Serv. Aen. 7, 286: INACHIIS SESE REFEREBAT AB ARGIS **bene** 'Inachiis'; non enim una est Argos. fuit enim et in Italia, quam Diomedes condidit, quae primo Argi, post Argyrippa, post Arpi dicta est. fuit et in Thessalia: Lucanus <6, 355> "ubi nobile quondam nunc super Argos arant".

Serv. Aen. 7, 343: **bene** autem OBSEDIT, quasi quae insidiabatur.

Serv. Aen. 7, 460: FREMIT cum fremitu et clamore deposcit **bene** autem 'amens', quia in toro requirebat.

Serv. Aen. 7, 498: ERRANTI licet enim certum esset feritura, tamen **bene** 'errantem' dixit, quia non usquequaque semper certus est ictus: Horatius "nec semper feriet quodcumque minabitur arcus".

Serv. Aen. 7, 742: RAPTVS DE SVBERE CORTEX **bene** 'raptus', id est raptim sublatus, quia recens suberis cortex in quamvis formam tota flectitur facilitate.

Serv. Aen. 8, 23: SOLE REPERCVSSVM aut vacat 're': aut **bene** 'repercussum', quia primo aquam ferit, inde postea tendit ad tecta.

Serv. auct. Aen. 8, 148: *QVIN OMNEM ut non omnem. et* ***bene*** *'omnem', ne solum Euandrum contemnere viderentur.*

Serv. Aen. 9, 19: CLARA autem **bene** addidit, quia tempestas τῶν μέσων est.

Serv. Aen. 9, 21: PALANTESQVE POLO STELLAS **bene** 'palantes', quasi in alienum tempus errore venientes: *aut 'palantes' quae sunt palantes, epitheton stellarum perpetuum.*

Serv. auct. Aen. 9, 228: CASTRORVM ET CAMPI MEDIO in medio campi spatio, qui campus castrorum medius fuit. CASTRORVM ET CAMPI MEDIO] *quia in mediis castris principia sunt semper. et* ***bene*** *'campi medio', quam 'campo medio': tunc enim 'campo medio', cum aliquot campi sunt et unus est medius campus, 'campi' autem 'medio' in media parte unius campi.*

Serv. Aen. 9, 363: CRISTISQVE DECORAM **bene** praemittit dicens 'decoram'; nam eius splendore prodente Euryalus capitur. *denique Nisus hac ratione non proditur, cui habenti † inferiore galeam, habiliorem galeam Aletes permutavit.*

Serv. Aen. 9, 454: SPVMANTES SANGVINE RIVOS spumas tunc habet sanguis cum effunditur, nam postea conquiescit; unde **bene** dixit 'spumantes rivos', quia praemisit 'seminecesque viros'.

Serv. Aen. 9, 474: EXCVSSI MANIBVS RADII **bene** 'excussi', quasi nescienti: melius, quam si diceret 'proiecti'.

Serv. Aen. 9, 501: AT TVBA TERRIBILEM SONITVM hemistichium Ennii: nam sequentia iste mutavit. ille enim ad exprimendum tubae sonum ait taratantara dixit. et multa huius modi Vergilius cum aspera invenerit, mutat. **bene** tamen hic electis verbis imitatur sonum tubarum.

Serv. Aen. 9, 605: TERRAM DOMAT **bene** bellico usus est verbo: et ne a re militari discederet, non dixit 'terras colimus', sed 'domamus', ac si diceret, cum hostes desunt, terras ferro domamus.

Serv. auct. Aen. 9, 637: *VICTOREM **bene** ei qui unum occiderat, addidit dignitatem.*

Serv. Aen. 9, 707: EVBOICO BAIARVM LITORE **bene** 'Baiarum' addidit, ne Euboeam insulam intellegeremus, unde Chalcidenses venerunt, qui condiderunt Cumas, quae sunt Bais vicinae. *Postumius de adventu Aeneae et Lutatius communium historiarum Boiam Euximi comitis Aeneae nutricem, et ab eius nomine Boias vocatas dicunt: veteres tamen portum Baias dixisse. Varro a Baio Vlixis comite, qui illic sepultus est, Baias dictas tradit.*

Serv. auct. Aen. 10, 201: DIVES AVIS maioribus praepotens. *et **bene** 'dives avis', quia non ab Ocno, sed ab aliis quoque condita fuit: primum namque a Thebanis, deinde a Tuscis, novissime a Gallis, vel, ut alii dicunt, a Sarsinatibus, qui Perusiae consederant.*

Serv. Aen. 10, 428: NODVMQVE MORAMQVE **bene** addidit 'moram', ne 'nodum' aliud acciperemus: nam 'nodus' proprie est densa peditum multitudo, sicut 'turma' equitum, ut lectum est in disciplina militari. 'nodum' ergo pro difficultate accipe, quae vix possit resolvi.

Serv. auct. Aen. 10, 692: *VNI ODIISQVE **bene** repetitur 'uni', ut ostendat conspirationem Etruscorum olim Mezentio incumbere.*

Serv. Aen. 11, 485: PORTISQVE EFFVNDE SVB ALTIS Homerus Σκαιῶν προπάροιθε πυλάων. **bene** autem sub ipsis portis, quasi ad quas festinabat Aeneas: unde est et illud <473> praefodiunt alii portas.

Serv. auct. Aen. 12, 605: FLAVOS LAVINIA CRINES antiqua lectio 'floros' habuit, id est florulentos, pulchros: et est sermo Ennianus. *Probus sic adnotavit: neotericum erat 'flavos', ergo **bene** 'floros': nam sequitur 'et roseas laniata gena': Accius in Bacchis 'nam flori crine', video, ei propessi iacent', in iisdem 'et lanugo flora nunc demum inrigat', Pacuvius Antiopa 'cervicum floros dispergite crines'.*

Serv. Aen. 12, 715: AC VELVT INGENTI SILA SVMMOVE TABVRNO Sila mons silva est Lucaniae, Taburnus mons Campaniae: Sallustius de fugitivis "in silva Sila fuerunt". unde pessime quidam 'silva' legunt, quia proprium appellativo non potest exaequari. unde **bene** proprium *proprio* iunxit.

Serv. ecl. 3, 96: TITYRE PASCENTES A. F. R. C. (...) et **bene** 'in fonte': ipse enim per amicos Caesaris agrum meruerat tamquam per rivulos quosdam; nunc autem Mantuanis beneficium dicit se ab ipso imperatore meriturum.

Serv. auct. ecl. 6, 60: Aen. AD GORTYNIA ***bene*** *'ad Gortynia'*, nam apud Gnoson imperabat Minos, eius maritus. unde illuc taurum non vult venire, sed ad Gortynam, *oppidum Cretae,* ubi fuerant aliquando Solis armenta.

Serv. auct. georg. 1, 251: *ACCENDIT LVMINA VESPER* ***bene*** *'accendit lumina Vesper' poetice, ut ipse Vesper accendat, non homines. et saepe hac figura utitur, <ut> (2, 416) "iam falcem arbusta reponunt".*

Serv. auct. georg. 1, 274: INCVSVM molam manualem cudendo asperatam. *et* ***bene*** *verbum vulgare vitavit.*

Serv. auct. georg. 4, 231: BIS GRAVIDOS COGVNT FETVS gemina est fecunditas mellis. *et aliter: 'flores' emendatum fuit. et* ***bene*** *'gravidos flores', quod ex his omnia generant.*

Schol. Veron. Aen. 2, 473: Quaeritur ab aliquibus, utrum **bene** positum sit 'exuviis' in significatione pellis. Dialectici enim tradunt, inde bene dici 'exuvias', unde dici et 'induviae' recte possint.

Clavd. Don. Aen. 5, 446–449: *Entellus viris in ventum effudit et ultro ipse gravis graviterque ad terram pondere vasto concidit, ut quondam cava concidit aut Eurymantho aut Ida in magna radicitus eruta pinus:* ictum tam fortiter erogatum et in vacuum effusum nullo inpellente secutus Entellus concidit et gravissimi corporis mole ingentem ruinam fecit, ita ut solet in montibus arbor pinea radicibus eruta cadere. **bene** posuit radicitus, quia, cum arbor ruptis radicibus cadit, nullius, ut Entellus, procumbit inpulsu.

Schol. Bern. georg. 4, *238. Inuulnere ponunt. Asper* dicit: ... 'in carcerem mitto, sed quando bonae partis, in ablatiuo ponitur ... Ponit posuit positurus est nullum motum habent. Nam legimus: 'Animasque in uulnere ponunt'; non dixit 'in uulnus' aut 'in uulnera'; quamlibet de morte dixit, **bene** tamen usus est.'

Clavd. Don. Aen. 8, 228–230: *omnemque accessum lustrans huc ora ferebat et illuc dentibus infrendens*: considerabat oculis omnis accessus et spatia montis illius et, cum visibus eius nihil quod tenere posset occurrit, magis magisque agitabatur ira et dentibus infrendebat. **bene** transtulit frendere: frendere quippe aprorum est, cum adrepto furore irascuntur ac saeviunt et acuunt dentes.

Clavd. Don. Aen. 8, 406: *placidumque petivit coniugis infusus gremio per memhra soporem:* (...) **bene** posuit infusum in uxoris sinum, quia supra dixit (388) "ille repente accepit solitam flammam notusque medullas intravit calor et labefacta per ossa cucurrit". infusus est ergo quem amoris liquefecerat calor.

Clavd. Don. Aen. 9, 236–7: *Rutuli somno vinoque soluti conticuere*: **bene** posuit conticuere; potuit enim dici ei unde scis eos dormire? ex eo, inquit, quod tacent, dormiunt. quod autem vinum hoc fecisset et somnus viderant omnes.

Clavd. Don. Aen. 10, 512: *versis tempus succurrere Teucris*: tempus esse suggerebat quo versis suis Aeneas idem subvenire debuisset. **bene** temperavit versis tempus succurrere, quasi qui suadebat subveniendum, ut esset metus et spes; facile enim extingui possent, si nullus succurreret utpote versis, facile vero evadere interveniente maturo auxilio, quoniam non ad plenum fuerant superati.

Clavd. Don. Aen. 10, 844: *canitiem inmundo deformat pulvere*: **bene** posuit inmundo pulvere; est enim et mundus.

Clavd. Don. Aen. 11, 367: *ingentis et desolavimus agros*: **bene** posuit desolavimus, quia de agris hoc est de solo quaerebatur, quod factum fuerat desertum.

Schol. Bern. georg. 1, 98. *Perrumpit*. **Bene** perrumpit de obliqua aratione contra sulcum, ut rustici dicunt 'cancellate arare'.

Schol. uet. Iuv. 8, 93: 2 (Et Capito et Tutor ruerint damnante senatu) pir(atae Cilicum): **bene** Capitonem et Tutorem nescio quem poeta dixit repetundarum damnatos a senatu <accusantibus provincialibus>.

Schol. Bern. georg. 2, 267: *Seges*, pro terra translatiue, uel 'seges' dispositio arborum; 'seges' enim proprie messis. **Bene** 'segetem' appellauit loquutus de semine arborum.

Lact. Plac. Stat. Theb. 1, 255: EXSTINGVAS perimas [**bene** exstinguas, quia anima ignis est. ut Terentius in Adelphis <u. 314 F.>: ‚primo ipsi seni animam exstinguerem' et Vergilius <Aen. 6, 730>: ‚igneus est ollis uigor.]

Comment. Lucan. 5, 11 OSPES INESTER · A · C · T · **bene** 'hospes curia', non 'hospita' ut Virgilius 'bellum o terra hospita portas'. quae enim in ES exeunt secundum regulam communia sunt, nam femininum amittunt. et est ordo: hospes curia in externis tectis rerum audiuit secreta.

Cornvt. Pers. sat. 1, 93:§ CLAVDERE SIC VERSVM DIDICIT B. A. hi uersus exempli causa proferuntur; non autem sunt Persii sed poetae nesciocuius graecissantis, qui cum mare describeret ita dixit Attin, defphin in extremitate uersuum, quod huius saeculi poetae affectant eorum uitia uersuum. (2) Berecynthius Attis non quod Attis Berecynthius carmina scripserit sic composita, sed quod positum a poeta illo in fine uersus suae cantilenae tale nomen. (3) similiter et delphin **bene** sonat. (4) et dicit hos uersus Neronis in haec nornina desinentes.

2. *Distinctiones*

a) Secuencias

Serv. auct. Aen. 2, 604: ASPICE de Homero tractum, qui inducit Minervam praestantem ista Diomedi. *et **bene** subdistinguit, quia non solum dicitur, sed etiam manu significatur.*

Serv. ecl. 2, 17: O FORMOSE PVER **bene** dicit Donatus suspendendum 'o' et sic dicendum 'formose puer', ut intellegamus per iram eum aliud voluisse dicere, sed in haec verba, ne Alexin offenderet, amoris necessitate compulsum.

Ps. Ascon. Cic. Verr. I, 55: "Si quis erit qui perpetuam orationem". Vides quia argumentis se usurum non negat iam modo, quamquam perpetuam orationem se neget habiturum in hac Actione quae prima est. "Si quis erit qui perpetuam orationem accusationemque". **Bene** haec separavit, ut ostenderet etiam sine perpetua oratione accusationem tamen esse, et intelligi posset ut res non una, sed ut duae sunt.

b) Exclamación, interrogación

Porph. Hor. carm. 2, 19, 6–7: Plenoque Bacchi pectore turbidum l(aetatur), e(uhoe): Bonus sensus; uiso enim deo quis non perturbetur, licet gaudeat? Et **bene** repetitum eu heu, quasi incitamento mentis ad hanc exclamationem instigante.

Porph. Hor. epod. 5, l: *At o deorum quidquid in caelo regit terras*: uerba sunt praetextati uociferantis in domo Canidiae; quem significat ab ea furtim raptum, ut necromantiam ex eo faceret. Et **bene** abrupta exclamatio: [in caelo]. Hoc enim perineptum est: quid<quid> in caelo est regens terras.

Don. Ter. Eun. 994: 3 NVM QVID EST ALIVD MALI DAMNIVE **bene** interrogat, quia omnia inuitus seruus dicere uidebatur.

Don. Ter. Hec. 176: 1 QVID ADHVC HABENT I(NFIRMITATIS) **bene** usque adhuc suspensa narratio est. et in hac interrogatione quasi substomachatur Philotis decepta, quod nihil uideat infirmitatis in nuptiis, quod optauerat.

Don. Ter. Phorm. 119: 1 NON SI REDISSET EI PATER VENIAM **bene** interrogat Dauus: hoc enim <si> sperari posset, non erat opus fraudibus Phormionis.

Serv. auct. Aen. 2, 361: QUIS etiam Graecorum, ut "quis talia fando". *et **bene** interrupta narratione exclamavit, ut affectum moveret.*

Serv. auct. Aen. 10, 228: VIGILASNE DEVM GENS AENEA VIGILA verba sunt sacrorum; nam virgines Vestae certa die ibant ad regem sacrorum et dicebant 'vigilasne rex? vigila'. quod Vergilius iure dat Aeneae, quasi et regi et quem ubique et pontificem et sacrorum inducit peritum. *et **bene** primo interrogat, deinde quod vigilat, approbat.* 'deum' *autem* 'gens' propter <9, 639> dis genite et geniture deos.

3. Métrica

Serv. Aen. 1, 200: PENITVSQUE SONANTES id est valde, et aut 'valde sonantes' accessistis, aut 'valde accessistis', id est iuxta. et **bene** ait 'accessistis'; non enim passi sunt haec pericula, sed his fuere vicini. *'accestis' autem pro accessistis dictum per syncopen, quae fit, cum de media parte verbi syllaba subducitur.*

Serv. Aen. 3, 128: *NAVTICVS et reliqua. celeuma nauticum est hoc hemistichium.* CRETAM PROAVOSQUE PETAMVS celeuma dicunt. et **bene** metro celeumatis usus est, id est anapaestico trimetro hypercatalecto. celeuma autem quasi praeceptum: unde Sallustius *ait* "inpediebant iussa nautarum".

Serv. Aen. 6, 107: ET TENEBROSA PALVS ACHERONTE REFVSO paludem pro lacu posuit: nam Avernum significat, quem vult nasci de Acherontis aestuariis. 'palus' autem **bene** iste produxit 'lus', quia 'paludis' facit, quod supra <2, 69> planius diximus: Horatius corripuit, ut sterilisque diu palus aptaque remis. 'tenebrosa' autem nigra, per quod altam significat, ut <5, 516> "nigra figit sub nube columbam, id est alta".

Serv. Aen. 10, 123: HICETAONIVS Hicetaonis filius. et **bene** ex varietate syllabarum quaesivit ornatum: nam patronymica aut in 'des' aut in 'ius' exeunt, quibus et uti possumus. quae enim 'on' terminantur, ad nos transire non possunt.

Serv. auct. Aen. 12, 298: *OBVIVS **bene** obvius corripuit.*

4. Morfosintaxis

Ps. Acro Hor. carm. 2, 7, 7: FREGI CORONATVS] Aut consumpsi aut, diuisi, ut a sexta hora significet saepe epulatos; mero uero uel datiuus uel ablatiuus casus **bene** accipiatur

Serv. Aen. 3, 327: SERVITIO ENIXAE TVLIMVS hoc est pertulimus, donec in servitio positae eniteremur.et **bene** plurali utitur numero ad excusandum pudorem.

Serv. Aen. 4, 3: RECVRSAT **bene** frequentativo usus est verbo in frequenti amantis cogitatione.

Serv. Aen. 6, 286: SCYLLAEQVE BIFORMES **bene** plurali usus est numero: nam et illa Nisi secundum alios in avem conversa est, secundum alios in piscem. ergo etiam ipsa biformis fuit, sicut haec in Siciliae freto. dictum autem est per poetae scientiam *vel licentiam. quidam pluralem numerum pro singulari positum volunt: nam quae in avem conversa est nihil terroris habet. harum sane fabulae in bucolicis plenius narratae sunt.*

Serv. Aen. 9, 467: CINGITVR AMNI 'amne' debuit dicere: numquam enim **bene** in 'i' exeunt nisi quae communis sunt generis, ut 'docilis' 'agilis'; sed ideo ausus est ita ponere ablativum, quia, ut supra <122> diximus, apud maiores hic et haec amnis dicebatur.

Serv. Aen. 11, 189: DECVRRERE ROGOS pro 'circum rogos cucurrere'. **bene** autem ait 'decurrere', non 'decucurrere': namque verba quae in praeterito perfecto primam syllabam geminant, ut 'curro cucurri', 'tondeo totondi', cum composita fuerint, geminare non possunt: nam 'decurri' et 'detondi' dicimus, non 'decucurri' neque 'detotondi': exceptis tantum duobus.

Serv. auct. Aen. 12, 283: DIRIPVERE ARAS deiecerunt, dissipaverunt. *sane cum praesens tempus belli loquitur,* ***bene*** *praeteritum intulit 'diripuere'. et more suo interiecit aliud: nam ordo erat 'diripuere aras craterasque focosque ferunt'.*

Serv. georg. 1, 193: SEMINA VIDI EQVIDEM MVLTOS MEDICARE S(ERENTIS) incipit dicere de medicandis leguminibus, quemadmodum et maiora fiant et modico igne solvantur. **bene** autem ait 'equidem', *quod multi pro 'ego' accipiunt, id est 'ego quidem',* ut a praeiudicio inchoaret. nam hoc dicit: equidem haec vidi fieri, sed sic quoque legumina degenerant, nisi singulis quibusque annis hoc fiat; inde enim est 'sic omnia fatis in peius ruere ac retro sublapsa referri'.

Schol. Bern. georg. 1, 502: *Periuria.* Tam longe repetit bellorum ciuilium causas, ut nihil aliut populus Romanus commisisse uideatur, nisi ira numinum dignus ... **Bene** pluraliter dixit 'periuria', quia Herculi propter Hesionam, Apollini et Neptuno propter muros ... *Luimus*, soluimus. *Horatius* ait (Od. 3, 6, 1): 'Delicta maiorum inmeritus lues.' *Periuria Troiae.* Nunc excusat Augusti tempora et eum dicit suis uiribus conpensare tanta damna reipublicae, quae ex maiorum uitiis descendisse confirmat.

Codex, -icis

B: TLL s.v. 'codex' 3.0.1403.23–3.0.1407.26 (Maurenbrecher,1910). Jakobi (1996: 24, 69).

En un inicio, *caudex* o *codex* significaba 'tronco de madera sobre el cual se escribía'. Esta materialidad fue modificándose desde el producto resultante de la unión de diversas tabletas hasta los códices de pergamino.

El hecho de que en muchas ocurrencias se comente una lectura que posee relevancia para el establecimiento del texto, por ser testimoniada en *antiqui codices*[518], o bien en un parecido *ueteres codices*[519], proporciona indicaciones sobre la metodología de estos gramáticos. En efecto, en una de estas aparece especificado el hecho de que esta lectura aparece en *in non nullis antiquis codicibus*; es decir, no solo aparece, sino que el hecho de que los versos en cuestión inauguraran el canto sexto en no pocos códices antiguos es doblemente valorado: por la antigüedad y por su número elevado. Solo el ejemplo perteneciente a los *Scholia Bernensia* se refiere a un indeterminado *alii codices*[520], pero a pesar de no mencionar nada más de estos, resulta destacable que el número plural y el desconocimiento resultan en efecto significativos, pues podrían hacer referencia a una base material más dudosa.

La suscripción a Boecio completa esta actividad de corrección del texto y de su metodología, pues resulta decisorio el hecho de que esta corrección, llevada a término en el ambiente escolar propio de las *subscriptiones* tardoantiguas, fue llevada a término *contra codicem*, es decir, cotejando otro ejemplar[521].

1. Acepción textual

Don. Ter. Hec. 665: REMISSAM OPVS SIT VOBIS in ueteribus **codicibus** sic est 'remissa n' ... reducta n' domum', ut sit: remissa ne... reducta ne

Serv. Aen. 7, 568: HIC SPECVS HORRENDVM hoc nomen apud maiores trium generum fuit. Ennius feminino posuit, Horatius masculino "quae nemora aut quos agor in specus", Vergilius neutro, quod hodie in numero singulari tribus tantum utimur casibus 'hoc specus, huius specus, o specus'. nam pluralem tantum a genere masculino habemus in omnibus casibus: hinc est "ipsi in defossis specubus". quamquam antiqui **codices** habeant 'hic specus horrendu'. SPIRACVLA DITIS aditus, a spirando. antiqui **codices** 'piracula' habent, quae dicta sunt ἀπὸ τῶν περάτων, hoc est a finibus inferorum.

518 Serv. Aen. 7, 568; 5, 871.
519 Don. Ter. Hec. 665.
520 Schol. Bern. ecl. 6, 65.
521 Svbscr. Boet.15c.

Schol. Bern. ecl. 6, 65 : *Aonas.* Alii legunt **codices**: 'Aonias Musas', idest nouem Musas. Alii Boeotiae montes Helicona et Cithaerona, Musis consecratos, uel *Aonias*, Nymphas in montes Boeotiae uenientes. *Vna sororum*, idest una Nympharum. Hic indicat, quod una Nympharum Hesiodum in Aonas montes adduxerit. *Aonas*, montes Boeotiae Helicona et Cithaerona, ubi Musae morantur. *Vt duxerit.* Hesiodus poeta, de Ascra, unde Ascraeus dictus est, calamis peritissimus, cum iam per aetatem senesceret, in Helicona, montem Aoniae subiit ibique a Musis coronam cum floribus et frondibus dicitur accepisse, qua indutus caput iuuenis factus est. Alii dicunt et Lino, Apollinis filio, hoc concessum esse, alii hoc de Gallo accipiunt.

Svbscr. Boet.15c: ANICII MALLII SEVERINI BOETII VC• ET ILL EX CONS• ORD• PATRICII• DE HYPOTHETICIS• SYLLOGINIS LIBER TERTIVS EXPLICIT • DO GRATIAS CONTRA CODICEM RENATI V• S• CORREXI QVI CONFECTVS AB EO EST THEODORO ANTIQVARIO QVI NC PALATINVS

2. *Distinctio.* Final de un libro e inicio de otro libro

Serv. Aen. 5, 871: IGNOTA peregrina, ante non visa; nam in sexto dicturus est "paulatim adnabam terrae, iam tuta tenebam". sciendum sane Tuccam et Varium hunc finem quinti esse voluisse: nam a Vergilio duo versus sequentes huic iuncti fuerunt: unde in non nullis antiquis **codicibus** sexti initium est "obvertunt pelago proras, tum dente tenaci".

CONTEXTE

B: TLL s.v. 'contexo' 4.0.691.39–4.0.693.79 (JACOBSOHN, 1907); DIEDERICH (1999); SCHAD (2007: 96, contextus).

El lema *contextus* tiene ocurrencias destacables en la literatura escoliástica y comentarística. No se ha reunido en este léxico porque aparece en contextos que hacen referencia a cuestiones estilísticas que se infieren del tono del pasaje comentado[522], o bien que sirven para reubicar al lector en el punto del texto con el cual se relaciona el lema comentado[523], cuando este está lejos y el lector puede ya haberse perdido. Es decir, se trata de ocurrencias que no están relacionadas ni con el establecimiento del texto ni con ninguna de sus áreas.

Contexte, sin embargo, no muestra un alto rendimiento en la literatura escoliástica en general ni tan solo en particular en Donato y sus *Comentarios a Terencio*. Pero precisamente por su uso relacionado con el establecimiento de *distinctiones* y por su rareza, deviene importante, pues quizás podría pensarse que se trata de una interpolación, dado que solo hay tres ocurrencias en todo el corpus de los *Comentarios*. Ha sido señalado, por Bureau y Nicolas[524], que es destacable la toma de posición de la segunda voz autorial en una de estas ocurrencias en Donato[525].

El vocabulario relacionado con las *distinctiones* que aparece junto a *contexte* resulta diciente: *subdistinguo, distinguo, iungo*. En Donato aparece incluso unido por la conjunción *et* a *coniuncte* junto con un verbo de lengua, *dico*, probablemente proporcionando herramientas para la corrección de la dicción, que queda justificada mediante una subordinada causal de *quia*[526], o bien directamente mediante un imperativo *legendum* y especificando hasta dónde hay que mantener la unión de la secuencia[527], o bien ofreciendo una posibilidad de lectura por medio del subjuntivo *contexte legant*[528],

1. En relación con las *distinctiones*
   DON. Ter. Ad. 259: FRATREM 2 *Sed ego puto 'fratrem' non subdistinguendum sed legendum* ***contexte*** *usque ad 'principem'. nam si distinxeris 'fratrem', bis erit 'arbitror' subaudiendum, et supra et infra. quod si 'fratrem' inferioribus iunxeris, et cum admiratione pronuntiabitur et subaudietur 'quam mihi'.*- hanc sane locutionem scire debemus propter personam elaboratam.

522 SERV. Aen. 5, 120; SCHOL. Bob. Cic. Flacc. 94; SCHOL. Bob. Cic. Planc. 36.
523 CORNVT. Pers. sat.1, 63.
524 Hyperdonat, *ad loc.*
525 DON. Ter. Ad. 259.
526 DON. Ter. Ad. 425.
527 DON. Ter. Ad. 259.
528 DON. Ter. Hec. 590.

nam et nimium gaudet et rusticus adulescens est, qui conatur laudare Aeschinum titubans ac paene balbutiens.

Don. Ter. Ad. 425: 1 HOC SALSVM EST HOC ADVSTVM hoc coniuncte et **contexte** dicitur, quia non uicissim Syro assentatur senex.

Don. Ter. Hec. 590: 3 *Et* NON FACIES non est interdicentis, sed quasi dicat: "non te scio facturam rem tam prauam". sunt autem qui 'neque sinam' iungant inferioribus, sunt qui totum **contexte** legant 'non facies' usque 'modestia'.

DISTINCTIO, -ONIS

B: TLL s.v. 'distinctio' 5.1.1519.40–5.1.1522.10 (HOFMANN, 1924); JAKOBI (1996: 16–18); SCHAD (2007: 138).

Ya desde el siglo II a. C. aparecen muestras de *interpunctiones* en la epigrafía romana. Las primeras tablillas de cera y los papiros conservados contienen señales de interpunción, así como también los códices latinos más antiguos conservados, por ejemplo, el códice Puteano de Livio, del siglo V. Los textos legales suelen aparecer divididos en párrafos y, en las cartas, se deja un espacio prudencial antes de la fórmula de cierre. Estas constituyen, pues, algunas de las evidencias materiales de la existencia de algún tipo de puntuación en el mundo romano.

Cicerón, en su descripción del orador ideal, trata en diversas instancias el tema del establecimiento de *morae* en el discurso y nombra específicamente las *distinctiones*, o bien usa el verbo *distinguo*[529]. Quintiliano, en su diseño de la educación programática del ciudadano romano como orador ideal, trata muy seguidamente la cuestión de las pausas en el discurso. Sin embargo, cabría esperar hasta los gramáticos tardoantiguos para encontrar una sistematización de la división de la *sententia*. Donato[530], Isidoro[531], y Diomedes[532], configuran un sistema tripartito: *distinctio plena*, *distinctio media* y *subdistinctio*. Debido a la dificultad conceptual que entraña traducir estas tres *distinctiones* en términos de puntuación moderna, quizás una propuesta más adecuada podría ser mediante una transposición en el tiempo: negra con punto, negra y corchea. Estas tres pausas se representaban con diferentes símbolos, por ejemplo, un punto bajo para la *subdistinctio* o pausa más breve, un punto medio para la *distinctio media* y un punto alto para la *distinctio plena*. Además, también existían implicaciones sintácticas, pues la *subdistinctio* señalaba una pausa cuando el sentido no era completo, la *distinctio media* implicaba que la *sententia* estaba completa, pero el sentido aún no había sido del todo aclarado, y la *distinctio plena* que tanto el sentido como el periodo estaban completos.

Los comentarios que aparecen a continuación, al no proceder del ámbito teórico, permiten apreciar cómo se desarrollaba el proceso de establecimiento de pausas desde la práctica de las clases de gramática. Ya desde el ámbito teórico se ha señalado que esta división tripartita deja a la *distinctio media* en una posición marginal. En efecto, el análisis de las ocurrencias presentadas confirma esta tesis, tal y como apunta ya Jakobi[533] en su análisis del *Commentum* de Elio Donato a Terencio.

---

529 CIC. Orat. 53; de orat. 3, 206.
530 DON. gramm. IV 372, 15–23.
531 ISID. etym. I, 20.
532 DIOM. gramm. I 437, 10–439, 9,
533 JAKOBI (1996: 16).

En las ocurrencias de *distinctio plena* referidas al texto de Virgilio, es preciso destacar cómo en determinados pasajes el establecimiento de la pausa causa problemas desde Servio hasta los editores actuales del texto virgiliano[534]. En efecto, Servio da cuenta de que no tiene sentido lo que el texto indica y propone una puntuación que rompa con esta incongruencia. Ribbeck, en sus *Prolegomena*[535], cambia de lugar este verso y lo coloca después del verso 517 para conferirle más sentido al pasaje.

Las acepciones que aparecen en este lema están todas relacionadas con el ámbito del establecimiento de pausas en el discurso. La *distinctio* se caracteriza en los escolios y comentarios como *plena, brevis* o incluso también por su ausencia *sine distinctione*. Otras veces se la caracteriza por sus varias posibilidades de colocación: ya sea *eligenda, mutata* o *mutanda*, ya sea *varia, diversa, aut... aut, haec est una... altera, duae, gemina*, ya sean también percibidas estas posibilidades como con cierta connotación negativa: *incerta, obscura, ambigua, absurde*, o bien positiva: *vera, melior.*

En el ámbito teatral, Donato proporciona ocurrencias que hacen referencia a la separación de los actos[536], y al acompañamiento de las pausas de ciertas indicaciones para la representación[537].

1. *Distinctio*
   a) *Plena distinctio*

Ps. Acro Hor. sat. 2, 8, 40: *Imi conuiuae lecti]* Alii exponunt sic: 'lect' electi uiri; hoc est: Maecenas et alii nobiles nihilum nocuere lagoenis, idest nihil biberunt, sed Vibidius et Balatro, qui sunt inferiores conuiuae, epotauere tota uinaria, idest tota uasa, ubi uinum seruatur. Alii sic distingunt: inuertunt Allifanis uinaria tota Vibidius Balatroque secutis omnibus. **Distinctio** plena usque 'omnibus'. Imi conuiuae lecti, hoc est: qui in imo lecto erant accubantes, nihilum nocuere lagoenis, idest nihil biberunt.

Serv. Aen. 4, 486: SOPORIFERVMQVE PAPAVER incongrue videtur positum, ut soporifera species pervigili detur draconi. sed dicimus variam vim praebere victum diversis animalibus: nam salices hominibus amarae sunt, dulces capellis, ut "et salices carpetis amaras", scilicet hominibus. item cicutae secundum Lucretium hominibus sunt venenosae, cum pingues reddant capellas. ergo et papaver licet det hominibus somnum, draconi adimit forsitan. et est excusatio: potest tamen melior esse sensus, si 'servabat in arbore ramos' plena sit **distinctio,** sequentia vero sic accipiamus 'haec se promittit carminibus

534 Serv. Aen. 4, 486.
535 Ribbeck (1966, *ad loc.*).
536 Don. Ter. Andr. praefatio, cap. 3, 6.
537 Don. Ter. Andr. 332; Eun. 209.

curas solvere, spargens umida mella, soporiferumque papaver, id est miscens, ut Cicero "et spargere venena didicerunt". nec incongrue ad amaritudinem amoris mel adhibet, ad oblivionem papaver. *haec enim Didoni prosunt, de qua ait <529> "nec umquam solvitur in somnos".*

Serv. auct. Aen. 6, 287: BELVA LERNAE (...) *et utrum hic* ***distinctio*** *plena sit, an 'horrendum stridens' inferioribus iungendum sit? stridere enim bene Chimaerae datur, quae et serpentes habet et flammas.*

b) Mutata (mutanda) distinctio

Serv. Aen. 2, 114: SVSPENSI aut solliciti, ut <VI 151> nostroque in limine pendes, quia tempestas nec post dona mutabatur: aut ad nimbos refertur **distinctione** mutata, *ut distinguamus 'nimbi suspensi'.*

Serv. Aen. 5, 80–1: RECEPTI NEQVIQVAM CINERES *cineres* pro ipso patre posuit, ac si diceret, salve pater de Troia liberate sine causa: propter quod sequitur 'non licuit fines Italos fataliaque arva'. alii ad historiam supra <4, 427> dictam referunt **distinctione** mutata, ut dicant: 'recepti iterum cineres' semel ex Troia, semel a Diomede, qui dicitur ossa eius eruta cum Palladio reddidisse *Aeneae*: 'nequiquam' autem secundum Epicureos, qui dicunt omnia perire cum corpore.

Serv. Aen. 5, 553: INCEDVNT PVERI aut poetica licentia confundit aetates, ut modo pueros, modo iuvenes dicat: nam ait <563> 'una acies iuvenum': aut certe secundum quosdam sequenti **distinctione** <561> mutata, magistros pueros dicit, sequentes vero maturioris aetatis.

Serv. Aen. 5, 565: QVEM THRACIVS ALBIS PORTAT EQVVS cum tres dixerit duces, duorum equos commemorat. sed aut praetermisit quod ut consequeretur necesse erat: nec enim unus pedes esse poterat: aut illo reddidit loco, ut 'cetera pubes senioris Acestae fertur equis'. quamquam multi **distinctione** mutata tres equos commemorent, ut sit plena 'equus bicolor maculis', et de alio dicatur 'vestigia primi alba pedis', id est primorum pedum vestigia, et 'frontem albam ostentabat alter'.

Serv. Aen. 6, 477–478: ARVA TENEBANT VLTIMA atqui multa adhuc supersunt. sed dixit quantum ad y pertinet litteram: in his enim quae dixit mixta sunt virtutibus vitia, in his autem quae dicturus est nocentum poenas a piorum segregat meritis. nam inferi, ut diximus supra, humanam continent vitam, hoc est animam in corpore constitutam. haec autem quae dixit mixta esse manifestum est: licet enim in viris fortibus laudetur virtus, est tamen vituperabile alienum imperium caedibus occupare; item amare privignum crimen est, virtus maritum. alii **distinctione** mutata dicunt: tenebant arva, quae ultima viri fortes frequentant, id est quae possident ultima.

Serv. Aen. 11, 18: ARMA PARATE ANIMIS aut hypallage est pro 'armis parate animos': aut certe est mutanda **distinctio**, ut sit 'animis et spe praesumite bellum'. 'praesumite' vero 'bellum' id est mente praeoccupate, ut supra Turnus <9, 156> "et pugnam sperate parari". bene autem ait 'praesumite', quasi rem iam sui iuris, ut ei deberi videatur certa victoria.

SERV. georg. 2, 324: VERE TVMENT TERRAE ET GENITALIA S(EMINA) P(OSCVNT) Asper simpliciter accipit, ut 'terrae' nominativus pluralis sit; Donatus vero 'terrae' genetivum vult esse singularem, ut sit sensus mutata **distinctione** 'vere tument silvae' – scilicet a superioribus – 'terrae et genitalia semina poscunt', id est tument silvae et genitalia semina terrarum requirunt. sed melius Asprum sequimur, ut 'genitalia semina' quae nos iacimus intellegamus, non quae ex terra silvae suscipiunt. 'genitalia' autem dicimus 'semina', quibus aliquid procreatur et gignitur. 'tument' suspenduntur.

SERV. georg. 2, 70–71: STERILES PLATANI MALOS GESSERE V(ALENTIS) dicit quid in quam arborem debeamus inserere: in arbuto nucem, in platano malum, in fago castaneam, in orno pirum. sed 'castaneae fagos' eget expositione; non enim in castanea fertili infecunda fagus inseritur: unde aut hypallage est, ut 'castaneae fagos' sit pro 'fagi castaneas'; aut est mutanda **distinctio**, ut sit 'et steriles platani malos gessere valentes castaneae', – id est infecundae arbores platani fortes ramos castaneae portaverunt – 'fagos ornusque incanuit albo flore piri': secundum quam **distinctionem** 'fagos', licet brevis sit 'gos', finalitatis tamen ratione producitur; 'fagos' enim incipit graecus esse nominativus singularis, non pluralis noster accusativus. alii neutrum probant et ita accipiunt 'castaneae fagos, piri flore ornus incanuit', ut similiter 'fagos' nominativus sit graecus. *et aliter: alii legunt 'et steriles platani malos', ut subintellegas 'inserit'. si ita legendum erit, in sequenti sensu hypallage est, ut sit 'valentes fagi gessere castaneas'.*

SERV. ecl. 1, 28: CANDIDIOR POSTQVAM TONDENTI BARBA C(ADEBAT) aut mutatio personae est, ut quendam rusticum accipiamus loquentem, non Vergilium per allegoriam; nam, ut diximus, XXVIII. annorum scripsit bucolica: aut certe est mutanda **distinctio**, ut sit non barba candidior, sed libertas; nam XXVIII. annorum barbam potest quivis metere, sed non canam. et bene 'candidior libertas', ut intellegamus etiam ante in libertate, sed non tali fuisse Vergilium.

c) *Incerta distinctio*

PORPH. Hor. epist. 2, 1, 3: *In publica commoda*: per hoc pulchrior est laus. Et incerta **distinctio** est: *utrum* 'emendes *in publica commoda*' an 'in publica commoda peccem'.

DON. Ter. Ad. 45: SEMPER PARCE AC DVRITER 'semper' licet incertam **distinctionem** habeat, tamen recte additum est, quia uel 'ruri agere' uoluptatis est uel 'parce ac duriter se habere' uirtutis. 3 Sed 'semper' ad uictum, 'parce' autem ad seruandum, 'duriter' ad laborem referendum est.

Don. Ter. Ad. 213: ILLE VERBERANDO VSQVE incerta **distinctio** est: uel 'uerberando usque' uel 'usque defessi'. et est 'usque' aduerbium: significat enim aut diu aut multum.

Don. Ter. Ad. 254: 1 ABS QVIVIS HOMINE CVM EST OPVS BENEFICIVM ACCIPERE GAVDEAS (...) 4 *Et* incerta **distinctio** est: uel 'cum opus est beneficium accipere' <uel 'cum opus est beneficium'>, hoc uetuste, illud communiter.

Don. Ter. Ad. 321: 2 TE IPSAM <QVAERITO TE> EXSPECTO OPPIDO OPPORTVNE incerta **distinctio**, utrum 'te exspecto oppido' <an 'oppido' opportune> sit dicendum. 3 An exspectare impatienter cupere et sine praescriptione temporis, sperare iuxta certum tempus? unde apparet ad 'te exspecto', quia per se nimium est, non esse iungendum 'oppido'.

Don. Ter. Ad. 345: 3 TVM QVAE SECVNDA EI DOS ERAT uidelicet 'pro uirgine dari nuptum' 4 *Et* incerta **distinctio** est; etenim 'erat' <si> distinguimus, bis audiendum 'pro uirgine dari nuptum'.

Don. Ter. Ad. 481: 5 ALIT ILLAS SOLVS duas hic res docet: et unde uiuant, quod testimonium pudicitiae est, et grauem testem posse esse Getam. 6 SOLVS incerta **distinctio** est 'solus', sed melius est 'solus omnem familiam sustentat'.

Don. Ter. Ad. 693: 2 QVID CREDEBAS DORMIENTI HAEC TIBI CONFECTVROS DEOS incerta **distinctio**, nam et per se 'quid' et 'quid credebas' legi potest. et ueluti subaccusatur hic Aeschinus.

Don. Ter. Ad. 740: SI ILLVD QVOD MAXIME OPVS EST IACTV utrum 'opus est iactu' an 'iactu non cadit', incerta **distinctio.**

Don. Ter. Andr. 145: 1 INDIGNVM FACINVS C(OMPERISSE) P(AMPHILVM) deest 'se'. 2 Et incerta **distinctio**. (...) 3 INDIGNVM FACINVS distinguendum, ut per se intellegatur 'indignum facinus': et ipse dolet corrumpi Pamphilum.

Don. Ter. Andr. 228: 3 AVDIVI A(RCHYLIS) I(AMDVDVM) utrum 'iamdudum audiui' an 'iamdudum iubes', incerta **distinction** est. 4 Et sunt qui 'iamdudum' quamprimum intellegunt, ut (Verg. Aen. 2, 103) 'iamdudum sumite poenas'.

Don. Ter. Eun. 1073: 1 COGITA MODO (...) **2** *Et* simul incerta **distinctio** est.

Don. Ter. Hec. 104: 2 NON EST OPVS PROLATO H(OC) incerta **distinctio,** utrum 'prolato hoc' an 'hoc percontarier'.

Don. Ter. Phorm. 116: LEGE ID LICERE FACERE incerta **distinctio** est, utrum 'uxorem uelit lege' an 'lege id licere facere'. quod ille impudentius petit, ut sibi eius faciat copiam.

Don. Ter. Phorm. 255: 4 CREDO HOC RESPONDE MIHI hoc incerta **distinctione** pronuntiatur.

d) Varia distinctio

Serv. Aen. 1, 100: SVB VNDIS et 'sub undis' legimus, et sed si 'sub undas', 'correpta' intellege, si 'sub undis', 'volvit'; varia ergo **distinctio** est.

e) *Diversa distinctio*

Clavd. Don. Aen. 9, 390: *Euryale, infelix qua te regione reliqui <quave sequar>:* in hoc versu diversa **distinctio** est; infelix enim sic in medio positum est, ut et Niso et Euryalo possit adiungi. si Niso, sic pronuntiandum, ut dicamus Euryale et hoc nomine suspenso consequatur infelix qua te regione reliqui? deinde accedat quave sequar? ut inde magis infelix Nisus, quia nesciit cum amicum perderet et ignorabat ubi amicum deberet inquirere. alia **distinctio** est Euryale infelix, ut miserationis videatur esse cum perditum nominat, et ideo infelix, quia amici peritioris gressus observare non potuit: qua te regione reliqui? quave sequar? inde quoque infelix, quia sic erraverit, ut inveniri non posset. iudicium hic legentis est necessarium, ut sequatur utrumque aut deligat alterum quod putaverit melius. mihi tamen videtur secundum animum Nisi tantum doluisse perditum, ut se potius infelicem diceret, quia tardus respexit. denique addidit accusationem suam dicendo qua te regione reliqui? non dixit qua me regioni reliquisti, ut inde infelix Nisus, quia nesciit cum perderet et perditum tarde intellexit.

f) *Duae distinctiones*

Don. Ter. Ad. 634: 1 APERITE ALIQVIS ACTVTVM OSTIVM uim pluralem habet 'aliquis', quamuis singulare uideatur; non est enim aliquis nisi de multis. recte ergo 'aperite aliquis'. 2 *Et* noue, nam ueteribus non placet illud, ubi duae **distinctiones** sunt: 'aperite' una, altera 'aliquis actutum ostium', ut assumatur rursus 'aperiat'. proprie enim ueteres et quis et aliquis et quisquam non obseruabant quo genere aut quo numero declinarent. est ergo figura ἀρχαϊσμός.

g) *Gemina distinctio*

Serv. Aen. 1, 130: NEC LATVERE DOLI FRATREM IVNONIS ET IRAE aut doli Iunonis, aut fratrem Iunonis. gemina ergo **distinctio** est.

h) *Eligenda distinctio*

Porph. Hor. epist. 1, 14, 40: *Cum seruis urbana diaria:* non 'cum seruis mouentem', sed 'cum seruis rodere mauis'. ex ambiguo haec est eligenda **distinctio**. cum seruis urbana diaria. deest 'tu uero'. sic enim erit contexta sententia.

i) *Obscura distinctio*

Don. Ter. Ad. 595: 1 SI QVAM FECERE hoc distingue et separatim infer 'ipsi expostulant'. 2 SI QVAM FECERE IPSI EXPOSTVLANT sensus manifestus est, sed obscura sunt uerba et eorum collocatio et **distinctio**. nam incertum, utrum 'si expostulant' intellegendum sit an 'si quam' pro una parte orationis accipi oporteat.

j) *Ambigua distinctio*

Don. Ter. Eun. 290: 6 PVBLICE EST NVNC <'nunc'> ambigua **distinctione** positum est.

Schol. Veron. Aen. 11, 567: ARSISSE IOVIS CVM. Amb]igua hic **distinctio**. Potest enim sic legi: Quinquaginta oribus ignem pectoribusque arsisse Iovis,/ idest ignem Iovis, ut ποιητικῶς 'ignem Iovis' dixerit fulmen, ut:/ Ipsa Iovis rapidum iaculata e nubibus ignem. (A.1, 42). Potest et sic distingui: Quinquaginta oribus ignem pectoribusque arsisse,/ ut hic sit mora, deinde inferatur:/ Iovis cum fulmina contra tot paribus streperet clypeis.

k) *Vera distinctio*

SERV. Aen. 11, 551: VIX HAEC SENTENTIA SEDIT ideo 'vix', quia naturale est, ut, quotiens simul multa cogitamus, vix aliquid conprobemus: unde vera **distinctio** est 'omnia se cum versanti subito'.

l) *Melior distinctio*

SCHOL. Veron. Aen. 9, 390: EVRYALE INFELIX, QVA Melior haec **distinctio**, ut infelicem dicat, quam ut ad se referat; maior enim vis orationis.

m) *Absurde distinctio*

SCHOL. Veron. Aen. 9, 397: Hater.: 'fraude loci' postest per se legi, deinde subiungi: 'et noctis subito t.t.', ut duplex terror fuerit et ex loci fraude et ex noctis tumultu repentino. Sed et alio modo haut absurde **distinctio**: 'fraude loci et noctis'; deinde: 'subito turbante tumultu': nam duplex est terror, quem incutiebat et nox et locus ignotus et tumultus obvallantis comitatus.

n) *Brevis distinctio*

CLAVD. DON. Aen. 5, 107: *laeto conplerant litora coetu visuri Aeneadas, pars et certare parati*: brevis **distinctio**, sed intellectu latissima. primum quippe quod dixit visuri Aeneadas expressit plenissimam laudem Troianorum: neque enim sola ludorum voluptas ducebat universos, cum unusquisque ad hoc concurreret, ut etiam nosset Aeneadas. erant tamen, inquit, inter ipsos qui etiam studio quoque certandi ducerentur capturi ex visu Troianorum gratiam et commodum de certamine. tanti autem confluxerant, ut latitudinem litorum conplevissent.

o) *Haec est una distinctio: est et altera*

CLAVD. DON. Aen. 10, 229: *vigila et velis inmitte rudentis*: persevera, inquit, et consenti flatibus, quia prosperis successibus navigas, et habenas navigii currentis ne retine, ne felicitatis tuae successus obiectu tarditatis inpedias. haec est una **distinctio**: est et altera, ut sic pronuntieinus: vigilasne, deum gens? ut suppresso interim nomine divini sanguinis diceret prolem, atque ut melius ostenderet notam loqui personam, addidisse nomen eius: Aenea, vigila. si, inquit, vigilas, persevera in eo et habenas omnis velis inmitte. exhortatio istiusmodi fuit in duplicatione eiusdem dicti, ut cetera attentius audiret. illud vero non erat in totum dubitantis, quod post incertae vocem subsecutum est Aenea, vigila. videtur enim removisse in quo dubia fuit dicendo Aenea, vigila, quia gubernans navem dormire non debuit. sequitur personae loquentis evidens demonstratio, ut Aeneas nosset quae omnium nomine loqueretur, in quo ipso et gesta posset apertius noscere.

p) Aut...aut

Ps. Acro Hor. epod. 17, 41: <*Aureum*>] Aut hic est **distinctio,** aut 'perambulabis astra', ut sit efexegesis: 'Castoris sidus aureum'.

q) Sine distinctione

Don. Ter. Eun. 551: 1 NVNC EST PROFECTO ordo et sensus hic est: nunc est profecto tempus, cum perpeti possum me interfici. Hoc autem cur dixerit, ipse statim subicit causam. 2 CVM PERPETI ME POSSVM animaduertendum quod 'cum' si coniuncte legeris, quando significat, si separatim, 'cum' dum significat. 3 NVNC EST PROFECTO figurate. ac coniuncte lege sine **distinctione**.

r) Si distinctio intercesserit

Serv. auct. Aen. 12, 13: CONGREDIOR *hypocrisis est, <ut> exprimatur: id est quod flagitatis. sic* Statius, ubi Polynicen oblique inducit loquentem "non me ullius domus anxia culpet expectentve truces obliquo lumine nati": unde etiam supra ait poeta "se signari oculis". *quidam sane a 'nulla mora in Turno' usque ad 'pepigere recusent' iungunt, ne, si* ***distinctio*** *intercesserit, languescat sententiae color.*

s) Actuum distinctio

Don. Ter. Andr. praefatio, cap. 3, 6: Illud nos commouere non debet, quod in horum actuum **distinctione** uidentur de proscaenio non discessisse personae quaedam, sed tenere debemus ideo Terentium uicinitatis mentionem fecisse in principio (I 1, 43), ut modico receptu et adesse et abesse personam intellegamus. nihil ergo secus factum est ab antiquis, qui ad hunc modum Terentianas fabulas diuiserunt.

t) Relacionada con la representación o con la dicción

Don. Ter. Andr. 332: NVPTIAS EFFVGERE EGO ISTAS M(ALO) QVAM TV A(PISCIER) interposita **distinctione** uultuose hoc dicitur, *hoc est cum gestu.*

Don. Ter. Eun. 209: 1 ROGITARE QVASI DIFFICILE SIT (...) 3 *Et* **distinctione** interposita inferendum uultuose 'quasi difficile sit', <scilicet> id quod mandat. ita et ineptiam nimiam circa haec solliciti amatoris expressit et ostendit nihil esse facilius, quam deducere ad meretricem munera, cum contra illud sit difficillimum, poscenti aliquid non dare.

Serv. auct. Aen. 2, 274: EI MIHI Ennii versus. *et totum iungendum, ne doloris* ***distinctione*** *frigescat, sicut plurimis doctissimis visum est.*

a) La *distinctio* contribuye a solucionar problemas retórico-estilísticos

Serv. Aen. 6, 552: PORTA ADVERSA INGENS **distinctione** excludendum est vitium de duobus epithetis.

Distingvere

B: TLL s.v. 'distinguo' 5.1.1524.16–5.1.1532.40 (Hofmann, 1924); Müller (1964); Wingo (1972); Anderson-Parsons-Nisbet (1979: 131); Habinek (1985: 42); Kaster (1995: 261); Jakobi (1996: 16–18); Diederich (1999: 15, 24–30, 32, 37–39); Timpanaro (2001: 41); Schad (2007: 138–139).

En comparación con las ocurrencias que tiene el sustantivo (véase el lema *distinctio*), una de las aportaciones más relevantes de este lema es que la forma verbal proporciona información acerca del campo de acción y los elementos involucrados en el proceso que representa.

Así pues, aparece de este modo asociada con nombres de gramáticos que se ocuparon de dicho proceso, esto es, del establecimiento de pausas en el texto de los autores comentados. Por una parte, se señalan los agentes concretos, como Probo[538], Aspro[539], o incluso un menos concreto Vergiliomastix[540], no se especifica quién, pero sí su tendencia reprobatoria hacia el texto virgiliano. Por otra parte, los anónimos son mucho más numerosos: *nonnulli, alii, quidam, multi, plerique, sunt qui*, entre otros. Identificados o indefinidos, estos actores están llevando a término un proceso textual que se sitúa en el ámbito de la gramática en la Antigüedad. Suetonio destaca del gramático Probo la realización de esta actividad[541], afirmación que se prueba y se constata con las presentes ocurrencias en Donato. Servio, por su parte, asocia esta actividad al gramático Aspro.

El campo semántico de palabras asociadas a *distinguo* está también asociado al vocabulario relacionado con el establecimiento de pausas en el discurso: *separatim, iungo, subiungo, separo.*

Uno de los motivos recurrentes aducidos para el establecimiento de una pausa u otra es *ut sit ordo*[542]; otro el *sensus*, ya sea porque implica un cambio de sentido[543], para obtener un significado *absolutus*[544], o bien único, *unus*[545], para que el sentido sea el que se indica en el escolio en cuestión[546]. Es común también connotar esta acción: *adfectiose*[547], *commodius*[548], *melius*[549].

---

538 Don. Ter. Andr. 720; Eun. 46.
539 Serv. Aen. 9, 30–31; 11, 358–359.
540 Serv. ecl. 2, 23.
541 Svet. gramm. 24, 2.
542 Serv. auct. Aen. 3, 686.
543 Serv. Aen. 7, 228.
544 Serv. Aen. 6, 198–99.
545 Serv. Aen. 1, 475.
546 Serv. Aen. 7, 454; Serv. auct. georg. 2, 312.
547 Serv. auct. Aen. 2, 731.
548 Serv. auct. Aen. 1, 218.
549 Serv. Aen. 5, 753.

Finalmente, resulta destacable el hecho de que el uso de imperativos, gerundivos y primeras personas del plural en gran número haga reflexionar acerca del papel de trabajar el establecimiento de pausas en el marco de la clase de gramática, así como que estos escolios aparezcan acompañados de explicaciones largas y detalladas sobre por qué una opción u otra de puntuación es más adecuada, es decir, como una explicación pedagógica bien ilustrativa.

1. *Distinctio*
   a) *Asper/ Probus distinguit*

   Don. Ter. Andr. 720: 3 DOLOREM 'dolorem' **distinxit** Probus et post intulit separatim quod sequitur.

   Don. Ter. Eun. 46: 7 NON EAM NE NVNC QVIDEM 'non eam' Probus **distinguit**; iungunt qui secundum Menandri exemplum legunt.

   Serv. Aen. 9, 30–31: (...) ALTVS PER TACITVM sane bene addidit 'per tacitum altus', hoc est per profundam altitudinem; nam licet crescat, intra ripas tamen est, nec, *ut Nilus*, superfunditur campis; unde Asper **distinxit** 'altus per tacitum'. *et bene agmen exercitus flumini conparavit, quia et fluviorum agmina ipse dicit "leni fluit agmine Thybris".*

   Serv. Aen. 11, 358–359: VENIAMQVE OREMVS AB IPSO CEDAT Asper hic **distinguit**, *id est hanc veniam oremus, ut cedat: aut si coniuncte legeris 'cedat ius proprium regi', nova erit elocutio accusativo iunctum 'cedat'. et 'cedat ius proprium <reg'>, id est quod proprium regum est, aut 'cedat' Aeneae. quod autem hic dixit 'cedat', mox 'pone animos et pulsus abi'.*

   b) *Nonnulli distinguunt*

   Ps. Acro Hor. carm. 3, 1, 13: Contendat] Nonnulli autem **distinguunt**, ut 'hic melior fama et moribus contendat' cum supra dicto scilicet, qui 'generosior petitor descendit in campum'. Potest autem et sic dici: 'hic contendat', idest uiuat 'melior fama et moribus', ut ostendat uarios actus hominum una necessitate perire.

   Serv. auct. Aen. 3, 686: NI TENEANT CVRSVS (...). *non nulli 'Scyllam atque Charybdim inter'* ***distinguunt****, ut sit ordo 'inter Scyllam et Charybdin utramque viam leti discrimine parvo ni teneant cursus, certum est dare lintea retro'. alius ordo est 'contra iussa monent Heleni, ne inter Scyllam et Charybdim cursum teneant'.*

   Serv. auct. Aen. 4, 572–573: PRAECIPITES ut supra Mercurius 'non fugis hinc praeceps?'. *sane non nulli ita* ***distingunt*** *'sociosque fatigat praecipites', ut adlocutio hinc videatur incipere 'vigilate viri et considite transtris'. et est usitata figura 'fatigat et praecipites facit'.*

   Clavd. Don. Aen. 2, 431–434: *Iliaci cineres et flamma extrema meorum, testor in occasu vestro nec tela nec ullas vitavisse vices Danaum, et, si fata fuissent, ut caderem, meruisse manu*: quia videbat Aeneas esse criminosum vel esse posse dedecori quod cadentibus tot, tantis ac talibus ipse evasisset, iurisiurandi religionem ultro ante obiectum quod metuebat opposuit. hos versus nonnulli male pronuntiando intellectum planum et manifestum sic errore confundunt, ut longe aliud quam dictum est tradant; sic enim volunt: Iliaci cineres et flamma extrema meorum testor in occasu vestro ibique **distinguunt** addentes postea nec tela nec ullas vitavisse vices Danaum, hic rursum pronuntiationis faciunt separationem et subnectunt ac si fata fuissent ut caderem, addunt in fine accusativum singularem, ut dicant meruisse manum, cum meruisse manu legendum sit et intellegendum. huic alienae pronuntiationi addunt intellectum similem ducti errore quo male iungunt et deterius separant. nos sic pronuntiandum et intellegendum dicimus.

c) *Alii distinguunt*

Ps. Acro Hor. sat. 2, 8, 40: Imi conuiuae lecti] Alii exponunt sic: 'lect' electi uiri; hoc est: Maecenas et alii nobiles nihilum nocuere lagoenis, idest nihil biberunt, sed Vibidius et Balatro, qui sunt inferiores conuiuae, epotauere tota uinaria, idest tota uasa, ubi uinum seruatur. Alii sic **distingunt**: inuertunt Allifanis uinaria tota Vibidius Balatroque secutis omnibus. Distinctio plena usque 'omnibus'. Imi conuiuae lecti, hoc est: qui in imo lecto erant accubantes, nihilum nocuere lagoenis, idest nihil biberunt.

Ps. Acro Hor. sat. 2, 8, 52:*Quidam sic legunt: inulas et erucas monstraui incoquere 'in luto', idest in cinere, ut sit Scurtillus nomen. Alii 'inlutos' echinos legunt, idest cum luto πεπηλωμένος, idest inlutos, ut sit Curtillus nomen, ideoque dupliciter **distinguitur**.

Don. Ter. Andr. 429: 1 MEMINI VIDERE aut: memor sum me uidisse, aut 'memini uideri', non 'uidere', hoc est intellego, scio. 2 An memini quod uiderim? 3 MEMINI VIDERE pro 'uidisse. Ennius (Ann. I fr. 17 M.) 'memini me [quam] fieri pauum'. alii – 4 Sic 'memini uidere' ut noui probare. – 'forma bona' **distinguunt**.

Serv. georg. 2, 371: TEXENDAE SAEPES ETIAM alii hic **distingunt,** alii separant 'texendae saepes, etiam et pecus omne tenendum'.

Serv. georg. 4, 453: *MAGNA LVIS id est magnum scelus. et aliter:* MAGNA LVIS COMMISSA TIBI id est magnorum scelerum est ista persolutio. et alii ita **distingunt**, ut sit 'a te commissa'; alii 'tibi has miserabilis Orpheus'. non humile autem numen dicit Tisiphonen, id est mortis ultricem: nam ideo Tisiphone dicta est, quasi cui cura est τίσις φόνου, id est mortis ultio.

Serv. Aen. 1, 607: DVM MONTIBVS VMBRAE LVSTRABVNT CONVEXA alii hoc loco **distinguunt** et dicunt, quamdiu inclinata in montibus latera umbrae pro solis flexu circumibunt, ut lustrat Aventini montem: aut 'lustrabunt' inumbrabunt, unde lustra et ferarum cubilia et lupanaria per contrarium dicimus, quia parum inlustrantur. alii tamen 'convexa sidera' volunt, id est pendentia, ut "et caeli convexa per auras", id est suspensa, planetasque intellegunt, quia non sunt fixi, sed in aere feruntur. 'pasci' autem aquis marinis sidera, id est ignes caelestes, physici docent, secundum quos Lucanus ait "atque undae plus quam quod digerat aer" <10.260>. *alii 'sidera convexa' nobis inminentia, vel quae per convexum polum pascuntur, vel quae per convexum disposita exhalatione terrae ali credantur. quidam radios solis pasci asserunt umore terreno. 'polus' autem caelum dixit.*

Serv. auct. Aen. 4, 660: SIC sic quasi interrogatio et responsio: et placet sic inultam perire, *vel hoc genere mortis?* placet. et hoc eam se loco intellegimus percussisse: unde alii dicunt verba esse se ferientis. *alii ita* ***distinguunt*** *'sed moriamur ait' et sic post adiciunt 'sic iuvat ire sub umbras', ut dubitaverit an inulta deberet mori, deinde ultionis difficultatem circumspiciens dixerit 'sic iuvat ire sub umbras'.*

Serv. Aen. 7, 228: DILVVIO EX ILLO ex illa vastitate. alii hic **distingunt** et mutant sensum, ut sit: quos dirimit plaga solis ardentis ex quo mundus est constitutus, hoc est ex quo chaos esse desiit.

Serv. auct. Aen. 8, 328: TVNC MANVS AVSONIAE (...). *alii sic* ***distinguunt*** *'Sicanae' et subiungunt 'saepius et nomen posuit Saturnia tellus': semel enim Sicani ex Hispania in Italiam venisse dicuntur. at Italia plura nomina habuit, dicta est enim Hesperia, Ausonia, Saturnia, Italia.*

Serv. Aen. 8, 409: TENVIQVE MINERVA non filo tenui, *id est subtili artificio*; sed parvo pretio lanificii, *id est tenuiter et exiliter victum praebente.* et alii hic **distinguunt** et subaudiunt 'mos est' aut 'placet', ut sit sensus 'cui tolerare colo vitam tenuique Minerva mos est' vel 'placet' et sic inferunt 'inpositum cinerem et sopitos suscitat ignes', ut e contra Horatius "incedis per ignes suppositos cineri doloso". alii sic legunt 'tenuique Minerva inpositum', *quasi fato datum*, id est cui haec est necessitas fataliter data.

Serv. Aen. 10, 281–282: REFERTO FACTA PATRVM alii hic **distinguunt**, ut sit, referat modo unusquisque facta patrum et laudes. et secutus Sallustium hoc dixit, qui ait, Hispanorum fuisse, ut in bella euntibus iuvenibus parentum facta memorarentur a matribus. alii distinguunt 'nunc magna referto facta', ut duas res dixerit: nunc unusquisque et suorum factorum meminerit, et laudis parentum.

Serv. ecl. 3, 50: (...) VEL QVI quasi requirentis est, cum subito Palaemon adveniat. alii **distingunt** 'vel qui venit'. bene autem dubitat, ne eum ipse inmisisse videatur et sit credibile, quod ad eius iudicet gratiam. hoc etiam Damoetas sentiens dicit 'nec quemquam fugio', id est consentio etiam ad editicium iudicem: editicius autem est iudex quem una pars eligit.

Schol. Bern. ecl. 2, 20: *Pecoris niuei,* albae oues. Alii sic **distingunt**: 'pecoris' Niuei, quia antiqui lanam albam admodum diligebant. Pecoris niuei, allegorice metri uel carminum. *Habundans,* ostendit habundantiam ingenii sui; plurimi enim incitantur ad amorem uoce forma diuitiis.

Adnot. Lucan. 8, 113. DIGNERE VEL VNA 'dignere' id est dignos habeas nos, in quibus vel una nocte remoreris. Alii sic **distingunnt** 'vel una nocte tua fac, Magne, locum, quem cuncta revisant saecula'.

d) Quidam distinguunt

Serv. auct. Georg. 2, 312: HOC VBI subaudis 'contigerit'. *et aliter: quidam **distinguunt** 'hoc ubi non', et erit sensus: ubi oleae in oleastrum insitae non fuerint, etiam si incendio conflagrarint, exustae a trunco reviviscent et caesae reverti possunt atque ima similes revirescere terra.*

Serv. auct. Aen. 1, 218: *SPEMQVE METVMQVE INTER DVBII spes bonorum, metus malorum; et ideo subiunxit 'seu vivere credant, sive extrema pati'. et hoc loco 'seu' pro utrumne. et quidam commodius **distingui** putant 'spemque metumque inter' et sic subiungunt 'dubii seu vivere credant sive extrema pati'.*

Serv. auct. Aen. 2, 731: SVBITO CVM hysterologia est. NATE haec singula pronuntianda sunt, quia perturbatis iugis non datur sermo, *nec gaudentibus, nec dolentibus. quidam adfectiose **distinguunt**.*

Serv. Aen. 3, 145: *LABORVM TEMPTARE AVXILIVM 'laborum' periculorum, ut "non tamen ulla magis praesens fortuna laborum est". 'temptari' autem 'laborum auxilium' propter pestilentiam dixit. et quidam 'auxilium' **distingunt**, ut sequatur 'iubeat quo vertere cursus'.*

Serv. Aen. 5, 561: DVCTORES PVERI hic quidam **distingunt,** ut diximus supra.

Serv. Aen. 2, 232: TER FESSVS VALLE RESEDIT egens consilii: Sallustius "fessus in Pamphyliam se receperat". nam corpore 'fatigatum' dicimus, animo vero 'fessum', quamvis hoc saepe confundat auctoritas. *sane quidam sic **distinguunt** 'ter saxea temptat limina', subiungunt 'nequiquam ter', ac post 'fessus valle resedit", ut semel sederit.*

Schol. Bern. georg. 4, 345: Inter quas curam, definitio amoris. Clymene, Nympha. Curam narraba inanem. Quidam **distingunt** 'Vulcani curam inanem'. Morem zelotypi intellegamus.

e) Multi distinguunt

Serv. Aen. 1, 475: INFELIX multi hoc loco **distinguunt** *et subiungunt 'puer atque inpar congressus Achilli', ut ex eo inparem ostendat, quod puer; sed* tamen etiam si iungas 'puer', unus est sensus.

Serv. auct. Aen. 2, 156: VITTAEQVE DEVM aut quae habentur in honore deorum, aut quas habent ipsa simulacra. *VITTAEQVE [et] multi hic **distinguunt** et sic subiungunt 'deum quas hostia gessi'. consuetudo apud antiquos fuit, ut qui in familiam vel gentem transiret prius se abdicaret ab ea, in qua fuerat, et sic ab alia reciperetur: quod hic ostendit; dicit enim Sinon, iure iam se Troianorum civem esse, quia apud Graecos hostia fuerit, adeo nec pro homine, nec pro cive habitus sit. gessi paene gessi; non enim vere gesserat, sed quantum ad Graecos pertinet, qui eum immolaturi fuerant, dicit.*

Serv. Aen. 2, 292: ETIAM multi **distinguunt**, ut sit 'adhuc', ut <5, 485> *etiam currus*, etiam arma tenentem: *intellegunt enim, eum ostendere voluisse, Troiam voluntate divina certo tempore esse defensam, et nunc, si salutem tenere per fata potuisset, ipsius quoque dextera potuisse defendi*: sed melius est 'etiam hac', ut et particeps gloriae sit Aeneas, et Hector vitet superbiam. quidam 'etiam' pro 'denique' vel 'postremo' accipiunt.

Serv. auct. Aen. 2, 294: *HIS MOENIA QVAERE hoc est <1, 5> "dum conderet urbem inferretque deos". et multi 'quaere'* ***distinguunt,*** *et sic subiungunt 'magna pererrato statues quae denique ponto'; non enim magna moenia inventurum promittit, sed magna facturum. nam et di penates in tertio <159> ita monent tu moenia magnis magna para.*

Serv. Aen. 2, 394: HOC IPSE multi hic **distinguunt** et ad Aeneam referunt: *et ideo subiunctum 'spoliis se quisque recentibus armat'. alii 'hoc ipse Dymas' distinguunt, ut ignotis personis addita dignitas videatur, ut est <XII 343> quos Imbrasus ipse nutrierat. et repetitum 'hoc' emphasis properantium, non figura epanalepsis a quibusdam traditur.*

Serv. Aen. 3, 123: HOSTE hic multi **distingunt**.

Serv. Aen. 3, 151: IN SOMNIS multi hic **distingunt** et volunt unam partem esse orationis, id est vigilantis: *nam quemadmodum videbat lunam infusam fenestris?* multi 'in somniis' dicunt, ut sit conlisio, quomodo 'peculi' pro 'peculii'. multi 'in somniis' legunt et posterioribus iungunt: unde et visi: et corpus somno vinci volunt, mentem vero vigilare et meminisse omnium. ideo etiam dormiens de luna scire potuit.

Serv. auct. 4, 381: I SEQVERE ITALIAM VENTIS satis artificiosa prohibitio, quae fit per concessionem: quae tamen ne non intellecta sit persuasio, permiscenda sunt aliqua, quae vetent latenter, ut 'ventis' 'per undas', *nomina terribilia*. sic Terentius "profundat, perdat, pereat: nihil ad me attinet". *ergo hic cum eum videtur dimittere, admonendo periculi retinet. sane multi 'Italiam'* ***distinguunt,*** *ut sequatur 'ventis pete regna per undas'. et 'sequere' quasi fugientem.*

Serv. Aen. 5, 615: ASPECTABANT FLENTES multi 'flentes heu' **distingunt**, ut sit 'miserabiliter flentes', et a persona dicatur poetae. alii 'heu' a mulieribus dictum accipiunt.

Serv. Aen. 6, 198–99: QVO TENDERE PERGANT PASCENTES (...) multi 'pascentes' **distingunt**, et absolutus est sensus. alii dicunt 'pascentes volando' et referunt ad naturam columbarum, quae exilientes pascere consuerunt. alii 'volando' ambulando dicunt: vola enim dicitur media pars pedis sive manus.

Serv. Aen. 7, 454: RESPICE multi hic **distingunt** et superioribus iungunt, ut sit sensus: respice eam quam dicis falsa deludi formidine. AD HAEC ADSVM id est ad regum arma et ad bella. quomodo ergo dicis, quod superfluo his inserar rebus, ad quas veni? alii 'respice ad haec' legunt, ut sit quasi demonstrantis 'respice, bella et letum gero'.

Serv. auct. Aen. 8, 408: CVRRICVLO tempore modo; alias loco, alias officio. *Cicero in Oratore <3, 12> pro loci spatio "haec sunt curricula ac spatia multiplicium variorumque verborum". et multi sic* ***distinguunt*** *'inde ubi prima quies—medio iam noctis abactae curriculo expulerat somnum—cum femina primum, cui tolerare colo vitam tenuique Minerva impositum'; nam 'quies curriculo expulerat somnum' aut paene nihil est—quid enim est quies nisi somnus?—aut ut sit aliquid, non est abstemia matrona illa, cum surgit quiete satiata maxime. 'cui tolerare colo vitam tenuique Minerva inpositum' et hic* ***distinguitur****; quid enim est 'inpositum cinerem'? cum illud sit pulchrius: cui castitas inposuit lanificio tolerare vitam, ut sequatur 'cinerem et sopitos suscitat ignes', ut alibi "et sopitas ignibus aras excitat".*

Serv. Aen. 8, 559: HAERET INEXPLETVS multi hic **distinguunt**, ut sit 'inexpletus haesit et talia locutus est lacrimans'. alii legunt 'inexpletus lacrimis'. honestius tamen est 'inexpletum lacrimans', ut sit nomen pro adverbio, id est inexplebiliter.

Serv. Aen. 9, 214: MANDET HVMO multi hic **distinguunt**; alii iungunt 'mandet humo solita'; ut sit 'commendet in terra'. 'solita' autem 'fortuna', quae piis invidere consuevit: Statius <Theb. 10, 384>, hinc trahens colorem, ait "invida fata piis et fors ingentibus ausis rara comes".

Serv. Aen. 9, 348–349: ET MVLTA MORTE RECEPIT PVRPVREVM multi hic **distinguunt**, ut sit sensus talis: eduxit gladium multo cruore purpureum. alii 'multa morte recepit', ut sit: eduxit gladium cum multo cruore, et sic inferunt 'purpuream vomit ille animam' secundum eos, qui animam sanguinem dicunt. 'recepit' eduxit, ut <10, 383> "hastamque receptat ossibus haerentem", *vel secundum Homerum * * * Cornutus 'nocte' legit et adnotavit "utrum 'nocte' pro morte, an cum multa nox esset?"*

Serv. Aen. 11, 160: VIVENDO VICI MEA FATA diu vivendo, ut in bucolicis <9, 2> "o Lycida, vivi pervenimus". 'vici' autem 'mea fata', id est naturalem ordinem vita longiore superavi, *in hoc tantum, ut superstes essem filio meo*: namque hic ordo naturalis est, ut sint parentibus superstites liberi. fata ergo eius generalia dixit, referens se ad naturalem ordinem, non ad fatum proprium; nam fata superare nemo hominum potest. unde multi sic **distinguunt** 'contra ego vivendo vici' vitam scilicet filii: nam hoc est 'superstes restarem ut genitor': ut 'mea fata' per exclamationem dictum sit. sciendum tamen, etiam inrationabilia dolentibus dari.

Serv. ecl. 5, 64: DEVS DEVS ILLE MENALCA hoc consonant: deus, deus est Daphnis, quasi vox silvarum sit. et multi sic **distingunt** 'ipsa arbusta sonant deus' et subiungunt 'deus ille Menalca', ut sit sensus: si enim rupes et arbusta deum dicunt, deus est, o Menalca.

Clavd. Don. Aen. 8, 18–21: *Talia per Latium*: multi hic **distinguunt** et finiunt et faciunt caput cum quodam transitu et sequuntur dicentes *quae Laomedontius heros cuncta videns magno curarum fluctuat aestu atque animum nunc huc celerem nunc dividit illuc in partisque rapit varias perque omnia versat.* nos hanc pronuntiationem propositi versus sic trademus addita ordinatione sensus: quae cuncta talia videns Laomedontius heros per Latium geri, magno curarum fluctuat aestu et cetera quae sequuntur, ut nulla sit separatio. cuncta videns, id est plane considerans omnia et habens conperta ac manifesta.

SERV. auct. ecl. 8, 49–50: *(ILLE, IMPROBVS ILLE PVER CRVDELIS: TV QVOQVE, MATER) multi sic* ***distinguunt****, quia et intentio loquentis ab initio sic fuit, ut a saevitia Amoris inciperet, in secundo loco accusaret et matrem, ita tamen, ut criminis eius invidiam crudelitati Amoris adscriberet, et ideo geminandum <'ille'>: 'ille, inprobus ille puer crudelis'. et* ***distinguendum*** *ita est 'crudelis tu quoque mater. crudelis mater magis, an puer inprobus?' et* ***distingue*** *'ille, inprobus ille puer crudelis' et subiunge 'tu quoque mater'.*

f) Multi nolunt distingui

SERV. auct. Aen. 10, 896: *ADVOLAT AENEAS multi haec nolunt* ***distingui****, quasi simul fiant.*

SERV. auct. Aen. 11, 864: AVDIIT VNA ARRVNS HAESITQVE IN CORPORE FERRVM celeritas iaculantis exprimitur: *sic* Statius <Theb. 8, 440> cum iam percussum dixisset extinctum, ait "necdum certi tacet arcus Amyntae". *multi nolunt in medio distingui propter exprimendam celeritatem.*

g) Plerique distinguunt

SCHOL. Veron. Aen. 2, 103: IAMDVDVM SVMITE POENAS. (...) Plerique tamen sic **distingunt:** Idque audire sat est iamdudum,/ ut sequatur postea quasi ex fiducia:/ Sumite poenas.

h) Sunt qui distinguunt

SERV. auct. Aen. 4, 321: *TE PROPTER EVNDEM bene servavit rem causae necessariam. et sunt qui hic* ***distinguunt****, ut sequatur 'extinctus pudor'.*

CLAVD. Don. Aen. 1, 664–665: *solus, nate, patris summi qui tela Typhoea temnis, ad te confugio et supplex tua numina posco:* sunt qui ita **distinguant:** mea magna potentia solus, et tunc posset, si melior ratio non occurreret. idcirco enim positum est solus, nate, patris summi qui tela Typhoea temnis, ut ostenderetur facile esse quod Venus effici cupiebat. qui enim potuit fulmina Iovis contemnere ex quibus Typhoeus exarsit facilius potuit mentem feminae possidere. et illud intellegi potest, idcirco Iovis contempti factam esse commemorationem, ne ille se excusaret propter Iunonem. si enim contemptus est aliquando Iuppiter et Amori subiugatus, Iuno procul dubio contemni debuit, quam inferiorem fuisse constabat. fecit ergo benivolum dicendo filium, fecit benivolum dicendo quod potior esset ipso Iove diversis eum amoribus exagitando, fecit benivolum dicendo potentia mea et quicquid virium habere me puto per te habeo, arsit incendio tuo Iuppiter, nullius debes in desiderio meo contemplatione revocari. ecce addit alia, quibus eum ad conplenda quae necessitas exigebat ratione pietatis urgeret. ad te, inquit, confugio, si esset alter qui tantum mihi deberet aut tantum posset quantum tu potes, ipsum quaererem, nunc, quia solus es qui debeas velle et possis inplere quod volo, non tantum confugio ad te verum etiam supplex tua numina posco. ecce omnis partis executa est, quippe et admonuit pietatis ut filium et rogavit ut deum, ut omni ex parte coartatus non deesset obsequiis matris. quid putamus ei oneris accessisse, cum rogatus est ab ea quae auctoritate parentis iubere debuerat? sed hoc necessitas fecit, ut ille precibus et necessitudine sanguinis flexus rebus rite conplendis operam daret. peracta principiorum parte qua fecit benivolum consequenter facit attentum, qua occasione ostendit metus sui causas: frater, inquit, ut Aeneas pelago tuus omnia circum litora iacteturque odiis Iunonis iniquae nota tibi. peracta principiorum parte qua fecit benivolum consequenter facit attentum, qua occasione ostendit metus sui causas:

i) Si distinguimus/ distinguamus

Don. Ter. Ad. 345: 3 TVM QVAE SECVNDA EI DOS ERAT (...) 4 Et incerta distinctio est; etenim 'erat' <si> **distinguimus,** bis audiendum 'pro uirgine dari nuptum'.

Serv. Aen. 6, 659: VNDE SVPERNE PLVRIMVS ERIDANI PER SILVAM VOLVITUR AMNIS (...) et amant poetae pro appellatione ponere magnae rei proprietatem, ut alibi "poculaque inventis Acheloia miscuit uvis". melius tamen est si **distinguamus '**unde superne plurimus', unde ad superos plurimus, id est magnus, amnis volvitur per silvam Eridani, id est populos. fabula namque haec est: (...).

j) Si distinguit

Don. Ter. Andr. 926: 1 ITANE VERO OBTVRBAT si subdistinguit, interstrepit accipe, sin **distinguit**, euertit intellegas. 2 ITANE VERO OBTVRBAT potest 'itane uero' subdistingui et sic cum comminatione inferri 'obturbat'.

k) Si distinguas, distinxeris

Serv. Aen. 3, 45: POLYDORVS EGO sive 'ego' **distinguas**, sive 'ego hic', subaudias 'sum' necesse est. et quasi δεικτικῶς, id est Polydorus sum, non stipes.

Don. Ter. Ad. 259: 1 FRATREM (...) *2 Sed ego puto 'fratrem' non subdistinguendum sed legendum contexte usque ad 'principem'. nam si* ***distinxeris*** *'fratrem', bis erit 'arbitror' subaudiendum, et supra et infra. quod si 'fratrem' inferioribus iunxeris, et cum admiratione pronuntiabitur et subaudietur 'quam mihi'.*___ hanc sane locutionem scire debemus propter personam elaboratam. nam et nimium gaudet et rusticus adulescens est, qui conatur laudare Aeschinum titubans ac paene balbutiens.

l) Potest distingui

DON. Ter. Phorm. 447: EGO CRATINVM CENSEO potest 'ego' **distingui**, ut subaudiendum sit 'dicam uis?'

DON. Ter. Phorm. 849: PERGIT HERCLE potest **distingui** hic 'pergit' et coniuncte legi 'hercle numquam tu odio tuo me uinces'.

SERV. Aen. 3, 359: DIVVM QVI NVMINA potest et 'interpres divum' **distingui**. sane per omnia zeugma est ab inferioribus 'sentis'.

SERV. Aen. 6, 358: ADNABAM et hic **distingui** potest, et 'adnabam terrae'.

SERV. Aen. 10, 491–492: REFERTE EVANDRO potest et hic **distingui**, potest et supra 'referte', ut sit 'Euandro remitto qualem meruit filium'.

SERV. auct. Aen. 12, 497–498: *MARTE SECVNDO TERRIBILIS potest et 'Marte secundo'* ***distingui****, ut sequatur 'terribilis saevam' et cetera; potest et iungi, ut sit 'Marte secundo terribilis'.*

SCHOL. Veron. Aen. 10, 567: ARSISSE IOVIS CVM. Amb]igua hic distinctio. Potest enim sic legi: Quinquaginta oribus ignem pectoribusque arsisse Iovis, idest ignem Iovis, ut ποιητικῶς 'ignem Iovis' dixerit fulmen, ut: Ipsa Iovis rapidum iaculata e nubibus ignem. (A. 1, 42) Potest et sic **distingui**: Quinquaginta oribus ignem pectoribusque arsisse, ut hic sit mora, deinde inferatur: Iovis cum fulmina contra tot paribus streperet clypeis.

SCHOL. Bern. georg. 4, 380: Carchesia, genus poculorum, uel 'Carchesus'p regio est, in qua uinum optimum fit. Maeonii, Graeci idest Lydi. Bacchi. Iunilius dicit: 'Bacchi'; potest **distingui.**

m) Possumus distinguere

ADNOT. Lucan. 2, 162: QVICQVID VBIQVE L. S. possumus **distinguere** et 'quicquid ubique latet scelerum' et 'scelerum non tantum Thracia vidit'.

ADNOT. Lucan. 7, 507. FUDIT aut 'fusa est' aut 'se fudit' accipimus, ut ait Virgilius 'insinuat pavor'. Belli autem ultima fallaciam dixit; nam si ense comminus nihil egissent, tunc debuerant fraude pugnare. Possumus autem et hic **distinguere**: bellique per ultima fudit, id est fudit eques cornua, et qui sequitur versus, separatim legendus est.

n) Distinguitur

SERV. auct. Georg. 1, 34: PANDITVR IPSE TIBI ordo est 'qua locus ipse tibi panditur'. 'tibi' autem in tuum honorem et gratiam tuam. *'ipse' autem ultro, sua sponte. ipse tibi hic* ***distinguitur****, ne, si dixeris 'ipse tibi iam bracchia contrahit ardens scorpios', bene optantis verba maledictum comprehendisse videantur.*

o) Distinguens Vergilomastix

SERV. ecl. 2, 23: LAC MIHI NON AESTATE NOVUM N. F. D. lac mihi non aestate novum n. f. d. multo melius quam Theocritus; ille enim ait <11, 36> τυρὸς δ' οὐ λείπει μ' οὔτ' ἐν θέρει οὔτ' ἐν ὀπώρῃ. sed caseus servari potest, nec mirum est, si quovis tempore quis habeat caseum; hoc vero laudabile est, si quis habeat lac novum, id est colustrum.

quod neutri generis est; nam feminini esse penitus non potest. sane hunc versum male **distinguens** Vergiliomastix vituperat 'lac mihi non aestate novum, non frigore: defit', id est semper mihi deest.

p) Melius sic/hic dinstinguunt

Serv. Aen. 5, 753:. ROBORA NAVIGIIS melius hic **distinguitur.**

Serv. Aen. 6, 123–124: MAGNVM QVID MEMOREM ALCIDEN? melius sic **distinguitur**, licet quidam legant 'quid Thesea magnum', ut epitheton ei dent, qui per se non est magnus: nam Herculem etiam sine epitheto magnum intellegimus. sed melius est 'magnum' dare Herculi, quam sacrilego.

Serv. ecl. 3, 7: PARCIVS melius hic **distinguitur**: licet possit dici etiam 'parcius ista'. sensus autem est: noli valde haec obicere, tamen scias viris fortibus obiciendas rapinas: ipse enim ait in VIIII <610>. "convectare iuvat praedas et vivere rapto".

q) Distinguendum

Don. Ter. Ad. 256: 3 QVID EGO NVNC TE quia laus genus causae est, quod non adhibetur nisi dubiae rei. [[Et]] QVID EGO NVNC TE LAVDEM **distinguendum.** 'quid' autem propter quid.

Don. Ter. Andr. 145: 3 INDIGNVM FACINVS **distinguendum**, ut per se intellegatur 'indignum facinus': et ipse dolet corrumpi Pamphilum.

Don. Ter. Andr. 938: 1 Et ἀσυνδέτως **distinguendum** est 'spe gaudio', ut separatim inferatur 'mirando tanto hoc tam rep(entino) b(ono)'. 2 MIRANDO TANTO 'mirando' dum miror. et est participium.

Don. Ter. Andr. 958: 1 NVNC SIC ESSE HOC VERVM L(VBET) 'sic' delicate pronuntiandum est et separatim **distinguendum**. 2 AT MIHI NVNC SIC ESSE <HOC> VERVM LVBET sensus hic est: alii putent ut uolunt, ego autem uerum esse confirmo, quod mihi libet uerum credere.

Serv. Aen. 3, 379: PROHIBENT NAM CETERA SCIRE hic **distinguendum**; et est sensus 'cetera te scire non sinunt fata, Helenum vero Iuno prohibet dicere etiam ea quae audire poteras', et vacat 'que', ut solet frequenter. male autem sentiunt qui **distingunt** 'scire Helenum', cum legerimus in Lucano <5, 177> venit aetas omnis in unam congeriem miserumque premunt tot saecula pectus, item alibi <5, 176> nec tantum prodere vati quantum scire licet.

Don. Ter. Ad. 256: 1 O FRATER FRATER- Vergilius (Aen. 10, 600) – 'et fratrem ne desere, frater'. -unum relatum ad appellationem, alterum ad laudem. et subdistinguendum, ut uideatur quaesisse quid ultra diceret et plus inuenire non potuisse quam 'frater'. 2 QVID EGO NVNC 'quid' propter quid. et 'nunc' τῷ ἰδιωτισμῷ additum de superfluo, ut (Verg. Aen. 4, 265–66) 'tu nunc C. a. f. 1.' 3 QVID EGO NVNC TE quia laus genus causae est, quod non adhibetur nisi dubiae rei. [*Et*] QVID EGO NVNC TE LAVDEM **distinguendum.** 'quid' autem propter quid.

Don. Ter. Ad. 518: 1 NVNC CVM MAXIME OPERIS ALIQVID FACERE CREDO uide quasi 1 nvnc cvm maxime operis aliqvid facere credo uide quasi ἰδίωμα uerborum Syri esse, de opere loqui; sic enim dixit et Demeae (401), sed illud falso, hoc serio. 2 VTINAM QVIDEM 'apud uillam sit' subaudiendum et **distinguendum**, antequam inferas quod sequitur.

Don. Ter. Andr. 145: 1 INDIGNVM FACINVS C. P. deest 'se'. 2 *Et* incerta distinctio. [144 1 VENIT CHREMES P. A. M. C. (...)] 3 INDIGNVM FACINVS **distinguendum**, ut per se intellegatur 'indignum facinus': et ipse dolet corrumpi Pamphilum.

Don. Ter. Phorm. 298: 1 QVA RATIONE INOPEM POTIVS DVCEBAT etiam 'ducebat' magno sonitu intulit, quod minus momenti habet aduersus eos qui accusantur quam illa superiora. 2 INOPEM POTIVS DVCEBAT D(OMVM) <non> 'inopem potius' sed 'potius ducebat' **distinguendum** est.

Porph. Hor. carm. 3, 4, 5: Auditis: His **distinguendum** et pronuntiandum interrogatiua figura. Dicit autem audire se uocem Musae can<en>tis.

Serv. georg. 4, 424: IAM RAPIDVS hic **distinguendum** propter duo epitheta.

Serv. georg. 4, 345: VVLCANI MARTISQVE secundum Donatum hic **distinguendum** est, ut 'dolos' ad Vulcanum, 'furta dulcia', id est adulterium, referamus ad Martem: scimus enim quod Sole indicante Mars cum Venere *deprehensus est et* per artem Vulcani est religatus catenis.

Serv. auct. Aen. 1, 328: O DEA CERTE *hic o* ***distinguendum****, ut post inferat 'dea certe' confirmans opinionem suam. et* conclusio est syllogismi, qui constat ex propositione, adsumptione, conclusione. nam si nec vox nec vultus mortales sunt, restat ut dea sit.

Serv. Aen. 1, 380: ITALIAM QVAERO hoc loco **distinguendum** est; nam si iunxeris 'patriam', non procedit. patria enim, id est civitas, in provincia esse potest, non tamen ut ipsa provincia patria sit: licet in Sallustio lectum sit "Hispaniam sibi antiquam patriam esse"; sed illic ad laudem pertinet, non ad veritatem. tria ergo dicit: provinciam quaero, hoc est 'Italiam'; 'patriam', hoc est Corythum, Tusciae civitatem, unde Dardanus fuit; 'genus ab Iove' ideo, quia ex Electra et Iove Dardanus Iasiusque nati sunt, Dardanus autem auctor est Troiae. et bene ad tria interrogata respondet, qui esset, unde venisset, quo tenderet. *alibi de ipsa Italia Aeneas "hic domus, haec patria est". melius sic distinguitur 'Italiam quaero patriam et genus ab Iove summo': ut mihi sit Italia patria, Iovis genus efficit, propter Dardanum scilicet.*

Serv. Aen. 1, 505: TVM FORIBVS DIVAE instans praecipue foribus. et hoc loco **distinguendum** est; magno enim studio et labore templorum fores fiebant, quas quibusdam insignibant historiis, ut "in foribus letum Androgei", item "in foribus pugnam ex auro solidoque elephanto". quamvis quidam iungant 'tum foribus divae media testudine templi', ut unum intellegas tectum templi et pronai: quod si est, sub medio tecto sunt fores. sed prima melior expositio est.

Serv. Aen. 1, 548: NON METVS hoc loco **distinguendum** est. cuius autem rei, ex sequentibus probat; nam vult eam non timere, ne inaniter praestet. *alii 'non metus officio' legunt et hunc sensum dicunt: non metuo pro officio nostro, id est non timeo, ne non sit unde satisfaciamus officio ac parem gratiam reddamus.*

Serv. Aen. 1, 595: CORAM QVEM QVAERITIS hoc loco **distinguendum**; nam si unum esset, 'adest' diceret, non 'adsum'. *et coram non nulli ad personam, ut 'coram Vergilio', palam ad omnes referri volunt, ut 'palam omnibus'. Varro "coram de praesentibus nobis, palam etiam de absentibus". sane coram quidam adverbium putant, quia non subsequitur casus, quidam praepositionem loquellis, non casibus servientem.*

Serv. Aen. 2, 48: ERROR id est dolus, ut <6, 27> "inextricabilis error". et est figura ab eo quod praecedit id quod sequitur. **distinguendum** sane 'error', et sic dicendum 'equo ne credite Teucri'. item 'quicquid id est, timeo', hoc enim melius est. *EQUO LATET id est sub praetexto, sub specie equi. alii 'equo' in equo accipiunt.*

Serv. Aen. 2, 116: SANGVINE PLACASTIS VENTOS ET VIRGINE CAESA CVM PRIMVM hic **distinguendum** est, quia et semel ad Troiam ventum est, et ante quam ad eam veniretur de Iphigenia est sacrificatum. cuius fabula talis est.

Serv. Aen. 2, 149: EDISSERE VERA hic **distinguendum**; vera enim audire desiderat.

Serv. Aen. 2, 705: DIXERAT ILLE hic **distinguendum**. *alii 'ille' et 'ignis', sed male.* ET IAM dum negat, dum ostenduntur auspicia.

Serv. Aen. 3, 379: PROHIBENT NAM CETERA SCIRE hic **distinguendum**; et est sensus 'cetera te scire non sinunt fata, Helenum vero Iuno prohibet dicere etiam ea quae audire poteras', et vacat 'que', ut solet frequenter. male autem sentiunt qui **distingunt** 'scire Helenum', cum legerimus in Lucano <5, 177> venit aetas omnis in unam congeriem miserumque premunt tot saecula pectus, item alibi <5, 176> nec tantum prodere vati quantum scire licet.

Serv. Aen. 3, 501: DATA MOENIA CERNAM COGNATASQVE VRBES OLIM (...) sane quoniam occurrebat humanae brevitas vitae, bene subiunxit 'maneat nostros ea cura nepotes'. **distinguendum** autem 'populosque propinquos Epiro'. et sequentibus ostendit quomodo 'Hesperia', id est, quibus populis auctor est Dardanus.

Serv. Aen. 4, 576: SANCTE DEORVM *emphasis, quasi adhuc praesens deus urgeat navigare. et* aut **distinguendum** 'sancte', aut *'sancte deorum'* secundum Ennium dixit respondit Iuno Saturnia sancta dearum.

Serv. Aen. 5, 80: ITERVM *pro secundo.* hic **distinguendum**: nam quo tempore sepeliit eum, dixit sine dubio 'salve' et 'vale'.

Serv. Aen. 5, 296: AMORE PIO PVERI aut genetivus est, et dicit eum ob hoc venisse, ne amicum relinqueret: aut **distinguendum** per se, et est nominativus pluralis, ut 'pueri' non referamus ad aetatem, sed ad agonale studium, in quo sunt puerorum et virorum separata certamina: nam ἄνδρες καὶ παῖδες dicuntur, licet non sint unius aetatis παῖδες ἄνδρες.

Serv. auct. Aen. 5, 404: ANIMI TANTORVM *hic **distinguendum***: hoc est virorum fortium, *quos aequum non erat magna mirari.* unde addidit 'ante omnes stupet ipse Dares': nam stultum est dicere 'tantorum boum', cum dixerit septem.

Serv. Aen. 5, 426: CONSTITIT hic **distinguendum** propter vitium, ut sit 'arrectus in digitos'. sed utrum in pedum, an in manuum digitos? est autem hic totus locus de Apollonio translatus.

Serv. Aen. 5, 813: PORTVS ACCEDET hic **distinguendum**, ne sit contrarium Veneris petitioni, quae ait <797> 'liceat Laurentem attingere Thybrim'.

Serv. Aen. 6, 336: AVSTER hic **distinguendum**.

Serv. Aen. 6, 348: NEC ME hic **distinguendum**, ne sit contrarium: nam eum Somnus deiecit. quamquam alii frustra dicant quod credebat Phorbantem, cum extinctis divinandi sit concessa licentia, ut nunc iam sciat Somnum fuisse.

Serv. Aen. 6, 840: VLTVS AVOS aut hic **distinguendum**, ut sit 'Troiae Minervae' pro Troianae, principale pro derivativo: aut certe 'avos Troiae', non quos Troia habuit avos, sed qui de Troia fuerunt, id est avos Troianorum.

Serv. Aen. 7, 589: MOLE TENET hic **distinguendum**, ut 'scopuli' nominativus pluralis sit.

Serv. Aen. 8, 71: NYMPHAE hic **distinguendum**, ut generalitatem sequatur specialitas, ut in georgicis <4, 321> "mater, Cyrene mater": nam vitiosum est post speciem genus inferre. genus amnibus unde est quidam hic hypallagen putant, ut sit: nymphae, quae de amnibus genus habetis. sane cum 'unde' hodie ad locum referamus, veteres etiam personis adplicabant, ita ut ad omne genus et ad omnem numerum referrent, ut hoc loco genus femininum et pluralem numerum posuit, cum alibi masculinum et singularem posuerit "genus unde Latinum": quod plenius in initio primi libri Aeneidos dictum est.

Serv. Aen. 8, 354: AEGIDA CONCVTERET hic **distinguendum**: nam aegida, id est pellem Amaltheae caprae, a qua nutritus est, in sinistra Iuppiter tenet. sane Graeci poetae turbines et procellas καταιγίδας appellant, quod haec mota faciat tempestates. ergo 'nigrantem' tempestatem commoventem.

Serv. Aen. 8, 383: ARMA ROGO hic **distinguendum**, ut cui petat, non dicat, sed relinquat intellegi, *ne foede apud maritum et amorem suum circa Anchisen memoret et susceptum de adulterio filium.*

SERV. Aen. 8, 621: FATIFERVMQVE ENSEM fatum saepe pro morte positum legitur, 'fatiferum' ergo letiferum. RIGENTEM, SANGVINEAM, INGENTEM **distinguendum** propter plura epitheta. 'sanguineam' autem velut cruentam, terribilem.

SERV. auct. 8, 729: *PER CLIPEVM VVLCANI hic* ***distinguendum:*** *nam 'Vulcani parentis' non procedit.*

SERV. Aen. 9, 37: HOSTIS ADEST hic **distinguendum**, ut 'heia' militum sit properantium clamor. et est Ennianum, qui ait "heia machaeras". ergo 'heia' ingenti clamore dicentes ad portas ruebant. alii 'hostis adest, heia' legunt. alii 'heia' non a persona ad personam dictum putant, sed ipsum poetam quasi actu rei et imaginatione exclamasse.

SERV. auct. Aen. 9, 208: *NON* ***distinguendum****, ut initium iuris iurandi sit 'ita me referat'.*

SERV. Aen. 9, 222: SERVANTQVE VICES hic **distinguendum** est, alias sensus non procedit. *STATIONE RELICTA hoc ad Nisum et Euryalum pertinet, ut sit sensus 'statione relicta ipse comes Niso graditur': quidam 'servantque vices statione relicta' pro 'stationis relictae vices servant' intellegi volunt, ut <1, 75> "et pulchra faciat te prole parentem", hoc est pulchrae prolis.*

SERV. Aen. 10, 44–45: CONIVNX DVRA hic **distinguendum**, ne incipiant esse duo epitheta 'dura fumantia excidia': quod contra artem fit, nulla interposita coniunctione. *'dura' autem debere distingui, ipse ex persona Iunonis ostendit <72> "quae dura potentia nostra egit?" et mire 'coniunx', quasi vitium mariti sit.*

SERV. Aen. 10, 807: DVM PLVIT hic **distinguendum**: nam si iunxeris 'dum pluit in terris', erit archaismos; debuit enim dicere 'in terras'. tamen sciendum est hemistichium hoc Lucretii <6, 630> esse, quod ita ut invenit Vergilius *ad suum* transtulit *carmen.*

SERV. Aen. 11, 562: SONVERE VNDAE **distinguendum**.

SERV. Aen. 11, 698: CONGEMINAT hic **distinguendum:** nam nemo dicit 'securim vulnus congeminat', sed 'securis'.

SERV. Aen. 12, 907: NEC SPATIVM EVASIT hic **distinguendum** est, ut sit 'totum neque pertulit ictum', id est evacuatus est impetus ipsius spatio longiore.

SERV. Aen. 12, 933–934: FVIT ET TIBI TALIS ANCHISES hic **distinguendum**, ut duo dicat: et habuisti patrem, et pater es.

SERV. ecl. 3, 108: NON hic **distinguendum**, ut sit sensus: officii iudicis est ferre sententiam, non eorum, qui inter se contendunt. unde male quidam totum iungunt 'non nostrum inter vos tantas componere lites': nam non negat se facturum esse quod faciet; iudicaturus enim est, eos esse pares, dicens 'et vitula tu dignus et hic'.

SCHOL. Veron., Verg., Aen. 4, 184: NOCTE VOLAT. Hac mora **distinguendum**, ut sit eius sententia et ordo talis: nocte quidem volat, ad lucem custos omnis eventus tecti summo sedet culmine.

Clavd. Don. Aen. 4, 672: *audiit*: hic **distinguendum** est, dehinc addendum *exanimis trepidoque exterrita cursu, unguibus ora soror foedans et pectora pugnis per medios ruit ac morientem nomine clamat.* audiit et cum audisset sororis interitum, soror exanimis facta advolavit turbata ferali nuntio et morientem vocare coepit nomine suo. idcirco separandum diximus audiit, quia multi audiit exanimis pronuntiant, quod contra est: nam audiit et accepto nuntio exanimis facta advolavit, hoc rectum est, ceterum audiit exanimis non est verum; non enim, antequam audiret, exanimis fuit, cum non fuisset causa. cum igitur audisset et ex eo quod audiit exanimis fuisset effecta, ut in doloribus fieri solet, unguibus ora sua, utpote unanimis soror, foedabat et pectora pugnis.

Clavd. Don. Aen. 12, 161: *Interea reges:* hic **distinguendum** est, ne fiat per numeros vitium; de omnibus enim dictum est qui procedebant ad confirmationem foederis, separandum vero ubi singuli describuntur. ingenti mole Latinus quadriiugo vehitur curru: non quo quattuor iuga haberet, dixit quadriiugo, sed quod quattuor iunctis animalibus duceretur.

r) Distingue

Don. Ter. Ad. 595: 1 SI QVAM FECERE hoc **distingue** et separatim infer 'ipsi expostulant'. 2 SI QVAM FECERE IPSI EXPOSTVLANT sensus manifestus est, sed obscura sunt uerba et eorum collocatio et distinctio. nam incertum, utrum 'si expostulant' intellegendum sit an 'si quam' pro una parte orationis accipi oporteat.

Don. Ter. Andr. 188: 2 SIVI ANIMVM VT EX S. mira ratio, cur siuerit, ut et hoc, quod permisit, ad bonam frugem permiserit, non ad luxuriam. 3 AD EAM REM TVLIT 'tulit' absolute. 4 Et, deest 'se'. 5 SIVI autem **distingue**; est enim modo 'siui' permisi, cessaui. 6 SIVI antique. aliter in Adelphis (104) 'non sit egestas facere nos'.

Don. Ter. Andr. 643: 1 ITA NE INPRVDENS 'inprudens' **distingue** et attende hoc illum repetere, quod indignatur magis, quasi audierit 'inprudens' et non audierit reliqua. [642] 2 ITANE INPRVDENS quia articulus omnis defensionis per concessiuam qualitatem hoc dicto est constitutus, idcirco hoc ipsum Charinus per infirmationem repetit, hoc cupiens eripere Pamphilo, quo ille maxime nititur.

Don. Ter. Ad. 595: 1 SI QVAM FECERE hoc **distingue** et separatim infer 'ipsi expostulant'. 2 SI QVAM FECERE IPSI EXPOSTVLANT sensus manifestus est, sed obscura sunt uerba et eorum collocatio et distinctio. nam incertum, utrum 'si expostulant' intellegendum sit an 'si quam' pro una parte orationis accipi oporteat.

Don. Ter. Andr. 188: 2 SIVI ANIMVM VT EX S.mira ratio, cur siuerit, ut et hoc, quod permisit, ad bonam frugem permiserit, non ad luxuriam. 3 AD EAM REM TVLIT 'tulit' absolute. 4 Et, deest 'se'. 5 SIVI autem

distingue; est enim modo 'siui' permisi, cessaui. 6 SIVI antique. aliter in Adelphis (104) 'non sit egestas facere nos'.

Don. Ter. Andr. 643: 1 ITANE INPRVDENS 'inprudens' **distingue** et attende hoc illum repetere, quod indignatur magis, quasi audierit 'inprudens' et non audierit reliqua. [642] 2 ITANE INPRVDENS quia articulus omnis defensionis per concessiuam qualitatem hoc dicto est constitutus, idcirco hoc ipsum Charinus per infirmationem repetit, hoc cupiens eripere Pamphilo, quo ille maxime nititur.

Serv. auct. georg. 3, 46: MOX TAMEN id est postquam georgica scripsero. et 'ardentis pugnas' legendum est: nam male quidam 'ardentis Caesaris' accipiunt, ut 'is' communis sit syllaba. *et aliter: <'ardentis accingar dicere pugna'> hic* ***distingue****, ut Aeneida significasse videatur, quia una Actiaca pugna Octaviani Caesaris fuit.*

Serv. auct. Aen. 1, 133: *NVMINE VENTI* ***distingue*** *'numine', ut 'venti' convicium sit.*

Serv. Aen. 10, 109: SEV FATIS ITALVM CASTRA OBSIDIONE TENENTVR sive malo fato Italorum obsidentur castra Troiana, sive Troiani malo errore et sinistris monitis ad Italiam venerunt, neminem absolvo: unde propter amphiboliam **distingue '**Italum' et infer 'castra obsidione tenentur', scilicet Troianorum; ipsi enim obsidentur, non Itali.

s) Distinguenda sunt

Porph. Hor. sat. 1, 2, 120: Illam 'post Paulo', 'sed pluris', 'si exierit uir' Gallis: Haec **distinguenda** sunt, ut singula legantur. Ita demum enim significabuntur uerba eius, qua<e> se magno uendat et differendo amatorem cupidiorem sui faciat.

Serv. Aen. 6, 283: VLMVS OPACA, INGENS **distinguenda** sunt ista propter duo epitheta. et quidam tradunt ideo in ulmo somnia inducta, quod vino gravati vana somnient et ulmus apta sit viti: et ideo apud inferos rem inanem.

Serv. auct. Aen. 8, 131: MEA ME VIRTVS haec adrogatio ad honorem Euandri pertinet. *et sane paulo adrogantius videretur virtutem suam laudasse, nisi deorum oracula et fata coniungeret. deinde ut Euandro blandiretur, 'tua' inquit 'terris dedita fama'. et ut in audientis mente remaneret, in ultimo addidit 'et fatis egere volentem'. sed hic singula* ***distinguenda****, ut maior sit enumeratio.*

t) Sic debemus distinguere

Clavd. Don. Aen. 10, 146–147: *Illi inter sese duri certamina belli contulerant, media Aeneas freta nocte secabat*: illis inter se certantibus Aeneas in otio non fuit; agebat quippe navigationem huic etiam tempore noctis intentus. hunc locum cum pronuntiamus, sic debemus **distinguer**e, ut aequora adsignemus media, non noctem, hoc modo: media Aeneas freta et faciamus moram et sic dicamus nocte secabat, ut ostendatur regis properantis instantia et labor, qui nec noctem metuebat nec medium maris.

CLAVD. Don. Aen. 12, 154–155: *vix ea, cum lacrimas oculis Iuturna profudit terque quaterque manu pectus percussit honestum:* pulchra ratio dictionis ut ante Iuturnam diceret lacrimas effudisse et contudisse pectus et crinis dissipasse quam Iuno conpleret. sic enim poeta animum dolentis expressit, ut medium sermonem quo tristia de fratre cognoverat lacrimae rumperent. hunc locum cum pronuntiamus, sic debemus **distinguere**, ut dicamus vix ea, hoc est statim quod ea dicta sunt, et sic sequantur cetera de lacrimis et verberibus pectoris. haec cum videret Iuno, talia subiunxit: *non lacrimis hoc tempus, ait Saturnia Iuno, adcelera et fratrem, si quis modus, eripe morti aut tu bella cie conceptumque excute foedus:*

u) Necessario distinguunt

SERV. auct. georg. 2, 444: *TYMPANA P. tecta vehiculorum. et aliter: rotas ex solidis tabulis factas tympana appellavit. et 'agricolae' necessario* ***distinguunt.***

v) Actuum distinctio

DON. Ter. Ad. praefatio cap. 1, 4:* hoc etiam ut cetera huiusmodi poemata quinque actus habeat necesse est choris diuisos a Graecis poetis. quos etsi retinendi causa inconditi spectatoris minime **distinguunt** Latini comici metuentes scilicet, ne quis fastidiosus finito actu uelut admonitus abeundi reliquae comoediae fiat contemptor et surgat, tamen a doctis ueteribus discreti atque disiuncti sunt, ut mox aperiemus post argumenti narrationem (c. 3).

DON. Ter. Andr. praefatio, cap. 2, par. 3: Difficile est diuisionem actuum in Latinis fabulis internoscere obscure editam: causam iam dudum demonstrauimus. unde autem aut quomodo quamuis aegre tamen intellegi **distingui**que possint, est operae Premium discere. principio dicendum est nullam personam egressam quinquies ultra exire posse; sed illa re plerumque decipimur, quod personam, cum tacuerit, egressam falso putamus, quae nihilo minus in proscaenio tacens loquendi tempus exspectat. est igitur attente animaduertendum, ubi et quando scaena uacua sit ab omnibus personis, ita ut in ea chorus uel tibicen obaudiri possint. quod cum uiderimus, ibi actum esse finitum debemus agnoscere. confundit saepe lectorem illud, quod persona in superiore scaena desinens et in proxima incipiens loqui non intellegitur ingressa, quod ipsum experientes statim diiudicant de rerum ac temporum quantitate. potest enim fieri, ut et ingressa sit et egressa, quam praue credimus de proscaenio non recessisse. posse autem quinto egredi personam, non et necesse esse dicimus, ut appareat ultra exire non posse, in tragoedia parcius exire et solare pariter et licere.

Don. Ter. Eun. praefatio, cap. 1, 5: 5* actus sane implicatiores sunt in ea et qui non facile a parum doctis **distingui** possint, ideo quia tenendi spectatoris causa uult poeta noster omnes quinque actus uelut unum fieri, ne respiret quodammodo atque, **distincta** alicubi continuatione succedentium rerum, ante aulaea sublata fastidiosus spectator exsurgat.

Don. Ter. Eun. Hec. praefatio, cap. 1, 4: 4* diuisa est autem, ut ceterae, quinque actibus legitimis, quos in subditis **distinguemus.**

x) Un personaje

Don. Ter. Eun. 265: 1 VIDEN OTIVM ET CIBVS QVID FACIAT ALIENVS rursus Parmeno et facetias dicit et **distinguit** longiloquium parasiti. 2 QVID FACIAT legitur 'quid facit', ut sit figura per modos pro 'quid faciat'.

y) En las *subscriptiones*

Svbscr. Macr. 11: Aurelius Memmius Symmachus v.c. emendabam vel **disting.** Meum Ravennae cum Macrobio Plotino Eudoxio v.c.

Svbscr. Verg. 12: **Distincxi** emendans, gratum mihi munus amici suscipiens operi sedulus incubui tempore quo penaces circo subiuncximus atque scenam euripo extulimus subitam ut ludos currusque simul uariumque ferarum certamen iunctim Roma teneret ouans. Ternum quippe sofos merui terna agmina uulgi per caueas plausus concinuere meos. In quaestum famae census iactura cucurrit nam laudis fructum talia damna serunt. Sic tot consumptas seruant spectacula gazas festorumque trium permanet una dies Asteriumque suum uiuax transmitit in aeuum qui parcas trabeis tam bene donat opes. quisque legis relegasque felix parcasque benigne siqua minus uacuus praeteriit animus.

Dividere

B: TLL 5.1.1593.13–5.1.1611.52 (Bauer,1924); Schad (2007: 139–140).

A diferencia de otras palabras del mismo campo semántico, como *distinguo*, este lema se utiliza para indicar la separación de unidades compositivas formales o segmentos más pequeños dentro del todo de una obra literaria. La definición del TLL incluye una sección en *'II. de divisione rerum incorporalium', B de divisione, quae non actione fit, sed mente, cogitatione*; en este apartado hay unas cuantas ocurrencias aquí recogidas.

En los ejemplos reunidos, se encuentran ocurrencias relacionadas con la segmentación en *actus*[550], y de una *fabula*[551]. Se menciona la costumbre de dividir en cinco actos las comedias terencianas[552]. Los actos se subdividen a su vez en tres o cuatro escenas[553]. En cuanto al contenido, se indica que la comedia se divide en cuatro partes: *prologum*, πρότασις, ἐπίτασις, καταστροφή[554], y la tragedia en tres, *exspectatio, gesta, exitus*[555].

Otras unidades compositivas de estructuración son los *libros*, ya sean de textos en prosa como los de Cicerón[556], ya sean de las *Geórgicas* de Virgilio[557].

Aparece incluso la división de secuencias concretada en una división formal en versos[558], o ejemplificado en dos autores distintos, de *una pars orationis*, que corresponde a la misma unidad que se va a dividir: versos[559].

En las ocurrencias en las cuales no se determina el todo sobre el cual se hace una separación, se supone una unidad del tipo secuencia y se suelen aducir, no obstante, sus causas, a menudo por el *sensus*[560], ya sea con verbos pertenecientes al espectro semántico del sentido, *ut intellegams*[561], ya sea con sujetos anónimos, *sunt qui*[562], *multi*[563], ya sea con los autores gramáticos conocidos como Urbano[564].

550 Don. Ter. Ad. praefatio cap. 1, 5.
551 Don. Ter. Andr. praefatio cap. 3, 6.
552 Don. Ter. Ad. praefatio cap. 1, 5; Hec. praefatio cap. 1, 4.
553 Don. Ter. Ad. praefatio cap. 3, 7.
554 Don. Ter. Hec. exc. com. cap. 7, 1.
555 Don. Ter. Ad. 288.
556 Ps. Ascon. Cic. Verr. II, 1, argumentum
557 Serv. auct. georg. 2, 195.
558 Porph. Hor. epist. 2, 2, 93–94
559 Porph. Hor. epist. 2, 2, 93–94; Serv. auct. Aen. 6, 518.
560 Serv. Aen. 4, 548.
561 Serv. auct. Aen. 4, 131.
562 Serv. auct. Aen. 2, 121.
563 Serv. auct. Aen. 4, 131.
564 Serv. Aen. 4, 548.

Finalmente hay ocurrencias también de la acepción de dividir una obra en libros[565]. Estos significados parecen hacer referencia a una separación física. No obstante, también se encuentra la acepción de separar en sentido metafórico las distintas partes de una narración.

En el ámbito de la morfosintaxis, se usa también este término para indicar la división de palabras[566], y de los preverbios con respecto a su forma verbal[567].

1. *Distinctio.*
   a) En actos

      Don. Ter. Ad. praefatio cap. 1, 5:° hoc etiam ut cetera huiusmodi poemata quinque actus habeat necesse est choris **diuisos** a Graecis poetis. quos etsi retinendi causa inconditi spectatoris minime distinguunt Latini comici metuentes scilicet, ne quis fastidiosus finito actu uelut admonitus abeundi reliquae comoediae fiat contemptor et surgat, tamen a doctis ueteribus discreti atque disiuncti sunt, ut mox aperiemus post argumenti narrationem (c. 3).

      Don. Ter. Ad. praefatio cap. 3, 7: In **diuidendis** actibus fabulae identidem meminerimus, primo paginarum dinumerationem neque Graecos neque Latinos seruasse, cum eius distributio eiusmodi rationem habeat, ut ubi attentior spectator esse potuerit, longior actus sit, ubi fastidiosior, breuior atque contractior; deinde etiam illud, in eundem actum posse conici et tres et quattuor scaenas introeuntium et exeuntium personarum.

      Don. Ter. Andr. praefatio cap. 3, 6: Illud nos commouere non debet, quod in horum actuum distinctione uidentur de proscaenio non discessisse personae quaedam, sed tenere debemus ideo Terentium uicinitatis mentionem fecisse in principio, ut modico receptu et adesse et abesse personam intellegamus. nihil ergo secus factum est ab antiquis, qui ad hunc modum Terentianas fabulas **diuiserunt**.

      Don. Ter. Hec. praefatio cap. 1: 4 **Diuisa est** autem, ut ceterae, quinque actibus legitimis, quos in subditis distinguemus.

   b) Otras divisiones para la tragedia y la comedia:

      Don. Ter. Ad. 288: 1 OBSECRO MEA NVTRIX haec scaena tragoediae ordinem seruat, nam tragoedia in tria **diuiditur**: exspectationem, gesta, exitum. hic quoque exspectatio est <in mulierum colloquio> (III 1), in Getae nuntio (III 2, 1 – 30) gesta, in planctu Sostratae (III 2, 31 sq.) exitus.

      Don. Ter. Hec. exc. com. cap. 7, par. 1: 1 Comoedia autem **diuiditur** in quattuor partes: prologum, πρότασιν, ἐπίτασιν, καταστροφήν.

565 Ps. Ascon. Cic. Verr. II, 1, argumentum.

566 Ps. Acro Hor. sat. 1, 2, 129; Lact. Plac. Stat. Theb. 10, 203.

567 Serv. ecl. 1, 67.

c) En libros

Serv. auct. georg. 2, 195: *SIN ARMENTA quare de armentis dicit, cum tertius liber ad pecudes* ***divisus sit?*** *solvitur sic: varietatis causa, ne uniformis narratio esset. nunc et 'armenta' non de his dicit, sed de terra, quae utilis sit armentis. ante enim posuit quae nutriantur, et sic quae nutrit.*

Ps. Ascon. Cic. Verr. II, 1, argumentum: Libros igitur pro qualitate criminum Tullius **dividens** anteactis unum dedit, hunc scilicet solum, crimini ipsi repetundarum IIII: unum de iure dicendo, alterum de <re> frumentaria, tertium de signis, quartum de suppliciis. Ad hanc enim similitudinem poeta Virgilius "Minoem," iudicem apud inferos, tamquam si praetor sit rerum capitalium, "quaesitorem" appellat. Dat illi sortitionem, ubi "urnam" nominat; dat electionem iudicum, cum dicit "consilium vocat;" dat cognitionem facinorum, cum dicit "vitasque et crimina discit". Ergo hic liber qui de anteacta vita est statum necesse est coniecturalem habeat. Capita autem quattuor ipse Tullius fecit **dividendo** totam hanc accusationem in <ea quae admiserat Verres in quaestura, in> legatione vicem<que> quaesturae, tertio in praetura urbana, <postremo in praetura Siciliensi>. Nam cum omnes eius actus quaesturae nomine, legationis, praeturae urbanae, praeturae Siciliensis <deni>que quadripartita librorum **divisione** cognoscantur, anteacta <ad> unum omnia hoc libro comprehensa sunt ad eorum fidem quae post dicuntur. Prohemia sane huius libri in simulatione constituta sunt quasi verae accusationis in Verrem audentem adesse atque defensum, <in> exhortatione iudicum ad recte iudicandum, tum in minis contra adversarios et in exhibenda ratione officii sui cur ita maluerit accusare, ut prima Actione tantum testibus uteretur: quae omnia eiusmodi sunt, ut non tam nova dicere quam dicta libri superioris instaurare videatur. Post haec omnia ipsius Ciceronis per honores Verris cum criminibus iunctos **divisio** per ordinem temporum currit.

Ps. Ascon. Cic. Verr. II, 1, 62: "At credo". Transitus ad aliam criminum speciem. Non enim haec quae anteacta sunt sic dicit tamquam Siciliensia crimina, propria huius cognitionis, quae per singulos libros constat esse **divisa**, ut de iure dicundo, de <re> frumentaria, de signis, de suppliciis.

d) En versos

Serv. Aen. 6, 518: CIRCVM DVCEBAT **divisit** in duos versus unam partem *orationis,* sed ideo, quia est composita. lyrici vero etiam incompositam partem orationis in duos **dividunt** versus.

Porph. Hor. epist. 2, 2, 93–94: Circum spectemus: Vna pars orationis est **diuisa** in duos uersus Luci<l>i more et antiquorum.

e) Secuencias

Serv. auct. Aen. 2, 121: *FATA id est responsa. sunt qui ita* ***dividant:*** *'cui fata parent' vitam, 'quem poscat Apollo', ut moriatur.*

Serv. Aen. 4, 131: RETIA RARA PLAGAE multi **dividunt**, ut sit '*retia* rara' maiora, plagas *vero* minora intellegamus. alii plagas per definitionem accipiunt, ut intellegamus 'quae sunt retia rara, plagae'. sciendum tamen proprie plagas dici funes illos, quibus retia tenduntur circa imam et summam partem. *sane 'retia rara, plagae' et reliqua subauditur 'portantur': aut zeugma est 'ruunt'.*

Serv. Aen. 4, 548: TV PRIMA FVRENTEM Vrbanus hoc **dividit**, licet alii iungant, et vult hunc esse sensum: tu persuasisti ut nuberem, victa lacrimis meis, tu etiam nunc me his oneras malis: nam me olim occidissem, nisi te deserere formidarem.

Serv. auct. Aen. 5, 334: *OBLITVS AMORVM id est Euryali.* ***divisit*** *sententiam Euryali.*

Schol. Veron. Aen. 12, 712:.........alia ambiguitas. Nam aut colligendum est: 'invadunt Martem clypeis adque aere sonoro'; ....antur post coniectas .... ut **dividendum** illo modo est aut: invadunt Martem sonoro...........autem.......'aere sonoro' acd inferius referatur............dere........ntur, infra autem clypeis et sonoro aere tellus daret gemitum....

Clavd. Don. Aen. 7, 102–105: *haec responsa patris Fauni monitusque silenti nocte datos non ipse suo premit ore Latinus, sed circum late volitans iam fama per urbis Ausonias tulerat:* quid silentio noctis Latinus audisset nec ipse tacere potuit et per omnia loca atque universas urbis Ausonias circumtulerat fama, cui tantum licuit, ut haec mox ubique vulgasset. circum quod dixit, non separatum esse debet, ut iuxta dixisse videatur, sed quod ratione poetica **divisum** est colligi debet et iungi. non enim possumus dicere quod circum iuxta sit, cum poeta dixerit late volitans iam per urbis Ausonias tulerat. unde circum et tulerat iungendum est, ut faceret circumtulerat.

2. Morfosintaxis. Palabras

Ps. Acro Hor. sat. 1, 2, 129: § Ve<pallida>] Quidam putant 'uepallida' unam partem orationis esse quomodo 'uesana'; sed magis **diuidendum** est, ut 'ue' interiectio sit feminae timentis ac perturbatae.

Lact. Plac. Stat. Theb. 10, 203: SOLVTA hiatu **diuisa**.

Serv. auct. Aen. 4, 371: QVAE QVIBUS ANTEFERAM amphibolia: quid prius, quid posterius dicam? *quod fieri solet, ubi omnia et paria et magna sunt. sane 'anteferam' non* ***est dividendum****, est 'praeferam'.*

Serv. ecl. 1, 67: EN ecce, VMQVAM aliquando. 'en umquam' Vergilius alio loco **dividit** interposito verbo, ut infra in ipso libro (8, 7) "en erit umquam ille dies", quod significat umquam ne, aliquando.

Divisio, -onis

B: TLL s.v. 'divisio'5.1.1627.13–5.1.1631.36 (Bauer,1924); Schad (2007: 140); Diederich (1999: 174–175).

Como en el lema anterior (*dividere*), *divisio* muestra también diversos tipos de separación en unidades formales, ya sea en unidades poéticas[568], ya sea en libros[569], ya sea en secuencias[570], o en actos[571].

1. Distinctio

a) Égloga-epodos

Porph. Hor. epod. 17, 14: Heu peruicacis ad pedes Achillei: De hac **diuisione** in superiore egloga locutus sum circa nomen Vlixis (epod. 16, 59). Peruicaces autem dicuntur, qui in contentione usque ad peruincendum perseuerant.

b) Secuencia

Don. Ter. Andr. 49: 2 ET GNATI VITAM ET C(ONSILIVM) M(EVM) C(OGNOSCES) istae **diuisiones** sunt: 'gnati uitam', quoniam dicturus est (v. 24) 'nam is postquam excessit ex ephebis, Sosia'; 'consilium meum', quia dicturus est (v. 130) 'et nunc id operam do'; 'et quid facere in hac re te uelim', quia dicturus est (v. 141) 'nunc tuum est officium h(as) b(ene) u(t) a(dsimules) nuptias'. 3 ET GNATI VITAM ET C(ONSILIVM) M(EVM) C(OGNOSCES) tripertita distributio. 4 ET GNATI VITAM uitam filii in duas partes diuidit in narratione: in ante actam bonam et praesentem malam.

c) Libros

Ps. Ascon. Cic. Verr. II, 1, argumentum: (...) Capita autem quattuor ipse Tullius fecit dividendo totam hanc accusationem in <ea quae admiserat Verres in quaestura, in> legatione vicem <que> quaesturae, tertio in praetura urbana, <postremo in praetura Siciliensi>. Nam cum omnes eius actus quaesturae nomine, legationis, praeturae urbanae, praeturae Siciliensis <deni>que quadripartita librorum **divisione** cognoscantur, anteacta <ad> unum omnia hoc libro comprehensa sunt ad eorum fidem quae post dicuntur. Prohemia sane huius libri in simulatione constituta sunt quasi verae accusationis in Verrem audentem adesse atque defensum, <in> exhortatione iudicum ad recte iudicandum, tum in minis contra adversarios et in exhibenda

568 Porph. Hor. epod. 17, 14.
569 Ps. Ascon. Cic. Verr. II, 1, argumentum.
570 Don. Ter. Andr. 49.
571 Don. Ter. Andr. praefatio, cap. 2, 3.

ratione officii sui cur ita maluerit accusare, ut prima Actione tantum testibus uteretur: quae omnia eiusmodi sunt, ut non tam nova dicere quam dicta libri superioris instaurare videatur. Post haec omnia ipsius Ciceronis per honores Verris cum criminibus iunctos **divisio** per ordinem temporum currit.

SVBSCR. Boet. 15b: ANITII MALLII SEVERINI BOETII VC• ET ILLST• EX CONS• ORD• PATRICII LIBER **divisionum** incipit valde necessarius MARTIVS NOVATVS RENATVS V•C• ET SP RELEGI MEVM

d) Actos

DON. Ter. Andr. praefatio, cap. 2, 3: Difficile est **diuisionem** actuum in Latinis fabulis internoscere obscure editam: causam iam dudum demonstrauimus. unde autem aut quomodo quamuis aegre tamen intellegi distinguique possint, est operae Premium discere. principio dicendum est nullam personam egressam quinquies ultra exire posse; sed illa re plerumque decipimur, quod personam, cum tacuerit, egressam falso putamus, quae nihilo minus in proscaenio tacens loquendi tempus exspectat. est igitur attente animaduertendum, ubi et quando scaena uacua sit ab omnibus personis, ita ut in ea chorus uel tibicen obaudiri possint. quod cum uiderimus, ibi actum esse finitum debemus agnoscere. confundit saepe lectorem illud, quod persona in superiore scaena desinens et in proxima incipiens loqui non intellegitur ingressa, quod ipsum experientes statim diiudicant de rerum ac temporum quantitate. potest enim fieri, ut et ingressa sit et egressa, quam praue credimus de proscaenio non recessisse. posse autem quinto egredi personam, non et necesse esse dicimus, ut appareat ultra exire non posse, in tragoedia parcius exire et solare pariter et licere.

EDERE

B: TLL s.v. 'edo' 5.2.81.58–5.2.97.76 (VOLLMER y MEYER, 1931); JOCELYN (1984; 1984a; 1985; 1985a)

La información acerca de las ediciones de los textos clásicos latinos en su protohistoria textual[572], esto es, antes de los testimonios materiales que de la literatura latina se poseen en la actualidad, varía en función de los autores y de cada texto específico. Véanse a modo de ejemplo los estudios de las etapas tempranas de transmisión de Ovidio y Virgilio, tales como las exploraciones de Zwierlein[573] con Ovidio y Virgilio, o bien de Deufert[574] con el texto de Plauto, o bien de Velaza[575] con los de Virgilio o Terencio.

Por tratarse de textos escolares que formaban parte del canon, los textos aquí estudiados poseen una larga tradición no solo material, sino también comentarística. En el caso de la *Eneida* de Virgilio, por ejemplo, las *Vidas virgilianas* informan acerca de la voluntad de Virgilio de quemar el texto con su propia muerte, pues no lo consideraba una obra acabada. A pesar de ello, tal y como cuenta Servio, Augusto ordenó por ley a Tuca y a Vario que corrigieran el texto de Virgilio, pero que no añadieran nada[576]. No se concreta en este pasaje la hipotética edición de Vario, en cambio, en el *Prefacio al Comentario perdido de las Églogas* de Elio Donato, se hace referencia a falsas atribuciones a Virgilio hechas por Vario en sus ediciones, por ejemplo, el *Tiestes*, así como también se menciona entonces su edición de las *Bucólicas*[577].

En el caso de Terencio, en los prefacios de los comentarios a cada comedia se proporciona información acerca del proceso de *editio* de cada una de estas. Así pues, en estas noticias suele explicitarse cuándo se publicó y en todas las comedias comentadas se usa la fórmula *edita* y se especifica el sistema de datación adecuado para indicar cuándo se representó por primera vez, con excepción de *Adelphoe*. En esta comedia la fórmula cambia el verbo *edo* por *ago*, hecho que colabora a leer el más común *edo* por representar: hacer pública en el sentido inicial del término, es decir, dar a conocer al público[578].

En el caso de Cicerón se plantea en qué orden se publicaron los cuatro libros de la segunda acción de las *Verrinas* de Cicerón, el orden de presentación de los

---

572 VELAZA (2016).
573 ZWIERLEIN (1999 y 2000).
574 DEUFERT (2002).
575 VELAZA (2001 y 2007).
576 SERV. Uita Uergilii, p. 2, l. 10.
577 DON. Verg. ecl. praef. 11, 202.
578 DON. Ter. Ad. praef. 7.

hechos, según el Pseudo-Asconio, no seguiría criterios cronológicos, sino del tipo de crímenes y del momento en el que se registraron[579].

En cuanto al texto de Horacio, es interesante ver cómo los comentarios conservados del Pseudo-Acrón y de Porfirión coinciden en la información proporcionada. Así, la información con respecto al libro cuarto de las odas coincide[580]: los tres primeros libros formarían una unidad y se habría completado su trabajo; el cuarto libro habría sido promovido por Augusto tiempo después, con motivo de la alabanza de Druso Nerón como vencedor sobre los retos y vindélicos.

1. Acepción textual. Editar un texto
   a) *Carmina*
      Ps. Acro Hor. carm. 4, 1, praeludium: (...) Statuerat Horatius usque ad tertium librum carminum conplere opus suum, quibus **editis** maximo interuallo hunc quartum scribere est ab Augusto conpulsus in laudem priuigni sui Drusi Neronis, qui uictor de Retis Vindelicis fuerat reuersus.
      Serv. ecl. 9, 18: PAENE SIMVL TE CVM SOLACIA R(APTA) M(ENALCA) cum suis enim solaciis perit poeta, qui necdum **editis** carminibus moritur. Vergilius autem illo tempore nondum aliquid scripserat. et dicendo 'solacia' latenter tempora carpit Augusti, quibus carmina non oblectamento fuerunt, sed solacio, quod infelicium esse consuevit. *vel 'tua solacia' tua carmina, quibus consolamur.*
   b) *Orationem*
      Ps. Ascon. Cic. Verr. II, 1, 139: "Etenim iudicium, quod prope omnium fortunarum". Causam Mustius pecuniariam habuit Tullio defendente, cuius oratio non est **edita**.
   c) *Libellos, libros*
      Ps. Acro Hor. sat. 1, 4, 71: § Nulla taberna m(eos)] Negat se libellos suos **edere** bibliopolis, ne inperitam turbam incidant, qualis est Hermogenes Tigellius. Hoc ita posuit, quoniam bibliopolae stationes uel armaria circa pilas uel columnas habebant, ac per hoc ostendit se non temere cuiquam libellos suos **edere** nisi certis et electis personis.
      Porph. Hor. carm. 4, 1, 1: *Intermissa Venus diu*: Post consummatos **editos**que tres carminum libros maximo interuallo hunc quartum scribere conpulsus esse dicitur ab Augusto, ut Neronis priuigni eius uictoriam de Raetis Uindelicis quaesitam inlustraret, quae in hoc libro ea ode continentur, quae sic incipit: *Qualem ministrum fulminis alitem. Intermissa Uenus diu rursus bella moues.*
      Porph. Hor. sat. 1, 4, 71: *Nulla taberna meos habeat neque pila libellos*: negat se libellos suos **edere** bibliopolis, qui uel tabernas habeant uel armaria

579 Ps. Ascon. Cic. Verr. II, 2, argumentum.
580 Ps. Acro Hor. carm. 4, 1, praeludium; Porph. Hor. carm. 4, 1, 1.

apud pilas, ne in sordidam turbam, qualem uult intellegi Tigellium Hermogenen, incidant.

Ps. Ascon. Cic. Verr. II, 2, argumentum: Haec sine dubio ad accusationem propositi criminis spectat oratio. Nam superiore anteactae sunt res expositae: quae quia magis adiuvant accusationem quam ipsae sunt principales, in unum librum coactae sunt iudicio Ciceronis cursim enumerantis quae Verres quaestor, quae pro quaestore, quae legatus, quae denique praetor urbanus admiserit. Ubi ventum est ad causam ipsam et Siciliensia crimina, quattuor libros **edidit**: unum de iuris dictione, alterum de frumento, tertium de signis, quartum de suppliciis. In qua distributione non ordo temporis, sed facinorum genera et momenta servata sunt. Incipit autem a laude Siciliae et egreditur ad crimen Dionis, deinde Sosippi et Philocratis, sic de iure Siculorum universo. In quo frustra quidam Ciceronem reprehendunt quod non inde coeperit, cum superiora crimina non egeant eiusmodi tractatu qui ad sequentia pertinet, oratoris consilio a magnis iisdem que clarioribus sumendum esset exordium. Itaque post hoc † de Heraclio, <de> expressis honoribus ab invitis, de Epicrate Bidino deque rebus capitalibus, de Sopatro, de Stenio, de iure dicundo. Alterum de senatoribus, de sacerdotibus, de censoribus pretio a Verre factis, de collatione in statuas, de publicanorum cum Verre convenientia in furtis, de tabulis Carpinatii pecunias Verris extraordinarias continentibus. Genus causae in omnibus Verrinarum libris admirabile, status principaliter coniectura.

d) *Comoediam*

Don. Ter. Andr. praefatio, cap. 1, 6: haec prima facta est, acta ludis Megalensibus M. Fuluio M.' Glabrione [Q. Minucio Valerio] aedilibus curulibus. egerunt L. Atilius Praenestinus et L. Ambiuius Turpio. modos fecit Flaccus Claudi [filius] tibiis paribus dextris uel sinistris. et est tota Graeca. **edita** M. Marcello C. Sulpicio consulibus 6 ° pronuntiata que est 'Andria Terenti' ob incognitum adhuc nomen poetae et minoris apud populum auctoritatis ac meriti.

Don. Ter. Eun. praefatio, cap. 1, 11: haec **edita** tertium est et pronuntiata 'Terenti Eunuchus' quippe iam adulta commendatione poetae ac meritis ingenii notioribus populo.

Don. Ter. Hec. praefatio, cap. 1: 7 Acta sane est ludis Megalensibus S. Iulio C. Rabirio aedilibus curulibus egitque L. Ambiuius. modulatus est eam Flaccus Claudi tibiis paribus. tota Graeca est, facta et **edita** quinto loco Cn. Octauio T. Manlio consulibus.

Don. Ter. Phorm., praefatio, cap. 1, 6: ° acta saue est ludis Megalensibus S. Iulio C. Rabirio aedilibus curulibus egitque L. Ambiuius. modulatus est eam Flaccus Claudi tibiis paribus. tota Graeca est, facta et **edita**que est quarto loco M. Valerio C. Fannio consulibus.

Don. Ter. Hec. prologus I, 1: 3 HECYRA EST H(VIC) N(OMEN) F(ABVLAE) haec primo data est sine prologo ludis Megalensibus, quos Sextus

Iulius et Cornelius Dolabella **ediderunt**, sed occupato populi studio <in> funambulis displicuit. post denuo data est ludis funebribus L. Aemilii Pauli, quos fecerunt Q. Fabius Maximus et Cornelius Africanus. tunc quoque non peracta est per studium populi circa gladiatores. tertio ad postremum introducta Q. Fuluio L. Marcio aedilibus uirtute actoris L. Ambiuii Turpionis est commendata.

e) *Fabulam/s*

Don. Ter. Excerpta comoedia, cap. 8, 1: plerisque fabulis priora ponebantur ipsarum nomina quam poetarum, in nonnullis poetarum quam fabularum, cuius moris diuersitatem antiquitas probat. nam cum primum aliqui fabulas **ederent**, ipsarum nomina pronuntiabantur, antequam poetae pronuntiaretur, ne aliqua inuidia ab scribendo deterreri posset. cum autem per editionem multarum poetae iam esset auctoritas adquisita, rursus priora nomina poetarum proferebantur, ut per ipsorum uocabula fabulis attentio adquireretur.

Serv. Aen. 10, 636: NVBE CAVA erit nominativus 'haec nubes'; nam 'nubs' non dicimus, quod ait Livius Andronicus, qui primus **edidit** fabulam [Latinam] apud nos.

f) *Bucolicon*

Don. praefatio commentarii in Vergilii eclogas deperditi, pag. 11, l. 202: quamvis igitur multa ψευδεπίγραφα, id est falsa inscriptione sub alieno nomine sint prolata, ut Thyestes tragoedia huius poetae, quam Varius suo nomine **edidit**, et alia huiusmodi, tamen bucolica liquido Vergilii esse minime dubitandum est, praesertim cum ipse poeta, tamquam hoc metuens, principium huius operis et in alio carmine suum esse testatus sit dicendo [georg. 4, 565 sq.]: 'carmina qui lusi pastorum audax que iuventa, Tityre, te patulae cecini sub tegmine fagi'. bucolica autem et dici et recte, vel hoc indicio probasse suffecerat, quod eodem nomine apud Theocritum censeantur; verum ratio quoque monstranda est. tria genera pastorum sunt, quae dignitatem in bucolicis habent, quorum minimi sunt qui αἰπόλοι dicuntur a Graecis, a nobis caprarii; paulo honoratiores qui μηλονόμοι ποιμένες id est opiliones dicuntur; honoratissimi et maximi, qui βουκόλοι quos bubulcos dicimus.

g) *Aeneidem*

Serv. Verg. Uita Uergilii, pag. 2, l. 10: postea ab Augusto Aeneidem propositam scripsit annis undecim, sed nec emendavit nec **edidit**: unde eam moriens praecepit incendi. Augustus vero, ne tantum opus periret, Tuccam et Varium hac lege iussit emendare, ut superflua demerent, nihil adderent tamen: unde et semiplenos eius invenimus versiculos, ut hic cursus fuit, et aliquos detractos, ut in principio; nam ab armis non coepit, sed sic 'Ille ego, qui quondam gracili modulatus avena carmen, et egressus silvis vicina coegi ut quamvis avido parerent arva colono, gratum opus agricolis, at nunc horrentia Martis arma virum que cano' et in secundo hos versus constat esse detractos 'aut ignibus aegra dedere. iam que adeo super unus eram, cum limina Vestae servantem et tacitam secreta in sede latentem Tyndarida aspicio; dant clara incendia lucem erranti passim que oculos per cuncta ferenti.

Emendare

B: TLL s.v. 'emendo' 5.2.458.25–5.2.467.81 (Krohn, 1934); Pascal (1918); Zetzel (1973); Jocelyn (1984; 1985; 1985a); Timpanaro (1986: 23–24, 31–33, 44); Zetzel (1980: 36); Delvigo (1990); Timpanaro (2001: 41); Schad (2007: 149).

En uso desde Varrón, este verbo que etimológicamente hace referencia al proceso de quitar *menda*, errores, al texto, significa y aparece aclarado como *corrigere* en muchos glosarios posteriores[581].

En cuanto a su plasmación en la literatura escoliástica, presenta un amplio uso en la comentarística virgiliana, y también en las *subscriptiones* realizadas en los manuscritos clásicos tardoantiguos.

Timpanaro ya señaló insistentemente que este verbo se utilizaba para diversas operaciones que afectaban al texto[582]: la colación de un manuscrito con el modelo del cual fue copiado, la corrección introducida con base en este manuscrito o a otros y una corrección conjetural. Delvigo deja a su vez constancia de lo que implica para la reproducción del texto y para los sujetos de esta labor de corrección, ya sea el propio autor y su reelaboración del texto una vez publicado, ya sea el crítico o el filólogo[583]. Así pues, resulta de gran interés contar con estas ocurrencias aquí reunidas.

A continuación se ofrecerá un repaso de la información que estas aportan. En primer lugar, cabe destacar cómo estas ocurrencias se dividen en dos grandes grupos por lo que se refiere al objeto de su aplicación. Así pues, hay una clara distinción entre un proceso de "corrección" de un texto en su totalidad o en una parte importante de este —esta acepción se encuentra por lo general en las *subscriptiones* y en la *Vida de Virgilio* de Donato— y entre un proceso de corrección que afecta a un pasaje de un texto concreto —esta acepción se ubica en los comentarios a versos concretos de Servio Aucto y los *Scholia Veronensia*—. Aunque luego hay algunas acepciones de Servio que hacen referencia a la corrección de versos o libros y en ese caso sí se delimita el objeto, se trata de unidades mayores y no de pasajes textuales. Así pues, es de resaltar que solo en Servio Aucto y en los *Scholia Veronensia* se concreten estas correcciones y se especifiquen. Resultan además destacables porque si pensáramos en una fuente donatiana para el Servio Aucto, se podría pensar en algún tipo de presencia del término en los comentarios a Terencio de Elio Donato, pero eso no sucede así.

En cuanto a la primera acepción, la corrección de un texto en su totalidad, hay información sobre Virgilio. En la *Vida a Virgilio* se nos cuenta cómo el propio Virgilio escribió y corrigió las *Bucólicas* y las *Geórgicas*, pero cómo no logró en

581 *Cf.* TLL.
582 Timpanaro (1986 y 2001).
583 Delvigo (1990).

cambio corregir la *Eneida*. En cuanto a la segunda acepción, Servio Aucto constata que hay un hemistiquio de la *Eneida* que habría sido retocado métricamente en el proceso de corrección del poema por parte de su autor[584].

Las *subscriptiones* representan un ejemplo de una tendencia que se estaba desarrollando en la Antigüedad tardía, especialmente en los siglos IV y V, es decir, la lectura en el ámbito escolar y el proceso de explicación y corrección de ciertos ejemplares preciosos. La más antigua de ellas, suscrita por Estatilio Máximo —lo que permitió su datación en el siglo II—, la de Cicerón[585], ilustra qué tipo de ejercicio se realizaba. En efecto, dice explícitamente que el proceso de corrección se había hecho con base en los ejemplares de Tirón, de Laecaniano, de Dom. (desarrollado *dominus* o *Domitius*) y de otros *veteres* que no son concretados. Tirón fue un liberto de Cicerón que trabajaba en el proceso de copia de sus obras. Los otros personajes mencionados son aún desconocidos. En cualquier caso, esta *emendatio* se habría realizado con base en unos ejemplares míticos muy cercanos a Cicerón, es decir, con cierta autoridad.

En cuanto a la segunda acepción, se trata unánimemente de pasajes que tienen una gran tradición y discusión a lo largo de la crítica textual virgiliana. Pasajes muy problemáticos que en muchos casos cuentan además con una tradición textual rica y contrastada, tanto por lo que se refiere a testimonios codicológicos como filológicos.

1. Acepción textual. Corregir un texto
   a) *Aeneida (aut carmen)*
      DON. Uita Uerg pag. 8, l. 138: heredes fecit ex dimidia parte Valerium Proculum fratrem alio patre, ex quarta Augustum, ex duodecima Maecenatem, ex reliqua L. Varium et Plotium Tuccam, qui eius Aeneida post obitum iussu Caesaris **emendaverunt.**
      DON. Uita Uerg. pag. 9, l. 155: edidit autem auctore Augusto Varius, sed summatim **emendata**, ut qui versus etiam imperfectos, si qui erant, reliquerit.
      DON. Uita Uerg. pag. 7, l. 123: anno aetatis quinquagesimo secundo impositurus Aeneidi summam manum statuit in Graeciam et in Asiam secedere triennio que continuo nihil amplius quam **emendare** ut reliqua vita tantum philosophiae vacaret.
      SERV. auct. Aen. 1, 560: *DARDANIDAE haec hemistichia Vergilius †nominabat, quae in* ***emendando*** *carmine fuerat repleturus.*
   b) *Carmen Bucolicum (aut Georgica aut opus)*
      SERV. Uita Uergilii, pag. 2, l. 7: tunc ei proposuit Pollio ut carmen bucolicum scriberet, quod eum constat triennio scripsisse et **emendasse.** item proposuit Maecenas Georgica, quae scripsit **emendavit**que septem annis. postea ab Augusto Aeneidem propositam scripsit annis

584 SERV. auct. Aen. 1, 560.
585 SVBSCR. Cic. 1.

undecim, sed nec **emendavit** nec edidit: unde eam moriens praecepit incendi. Augustus vero, ne tantum opus periret, Tuccam et Varium hac lege iussit **emendare**, ut superflua demerent, nihil adderent tamen: unde et semiplenos eius invenimus versiculos, ut "hic cursus fuit" (1.534), et aliquos detractos, ut in principio; nam ab armis non coepit, sed sic 'Ille ego, qui quondam gracili modulatus avena carmen, et egressus silvis vicina coegi ut quamvis avido parerent arva colono, gratum opus agricolis, at nunc horrentia Martis arma virum que cano' et in secundo hos versus constat esse detractos 'aut ignibus aegra dedere. "aut ignibus aegra dedere. iamque adeo super unus eram, cum limina Vestae/ servantem et tacitam secreta in sede latentem/ Tyndarida aspicio; dant clara incendia lucem/ erranti passimque oculos per cuncta ferenti./ illa sibi infestos eversa ob Pergama Teucros/ et Danaum poenam et deserti coniugis iras/ praemetuens, Troiae et patriae communis erinys,/ abdiderat sese atque aris invisa sedebat./ exarsere ignes animo; subit ira cadentem/ ulcisci patriam et sceleratas sumere poenas./ 'scilicet haec Spartam incolumis patriasque Mycenas/ aspiciet, partoque ibit regina triumpho,/ coniugiumque domumque patres natosque videbit, /Iliadum turba et Phrygiis comitata ministris?/ occiderit ferro Priamus? Troia arserit igni?/ Dardanium totiens sudarit sanguine litus?/ non ita. namque etsi nullum memorabile nomen/ feminea in poena est, habet haec victoria laudem: / extinxisse nefas tamen et sumpsisse merentis/ laudabor poenas, animumque explesse iuvabit/ †ultricis famam et cineres satiasse meorum.'/ talia iactabam et furiata mente ferebar,/ cum mihi se non ante alias".

c) Puntos concretos del texto

Serv. auct. georg. 1, 6: *LVMINA 'numina' fuit, sed* ***emendavit*** *ipse, quia postea ait (10) 'et vos agrestum praesentia numina fauni'.*

Serv. auct. georg. 2, 224: VESAEVO Vesaevus mons est Liguriae, sub Alpibus positus: nam Campaniae Vesuvius dicitur, pro quo multi Vesaevum positum volunt. *et aliter: Campaniae mons Vesaevus. et hoc* ***emendavit*** *ipse, quia Nolam posuerat: nam postea offensus a Nolanis, qui eidem aquam negaverant, 'ora' pro 'Nola' posuit.*

Serv. auct. georg. 4, 231: BIS GRAVIDOS COGVNT FETVS gemina est fecunditas mellis. *et aliter: 'flores'* ***emendatum fuit****. et bene 'gravidos flores', quod ex his omnia generant.*

Schol. Veron. Aen. 3, 693: PLEMYRIVM VNDOSVM. Long.: 'Plemurium' **fuit emendatum** 'Plemyrium', promunturium Siciliae; dictum autem ἀπό πλημυρίας ideo est, quod undique fluctibus undisque adluatur. Nasos prius appellata Ortygia apposita...esse dicta ab eo, quod Latona fugiens draconem Pythonem in coturnicem mutata, quae Graece ortux dicitur, in eam evolaverit.

Svbscr. Cic. 1: *in exemplari vetustissimo hoc erat in margine*: **Emendavi** ad Tyronem et Laetanianum. Acta ipso Cicerone et Antonio cos Oratio XXIIII.

in exemplo sic fuit: Statilius Maximus rursus **emendavi** ad Tyronem et Laetanianum et Dom. et alios veteres. III oratio eximia.

Svbscr. Mart. 2: Ego Torquatus Gennadius **emendavi** feliciter. Constantine lege feliciter Constantine floreas.

Svbscr. Apul. 3: Ego Salustius legi ET **emdaui** Romae felix Olibrio et Probino v.c. cons. in foro Martis controversiam declamans oratori Endelechio. Rursus Constantinupoli recognovi Caesario et Attico coss.

Svbscr. Pers. sat. 4a: FLAUII· IUL· TRE· NN· SABINI· UI POTECTOR DOMESTICUS TEMPTAUI **EMENDARE** SINE ANTIGRAPHO MEU ET ADNOTAUI BARCELLONE CSS DO· NN· ARCKADIO ET HONORIO Q

Svbscr. Pers. 5: Flavius Iulius Tryfonianus Sabinus v.c. protectos domesticus temptavi **emendare** sine antigrapho meum et adnotavi Barcellone coss. Dd. Nn. Arcadio et Honorio V.

Svbscr. Liv. 6: Nicomachus Flavianus v.c. III praefect. urbis **emendavi** apud Hennam.

Svbscr. Veg. 8: Epitoma rei militaris: Fl. Eutropius **emendaui** sine exemplario Constantinopolim consul. Valentiniano Aug. VII. et Abieni.

Svbscr. Pomp. Mel. 9: POMPONI MELAE DE CHOROGRAPHIA LIBRI TRES EXPLICITI· FELICITER· FL. RVSTICVS HELPIDIVS DOMNVLVS VC ET · SPC · COM· CONSISTOR **EMENDAVI** RABENNAE

Svbscr. 10: C. TITI PROBI FINIT EPITOMA HISTORIARVM DIVERSARVM. EXEMPLORVMQVE ROMANORVM' FELICITER **EMENDAVI** DISCRIPTVM RABENNAE RVSTICIVS HELPIDIVS DOMNVLVS VC

Svbscr. Macr. 11: Aurelius Memmius Symmachus v.c. **emendabam** vel disting. Meum Ravennae cum Macrobio Plotino Eudoxio v.c.

Svbscr. Verg. 12: Distincxi **emendans**, gratum mihi munus amici suscipiens operi sedulus incubui tempore quo penaces circo subiuncximus atque scenam euripo extulimus subitam ut ludos currusque simul uariumque ferarum certamen iunctim Roma teneret ouans. Ternum quippe sofos merui terna agmina uulgi per caueas plausus concinuere meos. In quaestum famae census iactura cucurrit nam laudis fructum talia damna serunt. Sic tot consumptas seruant spectacula gazas festorumque trium permanet una dies Asteriumque suum uiuax transmitit in aeuum qui parcas trabeis tam bene donat opes. quisque legis relegasque felix parcasque benigne siqua minus uacuus praeteriit animus.

Svbscr. Mart. Cap. 13: Securus Memor Felix v. sp. Com. Consit. Rhetor R. ex mendosissimis exemplaribus **emendabam** contra legente Deuterio scholastico discipulo meo Romae ad portam Capenam cos. Paulini v. c. sub d. non. Martiarum Christo adiuvante.

Svbscr. Hor.14: Vettius Agorius Basilius Mavortius v.c. et inl. ex com. dom. ex cons. ord. legi et ut potui **emendavi** conferente mihi magistro Felice oratore urbis Romae.

Svbscr. Iuv.18: D. IVNII IVVENALIS· S·L·B·I·EXPLICIT FELICIT INCIP· L·B· II·L·F·VRSEDIO POSTVMO LEGI EGO NICEVS AIUD M. SERBIU ROME ET **EMDAVI**

Svbscr. Front. 19: Caecilius saepe rogatus legi **emendaui**.

Svbscr. Luc. 20: Paulus Constantinopolitanus **emendaui** manu mea solus.

d) Versos

Serv. Aen. 2, 392: INSIGNE DECORVM ornamentum decorum: non enim sunt duo epitheta, quod apud Latinos vitiosum est. fecit hoc tamen Vergilius in paucis versibus, qui tamen **emendati sunt,** ut lenta quibus torno facili super addita vitis, cum antea 'facilis' fuerit. *sane 'clipei insigne' περιφραστικῶς pro clipeo.*

e) Libros

Serv. auct. Aen. 4, 348: *ASPECTVS DETINET VRBIS potest pro 'delectat' accipi, ut capiturque locis. sane quidam in novis et* ***emendatis*** *libris pro 'detinet' 'demeret' inventum adserunt: nam et Ciceronem in prima Philippicarum <XIV 34> ita aiunt dixisse putas ne eum inmortalitatem mereri voluisse? alii ab eo, quod est 'mereor mereris meret'.*

f) *Quaestiones*

Serv. Aen. 5, 626: SEPTIMA POST TROIAE E. I. V. A. atqui et Dido dixit 'nam te iam septima portat omnibus errantem terris et fluctibus aestas' (Aen. 1, 755). de qua re quidam hoc dicunt, quod Aeneas apud Carthaginem paucis diebus fuerit: nam ait 'cum subito adsurgens fluctu nimbosus Orion', qui oritur, ut Sallustius dicit, iuxta solis aestivi pulsum: item ait 'dum pelago desaevit hiems et aquosus Orion', ut hiemem pro tempestate posuerit: secundum quod Carthagini paucis fu*er*it diebus. sed illud occurrit 'nunc hiemem inter se luxu, quam longa, fovere'. et hoc quidam sic purgant, ut dicant potuisse fieri, ut intra anni metas et ad Africam venerit, et inde navigaverit. sed istis occurrit quod in primo ait 'septima aestas', unde apparet hanc octavam fuisse: quod et ab Anchisae morte indicat annus impletus. ergo constat quaestionem hanc unam esse de insolubilibus, quas non dubium est **emendaturum fuisse** Vergilium.

g) *Locum*

Serv. Aen. 9, 361: POST MORTEM scilicet Remuli, secundum supra dictum sensum: nam Donatus dicit post mortem Nisi et Euryali bello potiti sunt Rutuli: quod non procedit, si diligenter advertas. sane sciendum locum hunc esse unum de XII. Vergilii sive per naturam obscuris, sive insolubilibus, sive **emendandis**, sive sic relictis, ut a nobis per historiae antiquae ignorantiam liquide non intellegantur.

Emendator, -oris

b: TLL s.v. 'emendator' 5.2.454.40–5.2.457.50 (Krohn, 1934).

Esta palabra, que tiene testimonios desde Cicerón, significa aquella persona que enmienda, que corrige. Usado inicialmente en el ámbito de la política y de la República[586], se extiende al ámbito de los discursos y escritos en general[587], y a un sentido técnico, como se hace vidente por estas ocurrencias.

Con respecto al verbo del cual proviene (véase la voz *emendare*), este lema ofrece información, por una parte, acerca del sujeto que realiza la acción, pues, ciertamente no se trata del autor de la obra literaria, sino de un personaje que ha intervenido el texto; por otra parte, acerca de la labor que concreta esta acción. Así pues, resultan estos dos los sentidos en los que aparece este lema en los escolios. A partir de los ejemplos que se presentan, es claro que los *emendatores* son distintos al autor. Se marca aquí una diferencia de uso con respecto al verbo, el cual muestra cómo la *emendatio* puede también ser obra del propio autor del texto.

En el caso del Pseudo-Acrón[588], estos *emendatores* aparecen asociados a *probatores carminum*. En cuanto a la motivación que suscita la toma de decisión con respecto al texto, se expresa una clara intención de comprensión, *uolunt intellegi*. Esta decisión está motivada por cuestiones métricas, *propter metrum*, pero reforzada también por el sentido, *est autem sensus*. En cuanto a la ocurrencia en Servio Aucto[589], esta hace referencia al desplazamiento de unos versos por parte del poeta y a su supresión por parte de los correctores del texto.

1. Acepción textual. Persona que corrige un texto.

   Ps. Acro Hor. ars 345: *Hic meret] Idest praestat, idest dignus est emi. 'Meret' mercedem affert 'Librum' pro poemate posuit. 'Hic liber': istiusmodi, qualem dixi. 'Sosis' idest bibliopolis. Alii **emendatores** et probatores carminum uolunt intellegi et duo i debere scribi, sed propter metrum unum scribitur. Sosii ergo duo fratres fuerunt bibliopolae opinatissimi. Est autem sensus: istiusmodi librum facile Sosii possunt uendere.

   Serv. auct. Aen. 6, 289: GORGONES *hae* Gorgones *Phorci filiae* tres fuerunt in extrema Africa circa Atlantem montem, quae omnes unum oculum habebant, quo invicem utebantur. *quarum nomina haec fuerunt Stheno, Euryale, Medusa. sed Medusa, erecta favore Neptuni, ausa est crines suos Minervae capillis praeferre: qua re indignata dea, crines eius in serpentes vertit eamque excidi a Perseo fecit luminibus orbatam, fecitque ut quisquis*

586 Cic. Balb. 20.
587 Cic. Brut. 259 y Porph. Hor. Serm. 1, 10, 38.
588 Ps. Acro Hor. ars 345.
589 Serv. auct. Aen. 6, 289.

caput eius vidisset verteretur in saxum. sed Perseus, Iovis et Danaes filius, cum ad eam occidendam volaret, prae se scutum ferens speculi candore perlucidum, sicut Minerva monstraverat, in umbra eius vidit caput Gorgonae et ita aversus accedens id amputavit. quod cum ad Polydecten regem pertulisset isque negaret id eius virtute confectum, conspicuum id regi fecit: cuius conspectu ille in saxum mutatus est, quod in Seripho insula hodieque ostenditur. Serenus tamen dicit poeta Gorgonas puellas fuisse unius pulchritudinis, quas cum vidissent adulescentes, stupore torpebant: unde fingitur, quod si quis eas vidisset, vertebatur in lapidem. *sane quidam dicunt versus alios hos a poeta hoc loco relictos, qui ab eius* ***emendatoribus*** *sublati sint*

Gorgonis in medio portentum inmane Medusae,/ vipereae circum ora comae, cui sibila torquent

infamesque rigent oculi, mentoque sub imo/serpentum extremis nodantur vincula caudis.

EXEMPLAR, -ARIS

B: TLL, s.v. 'exemplar' 5.2.1320.36–5.2.1325.55 (KAPP y MEYER, 1939); ZETZEL (1973:227–228); PECERE (1982:77); WINTERBOTTOM (1983: 84).

Este lema deja constancia de la metodología con la que trabajaban los comentaristas. Tiene presencia en Donato, Servio, Servio Aucto, Pseudo-Acrón y en múltiples *subscriptiones.*

En todos estos casos su uso está asociado a una actividad textual que implica una práctica filológica: el contraste o cotejo de un texto con otros. Por lo general se trata de múltiples ejemplares *multa exemplaria*[590]; *in plurimis exemplaribus*[591]. Cuando se trata de uno solo o ninguno, esto es algo que conviene justificar[592], es decir, el hecho de tener un amplio abanico de ejemplares con los cuales contrastar resulta un argumento de peso para tomar decisiones ecdóticas.

Luego, también se destaca la antigüedad y parece que deviene importante y asociada a la calidad del texto: *in ueteribus exemplaribus*[593]; *antiqua exemplaria*[594]. Los procesos que se realizan con respecto al texto son motivados por la duda sobre la legitimidad de ciertos versos, por su ausencia en otros ejemplares[595], incluso por su autenticidad[596], o por la legitimidad de una lectura y la decantación por otra en función de su presencia o no en otros manuscritos[597].

En otros casos, en cambio, se afirma, reafirma o confirma una lectura a partir de su presencia en otros ejemplares[598].

Finalmente está el gran grupo de las *subscriptiones*, que deja constancia de una labor de lectura y corrección con base en otros ejemplares. La primera de las cuales, del siglo II, la de Estatilio Máximo al *De lege agraria* de Cicerón, presenta varios problemas. En primer lugar, su forma. Parece que no se trata de una, sino de una doble suscripción cuya primera parte (A) habría sido añadida al margen por Poggio, el autor del testimonio más antiguo sobre esta, un manuscrito del siglo XV, y la segunda (B), una publicada en el cuerpo principal del texto. En cuanto a la distinción entre *exemplar* y *exemplum*, Zetzel ha analizado el uso que el propio Poggio hacía de estas dos palabras en sus escritos y llegó a la conclusión de que *exemplar* hace referencia al libro como objeto físico, mientras que

---

590 DON. Ter. Ad. 601 y SERV. Aen. 11, 142.
591 DON. Ter. Andr. 978.
592 SVBSCR. 8 VEG.
593 Ps. ACRO Hor. epist. 2, 2, 8.
594 SERV. auct. Aen. 2, 37.
595 DON. Ter. Ad. 601.
596 DON. Ter. Andr. 978.
597 DON. Ter. Andr. 978.
598 Ps. ACRO Hor. epist. 2, 2, 8; SERV. AUCT. Aen. 2, 37; SERV. Aen. 11, 142.

exemplum al texto, a lo escrito[599]. Pecere sostiene que *exemplar* hace referencia a modelo y *exemplum* a la copia[600]. Winterbottom[601] va más allá e identifica el *exemplar vetustissimo* con el arquetipo. El texto dice explícitamente que la *emendatio* ha sido realizada con base en los ejemplares de Tirón, de Laecaniano, de *dom.* y de otros *tres veteres* que no se especifican. Tirón fue un liberto de Cicerón que trabajó en sus obras; Laecaniano es desconocido; el último, el que aparece abreviado bajo la forma *dom.*, ha sido generalmente desarrollado en la forma *Dominus*, pero Zetzel sostiene la tesis de que se trata de *Domitius*[602], tal como demuestra su aparición en Frontón en referencia a la copia de las obras de Cicerón; los *alios veteres* tampoco han podido ser identificados.

1. Acepción textual

a) No encontrarse una lectura en unos determinados ejemplares

Don. Ter. Ad. 601: 1 SI ITA AEQVVM CENSES a iusto et utili est tota sententia. **2** [[Et]] sane hi uersus de<esse pos>sunt, quos multa **exemplaria** non habent "nam et illi animum iam releuabis" (Ter. Ad. 502) et deinceps.

Don. Ter. Andr. 978: 1 TV DAVE ABI DOMVM hi uersus usque ad illum 'gnatam tibi meam Philumenam uxorem' negantur Terentii esse adeo, ut in plurimis **exemplaribus** bonis non inferantur.

Serv. Aen. 7, 543: ET CAELI CONVEXA PER AVRAS Probus, Asper, Donatus dicunt, hoc loco 'per' bis accipiendum, ut 'adloquitur Iunonem per caeli convexa et per auras'. potest tamen esse epexegesis 'per auras, id est caeli convexa': nec enim aliud sunt aurae. dicit etiam quidam commentarius – *Firmiani* – 'convecta' legendum, ut sit ipsa convecta: quod difficile in **exemplaribus** invenitur.

b) Encontrarse una lectura en determinados ejemplares

Ps. Acro Hor. epist. 2, 2, 8: Quidam 'imitabitur' legunt, quod est a puero alienum. Melius ergo legimus 'imitaberis', idest tam se<cundi> ingenii est, ut flectas eum, quo uelis, tamquam argillam udam; et in ueteribus **exemplaribus** 'imitaberis' legitur.

Serv. auct. Aen. 2, 37: SVBIECTISQVE VRERE FLAMMIS 'que' copulativa coniunctio est, 'aut' disiunctiva. quomodo ergo has iunxit, *cum non utrumque, sed alterutrum fieri poterat quod suadebatur?* poetarum est partem pro parte ponere, ut torvum pro torve, *et* volventibus pro volubilibus: coniunctionem ergo pro coniunctione posuit, ut saxum ingens volvunt alii radiisque rotarum 'que' pro 've' posuit; nam sonantius visum est. *antiqua tamen* ***exemplaria*** *'ve' habere*

---

599 Zetzel (1973: 227).
600 Pecere (1982: 77).
601 Citado en Reynolds *et al.* (1983: 84).
602 Zetzel (1973: 228).

inveniuntur; 've' enim proprium significatum habet, ut interdum pro vel accipiatur.

SERV. AUCT. Aen. 11, 142: ARCADES AD PORTAS RVERE eos *nunc Arcadas* dicit qui intra civitatem sunt *multa tamen* ***exemplaria*** *'Arcades at portis ruere' habuerunt, ut coniunctio sit, non praepositio, ut <4, 404> it nigrum campis agmen pro 'per campos' et <4, 130> it portis iubare 'per portas'. 'ruere' autem, id est magna velocitate ferri, ut excitum ruit ad portus et ruuntque effusi carcere currus. et 'ruere' pro 'ruebant', infinitum pro pronuntiativo.*

SVBSCR. 1 Cic: *in* ***exemplari*** *vetustissimo hoc erat in margine*: Emendavi ad Tyronem et Laetanianum. Acta ipso Cicerone et Antonio cos Oratio XXIIII. *in exemplo sic fuit:* Statilius Maximus rursus emendavi ad Tyronem et Laetanianum et Dom. et alios veteres. III oratio eximia.

SVBSCR. 8 VEG. Epitoma rei militaris: Fl. Eutropius emendaui sine **exemplario** Constantinopolim consul. Valentiniano Aug. VII. et Abieni.

SVBSCR. 10: C. TITI PROBI FINIT EPITOMA HISTORIARVM DIVERSARVM. **EXEMPLORVMQVE** ROMANORVM' FELICITER EMENDAVI DISCRIPTVM RABENNAE RVSTICIVS HELPIDIVS DOMNVLVS VC

SVBSCR. Val. Max.10b: feliciter emendaui descriptum rabennae rusticius helpidius domnulus uc. Duo hores. Titulus adbreuiatoris C. Titi probi finit epitoma historiarum diversarum **exemplorum** romanorum.

SVBSCR. Mart. Cap. 13: Securus Memor Felix v. sp. Com. Consit. Rhetor R. ex mendosissimis **exemplaribus** emendabam contra legente Deuterio scholastico discipulo meo Romae ad portam Capenam cos. Paulini v. c. sub d. non. Martiarum Christo adiuvante.

Falsvs, -a, -vm

B: TLL s.v. 'fallo' 6.1.180.54–6.1.200.34 (Hofmann, 1913); Uhl (1998: 279); Timpanaro (2001: 122).

Como señala Uhl, el adjetivo *falsus* está más asociado a cuestiones que hacen referencia a la exégesis del texto y no tanto a la parte textual en el vocabulario de Servio[603]. No obstante, hay algunas instancias en Servio que van asociadas claramente a cuestiones textuales, de las cuales *falsa lectio* es la más evidente[604].

Otros escoliastas utilizan también este sintagma. Así, por ejemplo, en Donato hay ocurrencias que hacen referencia a las *distinctiones*, concretamente a la dificultad de establecer una separación de actos[605]. En Servio hay dos ocurrencias que hacen referencia a una mala percepción de la cantidad en ciertos versos que es calificada como *falsum est*. En ambas se ofrece una explicación bastante detallada y justificada. En la primera[606], se comparan modelos de Lucano y Estacio con los cuales se ha de constatar la escansión y el uso que se está proponiendo. En la segunda[607],se propone una opción de análisis métrico que contrasta con la del gramático Terenciano. En ambas lecturas lo explica, contrasta y ejemplifica de manera muy detallada. El Pseudo-Acrón ofrece dos ejemplos que hacen referencia a cuestiones morfosintácticas, relacionadas también con la semántica. En el primer caso se discute sobre el singular o plural del numeral *mil* y sobre la procedencia de esta palabra[608]. En el segundo se hace también referencia a la semántica[609].

1. Acepción textual

   Don. Ter. Hec. 744: 1 AH quod **falsum** est, reclamauit meretrix et uoluit contradicere, si permitteret senex.

   Serv. auct. georg. 3, 82: COLOR DETERRIMVS ALBIS atqui alibi ait "qui candore nives anteirent c. a." sed aliud est candidum esse, id est quadam nitenti luce perfusum; aliud album, quod pallori constat esse vicinum. 'gilvus' autem est melinus color. multi ita legunt 'albis et gilvo', ut non album vel gilvum, sed albogilvum vituperet. *quod* ***falsum*** *est.* quod si singuli colores vituperandi sunt, quanto magis mixtus uterque, id est albogilvus? *et aliter*:

   Serv. Aen. 2, 348: IVVENES FORTISSIMA FRVSTRA PECTORA ordo talis est: iuvenes, fortissima pectora, frustra succurritis urbi incensae, quia

603 Uhl (1998: 279).
604 Timpanaro (2001: 122).
605 Don. Ter. Andr. praefatio, cap. 2, 3.
606 Serv. Aen. 6, 104.
607 Serv. Aen. 6, 791.
608 Ps. Acro Hor. sat. 1, 6, 111.
609 Ps. Acro Hor. sat. 1, 9, 70.

excesserunt *omnes* dii: unde si vobis cupido certa est, me sequi audentem extrema, moriamur et in media arma ruamus. [*alii 'sequi' pro 'sequendi' accipiunt.*] obscuritatem autem facit hoc loco et synchysis, id est hyperbati longa confusio, et **falsa** lectio: nam multi 'audendi' legunt, multi 'audenti'. sed neutrum procedit. ergo 'audentem' legendum est.

SERV. Aen. 9, 410: ADVERSI IN TERGVM SVLMONIS IBIQVE FRANGITVR 'tergum' pro 'tergus' dixit—Sallustius "tergis vinciebant" pro 'tergoribus'—, ut intellegamus hastam in scutum venisse et illic esse conlisam—ut 'frangitur' sit 'conliditur'—fissoque scuti ligno etiam praecordia penetrasse: aliter non procedit; nam si hastam re vera fractam accipiamus, ratione caret quod dicit 'fisso transit praecordia ligno'. alii re vera in tergum volunt esse percussum: quod **falsum** est; nam quo modo ante fissum lignum est et sic praecordia penetrata? sciendum tamen locum hunc unum esse de his quos *insolubiles* diximus supra.

2. *Distinctiones*

DON. Ter. Andr. praefatio, cap. 2, 3: principio dicendum est nullam personam egressam quinquies ultra exire posse; sed illa re plerumque decipimur, quod personam, cum tacuerit, egressam **falso** putamus, quae nihilo minus in proscaenio tacens loquendi tempus exspectat.

3. Métrica

SERV. Aen. 6, 104: NON VLLA LABORVM O VIRGO 'o' licet sit naturaliter brevis in Latinis sermonibus, apud Vergilium tamen pro longa habetur, ut hoc loco 'virgo', item alibi "quis te magne Cato tacitum", exceptis 'ego', ut "ast ego quae divum", 'duo', ut "si duo praeterea", 'scio', ut "nunc scio quid sit amor", et 'nescio', ut "nescio quis teneros oculus mihi fascinat agnos". apud alios 'o' nisi in Graecis nominibus non producitur, quod et nunc sequi debemus. dicunt tamen quidam quod 'o' tunc producitur in nominativo, quando et in genetivo producta fuerit. quod **falsum** est: nam et Vergilius produxit 'virgo', cum 'virginis' faciat, et Lucanus 'Cato' corripuit, ut <9, 227> nos Cato da veniam, cum 'Catonis' faciat. item 'Iuno' cum producat Vergilius, Statius tamen corripuit. sane sciendum adlocutionem hanc esse suasoriam cum partibus suis: nam honestum est quod dicit se patrem requirere, utile ut ab eo patriae originem discat, necessarium quia iusserat pater, ut "Ditis tamen ante infernas accede domos", possibile quia ait 'quando hic inferni ianua regis dicitur' item 'potes namque omnia': si omnia, et hoc.

SERV. Aen. 6, 791: HIC VIR HIC EST 'c' littera pro duplici non nisi in monosyllabis habetur, ut "hoc erat alma parens", per eorum scilicet privilegium. unde **falsum** est quod Terentianus dicit, eam pro metri ratione vel duplicem haberi vel simplicem. nam si hoc esset, etiam in disyllabis pro duabus haberi debuerat, quod nusquam invenimus. litterae enim naturam servari et in polysyllabis convenit.

4. Morfosintaxis

Ps. Acro Hor. sat. 1, 6, 111: Milibus atque aliis] Idest si milia sunt senatorum, commodius me fateor uictitare; nam a milio, ut quidam putant, **falsum** est; nam numeri tantum singularis est milium.

Ps. Acro Hor. sat. 1, 9, 70: *'Oppedere' contradicere, quasi contra pedem opponere. Alii uerbum foeditatis uolunt, sed **falsum** est.

GRAMMATICVS, -I

B: TLL s.v. 'grammaticus' 6.2.2170.47–6.2.2174.16 (KROHN, 1933); KASTER (1978, 1980, 1980 a, 1987, 1988) TIMPANARO (1986:45, 80); UHL (1998: 220–232); SCHAD (2007: 190–191).

Hay múltiples alusiones a comentarios de gramáticos en los escolios o comentarios estudiados. En Servio[610], por ejemplo, se saca a colación el comentario gramatical de Nigidio en un lugar en el que se hace referencia a la evolución lingüística de la lengua latina, es decir, se muestra un interés filológico por el texto. En los comentarios se encuentran alusiones a gramáticos concretos por su nombre, en los de Servio, por ejemplo, a Donato, Emilio Aspro, Probo, Carminio, Meliso, Vario, Cornuto, entre muchos otros.

La naturaleza de estos comentarios varía en función del escolio en cuestión y puede hacer referencia a la mitología, historia, lingüística, filosofía, crítica textual y un largo etcétera, en función del texto comentado y de los puntos de abordaje del texto. En los casos que se presentan aquí, no se hace referencia a un gramático por su nombre concreto, sino que se opta por utilizar el nombre que designa su oficio. Nótese que, por lo general, cuando esto sucede, se hace referencia a gramáticos en plural e indeterminados. Cuando aparecen en singular van acompañando a un nombre propio al cual determinan. Teotisto[611], el maestro de Prisciano, aparece o bien en las suscripciones tardoantiguas o bien en la suscripción del comentario de Pseudo-Acrón.

En efecto, en las suscripciones tardoantiguas hay una ocurrencia del lema que deja constancia de la labor que realizaban los alumnos en las clases de gramática. Esta suscripción[612], es curiosa porque no hace referencia a una labor realizada en clase, sino a una labor de copia de la obra de Prisciano que fue profesor del suscriptor. Del año 526 a junio del 527, Teodoro copió el tratado de gramática de su maestro Prisciano, bajo el consulado del mismo Mavorcio, el suscriptor de las *Églogas* de Virgilio. Con este personaje, se presenta un cambio de orientación: la suscripción ya no es hecha por un patricio con pretensiones culturales, sino por un profesional del ámbito de las letras, y no un profesional cualquiera, sino uno que trabaja en palacio. Por otra parte, el trabajo que hace no es el mismo que el que hacían los aristócratas. Teodoro solo copia y, tal y como él mismo indica en alguna de estas suscripciones, lo hace *manu mea*. Así pues, se limita a un trabajo de copia, no filológico. En principio se debería de pensar que ni enmienda ni puntúa ni introduce cambios voluntarios en el texto.

---

610 SERV. auct. georg. 1, 120.

611 Ps. ACRO Hor. sat. 1, 5, 97.

612 SVBSCR. 16b.

El *explicit* al comentario del libro IV de las *Odas* de Horacio por Acrón deja constancia de la categorización de su autor como *grammaticus*[613]. En las ocurrencias en las que encontramos a gramáticos anónimos hay múltiples casos en los que se hace referencia a cuestiones que afectan al texto transmitido[614], e incluso el escolio de los *Scholia Bernensia* hace referencia a la fijación de cruces en el texto de Virgilio[615].

Las otras ocurrencias hacen referencia a cuestiones morfosintácticas y de interpretación. La aproximación gramatical al texto es opuesta a la filosófica y a la retórica.

1. Acepción textual

Ps. Acro Hor. carm. 4, explicit: EXPOSITIONVM HORATII. LIBER IIII EXPLICIT . INCIPIT || LIBER .V. [IAMBICVS DICOLOS] [ACRONIS **GRAMMATICI** COMMENTARIVS IN Q. ORATII LIBROS CARMINV(M) FINIT. EIVSDE(M) I(N) EPODON INCIPIT]

Serv. auct. georg. 3, 498: *ATQVE INMEMOR HERBAE 'herbae' pro 'herbarum', ut ipse "inmemor herbarum quos est mirata iuvenca" et rursum "carpit enim vires paulatim uritque videndo femina nec nemorum patitur meminisse nec herbae". ergo (ut) hic vel amore vel miraculo carminis oblivionem herbae factam dicit, ita illic occupatione morbi. quidam volunt ideo dictum 'studiorum atque inmemor herbae', quod antiqui in pratis certamina exhibere consueverant. [reliqua* ***grammatici*** *legunt].*

Clavd. Don. Aen. 1, prooemium, pag. 4, l. 23: si Maronis carmina conpetenter attenderis et eorum mentem congrue conprehenderis, invenies in poeta rhetorem summum atque inde intelleges Vergilium non **grammaticos**, sed oratores praecipuos tradere debuisse.

Schol. Bern. ecl. 3, 105: *Caeli spatium* et reliqua. Alii dicunt, clipeum Aiacis trium ulnarum, in quo expressa caeli forma fuit. Alii specum in Sicilia angusto ore, profunda altitudine, per quam rapta est Proserpina a Dite patre. Alii 'mundum' in sacro Cereris, et caelum pro 'mundum' positum dicunt. Aliter: aput antiquos fuit altissimus puteus, in quem descendebat puer, quo cognosceret anni prouentus ad sacra celebranda, cuius putei orbis, idest summus circulus, non amplius quam trium ulnarum mensuram habebat, cumque descendisset, sursum aspiciens non ampliorem caeli partem, quam quod puteus habuit, poterat uidere. Dicit *Cornelius*, ab ipse Virgilio audisse *se*, quod Caelium Mantuanum quendam tetigit, qui consumptis omnibus facultatibus nihil sibi reliquit, nisi locum trium ulnarum, spatium ad sepulturam et Caeli pro Caelii dixit. Item *caeli spatium Ouidius Naso* † orificium ait, quia tantum caelum patere uidetur,

613 Ps. Acro Hor. carm. 4, explícit.
614 Serv. auct. georg. 3, 498.
615 Schol. Bern. ecl. 3, 105.

quantum orificium patet. Item *Asconius Pedianus* ait, se audisse Virgiliuin dicentem, in hoc loco se **grammaticis** crucem fixisse; quaesituros eos, si quis studiosius occuleretur. Dicit autem propter Caelium Mantuanum. Hoc tantum posuit allegorice, idest in illo loco noluissem te adloqui, hoc est: noluit Virgilius Octauianum uidere in . . . Galliae loco.

SVBSCR. 16b: Theodorus Dionysii u.d. memorialis sacri scrinii epistolarum et adiutor u.m. quaestoris sacri palatii scripsi artem Prisciani eloquentissimi **grammatici** doctoris mei manu mea in urbe Roma Constantinopoli die tertio iduum Ianuar Mauortio u.c. consule indictione quinta.

2. Morfosintaxis

PS. ACRO Hor. epist. 1, 3, 8: <Bella quis et paces 1. d. i. ae.>] Historiam dicit aut ipsius Augusti res gestas. <Paces>] Noue dictum, cum **grammatici** negent plurali numero declinari.

PS. ACRO Hor. sat. 2, 3, 280: <Cognata uocabula>] Apta quae dicunt **grammatici** epitheta.

PORPH. Hor. sat. 1, 3, 1: *Omnibus hoc uitium est cantoribus.* In eundem Tigellium Hermogenen et hic inuehitur, eumque Sardum dixit, quo in Sardinia esset natus. adnotandum ergo et Sardum et Sardiniensem dici posse. nam Lucilius Sardiniensem dixit in sexto saturarum sic [Tigellium]: "E Sicula † lucilium Sardiniensem terram. at Licinius Caluus de eodem Hermogene loquens Sardum dixit Sardi Tigilli putidum caput uenit. nonnulli tamen ueterum **grammaticorum** sic appellationes has diuiserunt, ut Sardum putarent dici eum, qui in Sardinia natus sit, Sardiniensem autem incolam Sardiniae.

SCHOL. Bern. georg. 4, 127: *Memini me uidisse.* Dicimus autem 'memini me uidere' auctoritate *Terentii* et relicorum **grammaticorum**.

Ivngere

B: TLL s.v. 'iungo' 7.2.653.24.47–7.2.662.23 (Kamptz, 1967); Schad (2007: 228–232).

En el marco de las clases de gramática, el establecimiento del ritmo del texto, la alternancia de pausas y continuaciones cobran gran importancia si se considera que el alumnado tenía probablemente a su disposición un texto en *scriptio continua*. Se trata, pues, de un elemento crucial para la comprensión del texto y su distribución, especialmente para aquellos textos que implican una parte más dialogada, no solo las obras de teatro de Terencio, sino también ciertos pasajes virgilianos con una estructura dramática o los textos satíricos. Así pues, si bien el establecimiento de pausas o *distinctiones* en el discurso es importante, también lo es el mantenimiento de la unión en determinadas secuencias, es decir, casi lo contrario. En efecto, puede observarse la fuerte tendencia de los escolios horacianos de indicar esta continuidad en las secuencias. En los otros lemas del mismo campo semántico (*cf. distinctio, distinguere, subdistinguere, subdistinctio*) hay una profusión de ocurrencias en los comentarios de Donato a Terencio y en los comentarios virgilianos en general. Se encuentran también ocurrencias del Pseudo-Acrón y de Porfirión, pero estas son pocas en comparación con las de los otros autores.

En cuanto a las ocurrencias que hacen referencia al ámbito de las *distinctiones*, cabe destacar que las de los escolios pseudoacronianos corresponden a todas las obras horacianas, que apenas hay justificaciones para esta unión de diversos elementos y que, por lo general, se hace una recomendación yusiva o bastante persuasiva, con *iungendum*[616]. En efecto, solo en dos casos aparece como posibilidad por medio del *potest*[617]. Porfirión proporciona en algunas ocasiones cierta información por la decisión de esta unión, *ut sit ita conexum*[618], pero en la mayoría de casos no aporta información relevante.

Las ocurrencias de Donato suelen ofrecer más información contrastada acerca de la toma de decisión que motiva el mantenimiento de la unión. Así por ejemplo en Donato se contraponen dos opciones y se toma una decisión motivada por el contexto[619]. A veces se plantea una incertidumbre ya sea en el establecimiento de pausas[620], o en la atribución del diálogo a uno u otro personaje[621]. A veces se plantean dos opciones *alii separant... alii iungunt*[622], o se hace uso de otras fórmulas[623].

---

616 Ps. Acro Hor. epod. 16, 20; 17, 74; epist. 1, 15, 14.
617 Ps. Acro Hor. ars 98.
618 Porph. Hor. carm. 3, 10, 17.
619 Don. Ter. Ad. 259.
620 Don. Ter. Ad. 321.
621 Don. Ter. Ad. 586.
622 Don. Ter. Ad. 805.
623 Don. Ter. Andr. 54.

Las causas que motivan esta unión de secuencias son múltiples: la palabra que se separa o bien abunda, o bien hay que colocarla en otra secuencia[624], para una mayor comprensión[625], o para señalar una incomprensión[626], siguiendo un ejemplo de Menandro[627], o en un uso que ya se ha encontrado en el propio comentario a Terencio de Donato[628], aunque a menudo se presentan alternativas de separación o unión sin explicación alguna. Servio tampoco suele ofrecer explicaciones, pero a veces sí. En un escolio de Servio, se propone la unión de toda una secuencia *nam aliter non procedit, si segreges*[629], entiéndase que el motivo es una mejor comprensión. A veces es justo lo contrario y es la unión de la secuencia la que no conviene y se hacen explícitos además los motivos que suscitan esta mejor o peor comprensión[630]. Servio Aucto contrasta además la opción seguida con ejemplos de otros pasajes del texto virgiliano. El sentido único, ya sea *sensus unus*[631] o bien la comprensión única *ut unum intellegas*[632], aparece a menudo como uno de los elementos determinantes para decantarse por una opción u otra. También el sentido, es decir el buen sentido, aparece como motivo para decantarse por una opción de puntuación[633]. Servio Aucto añade motivos más subjetivos como el *sententiae color*. A veces se ofrecen dos posibilidades de puntuación, ambas válidas[634].

La unión no siempre es la opción más adecuada *male iungunt*[635]. Esta clara toma de partido en cuanto a la unión de una secuencia con *male* aparece también varias veces en Tiberio Claudio Donato[636], incluso a veces con una explicación[637], a saber, no cometer un error (*vitium*) que el propio poeta no ha cometido. En cuanto a los motivos que suscitan la toma de inclinación por la puntuación también está el *unus sensus*[638]. Tiberio Claudio Donato se toma muy a menudo la labor de reelaboración del orden y del sentido desde la interpretación del lector, con el fin de llegar a la intención del autor, así *nos iungamus quod poeta necessaria ratione separavit et ordinemus sensum*[639], declina una unión de una secuencia porque

---

624 Don. Ter. Ad. 587.
625 Don. Ter. Eun. 76.
626 Don. Ter. Hec. 424.
627 Don. Ter. Eun.46.
628 Don. Ter. Phorm. 214.
629 Serv. Aen. 1, 347.
630 Serv. Aen. 1, 380.
631 Serv Verg. Aen. 1, 475; 2, 132. Serv. auct. Aen. 8, 289 aquí con el *sensus* sobreentendido.
632 Serv. Aen. 1, 505.
633 Serv. Aen. 4, 336; 7, 454. Serv. auct. Aen. 8, 400.
634 Serv. auct. Aen. 9, 333; Serv. Aen. 12, 497.
635 Serv. Aen. 4, 33; ecl. 3, 108.
636 Clavd. Don. Aen. 2, 431–434.
637 Clavd. Don. Aen. 12, 897–898.
638 Clavd. Don. Aen. 2, 437.
639 Clavd. Don. Aen. 11, 587–592.

entonces tendría consecuencias en la determinación del género de determinadas palabras[640]. Junto con la ocurrencia casi anecdótica que hace referencia a la unión o separación de palabras[641], hay múltiples ocurrencias que hacen referencia a la separación o unión de diversos formatos de composiciones poéticas: odas en Porfirión[642], cantos en Virgilio: en Servio[643], y en Claudio Tiberio Donato[644].

1. Distinctio

a) Secuencia

Ps. Acro Hor. epod. 16, 20: * Hoc superiori sic **iungendum** est: nulla sit hac potior sententia, quam: eatis, quocumque uos pedes ferunt.

Ps. Acro Hor. epod. 17, 74: <Vectabor humeris>] Quid est 'uectabor humeris', nisi forte subaudiamus extrinsecus 'iactantibus' aut quid tale? Sic enim iactare humeros solent, qui gloriantes incedunt. Quod si ita est, 'inimicis eques' **iungendum** erit, ut si diceret: 'equitans super inimicos meos'. Aut numquid 'humeris inimici uectabor' intellegemus, quod super inimicorum meorum humeris ero ac sic uectabor atque equitabo.

Ps. Acro Hor. ars 98: § Si curat cor] Hic uersus et superioribus et sequentibus **iungi** potest. Si uult me flectere ad misericordiam, deponet elata uerba. Cor spectantis tangimus, quando idonea uerba dolore proferimus, idest istae personae abiciunt elata uerba, si uolunt auditores ad misericordiam flectere

Ps. Acro Hor. epist. 1, 15, 14: *Hunc uersum quidam principiis **iungendum** putant.

Ps. Acro Hor. sat. 1, 2, 50: § Qua res] In antiquioribus 'qua res' inuenio, ut sit sensus: 'in quantum res'. Deest 'tenus', ac si diceret 'eatenus'; ex sequentibus enim hoc intellegimus 'qua res, qua ratio': quatenus res, quatenus ratio; ut 'hic si' ad 'uellet' **iungamus**, ut sit: 'si hic uellet bonus uideri'.

Porph. Hor. carm. 3, 10, 17: Nec rigida mollior aesculo nec Mauris animum mitior anguibus: Hoc superiori **iungendum**, ut sit ita conexum: <o... supplicibus tuis parcas> nec rigida mollior aesculo nec Mauris animum mitior anguibus. animum mitior anguibus. Cetera enim <d>e parenthesi inlata sunt.

Porph. Hor. epod. 16, 21: Ire pedes quocumque ferunt: Hoc superioribus **iungendum** est nulla sit hac potior sententia, quam eatis, quocumque uso pedes ferunt.

640 Clavd. Don. Aen. 12, 207–211.
641 Serv. Aen. 7, 26.
642 Porph. Hor. carm. 4, 15, 1.
643 Serv. Aen. 5, 1.
644 Clavd. Don. Aen. 7, 1–2.

PORPH. Hor. epod. 17, 74: Vectabor umeris tunc ego inimicis eques: Quid est umeris uectabor? Nisi forte subaudiendum extrinsecus 'iactantibus', aut quid tale. Sic enim iactare umer<o>s solent, qui gloriantes incedunt. Quod si ita est, 'inimicis equ<e>s' **iungendum erit**, ut si diceret: equitans super inimicos meos. Aut numquid umeris inimicis [Quod si ita est 'inimicis] uectabor [uectamus] intellegemus, quasi: super inimicorum meorum umeros ero, ac sic uectabor atque equitabo.

DON. Ter. Ad. Prologus 2, 4: OBSERVARI ET <AD(VORSARIOS)> RAPERE IN PEIOREM PARTEM uarietas per genera uerborum est: utrique sententiae apte **iungimus** 'scripturam suam'.

DON. Ter. Ad. 37: CECIDERIT AC PRAEFREGERIT **iungendum**, ut non solum 'ceciderit' sed etiam 'praefregerit' aliquid: haec sunt, quae sibi euenire nemo uelit.

DON. Ter. Ad. 259: 1 FRATREM noue dixit 'unam rem fratrem'. 2 *Sed ego puto 'fratrem' non subdistinguendum sed legendum contexte usque ad 'principem'. nam si distinxeris 'fratrem', bis erit 'arbitror' subaudiendum, et supra et infra. quod si 'fratrem' inferioribus* ***iunxeris***, *et cum admiratione pronuntiabitur et subaudietur 'quam mihi'.*__ hanc sane locutionem scire debemus propter personam elaboratam. nam et nimium gaudet et rusticus adulescens est, qui conatur laudare Aeschinum titubans ac paene balbutiens.

DON. Ter. Ad. 321: 2 TE IPSAM <QVAERITO TE> EXSPECTO OPPIDO OPPORTVNE incerta distinctio, utrum 'te exspecto oppido' <an 'oppido' opportune> sit dicendum. 3 An exspectare impatienter cupere et sine praescriptione temporis, sperare iuxta certum tempus? unde apparet ad 'te exspecto', quia per se nimium est, non **esse iungendum** 'oppido'.

DON. Ter. Ad. 586: 1 VBI POTETIS VOS incerta persona, nam uel Syro uel Demeae hoc dictum **iungi** potest.

DON. Ter. Ad. 587: 1 I SANE 'sane' aut abundat aut inferioribus **iungitur**.

DON. Ter. Ad. 593: QVOD PECCATVM A NOBIS EST ORTVM CORRIGO si diceret 'peccatum a nobis est', participium faceret; iam quia 'ortum' addidit, nomen est: numquam enim eadem pars orationis **iungi** nisi per ἀσύνδετον potest.

DON. Ter. Ad. 805: 1 FACETE NVNC DEMVM ISTAEC ORATIO NATA EST alii totum **iungunt,** alii separant 'facete'.

DON. Ter. Andr. 54: DVM AETAS METVS MAGISTER PROHIBEBANT quidam **iungunt** 'metus magister' †is quoque†: potest enim intellegi, tamquam si diceret: quid est metus? magister.

DON. Ter. Eun. 46: 7 NON EAM NE NVNC QVIDEM 'non eam' Probus distinguit; **iungunt** qui secundum Menandri exemplum legunt.

DON. Ter. Eun. 76: SI SAPIS id est si sapias; ad inferiora **iungendum est**, nam aliter non intellegitur.

DON. Ter. Eun. 251: 3 ITIDEM INCERTVM AMISTI pro 'amisisti' συγκοπή. 4 *Et* 'itidem' quid est? an "itidem incertum me amisisti, ut ad te incertus ueni"? ***iungendum est*** *ergo* 'ut ueni itidem', ut sit: "ut ueni, amisisti itidem incertum". 5 "incertus", inquit, "ueni, incertus a te recessi".

DON. Ter. Hec. 257: VT MEAE DOMI CVRETVR DILIGENTER 'ut ne non'. et **iungendum est** 'satis diligenter'; non enim 'metuis satis'. [Si métuis satis ut meaé domi curétur diligénter]

DON. Ter. Hec. 424: 3 HAVD CLAM ME EST λιτότης pro: "ego maxime intellego, quam odiosum sit". nam qui **iungunt** et sic legunt, errant et non intellegunt.

DON. Ter. Hec. 447: 6. TAMEN VT PIETATEM COLAM (...) 7 *Et bene in eam causam contulit necessitatem non reducendae uxoris, quae inuenietur nulla esse.* sunt tamen qui manente eadem sententia totum hoc **iungunt** 'quod potero faciam tamen ut pietatem colam', hoc est: "in quantum potero, dabo operam aduersus amorem, ut omisso eo pietatem colam." et subiungitur causa.

DON. Ter. Hec. 590: 1 VT QVI NOBIS MATER MALEDICTVM VELIT ab honesto. 2 NON FACIES NEQVE SINAM primo 'non facies', deinde si facere perseueraueris, 'non sinam'. 3 Et 'non facies' non est interdicentis, sed quasi dicat: non te scio facturam rem tam prauam. sunt autem qui 'neque sinam' **iungant** inferioribus, sunt qui totum contexte legant 'non facies' usque 'modestia'.

DON. Ter. Hec. 601: 1 ABSQVE VNA HAC FORET 'absque' extra, ut sit aduerbium magis quam praepositio. 2 Et VNA 'res' subaudienda. 3 *Et* totum ἐν ὑποκρίσει statimque **iungendum '**hanc matrem habens talem, illam <autem> uxorem (Ter. Hec. 602)' 4 Vel certe 'absque foret' pro 'abesset'. alii 'hac' de uxore dici putant, ut sit 'absque' praepositio.

DON. Ter. Phorm. 169: 1 QVOD HABES ITA VT VOLVISTI subdistinguendum est et sic legendum 'uxorem' ἐμφατικώτερον. 2 VT VOLVISTI VXOREM bona praeparatio uxoris futurae. 3 SINE MALA FAMA PALAM multi superioribus **iungunt** 'palam'.

DON. Ter. Phorm. 214: 1 VI COACTVM ESSE TE mira breuitas, qua tota defensio continetur. et subauditur fac respondeas aut quid tale. 2 INVITVM bene idem repetit ad confirmandam memoriam trepidantis. etenim non diuersa sunt, sed saepe repetuntur, ut teneri possit id quod causae opus est. nam ui coactum esse idem significat quod inuitum. 3 An ideo 'ui coactum' 'inuitum' **iungendum est,** quod interdum etiam ipsi nos cogimur propria uoluntate? ut ipse in Andria (658) 'tu coactus tua uoluntate es'.

DON. Ter. Phorm. 470: 1 SPES OPES QVE SVNT haec quidem de his sunt, quae amant **iungi**.

Serv. auct. Aen. 1, 13: LONGE valde. Sallustius longe alia mihi mens est patres conscripti. *aut certe 'maxime' vel 'praecipue', ut sit Carthago praecipue posita contra Tiberina ostia. Cicero pro Rabirio et cum universo populo Romano, tum vero equestri ordini longe carissimus. 'Tiberina' autem pro Tiberis posuit. quidam sane ita volunt* ***iungi****, non 'longe ostia', sed 'longe dives', id est valde dives.*

Serv. Aen. 1, 347: SCELERE ANTE ALIOS IMMANIOR OMNES QVOS INTER MEDIOS VENIT FVROR **iunge** totum: nam aliter non procedit, si segreges 'quos inter medios venit furor', cum ipse dicat, licet simulatas, fuisse tamen amicitias, simul namque sacrificabant: ac si diceret, sceleratior Atreo et Thyeste, vel Eteocle et Polynice. *multi 'inmanior' ad furorem, non ad Pygmalionem referunt. ordo autem est 'inter quos medios'.*

Serv. Aen. 1, 380: ITALIAM QVAERO hoc loco distinguendum est; nam si **iunxeris** 'patriam', non procedit. patria enim, id est civitas, in provincia esse potest, non tamen ut ipsa provincia patria sit: licet in Sallustio lectum sit "Hispaniam sibi antiquam patriam esse"; sed illic ad laudem pertinet, non ad veritatem. tria ergo dicit: provinciam quaero, hoc est 'Italiam'; 'patriam', hoc est Corythum, Tusciae civitatem, unde Dardanus fuit; 'genus ab Iove' ideo, quia ex Electra et Iove Dardanus Iasiusque nati sunt, Dardanus autem auctor est Troiae. et bene ad tria interrogata respondet, qui esset, unde venisset, quo tenderet. *alibi de ipsa Italia Aeneas "hic domus, haec patria est". melius sic distinguitur 'Italiam quaero patriam et genus ab Iove summo': ut mihi sit Italia patria, Iovis genus efficit, propter Dardanum scilicet.*

Serv. Aen. 1, 475: INFELIX multi hoc loco distinguunt *et subiungunt 'puer atque inpar congressus Achilli', ut ex eo inparem ostendat, quod puer;* sed tamen etiam si **iungas** 'puer', unus est sensus.

Serv. Aen. 1, 505: TVM FORIBVS DIVAE instans praecipue foribus. et hoc loco distinguendum est; magno enim studio et labore templorum fores fiebant, quas quibusdam insignibant historiis, ut "in foribus letum Androgei", item "in foribus pugnam ex auro solidoque elephanto". quamvis quidam **iungant** 'tum foribus divae media testudine templi', ut unum intellegas tectum templi et pronai: quod si est, sub medio tecto sunt fores. sed prima melior expositio est.

Serv. Aen. 2, 128: VIX TANDEM aut **iunge**, et vacat 'tandem'; aut separa, et est exaggeratio a synonymis, ut abiit excessit, evasit erupit. *et est ordo 'vix tandem rumpit vocem'.*

Serv. Aen. 2, 132: MIHI multi posterioribus, multi primis **iungunt**; unus tamen est sensus.

Serv. Aen. 2, 139: FORS ET POENAS forte et poenas. alii **iungunt** 'forset', ut sit forsan. et bene elicit misericordiam ostenditque, non se habere causam redeundi post mortem suorum: *ne eum Troiani non reciperent, suspicantes ad suos quandoque rediturum.*

SERV. auct. Aen. 2, 274: EI MIHI Ennii versus. *et totum **iungendum**, ne doloris distinctione frigescat, sicut plurimis doctissimis visum est.*

SERV. auct. Aen. 3, 151: IN SOMNIS multi hic distingunt et volunt unam partem esse orationis, id est vigilantis: *nam quemadmodum videbat lunam infusam fenestris?* multi 'in somniis' dicunt, ut sit conlisio, quomodo 'peculi' pro 'peculii'. *multi 'in somniis' legunt et posterioribus **iungunt**: unde et visi: et corpus somno vinci volunt, mentem vero, vigilare et meminisse omnium. ideo etiam dormiens de luna scire potuit.*

SERV. Aen. 3, 319: HECTORIS ANDROMACHE si 'Andromache', sequentibus **iunge**: si 'Andromachen', superioribus. *sed cum supra Heleno nuptam dixerit, cur hic Hectoris dixit? sed ipse quaestionem solvit dicendo 'incredibilis'.*

SERV. auct. Aen. 3, 658: *INGENS potest et superioribus et sequentibus **iungi**, ut sit 'ingens lumen'.*

SERV. Aen. 4, 33: NEC DVLCES NATOS propter liberos, quae fuit causa secundi matrimonii, ut Iuvenalis sed placet Vrsidio lex Iulia, tollere dulcem cogitat heredem. *et hysterologia est: nam per Veneris praemia proveniunt nati.* alii male **iungunt** 'natos Veneris' Cupidinem et Aeneam. *alii* ἔρωτα *et* ἀντέρωτα dicunt. VENERIS NEC PRAEMIA *id est* voluptates, *ut* Homerus τά τε δῶρ'Ἀφροδίτης. et volunt quidam ἓν διὰ δυοῖν esse.

SERV. auct. Aen. 4, 336: DVM MEMOR IPSE MEI *DVM SPIRITVS HOS REGET ARTVS hic versus superioribus **iungendus**, ut sit sensus, tamdiu beneficiis tuis obligatus ero, quamdiu vixero. et bene hoc* de futuro dixit, et congrue: nam 'piget' ad futurum spectat, 'pudet' ad praeteritum: et licet paene sit una significatio, tamen dicimus 'piget me illud facere', 'pudet fecisse': unde interdum, praecipue a Sallustio, simul ponuntur.

SERV. Aen. 4, 339: AVT HAEC IN FOEDERA VENI aut matrimonii, et **iungendum** est superiori: aut certe ad posteriora pertinet, et hoc dicit: non ad hoc veni, ut hic morarer: sicut et nunc probat *dicens* 'me si fata meis paterentur ducere vitam' et dixit in primo <610> quae me cumque vocant terrae. ergo 'veni' consensi, hoc est non ad haec consensi foedera, ut cum vellem discedere, non liceret.

SERV. auct. Aen. 4, 373: LITORE EGENTEM id est 'egentem litoris', ut hospitio prohibemur harenae. *vel si **iungas** 'eiectum litore', pro 'in litus', ut <I 6> inferretque deos Latio pro 'in Latium'. et in tribus modis haec elocutio profertur: 'egeo hanc rem', Plautus Menaechmis linum, lanam praebeo, neque quicquam eges (Men. 120–122): 'egeo huius rei', has ego Dardanio iuveni, cum classis egeret: et 'egeo hac re', ut 'litore egentem'.*

SERV. auct. Aen. 4, 428: *CVR MEA DICTA NEGAT non interrogat, sed queritur. quidam 'revelli' **iungunt**, ita ut sequatur 'cur mea dicta neget'.*

SERV. Aen. 4, 548: TV PRIMA FVRENTEM Vrbanus hoc dividit, licet alii **iungant**, et vult hunc esse sensum: tu persuasisti ut nuberem, victa lacrimis meis, tu etiam nunc me his oneras malis: nam me olim occidissem, nisi te deserere formidarem.

SERV. auct. Aen. 6, 287: BELVA LERNAE hydram dicit, serpentem inmanis magnitudinis, quae fuit in Lerna Argivorum palude; sed latine excetra dicitur, quod uno caeso tria capita excrescebant. cum saepe amputata triplarentur, admoto ab Hercule incendio consumpta narratur, cuius felle Hercules sagittas suas tinxisse dicitur. sed constat hydram locum fuisse evomentem aquas, vastantes vicinam civitatem, in quo uno meatu clauso multi erumpebant: quod Hercules videns loca ipsa exussit et sic aquae clausit meatus; nam hydra ab aqua dicta est. potuisse autem hoc fieri ille indicat locus, ubi dicit "omne per ignem excoquitur vitium atque exudat inutilis umor". *et utrum hic distinctio plena sit, an 'horrendum stridens' inferioribus* ***iungendum*** *sit? stridere enim bene Chimaerae datur, quae et serpentes habet et flammas.*

SERV. Aen. 7, 454: RESPICE multi hic distingunt et superioribus **iungunt**, ut sit sensus: respice eam quam dicis falsa deludi formidine.

SERV. auct. Aen. 8, 289: ELISERIT praefocaverit. *et hunc versum* ***iunge****: unum est enim 'monstra' et 'angues'.*

SERV. auct. Aen. 8, 400: SI BELLARE PARAS quia dixerat 'in me excidiumque meorum'. *quidam hunc sensum illi* ***iungunt*** *'absiste precando viribus indubitare tuis': cetera enim per parenthesin dicta sunt.*

SERV. Aen. 8, 450: ACCIPIVNT REDDVNT QVE **iungendum**: uno enim eodemque tempore parte reddunt, parte ventos accipiunt.

SERV. auct. Aen. 8, 533: EGO POSCOR OLYMPO aut de Olympo poscor, id est haec signa mei causa fiunt: aut certe in Olympum poscor. *alii 'Olympo poscor', alii 'Olympo' sequentibus* ***iungunt.***

SERV. Aen. 8, 619: INTERQVE MANVS ET BRACCHIA VERSAT **iungendum** est, ut intellegas Aenean manibus minora, bracchiis maiora arma considerasse, ut puta loricam et scutum: haec enim sunt arma maiora: minora vero galeam gladium ocreas.

SERV. Aen. 9, 116: ITE DEAE PELAGI alii hucusque volunt matrem deum locutam: *prope enim videtur absurdum ipsam indicare quae sit, cum iam nymphis et audientibus utique et videntibus dicat.* alii **iungunt** 'genetrix iubet': *et putatur melius, quia postea ait <10, 220> quas alma Cybebe numen habere maris nymphasque e navibus esse iusserat.*

SERV. Aen. 9, 214: MANDET HVMO multi hic distinguunt; alii **iungunt** 'mandet humo solita'; ut *sit* 'commendet in terra'. 'solita' autem 'fortuna', quae piis invidere consuevit: Statius <Theb. 10, 384>, hinc trahens colorem, ait "invida fata piis et fors ingentibus ausis rara comes".

SERV. auct. Aen. 9, 333: *ATRO potest et superioribus adplicari, ut sit intellectus 'sanguine singultantem atro', potest et sequentibus* ***iungi****; sed melius sequentibus.*

SERV. auct. Aen. 10, 173: EXPERTOS *BELLI* peritos: nam 'expertes' sunt ignari. *'belli' autem potest pro 'in bello' accipi.* ILVA *quidam Ilvam*

Ithacen dictamvolunt; est autem insula adiacens Tusciae, in conspectu Populoniae. Probus 'trecentos' subdistingui vult, ut 'insula' sequentibus ***iungatur.***

Serv. auct. Aen. 12, 13: CONGREDIOR *hypocrisis est, <ut> exprimatur: id est quod flagitatis. sic* Statius, ubi Polynicen oblique inducit loquentem non me ullius domus anxia culpet expectentve truces obliquo lumine nati: unde etiam supra ait poeta se signari oculis. *quidam sane a 'nulla mora in Turno' usque ad 'pepigere recusent'* ***iungunt,*** *ne, si distinctio intercesserit, languescat sententiae color.*

Serv. auct. Aen. 12, 154: *CVM LACRIMAS OCVLIS IVTVRNA PROFVDIT totum* ***iungendum*** *'cum lacrimas oculis Iuturna profudit terque quaterque manu pectus percussit', ne videatur diverso tempore et lacrimare et pectus percutere, cum utrumque simul fiat.*

Serv. Aen. 12, 497: *MARTE SECVNDO TERRIBILIS potest et 'Marte secundo' distingui, ut sequatur 'terribilis saevam' et cetera; potest et* ***iungi,*** *ut sit 'Marte secundo terribilis'.*

Serv. ecl. 1, 29: ET LONGO POST TEMPORE VENIT, POSTQVAM NOS AMARYLLIS H(ABET) G(ALATEA) R (ELIQUIT) **iungendum est** hoc totum: nam duplici ratione tempus ostendit, quo eum libertas aspexerit, id est quando coepit secare barbam, et relicta Galatea Amaryllidis amore detineri. allegoricos autem hoc dicit, postquam relicta Mantua Romam me contuli: nam Galateam Mantuam vult esse, RomamAmaryllida. et bene tempora, quasi rusticus, computat a barbaesectione.

Serv. ecl. 3, 108: NON hic distinguendum, ut sit sensus: officii iudicis est ferre sententiam, non eorum, qui inter se contendunt. unde male quidam totum **iungunt** 'non nostrum inter vos tantas componere lites': nam non negat se facturum esse quod faciet; iudicaturus enim est, eos esse pares, dicens 'et vitula tu dignus et hic'.

Serv. auct. ecl. 8, 107: *NESCIO QVID CERTE EST hoc non* ***iungendum*** *superiori; est enim aliud prodigium.*

Serv. auct. georg. 3, 340: *MAPALIA TECTIS mapalia casae Maurorum, qui in eremo habitare dicuntur, sicut illud Lucani "surgere congesto non culta mapalia culmo". et aliter: 'raris' qui non* ***iunguntur*** *et distantibus locis fiunt.*

Serv. auct. Aen. 3, 53: *ILLE VT OPES FRACTAE ET FORTVNA RECESSIT bene utrumque* ***iunxit;*** *saepe enim alterum sine altero valet: aut opes, aut fortuna. 'ille ut' vel 'postquam'; vel tantum quod deest 'statim', ut sit 'ille statimut'.*

Claud. Don. Aen. 2, 431–434: *Iliaci cineres et flamma extrema meorum, testor in occasu vestro nec tela nec ullas vitavisse vices Danaum, et, si fata fuissent, ut caderem, meruisse manu*: quia videbat Aeneas esse criminosum vel esse posse dedecori quod cadentibus tot, tantis ac talibus ipse evasisset, iurisiurandi religionem ultro ante obiectum quod metuebat opposuit. Habet enim maiorem fidem quod prius quam exigatur offertur, babet et bonae constantiae firmissimum testimonium non extorta sed oblata purgatio. hos versus nonnulli male pronuntiando intellectum planum et manifestum sic errore confundunt, ut longe aliud quam dictum est tradant; sic enim volunt: Iliaci cineres et flamma extrema meorum testor in occasu vestro ibique distinguunt addentes postea nec tela nec ullas vitavisse vices Danaum, hic rursum pronuntiationis faciunt separationem et subnectunt ac si fata fuissent ut caderem, addunt in fine accusativum singularem, ut dicant meruisse manum, cum meruisse manu legendum sit et intellegendum. huic alienae pronuntiationi addunt intellectum similem ducti errore quo male **iungunt** et deterius separant. nos sic pronuntiandum et intellegendum dicimus: Iliaci cineres et flamma extrema meorum et separamus testor, quod testor semel positum saepius debemus accipere. dehinc dicemus in occasu vestro nec tela nec ullas vitavisse vices Danaum, item separatione facta veniemus ad sequentia et, si fata fuissent, ut caderem, facta hic quoque separatione concludemus dicentes meruisse manu. ut autem evidentior fiat huius pronuntiationis integritas, ostendemus iam quotiens accipi debeat testor: vos, inquit, testor, Iliaci cineres et flamma extrema meorum; in occasu vestro nec tela nec ullas vitavisse vices Danaum testor (dicturus est recentiores et diversos hostis venisse, cum domui Priami soceri sui et pro ea pugnantibus cuperet subvenire); et, si fata fuissent, ut caderem, testor (ut sit Iliaci cineres et flamma extrema meorum, vos testor sic ad certamen exisse, ut, si fieri ullo modo potuisset, obtinerem, sin vero aliud fata voluissent, ut caderem; utrumque enim viro forti congruens fuit, utrumque gloriosum, ut, si posset, vinceret, sin vero adverso eventu fuisset exceptus, cum patriae genitalis et suorum cineribus interiret); testor meruisse manu. aperiendi melius huius loci causa continuum dicamus intellectum, ibi et pronimtiationis invenietur integritas: testor vos, Iliaci cineres et flamma extrema meorum, testor in occasu vestro non timuisse arma et hostium vices, et cum altemis recentiores occurrerent, aeque testor non timuisse pugnare vel mori, et, si fata fuissent, ut caderem (sic, inquit, processi ad bellum, non ut viverem tantummodo verum etiam ut caderem, si hoc fata voluissent), militis autem officio functum testor me plurimum meruisse hoc est laborasse. cineres, inquit, Iliaci, ut ostenderet non remansisse praeter cinerem. iuravit et flamma extrema meorum: extrema flamma est quae illo usque perseverat, donec sit aliqua substantia, qua conversa in cineres et materies simul interit et consumitur incendium. Per haec igitur iurabat Aeneas, quoniam fidem rerum nullis poterat testibus adprobare, quae necessitas cum existit, itur ad ea quae maximae sunt venerationis, ut credi possit quod deficientibus probamentis adseritur. adstruit iam rebus manifestis quae collegerat, cum iuraret, ut evidenter ostendat et animum suum et labores proprios, firmabat hoc ipsum dicendo se non gladios timuisse hostium, non †sub recentiorum succedentes.

CLAVD. Don. Aen. 2, 435: *Iphitus et Pelias mecum.* Separandum est divellimur inde, separandum ab eo Iphitus et Pelias. ceterum si **iungatur**, me cum erit foedum, ut videatur dixisse divellimur inde me cum. ecce duo soli remanserant cum Aenea; supra enim dixit necem ceterorum. ipsi vero duo quales fuerint gloriae suae causa et ostentationis adsignat.

CLAVD. Don. Aen. 2, 437: *protinus ad sedes Priami clamore vocati*: non est locus iste pro transitu habendus; de superioribus enim pendet. denique si subtrahantur verba iurisiurandi et quae dudum dicta sunt inferioribus **iungantur**, unus fiet sensus; a descriptione enim pugnae recesserat in qua ceciderunt Coroebus, Panthus et ceteri, dehinc dixit divellimur inde, Iphitus et Pelias; ipse enim fuit tertius qui loquebatur. si coniungamus ergo superioribus protinus ad sedes Priami clamore vocati, erit unum atque coniunctum, ut sit per illorum mortem et Panthi protinus inde divellimur, Iphitus et Pelias clamoribus vocati me cum qui ex domo Priami mittebantur. unde post iusiurandum non caput fecit quasi novae relationis, sed remeavit ad ea a quibus recesserat, ut iuraret. protinus ad sedes Priami mecum clamore vocati, non specialiter vocati ab aliquo, sed clamor ipse suggerebat subveniendum esse domui regis Priami.

CLAVD. Don. Aen. 4, 69–73: *qualis coniecta cerva sagitta, quam procul incautam nemora inter Cresia fixit pastor agens telis liquitque volatile ferrum nescius, illa fuga silvas saltusque peragrat Dictaeos, haeret lateri letalis harundo*: Didonem conparavit cervae, silvas civitati, mobilitatem cervae Didonis discursibus, sagittam pastoris sagittae Cupidinis, pastorem Cupidini, cursum inefficacem cervae cum Didonis errantis inmoderatis anfractibus. subtracto similitudinis istius textu superioribus inferiora **iunguntur:** dictum est enim uritur infelix Dido totaque vagatur urbe furens, conectitur *nunc media Aenean se cum per moenia ducit <Sidoniasque ostentat opes urbemque paratam>*:

CLAVD. Don. Aen. 4, 651: *dulces exuviae*: hic suspendenda pronuntiatio est nec **iungendum** *dum fata deusque sinebant*, ne expressum mire moriturae vexemus adfectum, ut putetur illas vestes amare desisse, quas in tantum diligebat, ut earum favillas suis voluerit misceri cineribus. amat igitur has ostendens quod illas non odii, sed amoris causa se cum decresset incendi. hanc ergo esse meliorem pronuntiationem et hunc praeponendum intellectum tunc apparebit, cum sensus fuerit ordinatus, ut excludamus eos qui **iungendum** putant dulces exuviae dum fata deusque sinebant, ut videantur illo usque dulces quo fuerat peritura. quodsi amor earum mortis tempore recessisset, non diceret accipite hanc animam, quo adfectu ostendit cum his se interire voluisse quas amabat. sensus ergo integer sic est, quo expresso ipse se intellectus sine cuiusquam opera demonstrabit: dulces exuviae, *vixi* quamdiu deus et fata sinebant *et quem dederat cursum fortuna peregi, accipite hanc animam meque his exolvite curis.*

CLAVD. Don. Aen. 9, 208–209: *non, ita me referat tibi magnus ovantem Iuppiter*: non separandum est a sequentibus, cum versum ipsum pronuntiare coeperimus, tunc dicendum ita me referat tibi magnus ovantem Iuppiter. nam si totum **iungamus**, erit maledictum potius quam iusiurandum. *aut quicumque oculis haec aspicit aequis*:

CLAVD. Don. Aen. 11, 415–418: *quamquam o si solitae quicquam virtutis adesset! ille mihi ante alios fortunatusque laborum egregiusque animi qui, ne quid tale videret, procubuit moriens et humum semel ore momordit*: multi totum **iungunt**, et quod generaliter optavit et quod coepit signare per species: quod fieri dictionis natura non patitur, proinde separandum est quod ait quamquam o si solitae quicquam virtutis adesset. hoc enim optantis est, illud vero quod secutum est †hoc fuit quod optabatur. ille mihi ante alios: ille, inquit, vel maxime, cui profuit quod fortiter cecidit, ne tale dedecus cerneret, qui fuerat felix, magni animi et in laboribus patiens. laudat fortunam viri fortis et non dicit nomen, omnes tamen Mezentium sentiunt, qui cum sua felicitate procubuit interfectus nec ad illa consilii ludibria reservatus est, ut sumeret praemia qui non vicerat et qui vinci potuerat rogaretur. qui, ne quid tale videret, procubuit moriens sic positum est, quasi non victus cecidisset, sed voluntate sua: hoc ideo, ut victoris minueretur gloria et praevenisse talium consiliorum turpitudinem crederetur qui necessitate potius quam voluntate conciderat.

CLAVD. Don. Aen. 11, 587–592: *verum age, quandoquidem fatis urgetur iniquis, [labere, nympha, polo finisque invise Latinos, tristis ubi infausto committitur omine pugna; haec cape et ultricem pharetra deprome sagittam: hac quicumque sacrum violarit vulnere corpus, Tros Italusque, mihi pariter det sanguine poenas]*: quia potuit dici cur non subvenis periclitanti aut eam non subtrahis bello? ad hoc respondentis partibus functa extremis, inquit, fatis urgetur, nullo potest auxilio sublevari, quia necesse est fieri quod fatorum ratione debetur. ecce nec tunc saltem felix Camilla; nam perit in adultis annis quae tot pericula et innumeros casus, cum adhuc vagiret, evasit. verum age: coeperat dicere verum age et ituram dictis hortari, sed ubi hoc dixit, interposuit causam mittendi et tunc rediit ad ea quae mandabat. nos **iungamus** quod poeta necessaria ratione separavit et ordinemus sensum: verum age, labere, nympha, polo finisque invise Latinos, tristis ubi infausto committitur omine pugna; haec cape et ultricem pharetra deprome sagittam, quandoquidem fatis urgetur iniquis: hac quicumque sacrum violarit vulnere corpus, Tros Italusque, mihi pariter det sanguine poenas. persequamur nunc singula, ut dictorum vim reseremus. verum age, labere, invise iubentis est, age tamen etiam hortantis; miscere enim debuit auctoritatem et benivolentiam, ut inpleretur facilius quod volebat. labere, nympha, polo finisque invise Latinos, tristis ubi infausto committitur omine pugna: et relicto interim caelo labere ad eas Italiae partis in quibus infelix geritur bellum et Camillam perditurum est. haec cape: haec tecum, inquit, porta. verum quia incertum fuit quae tradita viderentur (totum enim generalitas obscuraverat), subiecit ea quibus ostenderet data: et ultricem pharetra deprome sagittam. magna brevitas et conpendiosa dictio, in qua pars dicitur traditorum et tamen intellegitur totum. cum dicit enim deprome sagittam et non nominat pharetram, ostendit evidentius quae dedisset. arcus quoque non est facta commemoratio, sed tamen intellegitur datus. namque dixit hac quicumque sacrum violarit vulnere corpus, Tros Italusque, mihi pariter det sanguine poenas. potest videri et arcum dedisse quo sagitta posset excludi. quicumque non ad hominem pertinet, sed ad gentem; denique sequitur Tros Italusque mihi pariter det sanguine poenas. sacrum, inquit, violarit vulnere corpus et de morte tacuit, ne omen quamvis periturae facere videretur. ideoque violarit posuit quasi leviter laeserit nec dixit quicumque eam occiderit.

CLAVD. Don. Aen. 12, 207–211: dehinc quod diviserat reddit *numquam fronde levi fundet virgulla nec umbras, cum semel e silvis imo, de stirpe, recisum matre caret posuitque comas et bracchia ferro, olim arbos, nunc artificis manus aere decoro inclusit patribusque dedit gestare Latinis*: magnum inpossibile etiam hic posuit. ut enim ferebat sceptrum, ait quomodo hoc sceptrum, quod mihi regendorum Latinorum causa datum est, ex quo a matre abscisum est, nec virgulta iam potest nec frondes emittere, sic ego non mutabor nec movebor a praesentibus placitis. imo de stirpe recisum si **iungamus**, faciemus stirpem genere masculino contra ipsius Vergilii sententiam, qui omnibus locis stirpem feminino protulit genere, ut (3, 326) "stirpis Achilleae fastus" et (7, 293) "heu stirpem invisam" et hic quoque non multo supra (166) "hinc pater Aeneas, Romanae stirpis origo". hunc scrupulum qui declinare voluerit sic pronuntiare debet et sic intellegere, ut quod dictum est imo separetur, ut sit ab imo abscisum, hoc est ab inferiore arboris parte et a stirpe eius.

CLAVD. Don. Aen. 12, 505–508: *Aeneas Rutulum Sucronem (ea prima ruentis pugna loco statuit Teucros) haut multa morantem excipit in latus et qua fata celerrima crudum transadigit costas et cratis pectoris ensem:* interpositum est ea prima ruentis pugna loco statuit Teucros: cum properarent, inquit, in hostium caedem Troiani, ibi constiterunt ubi Aeneas Rutulum Sucronem occidit; nam non multa mora interposita excepit eum in latus et qua parte corporis peti expeditius potuit ipsa eum percussit; nam per latus et costas traiecto ense eum prostravit.

interpositum diximus ea prima ruentis pugna loco statuit Teucros, quo facto divisum constat unum sensum, nos isto subtracto integremus quod interposita diviserunt: Aeneas Rutulum Sucronem haut multa morantem excipit in latus et qua fata celerrima crudum transadigit costas et cratis pectoris ensem. hic **iungendum** est ea prima ruentis pugna loco statuit Teucros et erit conpositio directa verborum. *Turnus equo deiectum Amycum fratremque Dioren congressus pedes hunc venientem cuspide longa, hunc mucrone ferit curruque abscisa duorum suspendit capita et rorantia sanguine portat.*

Clavd. Don. Aen. 12, 897–898: *saxum circumspicit ingens, [saxum antiquum, ingens], campo quod forte iacebat, limes agro positus, litem ut discerneret arvis*: vitiosum putatur quod est honesta locutione mirabile. non enim saxum positus dixit, ut faceret per genera soloecismum, sed saxum iacebat tam grandi magnitudine, ut infinitis saeculis inmotum permansisset; ad hoc enim inter dominia fuit, ut lites possidentibus tolleret et esset limes. ordinandus est sensus, ut calumniam removeamus: limes agro positus fuerat, saxum ingens, ad hoc, ut litem discerneret arvis. hunc locum pronuntiantes, cum diximus campo quod forte iacebat, et moram interponere debemus et separare limes agro positus, ne male **iungendo** nos faciamus vitium quod poeta non fecit. *vix illum lecti bis sex cervice subirent, qualia nunc hominum producit corpora tellus*:

Schol. Bern. ecl. 10, 31: *Tristis at*, uerum tristis amator. *Ille*, Virgilius uel Gallus. *Tamen cantabitis*, de se dicit. 'Tamen' alii superioribus **iungunt**, sed melius ut sic legamus: 'Tamen cantabitis.' Sensus enim hic est: licet ego duro amore consumar, tamen erit solacium, quia meus amor erit uestra cantilena. *Inquit*, Gallus.

b) Palabras

Serv. Aen. 7, 26: IN ROSEIS FVLGEBAT LVTEA BIGIS 'lutea' est crocei coloris, ut croceo mutabit vellera luto: unde multi **iungunt** 'inroseis', id est *non roseis, quasi* non rubicundis, ne sit contrarium. tamen secundum Homerum dictum est, qui interdum ῥοδοδάκτυλον, id est rosei coloris digitos habentem, interdum κροκόπεπλον dicit Auroram, id est crocei coloris veste circumdatam.

c) Unión de partes de una obra (epístolas, odas)

Ps. Acro Hor. epist. 1, 7, 46: Fabula haec satis apte superioribus **iuncta est**, quibus ostendit se diuitiis otium praeferre.

Porph. Hor. carm. 4, 15, 1: Foebus uolentem proelia me loqui: Quidam separant hanc ὠ<ι>δὴν a superiore, sed potest illi **iungi**, quoniam et hic laudes dicuntur Augusti.

Serv. Aen. 5, 1: INTEREA dum fletur aut sepelitur Dido: et hoc sermone librum, ut solet, superioribus **iunxit**. cuius pars maior ex Homero sumpta est: nam omnia quae hic commemorat, exhibentur circa tumulum Patrocli, nisi quod illic curule exercetur, hic navale certamen. sane intellegendum non potuisse fieri, ut una, nec plena die Aeneas ad Siciliam perveniret: unde accipiendum est, sicut supra legimus, quod circa primum ortum lucis navigavit, ut regina e speculis ut primum albescere lucem vidit et aequatis classem procedere velis. ergo tota die dum se Dido interimit, dum fletur, paululum provectus est, leniter spirantibus ventis, et flammas rogi circa vesperam vidit, quo tempore et per naturam ignem videre potuit, et per pristinum morem, quo per diem cadavera non incendebantur. deinde tota navigans nocte et alterius diei parte ad Siciliam venit.

SERV. Aen. 9, 1: ATQVE EA DIVERSA PENITVS DVM P. G. in hoc libro mutatioest rerum omnium: nam et personae et loca alia sunt et aliud negotiumincipitur; ab Aenea enim transit ad Turnum, a Tuscia adArdeam, a petitione auxiliorum ad bellum. quem transitum quidam culpant, nescientes Vergilium prudenter **iunxisse** superioribus negotiis sequentia per illam particulam 'atque ea d(iversa) p(enitus) dum parte geruntur', scilicet dum offeruntur arma, dum dantur auxilia. *'dum' enim cum sit coniunctio, hic tamen adverbii vim obtinet: Terentius mea nihil refert, dum patiar modo.* sane formatus est iste liber ad illud Homeri, ubi dicit per noctem egressos esse Diomeden et Vlixen, cum capto Dolone castra penetrarunt: nam partem maximam et oeconomiae et negotiorum exinde habet.

CLAVD. Don. Aen. 7, 1–2: huic libro initium datur *tu quoque litoribus nostris, Aeneia nutrix, aeternam moriens famam, Caieta, dedisti.* fortassis aliquis putet inproprie caput libri constituisse Vergilium ideo, quia dixit tu quoque, cum ante hunc versum nullum nominasse videatur. hoc aestimant qui interiecta nesciunt retrahere, ut quod ad tempus separatum est **iungant**. iste enim versus sublato medio de inferis tractatu Miseni exequiis **iungitur**; ab his enim discedens carminis cursus ad easdem redit et facit integram narrationem, ut recte posuerit tu quoque. melius autem apparebit haec adsertio, si unde discessum est (6, 232) repetamus: "at pius Aeneas ingenti mole sepulchrum inponit suaque arma viro remumque tubamque monte sub Aerio, qui nunc Misenus ab illo dicitur aeternumque tenet per saecula nomen". sequi debuit tu quoque litoribus nostris, Aeneia nutrix, aeternam moriens famam, Caieta, dedisti. interposita igitur de inferis carmina quod unum esse oportuit diviserunt. sed et nunc unum est, quia unde se recessisse meminerat poeta remeavit. ergo recte superioribus haec nectens ait tu quoque litoribus nostris, Aeneia nutrix, aeternam moriens famam, Caieta, dedisti.

CLAVD. Don. Aen. 11, 597–602: *At manus interea muris Troiana propinquat Tyrrhenique duces equitumque exercitus omnis, conpositi numero in turmas: fremit aequore toto insultans sonipes et pressis pugnat habenis huc obversus et huc; tum late ferreus hastis horret ager campique armis sublimibus ardent.* reliquum est hoc superioris descriptionis, quam inperfectam dimisit, ut Camillae fabulam diceret, qua subtracta si prima pars atque ista **iungatur,** non erit divisa narratio; supra (447) enim dixit "nuntius ingenti per regia tecta tumultu ecce ruit magnisque urbem terroribus inplet, instructos acie Tiberino a flumine Teucros Tyrrhenamque manum totis descendere campis", hic dicit at manus interea muris Troiana propinquat Tyrrhenique duces equitumque exercitus omnis, ut appareat integrari posse narrationem, si Camillae fabula subtrahatur. veniebant igitur sic muris propinquantes, ut cessante officio nuntii videri possent in aequalitate camporum, usque adeo manifesti, ut qui essent et quemadmodum instructi accederent singulorum non negaretur obtutibus.

Cornvt. Pers. sat. 6, 1: ADMOVIT IAM BRVMA FOCO TE BASSE SABINO (…) (4) se autem dicit Persius apud Liguriam fuisse in loco ubi portus naturali flexu curuatus fluctus in se. recipit, qui propter curuationem Portus Lunae uocatur. (5) cuius etiam Ennius in principio Annalium suorum meminit hoc uersu, quem etiam Persius carminibus suis **iunxit** et refert ab Ennio ablatum; qui Ennius hoc scripsit dum se somniasse in Parnaso dixisset et uisam Homeri animam secundum Pytagorae dogmata per aliorum corpora ad se uenisse.

Lectio, -onis

B: TLL s.v. 'lectio' 7.2.1082.33–7.2.1088.55 (Beikircher, 1973); Zetzel (1981); Jakobi (1996: 19–42); Uhl (1998: 173); Delvigo (1987: 61 y ss., 82 y ss., 88); Schad (2007: 234).

Como el propio Servio señala *lectio* proviene de *lego*: *nam appellatio est a verbo, quae semper aut in 'io' exit, aut in 'us'; si in 'io' exeant, tertiae sunt formae; si in 'us', quartae, ut ab eo quod est 'lego' aut 'lectio' aut 'lectus' facit*[645].

Se trata de la primera de las partes constitutivas de la *grammatica* junto con la *enarratio*, la *emendatio* y el *iudicium*[646]. En la tradición gramatical, la *lectio* se divide a su vez en *accentus*, *discretio*, *pronuntiatio* y *modulatio*. Se trata, pues, de un término con un amplio desarrollo en el campo de la *grammatica*, pero que en el contexto de la *poetarum enarratio* cobra también un cariz de posicionamiento frente al texto y su transmisión, como se hace patente en algunas de las entradas seleccionadas.

En un sentido más amplio, *lectio* pasa a querer decir 'clase', 'lección tomada en la escuela de gramática', tal y como queda testimoniado en los escolios de Juvenal *'lucernas' cum quibus nocte veniunt ad grammaticos, ut lectiones accipiant*[647]. Esta acepción no ha sido contemplada en el léxico, pues hace referencia al contexto en el cual se desarrolla la actividad, pero amerita, por lo menos, una breve mención por la ampliación metonímica de su ámbito de acción.

Se trata, pues, de una palabra usada *fere technice* en el lenguaje de los gramáticos[648]. De aquí pasaría también al lenguaje utilizado en los escolios y comentarios. Así, tendría por una parte un sentido referido al *generis dicendi, dictionis*[649]. Por ejemplo, en Servio[650], se deduce del hecho de que después de mencionar unas "antiguas lecciones" diga Servio que, tal y como se comprueba en un autor antiguo, Verrio Flaco —y añade además que, como los *veteres* decían—, esta característica aún se conserva en la actualidad pues se comprueba en *exemplis auctoritate*, como constata a continuación el mismo Servio. Por otra parte, tiene un sentido referido a la crítica textual, que es la acepción que se desarrolla a continuación más ampliamente.

Lectio se inserta de pleno en la crítica textual y en algunas ocasiones deriva en la toma de partido frente a diversas variantes o lecturas. En estos casos en los que se habla de la existencia de dos *lectiones*, se estaría presentando la opción de que el comentarista estuviera trabajando con más de un texto-lectura a la

645 Serv. Aen. 12, 95.
646 Varr. Ap. Diom. I, 426.22.
647 Schol. uet. Iuv. sat. 7, 225.
648 *Cf.* TLL s.v. 'lectio' col. 1087, I.B.2.
649 *Cf.* TLL s.v. 'lectio' col. 1087, I.B.2a.
650 Serv. Aen. 8, 423.

vez. Las ocurrencias aparecen presentadas de la siguiente manera: *duplex lectio* y *secunda lectio*. *Duplex* aparece testimoniada en Servio, en Servio Aucto y en Pseudo-Acrón[651]; *secunda* solo en Elio Donato. En el caso de *duplex lectio* trata en Servio y en Pseudo-Acrón las mismas palabras en ambos autores: *duplex* haría referencia a la posibilidad de tener tanto la lectura *aversum/o* como *adversum/o*. Se trata de dos posibilidades que se encuentran en el mismo campo etimológico, pero que presentan matices de significado que son contrastados tanto por Servio como por Pseudo-Acrón. Esta doble posibilidad deja constancia de dos significados en ambas tradiciones textuales y lleva a la aparición de una variante textual.

La ocurrencia que se refiere a la *secunda lectio* aparece testimoniada en Elio Donato. Ofrece también otra lectura con un cierto parecido con la primera, pero claramente independiente de esta y sin vínculos lingüísticos. En este caso la posibilidad variaría entre *appulit* y *attulit*, y Donato deja constancia de que él prefiere (*magis*) la lectura del lema, es decir la primera a la segunda. Proporciona una argumentación que remite a un verso posterior del comentario: *nam postea sic 'animum ad uxorem appulit'*[652].

El problema metodológico radica en que en el verso en cuestión no se ofrece ninguna explicación que justifique la elección, sino que se remite al verso aquí presentado[653]. Así pues, resulta un método poco efectivo para discernir las motivaciones que suscita la elección de una de las dos variantes, pues se basa en un reenvío para proporcionar una explicación que nunca es facilitada.

A pesar de que aquí terminan las menciones explícitas a dos posibilidades textuales entre las que elegir, las opciones aparecen implícitas cuando la argumentación favorable por una *lectio* a través de la adjetivación *—melior, vera, antiqua, vera et antiqua—* implica un posicionamiento por la lectura que se está defendiendo de diversas maneras. Además, en algunos casos, aparecen incluso restos de esta doble posibilidad en la tradición textual.

En el caso de las ocurrencias en las cuales la *lectio* es calificada como *vera*, esta determinación está fundada en diferentes argumentos. El más común de estos es el *sensus*, ya sea porque la otra lectura está suscitada por una incomprensión (*quod plurimi non intellegunt*[654]) o por una falta de razón (*sensus nulla ratione procedit*[655]). La métrica aparece también como argumento para descartar determinadas variantes. En este escolio, después de presentarse la lectura que Servio considera válida, ofrece diversas lecturas y aduce razones métricas como motivo para descartarlas; finalmente presenta la variante seleccionada, *quod nec obscuritatem adfert nec fidem derogat lectioni*[656]. Se trataría aquí también de una motivación

651 Serv. georg. 1, 218; Serv. auct. georg. 3, 165; Ps. Acro Hor. epod. 10, 18.
652 Don. Ter. Andr. prologus 1.
653 Don. Ter. Andr. 446.
654 Don. Ter. Andr. 205.
655 Serv. georg. 1, 383.
656 Serv. georg. 2, 256.

propiciada por el sentido. Pero las motivaciones métricas constituyen también un único caso de apoyo para la veracidad de una lectura: *QVANTVS ATHON haec est vera* **lectio**: *nam si 'Athos' legeris, 'os' brevis est et versus non stat*[657]. Procede después Servio a aclarar todos los pormenores métricos por los cuales se descartan otras lecturas. El uso constituye otro elemento favorecedor de una *vera lectio*: [...] *nam male quidam 'spectabis' legunt et ad lucem referunt. quod non procedit; nullus enim sic loquitur*[658]. También aparece como motivo de sustentación de una *vera lectio* el apoyo en citas literarias provistas de autoridad. En efecto, el uso de expresiones afines a las de autores como Lucrecio constituye un argumento de autoridad en Servio que refuerza la *vera lectio*[659]. Finalmente, el hecho de evitar figuras retóricas que contravienen la poética constituye otro elemento decisivo para la decantación de una *vera lectio*, como, por ejemplo, en el siguiente ejemplo de Servio. Al constatar la sorpresa, *haec fuit vera lectio?*, y tras presentar la otra opción textual, *nam si 'aspersa' dixeris*, y aclarar su significado, *id est inrorata*, se evita añadir una *tapinosis et hyperbole*[660]. Así pues, el *sensus* complementado por el uso adecuado de las figuras retóricas propicia la elección de la *vera lectio*.

Junto con la *vera lectio* hay también una caracterización que provee un criterio de autoridad a las lecturas o variantes: la *antiquitas*. En efecto, reviste una opción textual de validez que se basa en su antigüedad. En Servio, por ejemplo, puede verse cómo se concreta esta antigüedad: se dice, pues, que *apud maiores* el genitivo singular latino se habría visto influenciado por el griego, como se puede observar en Salustio y como el gramático Aspro interpreta[661]. En otro escolio de Servio, se proporcionan nombres de autores que contribuyen a situar en el horizonte temporal esta antigüedad: este lema propone la lectura *'flavos'*, cuyo significado aclara y justifica Servio por ser *sermo Ennianus*[662]. A continuación, Servio Danielino añade que el gramático Probo anotó que *'flavos'* sería una lectura neotérica, mientras que la lectura correcta, *bene*, es *'floros'*, la cual es reforzada por un ejemplo de *Baquis* de Accio y otro de la *Antiope* de Pacuvio.

En algunos casos, aparecen unidas estas dos características: *vera et antiqua*. Se trata de dos lemas en Servio y uno en Servio Danielino[663]. En este último el Danielino completaría una *vera lectio* de Servio con el calificativo de *antiqua*, que precede a una cita de Lucrecio[664]. Ya se ha señalado cómo Servio Aucto calificó de *vera* una lectura que aparecía confirmada por su uso en Lucrecio[665]. En esta

---

657 Serv. Aen. 12, 701.
658 Serv. Aen. 10, 244–245.
659 Serv. georg. 2, 247.
660 Serv. Aen. 3, 624.
661 Serv. Aen. 11, 801.
662 Serv. Aen. 12, 605.
663 Serv. Aen. 11, 708; 12, 709. Serv. auct. georg. 2, 372
664 Serv. auct. georg. 2, 372.
665 Serv. georg. 2, 247.

ocasión, Servio Aucto va a añadir el calificativo de *antiqua* a esta lectura que aparece también en Lucrecio. Las dos otras acepciones de Servio compactan ambas cualidades. En el primer caso[666], en el que se defiende la lectura *fraudem*, Servio Danielino completa la explicación basada en el *sensus* del Servio avanzando la otra posibilidad de lectura (*laudem*), que Servio proporciona igualmente, pero al final del lema. El Danielino la avanza y después Servio añade el argumento de uso de los *veteres*, ejemplifica y concreta con un ejemplo de Cicerón, con lo que consigue concretar el vago *in antiquo iure*. En el segundo caso[667], se constata que una lectura es *vera et antiqua*, y que se encuentra en Ennio, del cual Servio Aucto proporciona la cita. Kollmann ha señalado y explicado que Servio parece acertar en la lectura, a pesar de proporcionar una explicación que no resulta convincente[668].

Parecida a la *antiqua lectio* resultaría por la antigüedad de la lectura la *prior lectio*, apoyada en una cita de Plauto[669]. La *absolutior lectio* de Servio se define también con base en su calidad de *verior et figuratior* y por un criterio de uso[670].

Hay dos ocurrencias en las que una lectura se califica de *melior*. En la primera[671], Servio ofrece toda una explicación en favor de la lectura que él, los gramáticos, los manuscritos antiguos, el códice Palatino y casi todos los manuscritos tardíos ofrecen: *poscit*[672]. Servio no proporciona información acerca de la otra lectura, *poscunt*, ni la menciona, a pesar de que aparece en dos manuscritos antiguos importantes, *Mediceus* y *Romanus*. La otra ocurrencia remite al sentido[673].

A continuación, se aportan un par de ejemplos que hacen referencia a la deficiencia de ciertas lecturas. En efecto, *falsa lectio* se posicionaría frente a *vera lectio* y *corrupta* frente a una lectura que no aparece definida, pero que podría hacer referencia a su autenticidad. Así, la *falsa lectio* aparecería contrastada en Servio por otras opciones, de las cuales no se proporciona mucha información. Se dice que producen efectos indeseados: *obscuritatem autem facit hoc loco et synchysis, id est hyperbati longa confusio*[674]. Luego ofrecen una explicación sobre la *falsa lectio: nam multi 'audendi' legunt, multi 'audenti'. sed neutrum procedit. ergo 'audentem' legendum est.* Muchos se decantan por otras opciones textuales, pero, según Servio, la neutra es la que se debe seguir. Así pues, la explicación no nos proporciona información acerca de la procedencia de estas otras variantes. En el caso de la *corrupta lectio*[675], se hace mención específica de un error interpretativo del

666 Serv. Aen. 11, 708.
667 Serv. Aen. 12, 709.
668 Kollmann (1973: 272–275).
669 Serv. auct. georg. 2, 344.
670 Serv. Aen. 4, 106.
671 Serv. Aen. 6, 37.
672 Cf. Conte (2009: *ad loc.*)
673 Serv. Aen. 9, 378.
674 Serv. Aen. 2, 348.
675 Serv. Aen. 12, 120.

texto de Virgilio y se cita a continuación la autoridad de dos gramáticos: Capro e Higinio, quienes afirmaron que se trataba de una lectura corrupta y restituyeron el texto. Según Servio, debe seguirse la opinión de estos autores que aparece confirmada por una cita de Terencio.

1. Acepción textual. Variantes

a) Duplex lectio

Ps. Acro Hor. epod. 10, 18: AVERSVM AD IOVEM] Non audientem et iratum, ut (Verg. Aen. 2, 170): "Auersa deae mens". *Duplex **lectio**: si 'aduersum', contrarium et infensum, si [uero] 'auersum', iratum, ut (Verg. Aen. 2, 170): "Auersa deae mens".

Serv. georg. 1, 218: AVERSO autem ASTRO duplex **lectio** est, nam alii 'adverso' legunt: cum cane enim nascitur Sirius, qui est terris. adversus, de quo legimus "ille sitim morbosque ferens mortalibus aegris nascitur", ut ' adverso' sit pestifero et contrario mortalibus. si autem 'averso' legerimus, 'cum' subaudiamus necesse est, ut "atque Ixionii vento rota constitit orbis", id est cum vento: ut sit sensus, quo tempore etiam canis cedens occidit cum averso astro, id est cum Argo, quae et ipsa media est, sicut taurus, et a puppi oritur: cui canem constat esse coniunctum. et *'cedens' aut locum dans, ut et Argo occidat; nam canis occasum et navis occasus sequitur: aut certe* 'cedens canis' non recedens, sed incedens accipimus et se movens: tempore enim, quo taurus cum sole est, etiam canis ad ortum festinat. quod autem ait 'occidit', ad aspectum nostrum rettulit. nam ortus et occasus duo sunt: unus ἡλιακὸς, id est solaris, et alter κοσμικὸς, id est mundanus: unde fit, ut ea signa, quae cum sole oriuntur, a nobis non possint videri, et ea, quae videmus, quantum ad solis rationem pertinet, videantur occidere. secundum quod nunc ait 'occidit canis'; nam canis paranatellon est cancri, id est cum eo oritur. cancer autem quo tempore sol in tauro est, post horam quartam diei oritur: nam taurus et gemini binas horas tenent. *Nigidius commentario sphaerae graecanicae "oritur enim canicula cum cancro, in columen venit cum geminis, occidit cum tauro".* sic ergo fit, ut canis nobis occidat, quantum autem ad solis pertinet cursum, in ortu esse videatur. secundum hanc rationem etiam paulo post dicturus est "ante tibi eoae Atlantides abscondantur": nam eoas ait in ortu heliaco positas, unde et 'tibi abscondantur' intulit. *hunc canem alii Icari putant, patris Erigonae, qui mortem patris filiae nuntiavit: alii hunc esse quondam custodem Europae, quem nulla fera potuit effugere, quique a vulpibus quondam liberaverit Thebas.*

Serv. auct. georg. 3, 165: *DVM MOBILIS AETAS 'mobilis' flexilis. et est duplex **lectio**: potest enim et sic legi 'iuvenum dum mobilis aetas'.*

b) Secunda lectio

Don. Ter. Andr. prologus 1: 7 APPVLIT in secunda **lectione** 'attulit' fuit, sed 'appulit' magis; nam postea sic (446) 'animum ad uxorem appulit'.

c) *Vera lectio*

Don. Ter. Andr. 205: 1 NEQVE TV HAVT DICAS TIBI NON PRAEDICTVM duae negatiuae unam consentiuam faciunt; tres negatiuae pro una negatiua accipiuntur, ut hic neque haud non. Sallustius "haud impigre neque inultus (Sall. Hist. frg. 41M.)". *uera ergo* ***lectio*** *est 'neque tu haud dicas', quod plurimi non intellegunt, <cum> 'hoc dicas' legunt.* 2 NEQVE TV HAVT DICAS TIBI NON P(RAEDICTVM) uera lectio 'neque haut dicas': est enim quintum παρέλκον. Plautus in Bacchidibus "neque haud subditiua gloria oppidum arbitror (Plaut. Bacc. 19)".

Serv. georg. 1, 383: IAM VARIAS PELAGI VOLVCRES ET QVAE ASIA CIRCVM DVLCIBVS I(N) S(TAGNIS) R(IMANTVR) P(RATA) C(AYSTRI) haec est vera **lectio**, et sensus talis est: iam varias pelagi volucres et eas, quae circum Asia prata rimantur in dulcibus stagnis Caystri, videas certatim largos umeris infundere rores et cetera. nam si 'iam variae' legeris, sensus nulla ratione procedit. Caystrus autem fluvius est, Asia vero palus, unde fecit 'prata Asia'. et de palude Asia 'A' longa est; nam de provincia corripit 'A', ut "Europa atque Asia pulsus". et est Homericus versus Ἀσίῳ ἐν λειμῶνι Καυστρίου ἀμφὶ ῥέεθρα.

Serv. georg. 2, 247: AMAROR amaritudo: et est sermo Lucretii (4, 224) et vera **lectio** ipsa est: nam multi 'amaro' legunt, ut sit 'sensu amaro'.

Serv. georg. 2, 256: ET QVISQVIS COLOR vera **lectio** haec est: nam male quidam 'et quis cuique' legunt, excludentes 'at', ut sit 'et quis cuique color: sceleratum exquirere frigus difficile est'. alii 'colos' legunt, ut excluso 's' fiat synalipha et scandamus 'et quis cuique colat sceleratum', ut sic sit, quemadmodum "inter se coisse viros et decernere ferro". quod non procedit: tunc enim 'r' in 's' mutatur, cum longa opus est syllaba, ut 'color colos' 'labor labos'; hic autem non solum longam non facit syllabam, sed etiam excluditur 's' cum superiore vocali: unde legendum est 'et quisquis color', quod nec obscuritatem adfert nec fidem derogat **lectioni**.

Serv. Aen. 3, 624: EXSPERSA haec fuit vera **lectio**? id est madefacta: nam si 'aspersa' dixeris, id est inrorata, tapinosis et hyperbole iunguntur.

Serv. Aen. 7, 307: QVOD SCELVS AVT LAPITHIS TANTVM AVT CALYDONE MERENTE haec est vera **lectio**, sic et sensus procedit, ut uterque ablativus sit: nam si 'Calydona' legas, vitium erit nec sensus procedet. 'scelus' autem pro poena posuit, ab eo quod praecedit id quod sequitur, ut et scelus expendisse merentem.

Serv. Aen. 10, 244–245: CRASTINA LVX *crastina lux deest 'veniat', hoc est crastina lux veniat tantum. [et crastina lux] si ad Aeneam referas 'spectabis' et 'non inrita dicta putaris', 'crastina lux' subaudiendum 'cum venerit'. si autem ad lucem 'spectabit' legas, 'crastina lux' suspendendum. quidam* CRASTINA LVX MEA SI NON INRITA DICTA PVTARIS INGENTES RVTVLAE SPECTABIT CAEDIS ACERVOS 'spectabit' est vera **lectio**, et ordo est 'si mea dicta inrita non putaris, crastina lux ingentes acervos caedis videbit': nam male quidam 'spectabis' legunt et ad lucem referunt. quod non procedit; nullus enim sic loquitur: o Aenea, nisi quae dico minime credis, o lux crastina ingentes caedis acervos videbis. *alii more antiquo 'lux' pro 'luce' accipiunt: Lucilius in tertio hinc media remis Palinurum pervenio nox pro 'nocte'. Longus ait deest 'venerit': unde et ipse 'spectabis' legit.*

SERV. Aen. 10, 706: IGNARVM LAVRENS HABET ORA MIMANTA scilicet casus sui; vera tamen est **lectio** 'ignarum', id est ignoratum, qui nesciretur: et est supina significatio, sicut in quarto <71> liquitque volatile ferrum nescius pro 'qui nesciebatur'. *alii hypallagen volunt esse, ut sit 'Mimas in Laurenti ora ignota iacet'.*

SERV. Aen. 12, 394: AVGVRIVM CITHARAMQVE DABAT vera **lectio** est 'dabat': nam non dedit. sane per citharam scientiam indicat harmoniae, *id est musicae. sed et cithara et sagittae artes sunt, augurium vero munus: non enim sola arte, verum etiam indulta divinitate colligitur.*

SERV. Aen. 12, 701: QVANTVS ATHON haec est vera **lectio**: nam si 'Athos' legeris, 'os' brevis est et versus non stat. 'Athon' autem dici accusativus indicat: nam 'hunc Athona' facit, sicut 'Apollon' 'Apollona'. quod autem Herodotus 'hunc Athon' et 'hunc Apollo' dicit, Atticae declinationis est. *Athon autem mons est adiacens Thraciae, circa Lemnum insulam, in promunturio Macedoniae. aut quantus eryx Siciliae mons supra Drepanum oppidum.*

SERV. ecl. 1, 12: VSQVE ADEO TVRBATVR turbamur sine ulla discretione culpae vel meriti. et invidiose tempora Augusti carpit latenter. sane vera **lectio** est 'turbatur', ut sit inpersonale, quod ad omnes pertinet generaliter: nam Mantuanorum fuerat communis expulsio. si enim 'turbamur' legeris, videtur ad paucos referri.

d) Antiqua lectio

SERV. auct. Aen. 5, 47: DIVINI aut laus est, ut "divini opus Alcimedontis": aut re vera 'divini'; nam ait "*genitor mihi talia namque*, nunc repeto, Anchises fatorum arcana reliquit". *multa enim antiqua* ***lectio*** *Anchisen futurorum scientem concelebrat. aut 'divini' id est dei, quia apud Romanos defunctorum parentes dei a filiis vocabantur.*

SERV. Aen. 8, 423: HOC TVNC id est huc tum. et 'hoc' pro 'huc' posuit secundum antiquum morem: nam antea 'hoc' adverbium loci fuit, quod nunc abolevit: nam crebro in antiquis **lectionibus** invenitur, sicut in epistulis probat Verrius Flaccus exemplis auctoritate ratione, dicens in adverbiis pro 'u' 'o' plerumque maiores ponere consuetos. et sic pro 'huc' 'hoc' veteres dicere solebant, sicut pro 'illuc' 'illo' dicimus: unde etiam 'hoc' o longum esse apparet, sicut 'illo', cum pro 'illuc' ponitur.

SERV. Aen. 11, 801: NEQVE AVRAS NEC SONITVS MEMOR haec est antiqua **lectio;** namque apud maiores trahebatur interdum a Graeco genetivus singularis. hinc est et 'paterfamilias' et 'materfamilias', quae duo tantum nomina remanserunt: nam nec 'huius auras' dicimus, nec 'huius custodias' secundum Sallustium, qui ait castella custodias thesaurorum pro 'custodiae': ita enim etiam Asper intellegit, licet alii 'custodias' accusativum velint. sane 'paterfamilias' *et 'materfamilias'* quando dicimus, 'familias' indeclinabile est. si autem 'pater familiae' dicere voluerimus, iam non erit nomen, sed locutio, et 'familiae' erit dativus; nam 'pater mihi est' dicimus: Terentius natura tu illi pater es, consiliis ego. multi tamen volunt in numero plurali nomen utrumque declinari, ut dicamus 'hi patres familiae, horum patrum familiarum'.

Serv. Aen. 12, 605: FLAVOS LAVINIA CRINES antiqua **lectio** 'floros' habuit, id est florulentos, pulchros: et est sermo Ennianus. *Probus sic adnotavit: neotericum erat 'flavos', ergo bene 'floros': nam sequitur 'et roseas laniata genas': Accius in Bacchis 'nam flori crines, video, ei propessi iacent', in iisdem 'et lanugo flora nunc demum inrigat', Pacuvius Antiopa 'cervicum floros dispergite crines'.*

e) Vera lectio et antiqua

Serv. georg. 2, 372: FRONS TENERA 'fronds' est vera **lectio** *et antiqua*: Lucretius (1, 18) "frondiferasque domos avium". hodie vero et a fronde et a fronte unus est nominativus 'frons', sicut etiam 'lens' et a lente et a lende, capitis breviore peduculo.

Serv. Aen. 11, 708: VENTOSA FERAT CVI GLORIA FRAVDEM haec est vera et antiqua **lectio**, ut *'fraudem' non 'laudem' legas, ut si 'fraudem' legeris,* sit sensus: pedes congredere, iam agnosces cui inanis iactantia adferat poenam: nam 'fraudem' veteres poenam vocabant, *ab eo quod praecedit, id quod sequitur, ut <II 229> et scelus expendisse merentem Laocoonta ferunt, Cicero in Cornelianis ne fraudi sit ei qui populum ad contentionem vocarit*; ut etiam in antiquo cognoscitur iure. si autem 'laudem' legerimus, erit sensus: agnosces cui inanis gloria adferat laudem. 'ventosa' autem 'gloria' est quam Graeci κενοδοξίαν vocant.

Serv. Aen. 12, 709: INTER SE COISSE VIROS ET CERNERE FERRO vera et antiqua haec est **lectio**: nam Ennium secutus est qui ait *olli cernebant magnis de rebus agentes.* posteritas coepit legere 'et decernere ferro': secundum quam lectionem synalipha opus est, sed excluso 's', ut sit 'viro et decernere ferro'.

f) Prior lectio

Serv. auct. georg. 2, 344: *SI NON TANTA QVIES IRET FRIGVSQVE CALOREMQVE INTER id est interveniret. fuit autem prior* ***lectio*** *'frigusque calorque', ut Plautus neque frigus neque calor metuo neque ventum neque grandinem: aliter hypermetrus versus erit.*

g) *Absolutior lectior*

SERV. Aen. 4, 106: LIBYCAS ADVERTERET ORAS absolutior quidem est haec **lectio**, sed verior et figuratior illa est 'Libycas averteret oras': nam plerumque trahitur schema, ut aliquo ituri non ad locum, sed de loco ponamus significationem, ut si dicas 'de Campania abeo in Tusciam', 'abeo' honestius est, quam si 'eo' dixeris. nec hoc averteret ad locumtantum hoc loco facit, sed pluribus: hinc enim est "ripamve iniussus abibis?"

h) *Melior lectio*

SERV. Aen. 6, 37: NON HOC ISTA SIBI TEMPVS SPECTACVLA POSCIT et supra diximus Apollinem sex mensibus apud Lycios et sex apud Delum dedisse responsa. item lectum est deos aliquotiens *tantum* kalendis, aliquotiens tantum idibus vaticinari; nonnumquam diei vel prima *vel media* vel postrema parte, unde est in iure fissus dies, id est non totus religiosus: quem nunc ostendit dicens non oportere Aenean religiosam diei partem perdere, id est oraculis congruam. sane sciendum 'poscit' **lectionem** esse meliorem: tempus enim poscit spectacula, non a spectaculis poscitur.

SERV. Aen. 9, 378: ADITVM CORONANT melior est **lectio** 'abitum', quam 'aditum': cingunt enim silvam, ne abeant, non, ne adire possint.

i) *Falsa lectio*

SERV. Aen. 2, 348: IVVENES FORTISSIMA FRVSTRA PECTORA ordo talis est: iuvenes, fortissima pectora, frustra succurritis urbi incensae, quia excesserunt *omnes* dii: unde si vobis cupido certa est, me sequi audentem extrema, moriamur et in media arma ruamus. *[alii 'sequi' pro 'sequendi' accipiunt.]* obscuritatem autem facit hoc loco et synchysis, id est hyperbati longa confusio, et falsa **lectio**: nam multi 'audendi' legunt, multi 'audenti'. sed neutrum procedit. ergo 'audentem' legendum est.

j) *Corrupta lectio*

SERV. Aen. 12, 120: VELATI LINO atqui fetiales et pater patratus, per quos bella vel foedera confirmabantur, numquam utebantur vestibus lineis. *adeo autem a Romano ritu alienum est, ut, cum flaminica esset inventa tunicam laneam lino habuisse consutam, constitisset ob eam causam piaculum esse commissum.* unde dicemus errore factum, ut linea vestis contra morem adhiberetur ad foedera, quae firma futura non erant. scimus enim hoc ubique servare Vergilium, ut rebus, quibus denegaturus est exitum, det etiam infirma principia. sic in Thracia civitatem condens Aeneas, quam mox fuerat relicturus, contra morem Iovi de tauro sacrificavit. sic senatum ad privata Latinus convocat tecta, quando eius non erunt firma consilia. sic paulo post in augurio liberatus cycnus in fluvium concidit, quia Turnum Rutuli, licet rupto foedere, liberare non poterunt. Caper tamen et Hyginus hoc loco dicunt **lectionem** esse corruptam: nam Vergilium ita reliquisse confirmant 'velati limo'. limus autem est vestis, qua ab umbilico usque ad pedes *prope* teguntur pudenda poparum. haec autem vestis habet in extremo sui purpuram limam, id est flexuosam, unde et nomen accepit: nam 'limum' obliquum dicimus, unde et Terentius limis oculis dicit, id est obliquis.

k) *Ambiguitas lectionis*

Serv. Aen. 4, 9: INSOMNIA TERRENT et 'terret' et 'terrent' legitur. sed si 'terret' legerimus, 'insomnia' erit vigilia: hoc enim maiores inter vigilias et ea quae videmus in somnis interesse voluerunt, ut 'insomnia' generis feminini numeri singularis vigiliam significaret, 'insomnia' vero generis neutri numeri pluralis ea quae per somnium videmus, ut "sed falsa ad caelum mittunt insomnia manes". sciendum igitur, quia si 'terret' dixerimus, antiqua erit elocutio; 'insomnia' enim, licet et Pacuvius et Ennius frequenter dixerit, Plinius tamen exclusit et de usu removit. sed ambiguitatem **lectionis** haec res fecit, quod non ex aperto vigilasse se dixit, sed habuisse quietem inplacidam, id est somniis interruptam, ut intellegamus eam et insomniis territam, et propter terrorem somniorum vigilias quoque perpessam. TLL s.v. 'lectio' col. 1083 praevalente respectu interpretandi, recte intellegendi sim. (*Cf.* Serv. V.A. 4,9) sc. Quod vox insomnia et pro 'fem' sing. Et pro netr. Plur. Intellegi potest. Serv. auct. Georg. 3, 165: 'dum faciles animi iuvenum, dum mobilis aetas'.

l) *Lectionem probare*

Serv. Aen. 4, 436: QVAM MIHI CVM DEDERIS CVMVLATAM MORTE REMITTAM sensus est: quod beneficium cum mihi cumulatum dederis, sola morte derelinquam. et hic intellectus est melior, *quia sorori loquitur*, 'quam mihi cum dederis cumulatam': quam **lectionem** Tucca et Varius probant. nam male quidam legunt 'quam mihi cum dederit', id est Aeneas, 'cumulata morte relinquam' et volunt intellegi, acceptum ab illo beneficium *mea* morte cumulabo et sic relinquam, ut amantes dicere consuerunt, ut "*praeceps* aerii specula de montis in undas deferar; extremum hoc munus morientis habeto": *id est faciam quod illi scio placiturum, occidam me*: nam si eam odio habet Aeneas, restat ut eius morte laetetur. *hoc sorori quoque potest dicere, quae credit eam ex amore concitatam id loqui, nec tamen facere*: sed *elocutio* non procedit: nemo enim dicit 'veniam cumulata', sed 'cumulatam'. *alii ita intellegunt: reddam illi gratiam, occidam illum: nam alibi ait 'non potui abreptum divellere corpus'? sed hoc totum sorori dicit. an perplexe locuta est, ut solent loqui mali aliquid molientes? 'cumulatam' autem 'veniam' numquid solidam et plenam, et cui nihil desit, debemus accipere? Sine ulla lectionis intercapedine pronuntiare.*

LEGERE

B: TLL s.v. '2. lego' 7.2.1123.9.33–7.2.1134.15 (KAMPTZ, 1974); TIMPANARO (1986:7, 17, 79, 85, 90, 104,122, 136, 151); JAKOBI (1996: 19–42, 74; 60); UHL (1998: 110, 281,288); DIEDERICH (1999: 27, 32–37); TIMPANARO (2001: 24, 25, 42–45, 78, 91, 123, 138).

Legere contiene una acepción que es asociada a una reflexión, compilación y decisión dirigidas a la fijación textual[676]. Se trata, además, de un lema que, a diferencia de todos los restantes, aparece ampliamente testimoniado en todos los *corpora* de escolios y que muestra, consecuentemente, un abanico de usos muy variado.

En primer lugar ofrece una acepción textual que claramente aparece como introductora de variantes. Así, por ejemplo, mediante la fórmula *legitur et* se introducen lecturas alternativas[677], ya sea con mayor o menor justificación[678]. En determinadas ocasiones se especifica la causa que motiva la variante: puede ser por razones métricas, de sintaxis o de sentido. Aparecen otras fórmulas parecidas o que se usan también para la introducción de variantes, como *et legitur*[679], o *legitur*[680], después de haber presentado otra lectura. Unas veces la lectura introducida se contrapone a otra mediante la fórmula *legitur tamen/autem*[681]. En algunos casos el escoliasta connota esta variante como *melius legitur*[682], es decir, se presenta esta variante como preferida. Otras veces aparece la forma *aut legitur... aut*[683] para presentar diversas posibilidades de lectura. En ocasiones se presenta una opción por la cual el escoliasta se decanta con el *melius legitur*[684]. En algunos casos se introduce la variante por medio de un subjuntivo *legatur*[685], *si legatur*[686], *licet/quamvis legatur*[687], de manera que se resalta el carácter opcional de dicha lectura. Cabe destacar la mención específica ya sea a otros ejemplares, *in ueteribus exemplaribus*[688], a un *in alio*[689], para el cual podríamos suplir un sustantivo que

676 *Cf.* TLl, s. v. '2. lego'.
677 *Cf.* en el presente lema 'legere', la acepción 1.1. *a)*.
678 Para una aproximación al uso de *legitur et* en las *Adnotationes super Lucanum*, cf. BERNADÓ (2016).
679 *Cf.* en el presente lema 'legere', la acepción 1.1 *b)*.
680 *Cf.* en el presente lema 'legere', la acepción 1. 1 *c)*.
681 *Cf.* en el presente lema 'legere', la acepción 1. 1 *d)*.
682 *Cf.* en el presente lema 'legere', la acepción 1. 1 *e)*.
683 *Cf.* en el presente lema 'legere', la acepción 1.1 f*)*.
684 *Cf.* en el presente lema 'legere', la acepción 1. 1 *e)*.
685 *Cf.* en el presente lema 'legere', la acepción 1.2 *a)*.
686 *Cf.* en el presente lema 'legere', la acepción 1.2 *b)*.
687 *Cf.* en el presente lema 'legere', la acepción 1.2 *c)*.
688 *Cf.* en el presente lema 'legere', la acepción 1. 1 *i)*.
689 *Cf.* en el presente lema 'legere', la acepción 1. 1 *h)*.

hiciera referencia a un libro, ejemplar u otro, e incluso, un aún menos concreto *alibi*[690], que introduce la consulta o cotejo de otros materiales.

En esta acepción textual aparecen también una serie de ocurrencias en las que sí se señala la autoría de esta lectura haciendo uso de un vago *allii*[691], *quidam*[692], *multi*[693], *nonnulli*[694], *qui*[695], *grammatici*[696] y *veteres*[697]. Cabe destacar que cuando la lectura es calificada de *male*, el sujeto es siempre un *quidam* que nunca se concreta[698]. Otras veces se identifica el autor del comentario con gramáticos con nombres concretos (*Asper, Probus, Donatus, Caper...*)[699], o se introduce una primera persona en singular o plural, *lego* o *legimus*[700], que deja oír la voz del autor del escolio. Hay también un grupo de ocurrencias que se dirigen a una segunda persona del singular, ya sea en indicativo, *legis*[701], ya en subjuntivo, *legas/legeris*[702]. También unos cuantos escolios introducidos por la forma *legendum*[703] con un marcado carácter yusivo.

Finalmente cierra esta acepción textual un apartado dedicado a las *subscriptiones* de los manuscritos clásicos latinos, puesto que forman un conjunto y dejan constancia de la labor de lectura y corrección no profesional de los textos suscritos.

En segundo lugar hay un gran grupo de acepciones asociadas a las *distinctiones*[704]; en tercer lugar, asociadas a la métrica[705]; en cuarto lugar, asociadas a la morfosintaxis[706].

1. ACEPCIÓN TEXTUAL. Introducción de variantes y los ejemplos de las *subscriptiones*
   1.1. *LEGITUR*
   a) *Legitur et*
      Ps. Acro Hor. sat. 1, 2, 1–2: § Balatrones autem luxuriosos ac perditos uocat a Seruilio Balatrone, cuius in secundo (serm. II 8, 21) meminit, ut ex

690 *Cf.* en el presente lema 'legere', la acepción 1. 1 *g)*.
691 *Cf.* en el presente lema 'legere', la acepción 1. 3 *a), b)*.
692 *Cf.* en el presente lema 'legere', la acepción 1. 3 *c), d), e), f)*.
693 *Cf.* en el presente lema 'legere', la acepción 1. 3 *g)*.
694 *Cf.* en el presente lema 'legere', la acepción 1. 3 *h)*.
695 *Cf.* en el presente lema 'legere', la acepción 1. 3 *i). j)*.
696 *Cf.* en el presente lema 'legere', la acepción 1. 3 *l)*.
697 *Cf.* en el presente lema 'legere', la acepción 1. 3 *m)*.
698 *Cf.* en el presente lema 'legere', la acepción 1. 3 *d)*.
699 *Cf.* en el presente lema 'legere', la acepción 1. 6.
700 *Cf.* en el presente lema 'legere', la acepción 1. 4.
701 *Cf.* en el presente lema 'legere', la acepción 1. 5 *c)*.
702 *Cf.* en el presenta lema 'legere', la acepción 1. 5 *a) b)*.
703 *Cf.* en el presente lema 'legere', la acepción 1. 7 *b)*.
704 *Cf.* en el presente lema 'legere', la acepción 2.
705 *Cf.* en el presente lema 'legere', la acepción 3.
706 *Cf.* en el presente lema 'legere', la acepción 4.

buius nomine similis uitae homines balatrones sint appellati. § **Legitur** et baratrones, qui bona sua lacerant, idest in baratrum mittunt.

Ps. Acro Hor. sat. 2, 5, 11: §Priuum ἰδιαίτατον ..... ὅθεν priuata res, quod uniuscuiusque proprium est et alterius non est. **Legitur** et primum ut 'prima poma'. Priuum autem est, quod unius est; unde et priuilegium, ut hoc Plautinum indicat (fragm. 49 B. LXVIII W.): "Cilix, Lucisce, Sosio, Stice, Parmeno,/ Exite et ferte fustes priuos in manu".

Ps. Acro Hor. sat. 2, 7, 73: § <Sapiens>] Timens; **legitur** et 'prudens' sub eadem significatione.

Porph. Hor. carm. 2, 6, 24: Vatis amici: **Legitur** et uatis Orati. ||

Porph. Hor. epsit. 1, 11, 12: Aspersus uolet: <**Legitur**> et 'uouet'. Feliciter.

Porph. Hor. epsit. 2, 2, 80: Et contacta s(equi) u(estigia) u(atum): **Legitur** et contracta: caute inpressa, ut ea sequendo contigerit imitator.

Porph. Hor. epsit. 2, 2, 82: Insenuitque l(ibris): **Legitur** et insonuit. Sed si insenuit, 'inpalluit et inmoratus est' signif(icat), si insonuit, 'instrepuit atque exercuit uocem' intellegitur.

Porph. Hor. sat. 2, 1, 79: Eqvidem nihil hinc diffidere possvm. H<o>c Trebatius. Diffingere: **legitur** et diffidere.

Porph. Hor. sat. 2, 2, 50: Donec uos uictor docuit: Plotius Plancus praetorius Victor: **legitur** et auctor.

Porph. Hor. sat. 2, 3, 238: Nocte citata: **Legitur** et uocata.

Don. Ter. Ad. Prologus 16: 1 EVM ADIVTARE ***legitur** et 'adiuuare'*. Pacuuius in Chryse "adiutamini Pacuv.Chrys. Ribb. trag. p. 101".

Don. Ter. Ad. 152: *4 DEFERVISSE quasi decessum a feruore tenuisse.5 **Legitur** et 'deseruisse'.*

Don. Ter. Ad. 167: 3 CETERVM HOC NIHIL FACIS 'nihil' pro 'non'. 4 **Legitur** et 'nihili'.

Don. Ter. Ad. 215: 4 SCIS QVID LOQVAR argute, quia simulauerat leno non intellexisse quod dixerat seruus. 5 SCIS QVID LOQVAR **legitur** et 'si quid loquar'.

Don. Ter. Ad. 607: 2 NEGLEGI **legitur** et 'claudier' id est claudicare.

Don. Ter. Ad. 631: 1 NVNC PORRO AESCHINE EXPERGISCERE sic et alibi "enimuero, Daue, nihil loci est segnitiae neque socordiae (Ter. And. 206)". 2 **Legitur** et 'iam', quod est correptiuum interdum.

Don. Ter. Ad. 666: 2 QVI ILLA CONSVEVIT PRIOR **legitur** et 'illam'. et dicebant ueteres 'hanc rem consueui'.

Don. Ter. Andr. prologus, 8: ANIMADVERTITE **legitur** et 'attendite'. unde manifestum est et 'attendite' et 'aduertite' non esse plenum, nisi addideris 'animum'.

Don. Ter. Andr. 40: 2 HAVD M. F. (...) 3 ***Legitur** 'muto'.* (...) 6 HAVD M(VLTO) F(ACTVM) **legitur** et 'multo', hoc est damno, reprehendo. quod si est, sic intellegeretur, non 'nollem factum': nemo enim potest factum infectum reddere. 7 Sed aduerbialiter dixit, ut dicimus (Ad.

165) 'nollem factum', (Ad. 775) 'nollem hu[n]c exitum'.8 Ergo 'haud muto factum' non me paenitet facti.

Don. Ter. Andr. 70: 1 HVC VICINIAE 'uiciniae' παρέλκον est, ut (Plaut. Capt. 385) 'adhuc locorum'. (...) 2 HVC VICINIAE **legitur** et 'uiciniam'.

Don. Ter. Andr. 155: 3 NOLIT **legitur** et 'nolet'.

Don. Ter. Andr. 167: 1 QVI MIHI EXORANDVS **legitur** et 'expurgandus'. si 'expurgandus', CVI lege, non QVI, quia et CVI per Q ueteres scripserunt.

Don. Ter. Andr. 202: 4 VSVS ES **legitur** et 'usor es'.

Don. Ter. Andr. 287: VTRAEQVE VTILES **legitur** et 'inutiles sient'.

Don. Ter. Andr. 289: 4 ET INGENIVM **legitur** et 'genium'.

Don. Ter. Andr. 290: PER HVIVS SOLITVDINEM **legitur** et 'sollicitudinem'.

Don. Ter. Andr. 344: 1 ABEO uidetur quasi constitisse, dein quasi elegisse quo pergat. 2 HABEO inueni. **legitur** et 'abeo', ut merito illi dicatur 'resiste'. 3 QVIS HOMO EST QVI ME O PAMPHILE ante uidit, quam compleret orationem.

Don. Ter. Andr. 538: 2 ET NOSTRAM AMICITIAM CHREMES **legitur** et 'Chreme'.

Don. Ter. Andr. 572: 4 SI ID ANIMVM INDVXISTI **legitur** et 'animum induxisti' et 'animum induxti', sed illud plenum est, hoc per metaplasmum συγκοπήν diminuitur.

Don. Ter. Andr. 592: 1 QVIDNAM AVDIO **legitur** et 'audiam'; Menander enim sic ait τί ποτ' ἀκούσομαι.

Don. Ter. Andr. 627: 2 VT MALIS GAVDEANT **legitur** et 'gaudeat' et 'comparet'. 3 EX INCOMMODIS A. et hic gaudeat subauditur.

Don. Ter. Andr. 638: 1 ILLIC VBI NIHIL nota 'illic' et 'ibi': aptum irascenti repetitionis genus. (...) 2 ILLIC **legitur** et 'illi'.

Don. Ter. Andr. 646: 22 QVI TVVM ANIMVM EX A(NIMO) S(PECTAVI) M(EO) **legitur** et 'cum'.

Don. Ter. Andr. 650: 1 QVANTAS HIC MIHI SVIS CONSILIIS ironia dixit, ut supra (II 1, 36) 'cuius consilio fretus sum'. 2 Et cum 'uerser' praetulerit, 'conficiat' debuit inferre. Est ergo ἀνακόλουθον, ut est illud (III 3,38) 'principio amico filium r.... i.' 3 CONFECIT **legitur** et 'conflauit'. 4 SOLLICITVDINES perturbationes.

Don. Ter. Andr. 653: 2 CVM PATRE ALTERCASTI **legitur** et 'altercatus es', non enim alterco dicimus.

Don. Ter. Andr. 656: 32 1 HAE NVPTIAE **legitur** et 'haec nuptiae'; sic enim ueteres dixerunt.

Don. Ter. Andr. 745: 2 QVID ILLIC HOMINVM LITIGANT **legitur** et 'litigat'.

Don. Ter. Andr. 825: 6 DVM ID EFFICIAS QVOD VELIS **legitur** et 'quod lubet'.

DON. Ter. Eun. 219: 2 MOX NOCTV TE ADIGENT hoc est ad urbem agent. 3 INSOMNIA uigiliae. **legitur** et 'adiget', ut sit 'insomnia' numeri singularis.

DON. Ter. Eun. 267: THAIDIS **legitur** et 'Thainis'.

DON. Ter. Eun. 294: 4 QVAM INSISTAM VIAM si nec quem interroget apparet. 5 QVAM INSISTAM VIAM **legitur** et 'qua uia'.

DON. Ter. Eun. 493: POSTEA HVC CONTINVO EXEO **legitur** et 'post', ut sit ἀποκοπή pro 'postea', quomodo 'post' pro postremo.

DON. Ter. Hec. 94: 3 NAM ILLIC HAVD LICEBAT N(ISI) P(RAEFINITO) **legitur** et 'illi', ut sit circumflexus accentus et significet illic, ut (Verg. Aen. 2, 548) 'illi mea tristia facta'.

DON. Ter. Hec. 160: ATQVI EA RES 'atqui' immo. **legitur** et 'atque'.

DON. Ter. Hec. 174: RELINQVIT ἐνάργεια praesentis temporis. ***legitur** et 'reliquit'.*

DON. Ter. Hec. 246: 2 EX HOC IAM SCIBO **legitur** et 'hinc' locale aduerbium.

DON. Ter. Hec. 313: 3 IRAM HANC CONSCIVERIT **legitur** et 'consciuisse'.

DON. Ter. Hec. 406: 2 VT NVMQVAM PERPETVO ES BONA **legitur** et 'data', nam et sic pro 'bona' intellegitur necessario.

DON. Ter. Hec. 408: 1 IDEM NVNC HVIC **legitur '**idem' et 'eidem'; <si 'idem'>, ego, si 'eidem', hoc est amori.

DON. Ter. Hec. 457: 4 QVOD MAXIMVM EST **legitur** et 'quod maxime est'.

DON. Ter. Hec. 670: 3 QVEM IPSE NEGLEXIT **legitur** et 'ipsa'.

DON. Ter. Hec. 735: 1 NE NOMEN MIHI id est nomen, quod inest meo quaestui. 2 NE NOMEN QVAESTVI OBSTET 'quaestui' quem exerceo scilicet. 3 Id est: quod est quaestui mihi. 4 QVAESTVI id est: quod meretrix sum. 5 **Legitur** et 'nomen meum quaestui obstet'.

DON. Ter. Hec. 859: 1 VOLVPTATI OBITVS 'obitus' occursus: 'ob' enim significat ad *ergo 'obitus' aditus.* 2 **Legitur** et 'uoluntate obitus'. 3 OBITVS SERMO ADVENTVS TVVS inter obitum <et aduentum hoc interest, quod obitus est>, quem casus offert, aduentus, quem uoluntas et destinatus locus.

DON. Ter. Phorm. prologus, 6: 1 QVIA NVMQVAM INSANVM SCRIPSIT ADVLESCENTEM ideo uidemur leues tenuesque, inquit, quia in comoedia prodigia facta <non> sunt nec tragoedias concitauimus. 2 *Et* + callide errori reprehendentis, sed etiam imperite scribere ostendit Luscium Lanuuinum. 3 SCRIPSIT **legitur** et 'fecit'.

DON. Ter. Phorm. 82: 1 AMARE COEPIT PERDITVS **legitur** et 'perdite'.

DON. Ter. Phorm. 88: 2 EXADVERSVM EI LOCO **legitur** et 'illico'.

DON. Ter. Phorm. 154: 6 VENIAT **legitur** et 'uenit'.

DON. Ter. Phorm. 232: 3 AGE MITTO **legitur** et 'ac'.

DON. Ter. Phorm. 330: 3 QVIA NON RETE ACCIPITRI TENDITVR **legitur** et 'tennitur': habet enim N littera cum D communionem.

Don. Ter. Phorm. 469: 5 PATERETVR MALI **legitur** et 'potiretur', quia potiri τῶν μέσων fuit.

Don. Ter. Phorm. 586: VT ME EXCVTIAM **legitur** et 'excutiat'.

Don. Ter. Phorm. 680: 1 FRVCTVM QVEM LEMNO et 'Lemni' et 'Lemno' legitur.

Serv. auct. georg. 3, 3: CETERA QVAE VACVAS T. C. M. hoc est fabulae, quae delectationi esse poterant, et occupare mentes curis solutas, iam descriptae a multis in omnium ore versantur. *et aliter: **legitur** et 'carmine', et, ut puto, rectius: non enim dicit 'cetera carmina' iam vulgata, sed 'cetera omnia' absolute, id est ceterae omnes res vulgatae.*

Serv. auct. georg. 3, 176: *NEC TIBI FETAE MORE PATRVM 'fetae' nostro more: neque enim mulgeri nisienixae possunt. antiqui enim fetum pro gravido solebant ponere, utVarro Atacinus "feta feris Libye", et ipse Vergilius "scandit fatalis machina muros feta armis". et 'more patrum' sic intellege, ut dixerit [mulgeri]: nec implebunt mulctraria more patrum, qui lacmagis reservabant fetibus: alioquin accusabitur ab eo avaritia maiorum, qui sibi omne lac mulgebant.* **legitur** *et 'mulgaria', ut Valgius ait sed nos ante casam tepidi mulgaria lactis et sinum bimi cessamus ponere Bacchi.*

Serv. auct. georg. 3, 305: HAEC QVOQVE cum de capellis loquatur, figurate neutro usus est genere: nam integrum erat 'hae quoque non cura nobis leviore tuendae'. sane perite, quoniam scit planam esse ovium utilitatem, eam praeterit et exaggerat meritum capellarum, ut dictis in lucem promat rem per se minus patentem. *et aliter: (HAE QVOQVE) id est capellae. **legitur** et 'haec': veteribus enim mos fuit, ut neutra femininis iungerentur, unde Terentius "tua nihil refert utrum fecerint", et in Eunucho (III 5, 34) "haec adornant ut lavent".* *

Serv. auct. georg. 3, 310: *LAETA MAGIS PRESSIS MANABVNT FLVMINA MAMMIS nota mammas pecudum dici. **legitur** et 'ubera'.*

Serv. auct. georg. 4, 88: *VERVM VBI DVCTORES ACIE REVOCAVERIS AMBOS **legitur** et 'ambo'. revocari autem apes vel lacte vel aqua mulsa, Plinius dicit.*

Serv. auct. georg. 4, 112: IPSE THYMVM diligens rusticus et cultor hortorum *et aliter: **legitur** et 'tinos'. est autem laurus silvestris caerulea baca.*

Serv. auct. georg. 4, 372: PVRPVREVM (...) ***legitur** et 'influit'.*

Serv. auct. georg. 4, 442: *FALLACIA VICTVS **legitur** et 'pellacia', id est fraus, ut pellacis Vlixi, et Lucretius (II 559) "subdola cum ridet penitus pellacia ponti".*

Serv. auct. Aen. 1, 181: ANTHEA SI QVEM aut ordo est 'ascendit scopulum requisiturus Anthea Capyn Caicum, si quem videat'. et usus est hoc genere elocutionis, quo et Terentius, qui dixit quod plerique omnes faciunt adulescentuli. atqui nihil tam contrarium; omnes enim generale est, plerique speciale: ordo ergo est, quod omnes faciunt adulescentuli, ut animum ad aliquod studium adiungant, plerique equos alere, plerique canes. aut certe 'quem' vacat, ut superius diximus istas frequenter vacare particulas, ut ipse Vergilius Rhebe diu, res si qua diu mortalibus ulla est. nemo enim dicit 'si qua ulla', sed 'si ulla': vacat ergo 'qua'. item in Lucilio et quem Pamphilum quaeris 'quem' vacat, nam de uno loquebatur. *ergo 'si quem videat' pro 'si videat' posuit, cui contrarium ponebant veteres 'nullum', id est 'si quem vidisti' 'nullum vidi' pro 'non vidi'. sane* ***legitur*** *et 'si qua', ut sit 'si qua ratione'.*

Serv. auct. Aen. 1, 552: APTARE aptas **legere.** ***legitur*** *et 'optare', sed utrumque eligere significat. vel 'aptare' adiungere vel adfigere, ut stellis ardentibus aptum*

Serv. Aen. 2, 30: *ACIE hic exercitu. aliter "huc geminas nunc flecte acies".* HIC ACIES **legitur** et 'acie'. nam potest utrumque.

Serv. Aen. 2, 321: CVRSV **legitur** et 'cursum'. Serv. auct. Aen. 3, 75: PIVS ARQVITENENS *bene 'pius', aut qui ultus est matrem de Tityo, de Niobe, de Pythone: aut quia patriam stabilivit errantem.* ***legitur*** *et 'prius'.*

Serv. Aen. 3, 665: FLVCTV **legitur** et 'fluctus'.

Serv. Aen. 4, 127: NON ADVERSATA **legitur** et 'aversata'.

Serv. Aen. 4, 464: PRIORVM **legitur** et 'piorum'; sed '*priorum*' illuc spectat <65> heu vatum ignarae mentes! quid vota furentem, *quod superius expositum. si 'piorum', religiosorum, castorum.*

Serv. Aen. 6, 84: SED TERRA **legitur** et 'terrae', unum tamen est.

Serv. Aen. 6, 126: FACILIS DESCENSVS AVERNI **legitur** et 'Averno', id est ad Avernum; sed si 'Averni', inferorum significat et lacum pro inferis ponit.

Serv. Aen. 7, 641: MOVETE **legitur** et 'monete'.

Serv. Aen. 8, 56: FOEDERA IVNGE **legitur** et 'foedere iunge'.

Serv. Aen. 8, 78: ET PROPIVS **legitur** et 'proprius'. sed si 'proprius', *certius* familiarius *stabilius* [significat, ut "et proprius res aspice nostras"]; sin 'propius', citius significat: Cicero in Verrem "nec quicquam est propius factum, quam ut illud exemplum de Adriano Syracusas referretur". et hoc est melius: nam statim est porca conspecta, et Aeneas non dubitat de fide oraculi, sed exposcit celeritatem.

Serv. Aen. 8, 167: AVRO DEDIT INTERTEXTAM **legitur** et 'intertexto'. et figurate dictum est, intertextum aurum habentem.

Serv. Aen. 9, 53: CLAMOREM EXCIPIVNT SOCII **legitur** et 'clamore'. si 'clamore', sensus erit talis: hastae iactum socii clamore comitantur; si 'clamorem', intellegimus Turni eos clamorem excepisse et cum fremitu eum secutos esse, id est excipiunt clamorem Turni et cum fremitu eum sequuntur.

Serv. Aen. 9, 142: AN NON VIDERVNT **legitur** et 'at non *viderunt*': si 'an non', absolutum est; si 'at non', inceptiva est particula, ad ornatum pertinens: Horatius "at o deorum quidquid in caelo regit". tale est "at non sic Phrygius penetrat Lacedaemona pastor". *et est exemplum a maiore ad minus, hoc est: at, credo, non viderunt Neptuni manu fabricata moenia conflagrasse, ut fiduciam vitae in exiguo <vallo> et parva fossa habeant.*

SERV. Aen. 9, 171: RECTORES IVVENVM **legitur** et 'iuveni': si 'iuveni', Ascanio; si 'iuvenum', magistros militum accipe.

SERV. Aen. 9, 381: DVCEBAT SEMITA **legitur** et 'lucebat': quod si est, 'rara' pro 'raro' accipiendum, ut sit 'raro lucebat', herbis scilicet in aliquibus locis intervenientibus: si 'ducebat', intellegimus inter calles pecorum raram fuisse semitam, hoc est hominum viam. et non ostendit quo ducebat: sed intellegamus euntes.

SERV. Aen. 10, 291: NON SPIRANT **legitur** et 'sperat', quod et melius est: nam dum vada esse non sperat, incidit in ea. *NON SPIRANT] quia 'fracta non remurmurat unda, sed mare inoffensum crescenti adlabitur aestu'.*

SERV. Aen. 10, 317: QVOD LICVIT PARVO **legitur** et 'cui licuit'. et respexit ad illud, quod ferrum nunc iuvenis vitare non potuit, quod parvus evasit.

SERV. Aen. 10, 322: ECCE PHARON **legitur** et 'Pharo', ut <5, 451> "it clamor caelo", ut sit dativus ab eo, quod est 'hic Pharus'. si autem 'Pharon' **legeris**, figuratum est; nam de nominativo transit ad dativum, dicens 'clamanti'.

SERV. Aen. 10, 344: FEMVR 'femur' dicimus, quia **legitur** *et declinatur* 'huius femoris'; illius vero ablativi non invenitur nominativus <788> "laetus eripit a femine", licet Caper in libris enucleati sermonis dicat 'femen'; sed non ponit exemplum. ergo aut 'hoc femur', aut 'hoc femen': nam 'femus' non dicimus penitus.

SERV. Aen. 10, 359: OBNIXA OMNIA CONTRA mare mari, nubes nubibus, venti ventis. **legitur** et 'obnixi', ut referatur ad ventos.

SERV. Aen. 10, 481: NVNC MAGE SIT **legitur** et '*nunc* magis est', unus tamen sensus est. sed si 'mage' **legamus**, propter metrum dictum est pro 'magis', sicut etiam 'pote' pro 'potis': Persius <1, 56> "qui pote? vis dicam? nugaris, cum tibi, calve": quod adeo in usum venit, ut etiam in prosa inveniatur: Cicero in frumentaria "mage condemnatum hominem in iudicium adducere non posse".

SERV. Aen. 10, 756: CAEDEBANT **legitur** et 'cedebant', id est terga vertebant, secundum quod 'ruebant' insequebantur significat. si autem 'caedebant', id est occidebant, 'ruebant' id est cadebant.

SERV. Aen. 11, 226: MAGNA DIOMEDIS AB VRBE **legitur et** 'magni'. *et tanto asperius videtur, quod, cum 'magnus' sit 'Diomedes', non audet adversus Aenean pugnare.*

SERV. Aen. 11, 268: DEVICTA ASIA SVBSEDIT ADVLTER *quidam 'sub' pro 'post' accipiunt, ut sit pro 'post possedit'.* **legitur** et 'devictam Asiam': quod si est, ita intellegimus ut 'subsedit' sit dolo possedit – Lucanus <5, 226> subsidere regnum Chalcidos Euboicae *magna spe -rapte parabas*: unde et subsessores dicuntur, qui in insidiis tauros interimunt, et hostium dolos subsessas vocamus – ut sit sensus: ab Agamemnone devictam Asiam adulter Aegisthus *insidiis et* factione possedit. melius tamen est ut <5, 498> 'devicta Asia' **legamus**, secundum quod 'subsedit' erit remansit, ut extremus galeaque ima subsedit Acestes, ut sit sensus: Asia propter adulterium pertulit bella, quae remanente adultero finita esse nihil profuit, ut cum indignatione sit dictum, dum primum vindicatur adulterium, aliud rursus emersit. *sane Clytemestram Orestes filius postea in vindictam patris necavit. quidam dicunt Clytemestram non manu filii, sed iudicum sententia peremptam. alii hunc Orestem filium Menelai et Helenae tradunt; quidam inventam †ingeniam aboetiam uxorem ei volunt fuisse.*

Serv. Aen. 11, 422: SVNT ILLIS SVA FVNERA id est Troianis. **legitur** et 'illi', et aut 'Aeneae' intellegimus, aut adverbium loci est pro 'illic', ut in secundo <661> patet isti ianua leto pro 'istic'.

Serv. Aen. 11, 524: QVO SEMITA DVCIT **legitur** et 'qua'.

Serv. Aen. 12, 290: AVIDVS CONFVNDERE FOEDVS **legitur** et 'avidum'; sed melius 'avidus', quia Messapus Turno favebat, qui erat inpar ad singulare certamen: *nam et postea ait <292> et miser oppositis a tergo involvitur aris. sic enim facilius foedus dissiparet, si arae humano cruore polluerentur: nam et Messapi voluntas ita expressa est, qui ait haec melior magnis data victima divis. 'confundere foedus' autem pro ut confunderet.*

Schol. Veron. Aen. 2, 632. (DEA) **Legitur** et 'Deo'. DESCENDO. Qui **legunt** 'deo', fatum volunt dictum. Sallustius quoque auctor est occultam potentiam deum vocari: [***], | *ut tanta repente mutatio* non si*ne* de*o* *videretur.* (Sall. Hist.fr.4, 60 Maur.) *Ipse etiam* poeta alibi: Sequimur te, sancta deorum, quisquis [es] |. (A.4,576). Qui vero **legunt** 'dea' matri adtribuunt Aeneae liberationem.

Clavd. Don. Aen. 5, 35–36: *At procul ex celso miratus vertice montis adventum sociasque rates [occurrit Accstes]*: civitas in qua Acestes commorabatur fuit in excelso, qua causa longe adhuc positas navis agnovit esse Troianas et earum est miratus adventum. **legitur** et accurrit, quod est amplius quam occurrit. occurrit: occursus iste inpatientiam hominis vere gratulantis ostendit: non enim ferre potuit donec ad ipsum litus accederent.

Schol. Bern. georg. 4, 412: *Tantum.* Alii dicunt 'tantum', alii 'tanto magis'. *Iunilius* dicit: 'quanto' **legitur** et 'tanto'.

Schol. uet. Iuv. Sat. 4, 67: 1d (Propera stomachum) laxare sagina[m]: alii 'sagittis', ut sit sensus: acutis curis [[2 Vel exercitatione sagittarum]] digestionem tibi <compara> [[(2) et harenis, quibus vectari illum debere dicit ob cibum futurum.]]. 3 **Legit<ur>** et 'saginis' id est: escis futuris stomachum digestum praepara[re].

Ps. Ascon. Cic. Verr. II, 1, 52: "Quaesitorem". **Legitur** et "quaestorem". Si "quaesitorem:" ipsum illum Glabrionem, cuius cura est ut sociis omnia rapta reddantur; si "quaestorem:" ad quem rediguntur proscripti bona et a quo sociis adnumerantur.

Ps. Ascon. Cic. Verr. II, 1, 60: "Habeo <et> ipsius et patris eius accepti tabulas". Id est acceptarum pecuniarum. **Legitur** et "Ab eo" et "accepi". Moris autem fuit unumquemque domesticam rationem sibi totius vitae suae per dies singulos scribere, [in] quo appareret quid quisque de reditibus suis, quid de arte fenore lucrove seposuisset quo die, et quid item sumptus damnive fecisset. Sed postquam obsignandis litteris reorum ex suis quisque tabulis damnari coepit, ad nostram memoriam tota haec vetus consuetudo cessavit. Dicit igitur Tullius habere se et patris eius tabulas, quoad vixit, et ipsius Verris, quoad confecisse dixit: ex quibus prodit quam multae tabulae pictae, quanta signa apud eum nulla emptionis origine furto capta noscantur, remoraturque in eo quod se dicat Verres non ex aliquo tempore coepisse litteras domesticae rationis facere, set ex aliquo tempore destitisse: quod factum nullo exemplo defendi potest.

Lact. Plac. Stat. Theb. 4, 780: PONIQVE NEGANTIS / (FLORIBVS ADGESTIS ET AMICO MVRMVRE DVLCES / SOLATVR LACRIMAS) ordo est: lacrimas poni negantis murmure consolatur et floribus. poni autem significat abici et conquiescere**.** **legitur** et ponit ... negantem id est inuitum et reluctantem. Expressit enim morem infantiae, quia nolunt a nutricibus separari.

Comment. Lucan. 1, 50: IGNE VAGO LVSTRARE **legitur** et 'igniuago' una parte orationis.

Comment. Lucan. 1, 88: ORBEMQVE TENERE **legitur** et 'orbeque tenere'.

Comment. Lucan. 1, 89: IN MEDIO id est in communione. **legitur** et 'in medium'.

Comment. Lucan. 2, 587: ATQVE VMBRAS NVMQVAM PELLENTE SIENE **legitur** et 'numquam flectente'. Quod non ad omne tempus refetur saeculi. Nam uix semel in annum et una hora nec plena umbrae non inueniuntur in Siene. Sed 'numquam' ad perpetuitatem temporum referendum est, nam quamuis semel hoc in uno anno fiat, tamen illo ipso tempore numquam praeterit quin faciat.

Comment. Lucan. 4, 629 EXPLICVIT **legitur** et * *.

Comment. Lucan. 7, 734 DVM CONFICIT OMNIA T• **legitur** et 'dum conspicit' quasi fusiologws: quo modo Iuppiter quos uidet leuat, ita et terror quod uidet premit. quale est illud Virgilianum.

Adnot. Lucan. 1, 147: FERRE MANUM **legitur** et gradum.

Adnot. Lucan. 1,246: GELIDOS **legitur** et gelidus.

Adnot. Lucan. 1, 295: LAXET **legitur** et pulset.

Adnot. Lucan. 1, 389: PINIFERAE **legitur** et nubiferae.

Adnot. Lucan. 1, 419: TUNC **legitur** et tum.

ADNOT. Lucan. 1, 531: DENSO **legitur** et tenso; alii tensum volunt dici, unde et tensae deorum, ut Cicero 'Ex tensarum orbitis praedari sit ausus'. Alii tentum, ut Virgilius 'Et siquem extenta plagarum Quattuor'. Nunc illud ostendit, quae sint variae formae.
ADNOT. Lucan. 1, 578: INSONUERE **legitur** et (in)tonuere.
ADNOT. Lucan. 1, 579: UMBRIS **legitur** et auris.
ADNOT. Lucan. 1, 687: TRISTIS ERINIS **legitur** et Enyo.
ADNOT. Lucan. 2, 10: TENENTEM **legitur** et ferentem.
ADNOT. Lucan. 2, 62: TANTI FUERIT **legitur** et fuerat.
ADNOT. Lucan. 2, 182: ET MULTO **legitur** et muto.
ADNOT. Lucan. 2, 189: PONTI **legitur** et trunci.
ADNOT. Lucan. 2, 222: PONERE **legitur** et tollere.
ADNOT. Lucan. 2, 240: CASUSQUE ORBIS **legitur** et urbis. CASUSQUE ORBIS id est 'volventem securum invenit' subaudimus.
ADNOT. Lucan. 2, 260: CIVILIBUS **legitur** et feralibus.
ADNOT. Lucan. 2, 271: EXCIPIUNT **legitur** et accipiunt.
ADNOT. Lucan. 2, 282: FERRE IUVAT PATRIIS **legitur** et patriae: ferre iuvat patriae. Si 'patriis' 'legibus', si 'patriae' 'libertatem' accipimus.
ADNOT. Lucan. 2, 313. PERDERE **legitur** et pendere.
ADNOT. Lucan. 2, 317: MALORUM **legitur** et laborum
ADNOT. Lucan. 2, 346: SOCIAM **legitur** et comitem.
ADNOT. Lucan. 2, 367: OBSUTA **legitur** et obsita.
ADNOT. Lucan. 2, 373: DIROQUE **legitur** et duro.
ADNOT. Lucan. 2, 395: SPARSAS EXTENDERE id est placuit. PARTIS **legitur** et vires.
ADNOT. Lucan. 2, 399: PORRIGIT **legitur** et sustulit.
ADNOT. Lucan. 2, 429: ASPICIT **legitur** et excipit.
ADNOT. Lucan. 2, 435: ITALIA ab Italia. MONTIS **legitur** et pontus.
ADNOT. Lucan. 2, 450: ET OBDUCTO **legitur** et abrupto.
ADNOT. Lucan. 2, 474: IAM **legitur** et nec.
ADNOT. Lucan. 2, 509: ANTE **legitur** et alte.
ADNOT. Lucan. 2, 533: BELLUM **legitur** et pugnam.
ADNOT. Lucan. 2, 553: ORIS **legitur** et arvis.
ADNOT. Lucan. 2, 558: DISCES **legitur** et discent.
ADNOT. Lucan. 2, 570: QUOS FUGIT **legitur** et fudit, id est Caesar.
ADNOT. Lucan. 2, 586: MEDIUS **legitur** et melius.
ADNOT. Lucan. 2, 613: HINC **legitur** et hanc.
ADNOT. Lucan. 2, 614: HESPERIAE **legitur** et Italiae.
ADNOT. Lucan. 2, 636: PARTHOS **legitur** et Pharios. PHARIOS Alexandrinos Pharios dicit.
ADNOT. Lucan. 2, 654: INFESTE **legitur** et obsessae.
ADNOT. Lucan. 2, 672: TUMIDUM S.A. XERXEM **legitur** et Persen. XERXES Persarum rex fuit; hic inter Seston et Abydon viam fecit.
ADNOT. Lucan. 2, 726: TOTO **legitur** et victor.

ADNOT. Lucan. 3, 14: TENENTIS **legitur** et furentis.
ADNOT. Lucan. 3, 25: TIBI **legitur** et mihi.
ADNOT. Lucan. 3, 104: IURE **legitur** et more.
ADNOT. Lucan. 3, 149: NIL IAM **legitur** et nullam. NULLAM id est rem, ab eo quod ait supra <147. 148> 'tot rebus iniquis paruimus' Alii **legunt** 'nil iam'.
ADNOT. Lucan. 3, 158: QUEM DEDERAT PERSES hunc Paulus vicit. QUEM VICTI PREDA P. rex Macedoniae. QUEM **legitur** et quod.
ADNOT. Lucan. 3, 184: IAM DILECTA **legitur** et tunc.
ADNOT. Lucan. 3, 471: ABSCIDIT **legitur** et abstulit.
ADNOT. Lucan. 3, 476: EXTENSUS **legitur** et extentus.
ADNOT. Lucan. 3, 484: POSTQUAM VIRTUS INCERTA V. dubia, vacillans. INCERTA **legitur** et incensa.
ADNOT. Lucan. 3, 555: CEDERE **legitur** et credere.
ADNOT. Lucan. 3, 566: REMI **legitur** et remis.
ADNOT. Lucan. 3, 571: MULTI **legitur** et nulli.
ADNOT. Lucan. 3, 621: SUORUM **legitur** et virorum.
ADNOT. Lucan. 3, 659: RECEDUNT **legitur** et reducunt.
ADNOT. Lucan. 3, 672: TOTUM **legitur** et tortum.
ADNOT. Lucan. 3, 712: EXPULSI **legitur** et exclussi.
ADNOT. Lucan. 3, 724: DESCENDIT **legitur** et discedit.
ADNOT. Lucan. 3, 748: MISSI **legitur** et mersi.
ADNOT. Lucan. 4, 22: OCEANI ordo: suo cursu Oceani fluctus et litora vetitus pepulisse. Tuo **legitur** et suo.
ADNOT. Lucan. 4, 86: OMNIS **legitur** et amnis.
ADNOT. Lucan. 4, 102: AQUAS **legitur** et equos.
ADNOT. Lucan. 4, 142: SICCO **legitur** et scisso.
ADNOT. Lucan. 4, 183: TIME[N]S **legitur** et gemis.
ADNOT. Lucan. 4, 199: LUXERE TORI **legitur** et duxere chori.
ADNOT. Lucan. 4, 211: DEXTRAS **legitur** et voces.
ADNOT. Lucan. 4, 283: MISCENDI **legitur** et miscendae, Martis et mortis.
ADNOT. Lucan. 4, 380: GEMMAQUE **legitur** et murrave.
ADNOT. Lucan. 4, 444: LAXASSE **legitur** et monstrasse.
ADNOT. Lucan. 4, 487: PLACEAT **legitur** et cupias.
ADNOT. Lucan. 4, 503: LAUDI **legitur** et laudis.
ADNOT. Lucan. 4, 525: VERGERE PONTO hoc est: nox non erat longa, sed celeriter finiebatur; tempus enim erat aestatis. VERGERE **legitur** et mergere.
ADNOT. Lucan. 4, 578: OB FERRUM id est pro ferro. QUAERITUR **legitur** et uritur.
ADNOT. Lucan. 4, 595: PYTHON **legitur** et Typhon.
ADNOT. Lucan. 4, 644. EGERITUR **legitur** et erigitur.
ADNOT. Lucan. 4, 753: STARE **legitur** et stante.

Adnot. Lucan. 4, 776: PERITURA **legitur** et pereunt. Si 'pereunt', ipsi iuvenes accipimus, si 'peritura', id est iuventus.
Adnot. Lucan. 5, 12: STRICTAS **legitur** et scriptas.
Adnot. Lucan. 5, 76: EMICUIT **legitur** et eminuit.
Adnot. Lucan. 5, 142: PRIORES **legitur** et vagantes.
Adnot. Lucan. 5, 233: TUMIDIS **legitur** et timidis.
Adnot. Lucan. 5, 314: SIBI **legitur** et tibi.
Adnot. Lucan. 5, 394: VANA **legitur** et vacua.
Adnot. Lucan. 5, 411: TUTUM **legitur** et totum.
Adnot. Lucan. 5, 442: MESTO **legitur** et vasto.
Adnot. Lucan. 5, 601: REVULSIT **legitur** et retundit. REVULSIT ut adversi se frangerent fluctus.
Adnot. Lucan. 5, 617: ILLO **legitur** et ullo.
Adnot. Lucan. 5, 767: SIC ESTO **legitur** et tibi.
Adnot. Lucan. 5, 803: PREMERENT **legitur** et tremerent et fugerent.
Adnot. Lucan. 6, 41: TESQUA **legitur** et tecta, Tesqua loca inculta.
Adnot. Lucan. 6, 84: DEFESSUS **legitur** et diffusus.
Adnot. Lucan. 6, 109: TURGENTIBUS **legitur** et surgentibus.
Adnot. Lucan. 6, 139: IAM MUNDI IURA PATEBANT hoc est: pristinum imperium receperent, ut regnarent in orbe toto, quod perdiderant nuper inclusi. PATEBANT **legitur** et tenebant.
Adnot. Lucan. 6, 161: PECTORIS INPULSU hoc est: cum sponte itis in mortem, tela confringite. INPULSU **legitur** et incursu.
Adnot. Lucan. 6, 200: LIMINE **legitur** et limite.
Adnot. Lucan. 6, 301: RERUM **legitur** et regum.
Adnot. Lucan. 6, 346: IMPLENTIBUS hoc est fluminibus. UNUM **legitur** et undis.
Adnot. Lucan. 6, 408: ARVA **legitur** et antra.
Adnot. Lucan. 6, 556: VIVUM viventium. VIVUM **legitur** et fusum cruorem, id est poscunt.
Adnot. Lucan. 6, 664: VILLOSAQUE **legitur** et aspera.
Adnot. Lucan. 7, 143: ARTAT H. **legitur** et aptat. <ARTAT H.> 'artat' melius, nam pugnaturi signum est, cum sciamus econtrario habenas laxare, qui fugiunt.
Adnot. Lucan. 7, 166: EMATHIOS **legitur** et Emathiae.
Adnot. Lucan. 7, 179: DFFUNCTOSQUE PATRES **legitur** et defunctos volitare patres.
Adnot. Lucan. 7, 338: BELLO **legitur** et fato.
Adnot. Lucan. 7, 354: MEORUM **legitur** et deorum.
Adnot. Lucan. 7, 426: SUA **legitur** et tua.
Adnot. Lucan. 8, 35: TREPIDUM **legitur** et Magnum.
Adnot. Lucan. 8, 463: GRATUM **legitur** et cassum.
Adnot. Lucan. 8, 514: ARMAQUE **legitur** et arva.

Adnot. Lucan. 8, 553: NON **legitur** et ne.
Adnot. Lucan. 8, 624: RATEM **legitur** et meam.
Adnot. Lucan. 8, 655: AUT LAQUEUM C. id est artate laqueum collo. <COLLO> **legitur** et collum. ARTARE **legitur** et aptare.
ARTARE RUDENTES 'permittite' subaudimus.
Adnot. Lucan. 8, 746: SUBDUCENS **legitur** et subducit.
Adnot. Lucan. 8, 749: RELICTUS **legitur** et relictum est.
Adnot. Lucan. 8, 752: PLENOS **legitur** et plenus. PLENOSQUE SINUS hoc est plenum sinum habens.
Adnot. Lucan. 8, 753: PERVOLAT **legitur** et pervenit.
Adnot. Lucan. 8, 761: NULLO **legitur** et nudo.
Adnot. Lucan. 9, 309: LITORA **legitur** et litore.
Adnot. Lucan. 9, 355: QUAM IUXTA **legitur** et quem. Si 'quem' **legimus**, id est locum, si 'quam', id est paludem Tritonida.
Adnot. Lucan. 9, 356: VENIS **legitur** et ripis.
Adnot. Lucan. 9, 374: HOC **legitur** et haec.
Adnot. Lucan. 9, 406: CALENTIS **legitur** et paventis.
Adnot. Lucan. 9, 434: ET NULLA PUTRIS R. T. ipsa ora non est putris et ideo sementa non alligat. TENETUR **legitur** et tuetur.
Adnot. Lucan. 9, 540: TE SEGNIS **legitur** et signis, id est cum signis.
Adnot. Lucan. 9, 550: FORS **legitur** et sors.
Adnot. Lucan. 9, 793: MISCENS **legitur** et miscent. MISCENS CUNCTA TUMOR oculi [et] nares et cetera liniamenta sua perdidere per tumorem. TOTO IAM CORPORE M. ut non sola facies tumescat, sed corpus universum.
Adnot. Lucan. 9, 795: LATE T<OLLENTE> **legitur** et pollente: plurimum praevalente.
Adnot. Lucan. 9, 817: TESTATUR **legitur** et testator.
Adnot. Lucan. 9, 831: DEMITTIT[E] **legitur** et dimisit.
Adnot. Lucan. 9, 832: EXEMPLUM **legitur** et exemplar.
Adnot. Lucan. 9, 833: PUTAVIT **legitur** et putaret.
Adnot. Lucan. 9, 837: SALPUTA **legitur** et salpiga.
Adnot. Lucan. 9, 867: ISTINC **legitur** et ista.
Adnot. Lucan. 10, 76: PARTUS **legitur** et raptus.
Adnot. Lucan. 10, 108: TANTARUM **legitur** et positarum.
Adnot. Lucan. 10, 123: STRATA MICANT TYRIO <FUCO> **legitur** et suco.
Adnot. Lucan. 10, 124: DUXIT **legitur** et traxit.
Adnot. Lucan. 10, 141: PERLUCENS **legitur** et perlucent. PERLUCENS FILO stolam dicit.
Adnot. Lucan. 10, 321: OCUNCTA TREMUNT id est aquae tremunt. **Legitur** et premunt.
Adnot. Lucan. 10, 322: CANESCIT **legitur** et tabescit.
Adnot. Lucan. 10, 324: PERCUSSA **legitur** et perculsa.

Adnot. Lucan. 10, 361: CREDE MISER PUERO id est puero crede, cum senem expugnatum esse cognoscas. QUEM NOX UNA **legit<ur>** et tua.

Adnot. Lucan. 10, 377: INPOSUITQUE ORBI **legitur** et urbi.

Adnot. Lucan. 10, 505: CLADIS **legitur** et clausus.

Adnot. Lucan. 10, 517: RAPUIT **legitur** et patuit.

Cornvt. Pers. sat. 5, 19: § NON EQVIDEM HOC STVDEO P. V. M. N. P. T. nec studium meum tale est ut more Graecorum culpatus tragoedias scribam, sed contentus sum satiram scribere. (2) pullatas autem nugas tragoediarum ait propter tristes fabulas et quia maxime pulla ueste, id est lugubri, tragoedi utebantur. (3) **legitur** et bullatis, id est ornatis. (4) non est hoc mihi propositi genus ut studeam pullatis nugis quicquam scribere, id est puerilibus iocis ac uerbis, sed nos loquemur digne grauibus uerbis, o Cornute. (5) pullatis palliatis Graecis.

Cornvt. Pers. sat. 5, 57: (4) § ILLE IN VENEREM PVTRIS alter assiduo coitu eneruis efficitur ad concubitum inutilis et solutus et libidinosus et ipsa re infirmus. (5) **legitur** et in uenerem putrit, id est putrescit, conficitur.

Cornvt. Pers. sat. 5, 58: § SED CVM LAPIDOSA C. F. A. VETERIS RAMALIA F. lapidosam chiragram dicit articularem morbum, id est dolorem manuum, quia chiragricorum articuli tubercula habent, quae lapidis duritiam exercent et sunt ramorum fere tumidorum similitudine pares. (2) **legitur** et fregerit id est curuauerit, sicut uentus arbores uel earum ramos. (3) constat autem hoc libidinosis, quos morbidos ait factos, sero intemperantiae suae corrigere paenitentia, quoniam senectus eos debiles excipit. (4) uel quia dicuntur chiragricis lapides inter artus, id est inter nodos, exire, unde articuli dicti; qui morbus curo manus tenuerit, eius humor in lapides conuertitur et digitos frangit ac tortuosos facit, ut sint similes tortis ac ueteribus ramis fagi.

Cornvt. Pers. sat. 6, 76: § NEV SIT PRAESTANTIOR ALTER C. R. P. C. C. gladiatores significat: apud antiquos uenales gladiatores in catasta ponebantur ut omnia eis possent membra inspici. (2) uel quia Capadoces dicerentur habere studium naturale ad falsa testimonia proferenda, qui nutriti in tormentis a pueritia eculeum sibi facere dicuntur ut in eo se inuicem torquerent et, cum in poena perdurarent, ad falsa testimonia se bene uenundarent. (3) **legitur** et plausisse, quoniam uenales antequam in catasta imponantur cantant uniuersi more gentis suae.

Serv. Aen. 7, 363: AT NON SIC PHRYGIVS **legitur** et 'an non sic'; sed hoc absolutum est. si autem 'at' **legeris**, inceptiva particula est, ad ornatum solum pertinens: Horatius "at o deorum quicquid in caelo regit terras et humanum genus".

CLAVD. DON. Aen. 11, 302–303: *ante quidem summa de re statuisse, Latini, et vellem*: **legitur** et velle, quoniam prius ait statuisse, ut ad audientum personam totum Latinus revocaverit, non ad suam et sit ante debuistis et velle et statuere quam nunc cupitis definire.

CLAVD. DON. Aen. 11, 479–480: *iuxtaque comes Lavinia virgo, causa mali tanti*: **legitur et** causa malis tantis, quia multa acciderant mala. cum ea, inquit, et Lavinia pergebat, quae fuerat malis omnibus causa; si enim nuptiarum eius controversia non extitisset, tot numquam orerentur adversa.

b) Et legitur

Ps. ACRO Hor. ars 154: § 'Plosoris' et 'plausoris' **legitur;** nam et plodere ueteres et plaudere dicebant, ut cludere et claudere.

DON. Ter. Andr. 459: 4 VT DIXTI LESBIA et 'dixti' et 'dixisti' **legitur**.

DON. Ter. Andr. 489: 4 ABS TE ESSE NATVM et 'ortum' **legitur**, ut sit: instructum, commentum et compositum.

DON. Ter. Andr. 536: 4 1 AVSCVLTA PAVCIS et 'paucis' et 'pauca' **legitur.**

DON. Ter. Andr. 615: 9 ALIQVAM PRODVCAM M(ORAM) et 'productam' **legitur**. significat autem 'differam, protendam, prolatem'.

DON. Ter. Eun. 310: 2 PATRIS PENVM OMNEM (...) 4 Ergo et 'omne' et 'omnem' **legitur**.

DON. Ter. Eun. 1022: 1. VTERQVE E. I. T. E. 2 Et 'edent' et 'edet' **legitur**. si edent, figuratum est; si edet, rectum.

DON. Ter. Phorm. 71: 1 ABEVNTIS AMBO HINC et 'hinc' et 'hic' **legitur.**

ADNOT. Lucan. 1, 408: MENOECI et Moeneci utrumque **legitur**.

ADNOT. Lucan. 1, 490: ET QUAE M. R. et qua **legitur** et quae.

TUM **legitur** et cum.

ADNOT. Lucan. 1, 508: EXTREMO TUNC et cum **legitur**.

ADNOT. Lucan. 2, 12: POSITUM certum, constitututum. Utrumque 'sive' et seu **legitur**.

ADNOT. Lucan. 2, 68: TUNC et cum **legitur.**

ADNOT. Lucan. 2, 145: TUNC et tum **legitur**.

ADNOT. Lucan. 2, 485: MONTANIS U. E. et fontibus **legitur**.

ADNOT. Lucan. 3, 102: NON et nec **legitur.**

ADNOT. Lucan. 6, 353: <FLEBILE> factum. Nobile Pieridum flebile et nobile utrumque **legitur**.

CORNVT. Pers. sat. 1, 9: §: CONARI et blandiri **legitur**.

SERV. Aen. 4, 9: INSOMNIA TERRENT et 'terret' et 'terrent' **legitur**. sed si 'terret' **legerimus**, 'insomnia' erit vigilia: hoc enim maiores inter vigilias et ea quae videmus in somnis interesse voluerunt, ut 'insomnia' generis feminini numeri singularis vigiliam significaret, 'insomnia' vero generis neutri numeri pluralis ea quae per somnium videmus, ut "sed falsa ad caelum mittunt insomnia manes". sciendum igitur, quia si 'terret' dixerimus, antiqua erit elocutio; 'insomnia' enim, licet et Pacuvius et Ennius frequenter dixerit, Plinius tamen exclusit et de usu removit. sed ambiguitatem lectionis haec res fecit, quod non ex aperto vigilasse se dixit, sed habuisse quietem inplacidam, id est somniis interruptam, ut intellegamus eam et insomniis territam, et propter terrorem somniorum vigilias quoque perpessam.

Ps. Ascon. Cic. Verr. II, 1, 90: "Et consulum designatorum nomen expectant". Et "extimescunt" **legitur**, nam utroque verbo idem significatur. Hortensii autem et Metelli metu dicit legatos Milesios posse terreri ne de myoparone dicant, praesertim cum ad beneficia petenda venturi sint Februario mense et in manu sit consulum quando et quemadmodum referant ad senatum. Et bene "nomen consulum" dixit, ut potentiam demonstraret eorum quorum etiam nomen ad formidinem sufficit.

Don. Ter. Eun. 312: 1 SIVE ADEO DIGNA RES EST si persona Parmenonis est, 'sive' abundat. 2 *Et* pro expletiua coniunctione est modo; in quibusdam omnino non **legitur.** 3 ADEO aut abundat aut nimis significat uel satis. 4 SIVE ADEO DIGNA RES EST si Chaerea dicit, hic ordo et sensus est: fac si uis nunc, si adeo digna res est, ubi tu neruos intendas tuos, ut promissa appareant, ut <sit> 'sis' si uis <et> 'ut' addatur <ad> id quod est 'fac promissa appareant'. 5 VBI TV NERVOS INTENDAS TVOS utrum obseene hoc, ut seruus, an μετ'αφορικῶς: ubi laborare ac periclitari debeas? 6 Sed melius **legunt**, qui hoc totum ad personam applicant Chaereae. 7 Et melius, quam qui Parmenonem hoc putant loqui 'siue adeo digna res est'.

c) *Legitur*

Don. Ter. Ad. 200: TANTIDEM EMPTAM POSTVLAT <S(IBI) T(RADIER)> **legitur '**tantidem emptam postulat sibi darier'.

Don. Ter. Phorm. 247: 17 ERVM ANTE EO SAPIENTIA **legitur** 'ante eam', sed pronuntiatiuum <posuit> pro coniunctiuo, 'ante eo' pro 'ante eam'.

Don. Ter. Andr. 307: 2 QVI ISTVM AMOREM AB A(NIMO) A(MOVEAS) T(VO) **legitur** 'ex corde eicias'.

Don. Ter. Andr. 348: 1 ET ID SCIO ἐν ὑποκρίσει, tamquam dicat 'nihil est'. 2 ET ID SCIO **legitur** 'etsi scio'.

Don. Ter. Eun. 265: 1 VIDEN OTIVM ET CIBVS QVID FACIAT ALIENVS rursus Parmeno et facetias dicit et distinguit longiloquium parasiti. 2 QVID FACIAT **legitur** 'quid facit', ut sit figura per modos pro 'quid faciat'.

Don. Ter. Phorm. 41: 1 QVAM INIQVE COMPARATVM EST miro ἰδιωτισμῷ morem pro lege esse queritur: 'comparatum' enim constitutum. 2 EI **leg<itur** 'h>i'. 3 [[Et]] 'hi qui minus habent diuitioribus' dixit, ne diceret 'serui dominis'; uult enim latius patere quod dicit et generalem esse sententiam. 4 QVAM INIQVE COMPARATVM EST HI QVI MINVS HABENT garrulos seruos et sententiosos amat comoedia, tristes et parce loquentes tragoedia.

d) *Legitur tamen/autem (et)*

Serv. Aen. 1, 725: IT STREPITVS TECTIS id est ad tecta, ut "it clamor caelo". **legitur** autem et 'fit strepitus tectis'. Serv. auct. Aen. 1, 726: LAQVEARIBVS principaliter lacus dicitur, ut Lucilius "resultant aedesque lacusque"; diminutio lacunar facit, ut Horatius "nec mea renidet in domo lacunar"; inde fit alia diminutio lacunarium et per antistoichon laquearium. ***legitur*** *et lacuaribus. Cicero Tusculanarum "tectis caelatis lacuatis".*

Serv. Aen. 1, 719: INSIDAT *in sinu sedeat,* **legitur** *tamen* et 'insideat', *id est ut quidam volunt insidias faciat.*

Serv. Aen. 9, 66: ET QVA VIA CLAVSOS 'qua' adverbium loci est, non pronomen: nam non stat versus, si 'via' septimus sit, non nominativus. ergo 'qua via' per quam partem via vallo Troianos excutiat. **legitur** tamen 'et quae via', et est sensus absolutior.

Ps. Ascon. Cic. Verr. II, 1, 34: "Quaestor Cn. Papirio consuli fuisti". Uno nomine Cn. Papirii Carbonis et tempus criminis significavit et crimen. **Legitur** tamen et "consule," sed male.

e) *(Et) melius legitur*

Serv. auct. Aen. 9, 280: TANTVM tantummodo hoc possum de me promittere, ut semper audeam, semper velim fortiter facere: nam hoc est quod dicit 'fortibus ausis dissimilem arguerit'. tantum ergo meum est hoc promittere, sive prospera, sive adversa fortuna comitetur: nam 'aut' disiunctiva particula est, non negantis adverbium. *quidam sic intellegunt: tantummodo fortuna prospera non in contrarium recidat: tamquam nunc in secundis rebus sit, cum obsideatur. alii ita putant: me nulla dies dissimilem arguet, sive quae est hodie fortuna permanserit, sive etiam laeta fuerit, id est nec si feliciter mihi, nec si infeliciter cesserit, dissimilis ero huic conatui. et melius* ***legitur*** *sine aspiratione, id est 'aut adversa'.*

Serv. Aen. 9, 629: ET FVGIT melius 'effugit' **legitur**. et figura est 'horrendum effugit'.

Schol. Veron. Aen. 2, 667. ....melius **legitur**..............sed plerique........ metu ponunt........dum fili......adi....mi orbandus..........

Don. Ter. Eun. 380: 2 NE NIMIVM CALIDVM periculosum.3 Sed melius 'callidum' **legitur**.

f) *Aut legitur aut*

Don. Ter. Andr. 784: 1 AH NEC TV OMNIA aut 'nec' pro non legitur aut 'ne omnia', ut 'ne' producatur et accipiatur pro 'non'.

g) *Alibi legitur*

Comment. Lucan. 3, 293 MARMARICAS CATERVAS 'Marmaricas' feminirno genere, quoniam et 'cateruas' intulit. nam alibi 'Marmaridas' **legitur**.

h) *In alio legitur*

Ps. Acro Hor. epist. 1, 7, 68–69: <Prouidisset>] Quoniam prior fuerat salutatus; in alio 'praeuidisset' **legitur**.

i) In ueteribus exemplaribus legitur

Ps. Acro Hor. epist. 2, 2, 8: Quidam 'imitabitur' **legunt**, quod est a puero alienum. Melius ergo **legimus** 'imitaberis', idest tam se<cundi> ingenii est, ut flectas eum, quo uelis, tamquam argillam udam; et in ueteribus exemplaribus 'imitaberis' **legitur**.

1.2. *LEGATUR*

a) Legatur

Serv. Aen. 11, 214: LONGE PARS MAXIMA LVCTVS valde: et hoc est melius, quam quod **legatur** 'et longi'.

Schol. Veron. Aen. 10, 244. Aut pro 'l[ux veniat tantum'] | aut 'cr[astina lux cum] | advener[it', subaudiendum]; non set[ius ac si spec] |tabit **lega[tur].**

b) Licet/ quamvis legatur et

Ps. Acro Hor. epist. 1, 7, 48: Locus in urbe dicitur Lautae Carinae et est locus ad Tellurem, ut poeta (Verg. Aen. 8, 361): "Et Lautis mugire Carinis", propter nobiles, licet **legatur** et 'latis'.

Serv. auct. Aen. 2, 445: TECTA CVLMINA 'tecta' participium est: aut eandem rem bis dixit. *quamvis **legatur** et 'tota'.*

c) Si legatur

Serv. auct. Aen. 2, 130: ET QVAE SIBI QVISQVE TIMEBAT ideo hoc addidit, quia dixerat 'adsensere omnes', ne videretur fuisse cunctis suae gentis invisus. *aut 'adsensere omnes' ad provocandam in se Troianorum misericordiam dicit, cum eorum hostes omnes ad crudelitatem consensisse adserat. est autem figuratius, si **legatur** 'timebant'.*

1.3. *LEGUNT*/legant/legerunt/volunt legere

a) Alii legunt

Ps. Acro Hor. epist. 1, 1, 30: Glyco quidam athleta fortissimus fuit. Alii 'Milonis' **legunt**, illius Crotoniatis, qui aput Olympias in agone interfectum taurum suis humeris dicitur sustulisse.

Ps. Acro Hor. sat. 1, 6, 87: § Ad hoc nunc *(c)*] Alii 'ad haec' **legunt,** ut sit ad haec, quae praestitit; alii 'ad hoc' scilicet quod praestitit .

Ps. Acro Hor. sat. 2, 2, 38: <Ieiunus rari>] Inops rari cupidus. Alii 'rare' **legunt,** cum in usu habeamus 'raro'.

Serv. ecl. 3, 8: TRANSVERSA TVENTIBVS HIRCIS hircos, id est capros, libidinosa constat esse animalia: unde Horatius "libidinosus immolabitur caper et agna Tempestatibus". quod etiam PliniusSecundus dicit "hirci si casu aliquo coeuntes vident, adeo indignantur, ut in eos paene impetum faciant". hinc est 'transversa tuentibus hircis', id est vestram turpitudinem indignantibus. alii hoc inprobant et **legunt** 'hirquis' – hirqui autem sunt oculorum anguli secundum Suetonium Tranquillum in vitiis corporalibus -, ut sit sensus: novimus, qui te corruperint, hirquis transversa tuentibus, ut sit hypallage pro 'oculis in hirquos retortis', quam rem solet libido perficere: unde Iuvenalis

(7, 241) oculosque in fine trementes, Persius (1, 18) patranti fractus ocello.

Serv. ecl. 4, 60: RISV COGNOSCERE MATREM alludit ad id quod factum est. et rem naturalem ait: sicut enim maiores se sermone cognoscunt, ita infantes parentes risu se indicant agnoscere. ergo hoc dicit: incipe parentibus arridere et eis spe ominis boni detrahere sollicitudinem, ut et ipsi tibi arrideant: matri enim decem menses attulerunt longa fastidia. alii 'abstulerint' **legunt**, ut sit: si riseris, abstulerint decem menses matri tuae longa fastidia, *quia praegnantes solent fastidia pati.*

Serv. georg. 1, 218: AVERSO autem ASTRO duplex lectio est, nam alii 'adverso' **legunt**: cum cane enim nascitur Sirius, qui est terris adversus, de quo **legimus** "ille sitim morbosque ferens mortalibus aegris nascitur", ut 'adverso' sit pestifero et contrario mortalibus. si autem 'averso' **legerimus**, 'cum' subaudiamus necesse est, ut (4, 484) "atque Ixionii vento rota constitit orbis", id est cum vento: ut sit sensus, quo tempore etiam canis cedens occidit cum averso astro, id est cum Argo, quae et ipsa media est, sicut taurus, et a puppi oritur: cui canem constat esse coniunctum. *Et 'cedens' aut locum dans, ut et Argo occidat; nam canis occasum etnavis occasus sequitur: aut certe* 'cedens canis' non recedens, sed incedens accipimus et se movens: tempore enim, quo taurus cum sole est, etiam canis ad ortum festinat. quod autem ait 'occidit', ad aspectum nostrum rettulit. nam ortus et occasus duo sunt: unus ἡλιακὸς, id est solaris, et alter κοσμικὸς, id est mundanus: unde fit, ut ea signa, quae cum sole oriuntur, a nobis non possint videri, et ea, quae videmus, quantum ad solis rationem pertinet, videantur occidere. secundum quod nunc ait 'occidit canis'; nam canis paranatellon est cancri, id est cum eo oritur. cancer autem quo tempore sol in tauro est, post horam quartam diei oritur: nam taurus et gemini binas horas tenent. *Nigidius commentario sphaerae graecanicae "oritur enim canicula cum cancro, in columen venit cum geminis, occidit cum tauro".* sic ergo fit, ut canis nobis occidat, quantum autem ad solis pertinet cursum, in ortu esse videatur. secundum hanc rationem etiam paulo post dicturus est "ante tibi eoae Atlantides abscondantur": nam eoas aitin ortu heliaco positas, unde et 'tibi abscondantur' intulit. *Hunc canem alii Icari putant, patris Erigonae, qui mortem patris filiae nuntiavit: alii hunc esse quondam custodem Europae, quem nulla fera potuit effugere, quique a vulpibus quondam liberaverit Thebas.*

Serv. georg. 1, 334: NVNC LITORA PLANGIT plangere, id est resonare facit. alii **legunt** 'plangunt', ut sit 'nemora et litora plangunt', id est resonant.

Serv. georg. 2, 65: PLANTIS ET DVRAE CORYLI NASCVNTVR duras dixit non adlignum, sed ad fetum ipsarum referens. alii 'edurae' **legunt**, quasi non durae, ut paulo post (78) "enodes trunci", id est sine nodis, ut 'e' modo minuentis, non augentis habeat significationem. Sane coryli proprie dicuntur: nam abellanae ab Abellino Campaniae oppido, ubi abundant, nominatae sunt.

Serv. georg. 2, 121: DEPECTANT decerpant; sed alii 'depectat' **legunt**: quod si est, 'Seres' posuit pro 'Ser', sicut 'trabes' pro 'trabs'. Sic Lucanus "sub iuga iam Seres, iam barbarus isset Araxes".

Serv. georg. 2, 420: NON VLLA EST OLEIS C. id est nulla. alii 'non nulla' **legunt,** hoc est aliqua, non, ut vitibus, nimia. *et aliter: subaudiendum 'talis cultura'. ceterum et oliveta coluntur. et quod ait 'nec curvam expectant falcem', extrinsecus subaudiendum 'omni anno', quia et ipsa ex intervallo radi solent.*

Serv. georg. 2, 454: QVID MEMORANDVM AEQVE B. D. T. quid similiter laudandum tulerunt dona Liberi, sicut silvae multa sponte procreantes? alii **legunt '**et quae', ut sit sensus, quid dicendum est quae tulerunt, id est attulerunt, ipsa etiam dona Baccheia: ut hoc dicat, parum est quod vites tantum laborem requirunt, etiam munera earum causas praestant furoris.

Serv. georg. 3, 219: IN MAGNA SILVA alii 'Sila' **legunt**, ut sit mons Lucaniae: quod modo nulla necessitas cogit, ut in Aeneide (12, 715) ac velut ingenti Sila summo ve Taburno, ubi utrumque speciale est.

Serv. georg. 4, 45: E LEVI RIMOSA CVBILIA LIMO alii 'et levi' **legunt**. unustamen sensus est; nam hoc dicit: quod illae nimio labore perficiunt, tu e levi ungue rimosa cubilia circumfovens limo, etiam rarasfrondes superinice. quod ideo fit, ne vel limus crepet, vel cavernaeaut sole penetrentur aut frigore.

Serv. georg. 4, 230: ORE FAVE FVMOSQVE MANV quia odores malos oderunt: ideo 'prius haustu sparsus aquarum'. 'ore fave' cum religione ac silentio accede: in XUI. Ennius "hic insidiantes vigilant, partim requiescunt tecti gladiis sub scutis ore faventes". ponitur eadem voxet pro 'velle': apud eundem Ennium in XUI. "matronae moeros complent spectare faventes", id est volentes. ORE FOVE ipsos haustus scilicet. et hoc dicit: spargendo aquam imitare pluviam, fumum etiam praefer: quibus rebus cum territae illae discesserint, inpunepoteris mella colligere. alii 'ore fave' **legunt**, ut sit 'tace': etiam ipse in quinto (71) ore favete omnes; Horatius favete linguis.

Serv. georg. 4, 411: TANTO NATE MAGIS alii **legunt** 'tam tu nate magis'.

Serv. georg. 4, 446: FALLERE CVIQVAM alii 'quicquam' **legunt.** hoc autem dicit: cum omnia noveris, desine adventus mei causam velle cognoscere.

Serv. Aen. 6, 529: AEOLIDES Vlixes, qui ubique talis inducitur: nam Anticliae filius est, quae ante Laertae nuptias clam cum Sisypho, Aeoli filio, concubuit, unde Vlixes natus est. hoc ei et in Ovidio Aiaxobicit "et sanguine cretus Sisyphio". alii Oeliden **legunt**, de quo nusquam **legimus**.

Serv. auct. Aen. 1, 109: SAXA VOCANTI ITALI MEDIIS QVAE IN FLVCTIBVS ARAS ordo est, quae saxa in mediis fluctibus Itali aras vocant. *pro quibus hunc ordinem esse ait 'tris Notus abreptas mediis fluctibus in saxa latentia torquet'. alii 'mediis (quae) fluctibus aras'* ***legunt****, ut sit ordo 'saxa vocant Itali aras, quae mediis fluctibus', ut desit 'sunt'. Italos autem aliqui non qui in Italia nati sint, sed qui Latine loquantur accipiunt.*

Serv. Aen. 1, 734: ADSIT LAETITIAE BACCHVS DATOR alii 'adsis' **legunt**, secundum quos 'Bacchus' aut antiptosis est, aut antiquus vocativus, ut socer arma Latinus habeto.

Serv. Aen. 2, 59: QVIS SE quibus se. alii 'qui se' **legunt**.

Serv. Aen. 2, 65: CRIMINE AB VNO hoc est causa, ut "crimen amor vestrum": ab eo quod praecedit id quod sequitur. si enim simpliciter intellexeris 'crimine', de negotio ad personam vitiosum transitum facis. alii sic **legunt** 'Danaum insidias et crimina'.

Serv. Aen. 2, 75: MEMORET QVAE SIT FIDVCIA CAPTO aut dicat quae tanta sit in captivo fiducia, ut audeat dicere 'et super ipsi': aut certe 'memoret' est meminerit, ut significet, meminerit in captivo per veriloquium vitae esse fiduciam. unde et responsio talis est 'fatebor vera'. alii 'memorem' **legunt**, ut sit sensus, hortabamur ad loquendum memorem, hoc est qui diligenter factionis suae meminerat.

Serv. Aen. 2, 114: SCITANTEM participium pro participio est, id est scitaturum. alii 'scitatum' **legunt**, id est inquisitum.

Serv. Aen. 2, 455: DVM REGNA MANEBANT 'dum' donec: et absolutus est sensus. alii tamen 'cum' **legunt**: sed 'cum manebant' quomodo dicimus, cum constet 'manebant' modum esse indicativum? hoc ergo sciendum est, quia, quando coniunctivus modus est, necesse est aliquid iungi aut subaudiri, ut 'cum venirem, vidi illum'. si autem 'cum veniebam' dicamus, aut modus pro modo est, hoc est indicativus pro coniunctivo: aut 'cum' non erit coniunctio, sed adverbium temporis, et significat 'tempore quo veniebam'.

Serv. Aen. 3, 499: QVAE FVERIT MINVS OBVIA GRAIS id est quae nullum patiatur excidium. alii 'fuerint' **legunt** et volunt esse maledictum in Graecos, ut ad auspicia referas: quod non procedit; nec enim de hoc agebatur.

Serv. Aen. 4, 26: PALLENTES VMBRAS HEREBO *id est* in Herebo. alii 'Herebi' **legunt**. *aut 'Herebo', ad Herebum, ut "it clamor caelo". et perseveravit in atroci imprecatione: nam non sufficit 'adigat me fulmine ad umbras' dixisse, adiecit 'pallentes umbras Herebo noctemque profundam'.*

Serv. auct. Aen. 4, 54: INCENSVM INFLAMMAVIT ut Horatius "oleum adde camino". *alii non 'incensum', sed 'inpenso'* ***legunt****, ut sit Terentianum inpendio magis animus gaudebat mihi.*

Serv. auct. Aen. 4, 641: STVDIO ANILI aut pro aetatis possibilitate: aut pro industria qua utuntur aniculae: *aut pro voluntate obsequendi. alii 'celebrabat'* ***legunt****, quia antiqui hoc verbum in velocitate ponebant. Accius "celebri gradu gressum adcelerate".*

Serv. auct. Aen. 5, 851: FRAVDE SERENI serenitatis: ut "et servantissimus aequi". *alii* ***legunt*** *'deceptus fraude caeli sereni'.*

Serv. Aen. 6, 84: IN REGNA LAVINI alii 'Latini' **legunt**, cuius tunc erant. sed quia divina loquitur, futura praeoccupat; postea enim Lavinium dicetur: licet possit ad Lavinum, Latini fratrem, referri, qui illic ante regnavit.

Serv. Aen. 6, 270: INCEPTAM alii 'incertam' **legunt**, illuc tamen recurrit; nam 'incertam' incipientem, id est minorem significat.

Serv. Aen. 7, 570: CONDITA ERINYS *recepta,* alii 'condit' **legunt** et 'se' subaudiunt.

Serv. Aen. 7, 773: POENIGENAM matris poena genitum: alii 'Phoebigenam' **legunt**, ut Probus.

Serv. Aen. 8, 223: TVRBATVMPQVE OCVLIS ea parte turbatum, quae proditrix mentis est. alii 'oculi' **legunt** et accipiunt a superioribus 'videre turbatum oculi'.

Serv. Aen. 8, 692: CONCVRRERE MONTIBVS ALTOS alii 'altis' **legunt**, unum tamen est.

Serv. Aen. 9, 98: EVASERIT VNDIS de undis exierit, cum venerit ad eum locum, de quo navigatura iam non sit. alii **legunt** 'evaserit *undas'; quod si est, intellegimus 'quaecumque evaserit* undarum periculum'.

Serv. Aen. 9, 266: DICERE SORTEM statuere. alii proprie 'ducere' **legunt**, quod est sortium, ut <6, 22> "stat ductis sortibus urna". *alii 'deicere'* ***legunt*** *secundum illud <5, 490> "deiectam que aerea sortem accepit galea", id est sortiri praedam.*

Serv. Aen. . 10, 417: FATA CANENS quasi divinus. alii 'cavens' **legunt**; secundum quod non statim et divinus: nam et ab aliis audita cavere potuerat.

Serv. auct. Aen. 10, 458: IRE PRIOR PALLAS subaudis 'voluit'. *alii 'ire' pro 'it'* ***legunt,*** *ut sit infinitivus pro indicativo.*

Serv. Aen. 10, 791: OPTIMA FACTA alii **legunt** 'optime': *est autem prosphonesis.*

Serv. auct. Aen. 11, 169: NON ALIO DIGNITER TE FVNERE PALLA latenter hic Aeneae ostenditur pietas, qui in amici funus tanta contulit, ut pater amplius praestare non possit. *Alii 'dignem'* ***legunt*** *iuxta veteres ab eo quod est 'digno': Calvus hunc tanto munere digna, Pacuvius in Hermione cum neque me inspicere aequales dignarent meae, ipse Vergilius <III 475> coniugio Anchisa Veneris dignate superbo.*

Serv. Aen. 11, 258: SCELERVM POENAS EXPENDIMVS OMNES id est luimus omnes poenas, quae sunt statutae sceleribus. alii 'sceleris omnis' **legunt**: nam 'omnes' non potest ad Graecos referri, quia non omnes pertulere supplicia. *sed si 'omnes', mire, ne putes forte factum. et adiuvandum pronuntiatione.*

Serv. Aen. 11, 671: SVFFVSO CASVRO nam ‘suffusi’ equi dicuntur quos vulgo incespitatores vocant. alii ‘suffosso’ **legunt**, id est praecipiti et iam cadenti.

Serv. Aen. 11, 818: FRIGIDA LETO alii ‘telo’ **legunt** et intellegunt ‘vulnere’. *et quidam LABVNTVR LETO non ‘leto frigida’, sed ‘leto labuntur’. alii ‘frigida leto’ accipiunt, quia sequitur post ‘captum leto posuit caput’. non nulli ‘frigida lumina’ tradunt, scilicet igni caloris extincto, ut e contrario ad caelum tendens ardentia lumina.*

Serv. Aen. 12, 790: CERTAMINA MARTIS ANHELI alii ‘certamine’ **legunt**, ut sit sensus: adsistunt contra se in Martis anheli certamine.

Schol. Bern. georg. 2, 65: *Plantis*, semine. *Durae*, non ad lignum, sed ad fructum. *Nascuntur*, subauditur ‘melius respondentes’. *Durae*, alii ‘edurae’ **legunt**, ut (Georg. 4, 145): ‘Eduramque pirum.’ *Coryli*. Corylus est ex qua auellana nux nascitur.

Schol. Bern. georg. 4, 447: *Scis*, tu scis omnia et aduentus mei causam. *Proteu*, uocatiuus Graecus. Alii ‘quicquam’ **legunt**.

Schol. Bern. georg. 4, 473: *Quam mutla, tam* multa simulacra, quam multa folia. *In foliis*, alli **legunt** in ‘fuuiis’.

Schol. Bern. georg. 4, 545: *Orphei*, in *Ebrii* ‘Orphi’, alii genetiuo, alii datiuo, sed Graeco **legunt**. *Lethaea papauera mittes*, ut iras uel furores obliuiscatur.

Schol. Bern. georg. 4, 548: *Matris, Cyrenes*. *Capessit*, Aristaeus; alii **legunt** ‘facessit’, frequentatiua pro perfecta.

Schol. Bern. georg. 4, 565 *Auxi*, alii **legunt** ‘audax’. *Auxique iuuenta. Iunilius* dicit: ‘uult se iuuenem intellegi Bucolica scribsisse.’ *Carmina* et reliqua. Bene et breuiter hunc titulum de scriptis suis confecit. *Auxi*, prima aetate, ferox. Nam XXVIII anno scripsit Bucolica. *Gaudentius* dicit.

Lact. Plac. Stat. Theb. 5, 668: COMMERCIA VITAE alii uittae **legunt**. ergo si uitae, quia omnes Argiui erant siue quia commercia uitae communes sunt irruentes casus excipere; si uittae, quia sacerdos erat Apollinis.

Lact. Plac. Stat. Theb. 6, 935: (FATA PATENT HOMINI PIGET) INSERVARE (PERITQVE/ VENTVRI PROMISSA FIDES) <inseruare> attendere auspicia. alii ‘inseruire’ **legunt** et est uerbum augurum de caelo seruato. dicit ergo: piget nos insistere <id est non> quaerimus futura, et ideo perit uenturi fides promissa.

Serv. Aen. 7, 801: QVA SATVRAE IACET ATRA PALVS secundum hanc lectionem re vera Saturam paludem intellegimus; sed alii ‘Asturae’ **legunt**. quod si est, paludem pro flumine posuit; nam haud longe a Terracina oppidum est Astura et cognominis fluvius.

Serv. auct. Aen. 11, 830: *ARMA RELINQVENS alii ‘arma relinquunt’* ***legunt****. Probus hypallagen vult esse vel contrarium, ut ipsa relinquat. alii ‘arma relinquunt’ cum laude dictum accipiunt, id est illa decidebant e manibus Camillae exanimis.*

b) *Alii legant*

SERV. auct. Aen. 3, 108: RHOETEAS *Rhoeteum promontorium Troados: licet alii 'Rhoetias'* ***legant*** *propter Rhoetiam Sithonis filiam. et* amat Vergilius declinationes Graecas, salva regulae reverentia, in Latinas convertere ει Graecam diphthongon in 'e' longum mutans, ut Αἰνείας Aeneas, Μήδεια Medea, Ῥοίτειον Rhoeteum.

SERV. Aen. 6, 375: RIPAMVE INIVSSVS ABIBIS ut 'abeo in Tuscos', sicut diximus supra <4, 106>: quamquam alii 'adibis' **legant**.

SERV. Aen. 4, 174: FAMA MALVM definitio est, ut 'quo' ex praecedenti pendeat nomine: quamquam alii 'qua' **legant**. sane 'quo' nisi definitio sit, legi non potest; nec enim procedit, ut ordo sit 'Fama, quo non aliud malum *est* velocius'. *Alii tradunt legi.*

SERV. auct. Aen. 1, 104: *TVM PRORAM AVERTIT alii 'prora'* ***legi*** *tradunt.*

c) *Quidam legunt*

PORPH. Hor. sat. 2, 3, 166: Qvid enim differt Barathron<i>. Barathro luxuriosus. Verum quidam **legunt** barathro, ut ueniat a nominatiuo barathrus.

DON. Ter. Ad. 574: 2 VBI EO VENERIS CLIVVS DEORSVM VERSVM EST HAC TE PRAECIPITATO hoc lentius. quidam clarius **legunt**, ut sit '<te> praecipitato' cito descende.

DON. Ter. Hec. 58: 5 QVAM PAVCOS quidam non 'paucos' sed 'paucis' **legunt**; sic enim Apollodorus ὀλίγαις ἐραστὴς γέγον' ἑταίραισιν Σύρα, βέβαιος.

DON. Ter. Phorm. 249: 2 HABENDAE COMPEDES uitiosam locutionem seruili personae dedit Terentius; nam integrum esset, si diceret 'habendas compedes'. unde quidam non 'esse' sed 'usque' **legunt.**

SERV. auct. georg. 2, 383: THESIDAE Athenienses, qui primi ludos instituere Liberalia. *et aliter: quidam* ***legunt*** *'ingeniis', ut sit, praemia posuerunt ingeniis. dabatur autem hircus praemii nomine: unde hoc genus poematis tragoediam volunt dictam. et 'Thesidae posuere' ideo, quia primi Athenienses Liberalia statuerunt. Thesidae dicti a rege Theseo. compita ut Trebatio placet, locus ex pluribus partibus in se, vel ineasdem partes ex se vias atque itinera dirigens, sive is cum ara, sivesine ara, sive sub tecto, sive sub divo sit, ubi pagani agrestes, bucina convocati, solent certa inire concilia: hinc et lares compitalicii et feriaecompitaliciae.*

SERV. auct. Aen. 4, 497: *SVPER IMPONAS quidam 'imponant'* ***legunt****, scilicet famulae.*

SERV. auct. Aen. 4, 598: *QVEM SECVM PATRIOS et reliqua. quidam in utroque versu pro 'quem'* ***legunt*** *('qui'), ut sit vetus figura per ellipsin: ubi sunt qui aiunt patrios penates portasse et parentem umeris subisse? sane hic 'subisse' iuxta praesentem usum accusativo iunxit, cum alibi antique dativo usus sit, ut "subeunt luco" et "muroque subibant".*

SERV. auct. Aen. 9, 398: *IN HOSTES quidam 'in enses'* ***legunt*** *et melius hoc putant, quam in hostes.*

Serv. auct. Aen. 9, 811: *FESSOS QVATIT AEGER ANHELITVS Probus ait commodius hic est 'aeger', quam in quinto <432> 'vastos quatit aeger anhelitus artus': quamvis consuetudo sit Vergilio ista mutandi quidam 'acer'* ***legunt****: et volunt in quinto 'aeger' aptius dictum de sene, hic de iuvene 'acer' melius convenire.*

Serv. Aen. 10, 377: MAGNA CLAVDIT NOS OBICE PONTVS *periphrasis, id est mari claudimur. et* modo usus habet, ut 'hic obex' dicamus, unde quidam 'magno obice' **legunt**. antiqui etiam 'haec obex' dicebant, secundum quod est 'magna obice'. hinc est quod non nulli vitant generis dubietatem et **legunt** 'magni', scilicet 'maris'. Caper tamen in libris dubii generis probat dici et 'hic obex' et 'haec obex', quod, ut diximus, hodie de usu recessit.

Serv. auct. Aen. 11, 598: ETRVSCISQVE DVCES Etruria dicta est, quod eius fines tendebantur usque ad ripam Tiberis, quasi heterouria; nam heteron est alterum, horos finis vocatur. Roma enim antea unam tantum Tiberis ripam tenebat: Iuvenalis et quae imperii fines Tiberinum virgo natavit. *quidam sane 'Etruri'* ***legunt****, ab 'Etruria': trans Tiberim enim Etruriam dicebant, homines Etruros, quos nunc Etruscos.*

Schol. Bern. georg. 1, 277: *Felicis operum*, ad sumenda opera. *Pallidus*, quia pallidos facit. *Quintam.* Dicitur hic numerus Mineruae esse consecratus, quam sterilem esse constat, unde sterilia omnia quinta luna esse nata dicuntur. *Gaudentius* dicit. *Orcus,* infernus; quidam cum aspiratione 'Horcus' **legunt**.

Lact. Plac. Stat. Theb. 7, 348: CORYCIVM QVE NEMVS quidam 'Ogygium' **legunt**, quo uocabulo antiqui Thebanos intellegi uolebant, quia post Cadmum Ogygius Thebas rexit. quia post Cadmum Ogygius Thebas rexit. quo uocabulo antiqui Thebanos intellegi uoluerunt post etiam nemori est hoc nomen impositum. etiam tumulus circa Thebas ita uocatur.

d) Male quidam legunt/pessime quidam legunt

Serv. Aen. 4, 436: QVAM MIHI CVM DEDERIS CVMVLATAM MORTE REMITTAM sensus est: quod beneficium cum mihi cumulatum dederis, sola morte derelinquam. et hic intellectus est melior, quia sorori loquitur, 'quam mihi cum dederis cumulatam': quam lectionem Tucca et Varius probant. nam male quidam **legunt '**quam mihi cum dederit', id est Aeneas, 'cumulata morte relinquam' et volunt intellegi, acceptum ab illo beneficium *mea* morte cumulabo et sic relinquam, ut amantes dicere consuerunt, ut *praeceps* aërii specula de montis in undas deferar; extremum hoc munus morientis habeto: *id est faciam quod illi scio placiturum, occidam me:* nam si eam odio habet Aeneas, restat ut eius morte laetetur. hoc sorori quoque potest dicere, quae credit eam ex amore concitatam id loqui, nec tamen facere: sed elocutio non procedit: nemo enim dicit 'veniam cumulata', sed 'cumulatam'. alii ita intellegunt: reddam illi gratiam, occidam illum: nam alibi ait 'non potui abreptum divellere corpus'? sed hoc totum sorori dicit. an perplexe locuta est, ut solent loqui mali aliquid molientes? 'cumulatam' autem 'veniam' numquid solidam et plenam, et cui nihil desit, debemus accipere?

SERV. Aen. 8, 543: HESTERNVM autem larem cui pridie sacrificaverat.et est iteratio: nam male quidam 'externum' **legunt**, id est extraneum.

SERV. Aen. 11, 527: TVTIQVE RECEPTVS male quidam 'recessus' **legunt**: nam 'receptus' dicitur, quo se tuto exercitus recipit: unde et signa 'receptui canere' dicuntur.

SERV. Aen. 12, 168: MAGNAE SPES ALTERA ROMAE *ideo, quia Aeneas una.* male *autem* quidam 'magna' **legunt.** *sane Ascanii habitum omisit, quia puer est.*

SERV. Aen. 12, 514: MITTIT autem socium supra memoratis. sane 'Oniten' Donatus dicit aut gentile esse, aut patronymicon, ut nomen eius proprium sit 'Echionius'. sed hoc non procedit, quia neque patronymicon in 'tes' exit, neque 'Onytes' a qua gente veniat, usquam lectum est. proprium ergo est, et sequens versus erit 'nomen Echionium', id est Thebana gloria, per periphrasin: nam Echionii sunt Thebani a rege Echione: unde male quidam **legunt '**nomine Chionium'. *alii 'nomen Echionium', hoc est genus, quemadmodum de matre 'genus' dixit, accipiunt, ut ostendatur eum Echionis esse et Peridiae filium, vel ab Echione genus ducentem.*

SERV. Aen. 12, 715: AC VELVT INGENTI SILA SVMMO VE TABVRNO Sila mons silva est Lucaniae, Taburnus mons Campaniae: Sallustius de fugitivis in silva Sila fuerunt: unde pessime quidam 'silva' **legunt**, quia proprium appellativo non potest exaequari. unde bene proprium *proprio* iunxit.

SERV. Aen. 12, 859: TRANSILIT VMBRAS hyperbole est; namque umbra semper tela comitatur, hic ait, transit umbras sagitta: male enim quidem 'auras' **legunt**.

SERV. georg. 1, 96: NEQVE NEQVIQVAM id est non sine causa: nam semper duae negativae unam confirmativam faciunt: unde male quidam locum illum **legunt** in Terentio pater adest, cave ne te tristem sentiat – si enim hoc est, dicit, vide ut te tristem esse sentiat: quod procedere minime potest – sed ita **legendum** est cave te tristem esse sentiat. si enim hoc est, dicit, vide ut te tristem esse sentiat: quod procedere minime potest -sed ita **legendum** est "cave te tristem esse sentiat". nam et 'ne' et 'cave' prohibentis est.

SERV. georg. 2, 69: FETV NVCIS ARBVTVS HORRIDA versus dactylicus: nam male quidam 'horrens' **legunt.** 'horrida' autem hispida. et iam transit ad insitionem, quae duplex est: nam aut insitio dicitur, cum, fisso trunco, surculus fecundae arboris sterili inseritur, aut oculorum inpositio, cum, inciso cortice, libro alienae arboris germen inserimus.

SERV. auct. georg. 2, 333: *NEC METVIT quomodo non metuit, si surgunt? solvitur: 'nec surgentes metuit' est 'nec surgunt'. hoc dixit: non metuit, ne tempestate opprimatur.* NEC METVIT variat: nam supra ait 'audent se gramina *campo'. et aliter: Celsus ait 'germina' reliquisse Vergilium; loquitur enim de omnium arborum fetu: unde male quidam 'gramina'* ***legunt****. et 'nec metuit' utrum non metuit, ne surgant, an ideo nonmetuit, quia non surgunt? quod magis puto.*

Serv. georg. 2, 464: INLVSASQVE AVRO V. in quibus artifex auro ludens aliqua depinxerat. male autem quidam 'inclusas' **legunt.**

SERV. georg. 2, 256: ET QVISQVIS COLOR vera lectio haec est: nam male quidam 'et quis cuique' **legunt,** excludentes 'at', ut sit 'et quis cuique color: sceleratum exquirere frigus difficile est'. alii 'colos' **legunt,** ut excluso 's' fiat synalipha et scandamus 'et quis cuique colat sceleratum', ut sic sit, quemadmodum "inter se coisse viros et decernere ferro". quod non procedit: tunc enim 'r' in 's' mutatur, cum longa opus est syllaba, ut 'color colos' 'labor labos'; hic autem non solum longam non facit syllabam, sed etiam excluditur 's' cum superiore vocali: unde **legendum** est 'et quisquis color', quod nec obscuritatem adfert nec fidem derogat lectioni.

Serv. georg. 3, 475: ET IAPYDIS A. T. id est Venetiam: nam Iapydia pars est Venetiae, dicta ab Iapydio oppido: Sallustius "primam modo Iapydiam ingressus". huius fluvius est Timavus. unde male quidam 'Iapygis' **legunt**, cum Iapygia sit Apulia.

SCHOL. Bern. georg. 2, 69: *Inseritur uero* et reliqua. In arbuto nucem, in platano malum, in fago castaneam, in orno pirum inserimus. *Horrida,* hispida. *Horrida,* uersu dactylico; nam male quidam 'horrens' **legunt**.

LACT. PLAC. Stat. Theb. 5, 665: RECTO QVE ERYMANTHIVS ENSE quidam rectorque Erymanthius **legunt**, sed male. Erymanthium ergo Parthenopaeum dicit ab Erymantho, monte Arcadiae. RECTO... ENSE protenso gladio.

e) *Quidam legerunt*

SERV. auct. Aen. 2, 137: ANTIQVAM caram. et bene commemorat liberos et parentem, ut ostendat se non deseruisse ut vilem, sed mortis fugisse terrore. *et bene †ignotos finxit sibi liberos et parentem, ut maior miseratio ex pluribus nasceretur. quidam sane non 'dulces', sed 'duplices'* ***legerunt****, quia 'dulces' leve esset et commune epitheton liberorum.*

f) *Quidam nolunt legere*

SERV. auct. Aen. 4, 8: MALE SANA non plene sana, amore vitiata; 'male' enim plerumque 'non', plerumque 'minus' significat, sicut 've', ut 'vecors' *et* 'vesanus'. quamquam 'male' et 'perniciose' significat, ut Lucanus "sic male deseruit" (9.310). *MALESANA] 'non <sana>', ut "statio male fida carinis": aliquotiens 'minus' significat. et quidam 'malesana' nolunt hyphen* ***legere****, nec esse compositum verbum, quia composita unum plerumque corrumpant necesse est, ut 'malesuada.*

g) *Multi legunt/plutimi legunt*

SERV. georg. 2, 435: AVT ILLAE PECORI FRONDEM id est salices et genistae. multi autem 'tiliae' **legunt,** ut tria dixerit, salices, tilias et genistas.

SERV. ecl. 7, 19: ALTERNOS MVSAE MEMINISSE VOLEBANT si 'volebant', sensus est, musae utriusque meminerant, ut "amant alternacamenae". sed multi 'volebam' **legunt**, ut sit *sensus*: optabam, o musae, meminisse alternos, id est omnia quae dixerunt tenere; nam et in fine dicturus est (69) haec memini.

SERV. auct. Aen. 1, 112: *VADIS vada ta brachea. Varro de ora maritima libro I si ab aqua summa non alte est terra dicitur vadus. et multi sic* ***legunt*** *'inlidit que vadis atque aggere cingit harenae'.*

SERV. auct. Aen. 1, 448: *NEXAEQVE AERE TRABES multi 'nixae'* ***legunt****, non 'nexae', iuxta Varronem qui ait trisulcae fores, pessulis libratae, dehiscunt, graves atque innixae in cardinum tardos turbines. quidam trabes aeneas putant ipsum templum chalkioikon significari. versus sane ipse hypermetros est.*

SERV. auct. Aen. 1, 636: MVNERA LAETITIAMQVE DEI id est *Liberi patris, ac per hoc* vinum: aut certe ut multi **legunt** 'laetitiamque die', id est diei, ut supra dicta munera sint multorum dierum usui sufficientia, intellegamus autem missa aliqua etiam ad usum diei. *†in caesi dilegitur. non nulli 'dii'* ***legunt****, sicut veteres 'famis fami'. Plautus in Mercatore qui aut Nocti, aut Dii, aut Soli, aut Lunae (Mer. 4–5). sane quidam hunc versum intellegi non putant posse, ut est ille quem tibi iam Troia.*

SERV. Aen. 1, 665: TYPHOEA multi 'Typhoia' **legunt**, ut cerialia et cerealea. 'Typhoe+a' autem dixit non quibus Typhoeus usus est, sed quibus Iuppiter inTyphoeum: a spoliis [id est virtute] et victoria epitheton posuit, ut Scipio Africanus et Metellus Creticus.

SERV. auct. Aen. 3, 157: PERMENSI evecti, ut est contra "pelagoque remenso inprovisi aderunt". *multi autem 'permensi' sine 'n'* ***legunt*** *a verbo permetior. hic versus variasse dicitur.*

SERV. Aen. 3, 635: ACVTO fuste *obusto*: nam secundum istum sensum multi 'tenebramus' **legunt**. alii 'terebramus' **legunt**. 'telo' autem 'acuto' potest et simpliciter accipi.

SERV. auct. Aen. 4, 204: MEDIA INTER NVMINA DIVVM ac si diceret et 'diis testibus', ut Sallustius "quam medius fidius veram licet mecum recognoscas": *id est sis dictis medius: fidius, id est Διὸς υἱός, Iovis filius, id est Hercules. medium dixit testem. sane multi 'munera'* ***legunt****, hoc est in media precatione deorum: et est invidiosius, si inter munera, quae ipse sacraverat.*

SERV. Aen. 8, 25: LAQVEARIA multi 'lacuaria' **legunt**, nam 'lacus' dicuntur: unde est in Horatio "nec mea renidet in domo lacunar". non enim a laqueis dicitur, sed ab eo quod sunt lacus.

Serv. Aen. 9, 453: TEPIDAQVE RECENTEM CAEDE LOCVM hypallage est, tepidum locum recenti caede; unde multi **legunt** 'tepidumque recenti caede locum'.

Ps. Ascon. Cic. diu. in Caec. 1: "Si quis vestrum, iudices". Hoc toto capite soloecismi species continetur, nisi addas 'et' aut 'idem', ut sit: "et nunc subito mutata voluntate ad accusandum descenderim:" quare multi non "descenderim" **legunt**, sed "descendere".

Serv. georg. 2, 247: AMAROR amaritudo: et est sermo Lucretii (4, 224) et vera lectio ipsa est: nam multi 'amaro' **legunt**, ut sit 'sensu amaro'.

Serv. Aen. 2, 348: IVVENES FORTISSIMA FRVSTRA PECTORA ordo talis est: iuvenes, fortissima pectora, frustra succurritis urbi incensae, quia excesserunt omnes dii: unde si vobis cupido certa est, me sequi audentem extrema, moriamur et in media arma ruamus. *alii 'sequi' pro 'sequendi' accipiunt.* obscuritatem autem facit hoc loco et synchysis, id est hyperbati longa confusio, et falsa lectio: nam multi 'audendi' **legunt**, multi 'audenti'. sed neutrum procedit. ergo 'audentem' **legendum est**.

Serv. Aen. 8, 260: ANGIT INHAERENS ELISOS OCVLOS ET SICCVM SANGVINE GVTTVR 'angit guttur' bene dicimus, 'angit oculos' non procedit. ergo 'angit' ad unam rem pertinet, ut "disce, puer, virtutem ex me verumque laborem, fortunam ex aliis": nam fortuna non discitur. unde multi 'elidens' **legunt**, et integer sensus est: nam 'elisos' soloecophanes est, ut sit ita 'angit guttur et elisos oculos facit'.

Don. Ter. Andr. 205: 1 NEQVE TV HAVT DICAS TIBI NON PRAEDICTVM duae negatiuae unam consentiuam faciunt; tres negatiuae pro una negatiua accipiuntur, ut hic neque haud non. Sallustius "haud impigre neque inultus (Sall. Hist. frg. 41M.)". *uera ergo lectio est 'neque tu haud dicas', quod plurimi non intellegunt, <cum> 'hoc dicas'* ***legunt.*** 2 NEQVE TV HAVT DICAS TIBI NON P(RAEDICTVM) uera lectio 'neque haut dicas': est enim quintum παρέλκον. Plautus in Bacchidibus "neque haud subditiua gloria oppidum arbitror (Plaut. Bacc. 19)".

h) Nonnulli/ Non nulli

Serv. auct. georg. 1, 12: CVI PRIMA F(REMENTEM) F(VDIT) E(QVOM) M(AGNO) T(ELLVS) P(ERCVSSA) T(RIDENTI)*antiquissimi libri 'fudit aquam' plerique habuerunt, quoniam Neptunus fluminibus et fontibus et aquisomnibus praeest, ut ipse docet "aut praeceps Neptuno inmerserit eurus"; sed melius 'equum' propter armenta. in Corn. 'equm', in authentico 'aquam', ipsius manu 'equm'.* fabula talis est: cum Neptunus et Minerva de Athenarum nomine contenderent, placuit diis, ut eius nomine civitas appellaretur, qui munus meliusmortalibus obtulisset. tunc Neptunus percusso litore equum, animal bellis aptum, produxit; Minerva iacta hasta olivam creavit, quae res est melior conprobata et pacis insigne. ut autem modoNeptunum invocet, causa eius muneris facit, quia de equis est dicturus in tertio: alioquin incongruum est, si de agricultura locuturus numen invocet maris. equum autem a Neptuno progenitumalii Scythium, alii Scyronem, alii Arionem dicunt fuisse nominatum. et ideo dicitur equum invenisse, quia velox est eius numen et mobile, sicut mare: unde etiam Castor et Pollux, quia eorum velocissimae stellae sunt, equos in tutela habere dicuntur. *sane hunc equum cuiuscumque nominis alii apud Arcadiam, alii in Thessaliaeditum dicunt, in qua etiam montem altissimum ostendunt, ubi primumequus visus sit, in tantum, ut ob hanc causam a Thessalis Neptuno equestre certamen memorent institutum: unde apud Graecos ἵππιος Ποσειδῶν, a nobis equester Neptunus. alii hanc eandem de equo opinionem varie adserunt: nam primum equum et mox pullum equinum matre editum tradunt. quidam marem magis pullum initio editum volunt. nonnulli Saturno, cum suos filios devoraret, pro Neptuno equum oblatum devorandum tradunt: unde Illyricos quotannis ritu sacrorum equum solere aquis inmergere; hoc autem ideo, quod Saturnus umoris totius et frigoris deus sit. 'prima' autem multi pro 'olim' accipiunt, ut "prima quod ad Troiam p. c. g. A". alii 'prima' ideo, quod post Scythium Arionem genuit. nonnulli vero ob hoc 'cui prima frementem fudit aquam'* ***legunt,*** *quod veteres murmura aquae fremitum dicebant: Ennius ager oppletus imbrium fremitu et denuo ratibus que fremebat imber Neptuni, Vergilius in XI. (299) vicinae que fremunt ripae c(repitantibus) u(ndis) ergo 'prima' pro 'primum', quia et Pegaso fontem in Boeotia icta eius ungula fudit: aut 'prima tellus', id est litus, ut prima que vetant considere terra.*

Serv. auct. ecl. 7, 51: *<HIC TANTVM> nonnulli 'hinc'* ***legunt****, ut sit intellectus: quia in domo sua semper ignis sit, ideo subiectum 'hinc tantum', ut est hinc omnis largo pubescit vinea fetu, hoc est ex hac causa. sane 'hinc' alii propterea, alii loci significationem accipiunt.*

Serv. auct. Aen. 1, 115: *PRONVS πρηνής. non nulli sane 'pronum' adverbialiter* ***legunt.***

Serv. Aen. 1, 518: CVNCTI NAM LECTI NAVIBVS bene addidit 'lecti', ne penitus omnes intellegeres. nonnulli tamen 'lectis navibus' **legunt**: quod et si sit, hypallage est, et illuc sensus recurrit. et sciendum, plerumque ut hoc loco addi aliquid generalitati et fieri specialitatem. item si dicas 'omnes scolastici laborant', generalitas est; si addas 'isti', fit specialitas, ut Sallustius transgressos omnis recipit mons Balleia prudenter addidit 'transgressos'.

Serv. Aen. 3, 111: *MATER* CVLTRIX CYBELI *'mater' proprie, 'cultrix' autem 'Cybeli', id est* montis Phrygiae, in quo colitur, a quo et Cybele dicta est. alii dicunt Cybelum sacerdotem eius primum fuisse *in Phrygia*, et ab eo Cybelen dictam. non nulli 'cultrix Cybele' **legunt**, ut sit quasi Cybeleia. alii Cybele ἀπὸ τοῦ κυβιστᾷν τὴν κεφαλὴν, id est a capitis rotatione, quod proprium est eius sacerdotum.

Serv. Aen. 11, 272: ET SOCII AMISSI **legunt** non nulli et 'admissis pennis', sed melius est 'amissi'.

i) Qui legunt

Serv. auct. Aen. 11, 483: ARMIPOTENS PRAESES BELLI TRITONIA VIRGO antonomasiva sunt pro proprio. haec autem omnis oratio verbum ad verbum de Homero translata est. 'praeses' autem 'belli', id est quae praeest omnibus bellis, cuius nutu semper bella tractantur. *sane qui 'praesens'* ***legunt****, quasi praestans in bellis intellegunt; qui 'praeses' sine n littera, quasi quae praesideat rei. sic praesides dii urbis appellantur. cuius genetivus 'praesidis' facit.*

Serv. auct. Aen. 10, 333: SVGGERE TELA MIHI ordo est: suggere tela mihi, quae in campis Iliacis in Graecorum stetere corporibus: nullum enim dextera mea in Rutulos sine causa iaculabitur telum eorum, quae iam sunt caede hostium comprobata. *qui vero 'steterunt que in corpore Graium' per coniunctionem, non per pronomen* ***legunt****, hi non 'que' sed 'autem' debuisse dici putant, et mutatam a poeta coniunctionem. alii 'que' coniunctionem pro 'enim' ponunt, ut "primaque oriens erepta iuventa est".*

j) Sunt qui (sic) legant

Don. Ter. Ad. 618: 2 VBI VIDI sunt qui addant superuacue 'hanc' et **legant** 'hanc ubi uidi'.

Comment. Lucan. 3, 55 GNARVS ET IRARVM CAVSAS E • S • F • A • sunt qui sic **legant** ut sit ablatiuus 'annona'. et est ordo: gnarus Caesar et irarum causas et fauoris summa momenta. GNARVS ET IRARVM CAVSAS sciens et irae et fauoris momenta annona trahi, ut si deesset, odium, si abundaret, amor consequeretur. unde et 'momenta' proprie quasi incerta utraque. SVMMA FABORIS ANNONA summa momenta esse fauoris annonam.

k) Grammatici legunt

Serv. auct. georg. 3, 498: *ATQVE INMEMOR HERBAE herbae' pro 'herbarum', ut ipse "inmemor herbarum quos est mirata iuvenca" et rursum "carpit enim vires paulatim uritque videndo femina nec nemorum patitur meminisse nec herbae". ergo (ut) hic vel amore vel miraculo carminis oblivionem herbae factam dicit, ita illic occupatione morbi. quidam volunt ideo dictum 'studiorum atque inmemor herbae', quod antiqui in pratis certamina exhibere consueverant. [reliqua grammatici* ***legunt****]*.

l) Legunt

Porph. Hor. epsit. 2, 2, 54: Ni melius dormire: **Legunt:** <ne> melius. Sed [u]ni uer[s]um[q-] est.

Serv. auct. georg. 3, 230: PERNIX modo perseverans: Horatius "pernicis uxor Apuli". 'pernix' autem perseverans a pernitendo tractum est. *et aliter:* ***legunt*** *et 'pernox'; sed 'pernix' melius, id est pertinax.*

Lact. Plac. Stat. Theb. 2, 181: (ATQVE VTINAM HIS MANIBVS PERMITTERE GENTIS/... QVAS DORICVS ALLIGAT INTVS) ISTHMOS (ET ALTERNO QVAS MARGINE SVMMOVET INFRA/ NON FVGERET

DIRAS LVX INTERCISA MYCENAS) <Doricus... Isthmos> Peloponnesum significat omnem, aut quod summouet Helladem aut Ioniam <ab illa>. adhuc enim illis locis Thesei uersum **legunt**: 'inde est Peloponnesus, hinc Ionia'.

m) *Ueteres legerunt*

DON. Ter. Hec. 83: 3 SYRA 'Sura' ueteres **legerunt**, <V> pro <Y> ponentes, ut Musis, Surus.

1.4 *LEGO/LEGIMUS*

a) *In aliis lego*

Ps. ACRO Hor. sat. 1, 8,19:*Versant] Mutant. In aliis 'uexant' **lego**.

b) *(Et) Legimus*

SERV. Aen. 1, 100: SVB VNDIS et 'sub undis' **legimus**, et 'sub undas'. sed si 'sub undas', 'correpta' intellege, si 'sub undis', 'volvit'; varia ergo distinctio est.

SERV. Aen. 2, 12: QVAMQVAM ANIMVS MEMINISSE HORRET 'quamquam' meliuspraesenti iungitur tempori, ut 'quamquam scio, quamquam lego'. quod autem dixit 'meminisse horret' defectivi verbi ratio est; necenim potuit dicere 'meminere'.et in his quae corrupta sunt naturaliter, ut 'odi' 'novi' 'memini' et omnia, tempora quae inveniuntur et suo et aliorum funguntur officio, ut 'memini' praeteritum est, **legimus** tamen et "memini videre, quo aequior sum Pamphilo" et "memini me turribus altis Corycium vidisse senem". quodsi fit et in verbis integris, ut "iuvat evasisse tot urbes", quanto magis in corruptis?

SERV. georg. 1, 166: ET MYSTICA VANNVS IACCHI id est cribrum areale. **legimus** tamen et 'vallus' secundum Varronem †*hanc fisticula pollio mysta vallus,* quod idem nihilominus significat. 'mystica' autem 'Iacchi' ideo ait, quod Liberi patris sacra ad purgationem animae pertinebant, et sic homines eius mysteriis purgabantur, sicut vannis frumenta purgantur. hinc est quod dicitur Osiridis membra a Typhone dilaniati Isis cribro superposuisse: nam idem est Liber pater —in cuius mysteriis vannus est, quia, ut diximus, animaspurgat, unde et Liber ab eo, quod liberet, dictus est—, quem Orpheus a gigantibus dicit esse discerptum. *nonnulli Liberum patrem apud Graecos λικμητὴν dici adserunt; vallus autem apud eos λικμὸς nuncupatur, ubi de more positus esse dicitur, postquam est uteromatris editus. alii 'mysticam' sic accipiunt, ut vannum vas vimineumlatum dicant, in quod ipsam propter capacitatem congerere rustici primitias frugum soleant et Libero et Liberae sacrum facere: inde 'mystica'.*

c) *(Aut) si legimus/legerimus/legamus*

DON. Ter. Eun. 163: 4 NVM VBI numquid alicubi. 5 Aut si 'nuncubi' **legimus**, erit temporis aduerbium, ut sicubi quo in loco, qua in re.

Comment. Lucan. 3, 658 PERMIXTVS VISCERA SANGVIS si 'uiscere permixtus' **legimus**, scilicet 'cum uiscere'; si 'uiscera permixtus', id est permixta uiscera habens.

Adnot. Lucan. 4, 526: NAM SOL LEDEA TENEBAT tunc sol in Geminis erat ad signmn Cancri transiturus. Significat autem Iulium mensem. Si 'Ledaea' **legimus**, Pollucem et Castorem consecratum, si 'Id<a>ea', Herculem et Apollinenn significat. Alter enim evertit Idam, alter Idea.

Adnot. Lucan. 5, 386: MENTIIMUR D. ut eos, qui imperant, dominos nominemus. Si 'dominis mentimur' **legimus**, id est his adulamur.

Adnot. Lucan. 6, 607: INVITOS vel infernos.

INVITOS si 'invitos' **legimus**, erit 'quamvis invitos'.

Adnot. Lucan. 6, 683: HERBAS vel herbis.

INSPUIT si 'herbas' **legimus**, addidit et frondes, addidit et herbas, quibus nascentibus os dirum inspuit' accipimus; si 'herbis', est sensus: addidit frondes et quibus os dirum nascentibus herbis inspuit, et herbas addidit. (Aut) si legerimus.

Don. Ter. Phorm. 761: HAEC SOLA FECIT si 'hic' **legerimus,** Antiphonem intellegemus, si 'haec', Sophronam.

Serv. Aen. 10, 124: SENIOR CVM CASTORE THYBRIS possumus et solum Thybrin senem accipere: possumus et Castorem, si **legamus** 'et senior cum Castore *Thybris*': nam amphibolia est.

Lact. Plac. Stat. Theb.7, 97: (NEC SVA PINIGERO MAGIS ADNATET) VMBRA LECHAEO licet alibi undam **legamus,** tamen melius umbram accipimus propter Melicerten, qui se de Lechaeo monte praecipitauit in mare, in cuius honorem agon celebratur Isthmiacus, cuius uictores pinu coronantur.

1.5. *LEGERIS/LEGIS/LEGAS*

a) *Si legeris*

Serv. georg. 1, 383: IAM VARIAS PELAGI VOLVCRES ET QVAE ASIA CIRCVM DVLCIBVS I. S. haec est vera lectio, et sensus talis est: iam varias pelagi volucres et eas, quae circum Asia prata rimanturin dulcibus stagnis Caystri, videas certatim largos umeris infundererores et cetera. nam si 'iam variae' **legeris**, sensus nulla ratione procedit. Caystrus autem fluvius est, Asia vero palus, unde fecit 'prata Asia'. et de palude Asia 'A' longa est; nam de provincia corripit 'A', ut "Europa atque Asia pulsus". et est Homericus versus Ἀσίῳ ἐν λειμῶνι Καυστρίου ἀμφὶ ῥέεθρα.

Serv. Aen. 3, 292: PORTVQVE SVBIMVS CHAONIO ut <7, 161. 8 125> "subeunt muro": nam si 'Chaonios' **legeris**, *non 'Chaonio'*, difficilis est scansio, *non* excluso 's'.

Serv. Aen. 8, 477: FATIS HVC TE POSCENTIBVS ADFER perge illuc poscentibus fatis; nam talis est sensus, si **legeris** 'adfer'. et similiter iungit fortunam fato, ut supra, ubi ait "fortuna omnipotens et ineluctabile fatum". si autem **legeris** 'adfers', sensus erit talis: fati necessitate factum est ut venires; fortunae beneficium ut illi ducem requirant. **legimus** ergo et 'adfer' et 'adfers'.

Serv. auct. Aen. 11, 126: IVSTITIAENE PRIVS MIRER BELLINE LABORVM figura Graeca 'miror illius rei' et 'regno illius rei', ut Tenedoio te iphi anasseis: inde Horatius ait et qua pauper aquae Daunus agrestium regnavit populorum pro 'agrestibus populis'. *ita et hic 'iustitiae' 'laborum' genetivum pro ablativo posuit. si autem 'iustitiae'* ***legeris****, subaudiendum 'iustitiae laudibus'; si 'iustitia', subaudiendum 'praeditum'.*

Serv. Aen. 12, 701: QVANTVS ATHON haec est vera lectio: nam si 'Athos' **legeris**, 'os' brevis est et versus non stat. 'Athon' autem dici accusativus indicat: nam 'hunc Athona' facit, sicut 'Apollon' 'Apollona'. quod autem Herodotus 'hunc Athon' et 'hunc Apollo' dicit, Atticae declinationis est. *Athon autem mons est adiacens Thraciae, circa Lemnum insulam, in promunturio Macedoniae.*

Ps. Ascon. Cic. Verr. I, 25: "Qui quamobrem accerserentur". Bene interposuit haec ad causam non veniendi. Nam sine hac ad designatum consulem Siculos non venisse contumaciae videretur. Sane et hic et in primo capite Verrinarum animadvertitur inconsequens locutio similis que soloecismi, siquidem "non venisse" **legeris**: nam si "non venissent" **legeris**, error non erit.

Don. Ter. Hec. 670: 2 QVEM IPSE NEGLEXIT si 'ipsa' **legeris**, clare dictum est, si 'ipse' pater, lentius dictum est.

Serv. ecl. 1, 12: VSQVE ADEO TVRBATVR AGRIS turbamur sine ulla discretione culpae vel meriti. et invidiose tempora Augusti carpit latenter. sane vera lectio est 'turbatur', ut sit inpersonale, quod ad omnes pertinet generaliter: nam Mantuanorum fuerat communis expulsio. si enim 'turbamur' **legeris,** videtur ad paucos referri.

Serv. auct. georg. 1, 50: AC PRIVS IGNOTVM FERRO QVA, M SCINDIMVS AEQVOR id est ante quam faciamus vervactum. *si autem non 'inmensum', sed 'ignotum'* ***legeris****, nobis ignotum significat.* aequor autem modo terram accipe, ab aequalitate dictam, *ut "praecipitemque Daren ardens agit aequore toto":* unde et maria aequora dicuntur.

Serv. Aen. 2, 56: STARES si 'staret' **legeris,** 'maneres' sequitur propter ὁμοιοτέλευτον. et est apostropha.

Serv. Aen. 2, 508: MEDIVM IN PENETRALIBVS HOSTEM hypallage est, hoc est in mediis aedibus. si autem 'mediis' **legeris**, non stat versus, nisi excluso 's', ut <12, 709> "inter se coisse viros et decernere ferro". et bene Priamum non nisi in extremis armat periculis, ut magis inritet hostem in necem suam, qua possit captivitatem vitare, quam ut defendat aliquid. sane 'penetralia' proprie deorum dicuntur, non numquam etiam imae et interiores partes privatarum domorum vocantur, unde et penum dicimus locum, ubi conduntur quae ad vitam sunt necessaria. hic autem videtur opportunius penetralia de domo regis dixisse, quoniam reges prope suggestum imitantur deorum.

Serv. Aen. 3, 670: DEXTRAM ADFECTARE dextram intendere et inicere, scilicet sic, ut posset navem tenere. Terentius "ad dominam qui adfectant viam", id est intendunt: nam si 'dextra' **legeris**, ut sit 'dextra contingere', 'adfectare' 'contingere' caret exemplo. 'adfectare' autem quidam dicunt hoc esse: pronum animum habere ad faciendum quid occupandumque. alii 'adfectare', si 'dextra' **legas**, pro 'adfectandi' accipiunt, ut sit verbi infinitivus modus pro participio.

Serv. Aen. 3, 581: MOTAT movet; nam si 'mutat' **legeris**, dat refectionem labori. 'motat' frequenter movet. quamvis alii 'mutat' pro 'mutare vult' accipiunt, ut est "et terruit auster euntes".

Serv. auct. Aen. 8, 731: *ATTOLLENS VMERO FAMAMQVE ET FACTA NEPOTVM si 'fata'* ***legeris****, hoc est, quae nepotes fataliter fecerunt. hunc versum notant critici quasi superfluo et humiliter additum nec convenientem gravitati eius: namque est [eius] magis neotericus.*

b) Si legas

Serv. auct. Aen. 11, 708: VENTOSA FERAT CVI GLORIA FRAVDEM haec est vera et antiqua lectio, ut *'fraudem' non 'laudem'* ***legas, ut si*** *'fraudem'* ***legeris****,* sit sensus: pedes congredere, iam agnosces cui inanis iactantia adferat poenam: nam 'fraudem' veteres poenam vocabant, *ab eo quod praecedit, id quod sequitur, ut <2, 229> "et scelus expendisse merentem Laocoonta ferunt", Cicero in Cornelianis "ne fraudi sit ei qui populum ad contentionem vocarit"*; ut etiam in antiquo cognoscitur iure. si autem 'laudem' **legerimus,** erit sensus: agnoscescui inanis gloria adferat laudem. 'ventosa' autem 'gloria' est quam Graeci κενοδοξίαν vocant.

Serv. Aen. 7, 307: QVOD SCELVS AVT LAPITHIS TANTVM AVT CALYDONE MERENTE haec est vera lectio, sic et sensus procedit, ut uterque ablativus sit: nam si 'Calydona' **legas**, vitium erit nec sensus procedet. 'scelus' autem pro poena posuit, ab eo quod praecedit id quod sequitur, ut "et scelus expendisse merentem".

d) Si legis

Lact. Plac. Stat. Theb. 1, 466: <CONSCIA FATI> ergo si accusabis, facti **legis**, si purgas, fati.

1.6 *ASPER/ NIGIDIUS/ PROBUS/ DONATUS/ CARMINIUS/ POSTERITAS/ LONGUS/ HEBRUS*

a) Asper, Nigidius, Donatus, Probus, Carminius, Longus/ Hebrus legit

Don. Ter. Phorm. 190: 3 PROTINVS IN PEDES 'protinam' fuit, et sic Nigidius **legit** (fr. LX Sicob.).

Serv. ecl. 3, 38: QVIBVS TORNO FACILIS Donatus sic **legit: legitur** tamen et 'torno facili' ad excludenda duo epitheta, quod est in latinitate vitiosum, si sit 'lenta facilis vitis'.

Serv. auct. georg. 1, 277: PALLIDVS ORCVS quia pallidos facit: *nam ipse niger est. Probus 'Orchus'* ***legit****, Cornutus vetat aspirationem addendam. Hesiodus Orcum quintaluna dicit natum; Celsus, ut iuris iurandi deum, pallidum dictum, quia iurantes trepidatione pallescunt: nam apud Orcum defunctae animaeiurare dicuntur, ne quid suos, quos in vita reliquerunt, contra fata adiuvent.*

Serv. auct. Aen. 1, 44: FLAMMAS non animam dicit 'flammas', sed cum anima fulminis flammas vomentem. et ut superius pleno nomini adiecit 'opum', id est dives opum, sic hic verbo; cum enim plenum sit 'expirantem', addidit 'flammas', ut alio loco 'animas', ut confixi expirant animas. *alii 'expirantem' anhelantem accipiunt. Probus et 'tempore'* ***legit****, ut ipse liquefacto tempora plumbo. sed qui* ***legunt*** *'pectore' de Accio translatum adfirmant, qui ait in Clytemestra de Aiace in pectore fulmen inchoatum flammam ostentabat Iovis. qui 'tempore'* ***legunt*** *de topica historia tractum dicunt; nam Ardeae in templo Castoris et Pollucis in laeva intrantibus post forem Capaneos pictus est fulmen per utraque tempora traiectus. et singulare nomen pro plurali. totius autem Italiae curiosissimum fuisse Vergilium multifariam apparet.*

Serv. Aen. 3, 484: NEC CEDIT HONORI id est tanta dat munera, quanta merebatur Ascanius: hoc enim est 'honori non cedere', parem esse meritis accipientis. Scaurus vero 'honore' **legit** et intellegit: honore non cedit Heleno, qui patri eius vel avo donaverat multa.

Serv. Aen. 8, 406: CONIVGIS INFVSVS GREMIO hoc est ante concubuit et sic quievit. Probus vero et Carminius propter sensum cacenphaton 'infusum' **legunt**, ut sit sensus: dormiit cum coniuge dormiente, id est petiit soporem, infusum etiam coniugis gremio. alii 'infusus' **legunt**, ut significetur coisse illos et sic sopitos, et volunt esse emphasin coitus: nam 'infusum gremio soporem' nihil esse dicunt. multi autem cacenphaton accipiunt, ne duo epitheta videantur, 'placidum' et 'infusum'. alii figurate accipiunt 'placidum per membra' pro eo quod est placidum membris.

Serv. auct. Aen. 9, 346: ET MVLTA MORTE RECEPIT PVRPVREVM multi hic distinguunt, ut sit sensus talis: eduxit gladium multo cruore purpureum. alii 'multa morte recepit', ut sit: eduxit gladium cum multo cruore, et sic inferunt 'purpuream vomit ille animam' secundum eos, qui animam sanguinem dicunt. 'recepit' eduxit, ut "hastamque receptat ossibus haerentem". *vel secundum Homerum --- Cornutus 'nocte'* ***legit*** *et adnotavit utrum 'nocte' pro morte, an cum multa nox esset?*

Serv. Aen. 10, 661: ILLVM AVTEM AENEAS ABSENTEM IN PROELIA POSCIT sic melius, quam sicut non nulli volunt – Vrbanus namque sic **legit** – 'ille autem Aenean absentem in proelia poscit', ut 'obvia multa virum dat corpora morti' de nautis in navi inventis intellegamus. quod non procedit; nam absens dicitur qui recedit: quod nunc

Turno congruit, non Aeneae qui interest proeliis. *'ille autem Aenean'* ***legunt***, *†quo si ita est quia Aeneas 'multa virum demittit corpora morti'.*

SERV. auct. Aen. 10, 673: *QVOSVE NEFAS Asper 'quosne'* ***legit*** *et adnotavit 'ne' pro 've', quasi expletiva particula.*

SERV. Aen. 10, 737: HAVD TEMNENDA VIRI Asper 'viris' **legit**, *ut sit, aliis haud temnenda: alioqui ipse ait 'fugientem haud est dignatus Orodem sternere'.*

SERV. Aen. 10, 539: INSIGNIBVS ARMIS Asper sic **legit** et ut itur Sallustii exemplo, qui ait "equo atque armis insignibus": Probus vero 'insignibus albis' dicit **legendum,** ut vestes albas accipiamus, quae sunt sacerdotibus congruae, sicut Statius de Amphiarao dicit.

SERV. auct. Aen. 10, 244: *CRASTINA LVX deest 'veniat', hoc est crastina lux veniat tantum. [et crastina lux] si ad Aeneam referas 'spectabis' et 'non inrita dicta putaris', 'crastina lux' subaudiendum 'cum venerit'. si autem ad lucem 'spectabit'* ***legas***, *'crastina lux' suspendendum. quidam* CRASTINA LVX MEA SI NON INRITA DICTA PVTARIS INGENTES RVTVLAE SPECTABIT CAEDIS ACERVOS 'spectabit' est vera lectio, et ordo est 'si mea dicta inrita non putaris, crastina lux ingentes acervos caedis videbit': nam male quidam 'spectabis' **legunt** et ad lucem referunt. quod non procedit; nullus enim sic loquitur: o Aenea, nisi quae dico minime credis, o lux crastina ingentes caedis acervos videbis. *alii more antiquo 'lux' pro 'luce' accipiunt: Lucilius in tertio "hinc media remis Palinurum pervenio nox" pro 'nocte'. Longus ait "deest 'venerit'": unde et ipse 'spectabis'* ***legit***.

SERV. Aen. 7, 6: QVIERVNT Hebrus 'quierant' **legit**.

Serv. Aen. 12, 709: INTER SE COISSE ET CERNERE FERRO vera et antiqua haec est lectio: nam Ennium secutus est qui ait olli cernebant magnis de rebus agentes. posteritas coepit **legere** 'et decernere ferro': secundum quam lectionem synalipha opus est, sed excluso 's', ut sit 'viro et decernere ferro'.

1.7 LECTUM EST/LEGENDUM/MELIUS EST LEGERE

a) Lectum est

PS. ACRO Hor. sat. 1, 3, 56: §Incrustari uas dicitur, cum aliquo uitioso suco inlinitur et inquinatur, secundum quod et Lucilius in quarto satyrarum (III 20 M.) ait: Nam mel regionibus illis incrustatus calix rutia.

<(Incurtare] Minuere. **Lectum** est et incrustare.

DON. Ter. Eun. 998: NISI QVIA NECESSVS FVIT HOC FACERE necessus nomen est. *nam 'necessus' et 'necessis' et 'necessitas' et 'necessum'* ***lectum est.***

TUMIDIS INFESTA COLIT Nemesis illic colitur, quae tumentes et superbos deicit, timidis non favet; ergo et 'tumidis' **legamus** et 'timidis'.

b) Legendum est/sit/esset

Porph. Hor. carm. 3, 6, 22: Et fingitur artibus: 'Artubus' **legendum**, quia non uenit a nominatiuo 'artes', sed 'artus'. Significat per id molliores sal<ta>tus puellas discere <et> turpes et libidinosos motus rerum ueneriarum.

Don. Ter. Ad. 835: 2 NE NIMIVM BONAE TVAE ISTAE NOS RATIONES MICIO ET TVVS ISTE ANIMVS AEQVVS SVBVERTIT <si> 'ne' ualde, 'subuertit' infra **legendum est**, si 'ne' pro coniunctione est, 'subuertat' **legendum est**, ita ut subaudiamus 'timeo' uel aliquid tale. istae' quod ait, significationem habet nullius modi rationes et ineptae; nam apparet non eas probari ab eo qui sic loquitur, ut supra (IV 7, 36–37) 'iam uero omitte, Demea, tuam istam iracundiam'.

Serv. georg. 2, 82: MIRATASTQVE NOVAS FRONDES ET N. S. P. ingens phantasia. sane 'miratastque' **legendum** est, ut stet versus.

Serv. auct. georg. 3, 133: CVM GRAVITER TVNSIS GEMIT AREA FRVGIBVS hoc est diemedio. hoc autem ad exprimendum diei tempus est positum, non quod equae aestatis tempore coeant. *et aliter: 'tusis' quae tunduntur: non enim cum tusae sunt, sed cum tunduntur, (gemit area.) nec 'graviter tusis', (sed) 'graviter gemit'. et 'tusis' sine 'n' littera* ***legendum.***

Serv. Aen. 1, 2: LAVINAQVE VENIT LITORA haec civitas tria habuit nomina. nam primum Lavinum dicta est a Lavino, Latini fratre; postea Laurentum a lauro inventa a Latino, dum adepto imperio post fratris mortem civitatem augeret; postea Lavinium a Lavinia, uxore Aeneae. ergo 'Lavina' **legendum** est, non 'Lavinia', quia post adventum Aeneae Lavinium nomen accepit, et aut Lavinum debuit dicere, sicut dixit, aut Laurentum. quamvis quidam superfluo esse prolepsin velint. sane bene addidit 'Lavina', ut ostenderet ad quam partem Italiae venisset Aeneas, quia et multi alii eo tempore ad Italiam venerant, ut Capys, qui Capuam, Polites, qui Politorium condiderunt.

Serv. auct. Aen. 3, 315: *VIVO EQVIDEM hoc † enim et hos* ***legendum est***.

Serv. Aen. 3, 336: PERGAMAQVE 'Pergama' **legendum**, non ut plerique 'Pergameam', qui per inperitiam contra metrum sentiunt. decipiuntur autem dum utrumque derivativum volunt, cum sit 'Pergama' principale.

Serv. Aen. 5, 238: PROICIAM exta 'proiciuntur' in fluctus, aris 'porriciuntur', hoc est porriguntur: nisi forte dicamus etiam fluctibus offerri. quod si est, 'porriciam' **legendum est**, *id est porro iaciam.*

Serv. Aen. 5, 558: IT PECTORE SVMMO sic **legendum**, ne sit soloecismus. et rei inanimali dedit motum dicendo 'it'. 'summum' autem 'pectus' ait pectoris et colli confinium.

Serv. Aen. 9, 676: LIQVETIA FLVMINA iuxta Padum et Athesin, Venetiae flumina, est etiam fluvius Liquetius, quem nunc commemorat. ergo

'Liquetia' proprium est nomen, non epitheton, ne incipiamus a generalitate ad speciem reverti: quod vitiosum est, ut si dicas 'circa flumina nascuntur arbores' et sic inferas 'circa Tiberim vel Anienem'; sufficit enim dixisse 'circa flumina' generaliter. unde apparet quia 'Liquetia' **legendum est**, non 'liquentia'. LIQVENTIA FLVMINA Padus, Italiae fluvius, aliquot provincias dextra laevaque contingit, inter quas et Venetiae partem praeterfluit. Athesis Venetiae fluvius est, Veronam civitatem ambiens et in Padum cadens. Liquetia Venetiae fluvius est inter Altinum et Concordiam, quem nunc commemorat. nam 'Liquetia' non est epitheton: nemo enim a generalitate transit ad species.

Serv. Aen. 11, 243: VIDIMVS O CIVES DIOMEDEM *rhetorice protinus a re coepit; neque enim opus erat principio aliquo legationem referenti. et hic figura est hysteroproteron: natura enim hoc fuit prius dicendum 'atque iter emensi casus superavimus omnis' et tunc 'vidimus Diomedem Argivaque castra'. sed habet consuetudo ut qui tale aliquid nuntiant, protinus admoneant, ut puta 'vidi illum, erat illic, faciebat illud': ideo adiecit 'ille urbem Argyripam patriae cognomine gentis' et reliqua. illud etiam ordine congruo subiunxit ad perliciendum animum priusquam quicquam diceret 'munera praeferimus'. inde ordine 'nomen patriamque docemus, qui bellum intulerint', hoc est qui, unde, contra quos, qua causa. deinde ponitur oratio Diomedis, cuius sunt partes duae: una, qua se excusat; alia, qua etiam illis suadet ut bellum deponant: nam hoc in fine orationis Venulus addit 'et responsa simul quae sint, rex optime regum, audisti'. excusatio Diomedis duplex est: fortes sunt Troiani et felices. fortes breviter ostendit per intermissionem 'mitto ea quae' et reliqua: frigidus enim locus erat, si virtutem eorum timere diceret quos vicit. Secundus locus multa continet: tam felices esse, ut de omnibus vindicarentur, et singula de singulis mire augendo exsequitur. novissimo loco de se dixit, ne ei obiceretur: quid te ista movent, si tu nihil passus es? et auxit quod amisit, et socios adiecit cum exclamatione 'haec adeo ex illo mihi iam speranda fuerunt tempore'. ideo se contra Veneris filium excusat pugnare; nam sequitur 'ne vero, ne me ad tales impellite pugnas'. supererat ut pacem suaderet; ait enim 'munera quae patriis ad me portastis ab oris' et cetera. inde laudem Aeneae ita addidit, ut suam laudem servaret: ibi enim ubi se excusat, non hoc ait, quia fortis est non adero, sed illud 'quicumque Iliacos ferro violavimus agros', quasi hoc fatum fuerit omnium; hic ubi suadet pacem, aperte dicit, pares mihi non estis, et ait 'experto credite, quantus in clipeum adsurgat, quo turbine torqueat hastam', id est ego fatum timeo, vos virtutem timere debetis. nam quod adiecit 'si duo praeterea talis Idaea tulisset', non fuit contentus illum Hectori comparare, nisi adiunxisset 'hic pietate prior: coeant in foedera dextrae', id est quia pius est, bonus amicus erit. statim conclusit, sicut ad singula invenies dictum. quod autem ait 'vidimus, o cives, Diomedem', quasi res magna ei contigerit, qui talem virum viderit. sane* aut 'Diomedem' **legendum**, ut sit Latinus accusativus: et admittitur ecthlipsis, ut multum ille et terris iactatus et alto: aut si Graecum accusativum facere voluerimus, 'Diomede' **legamus**, ut possit fieri synalipha, sicut Euryale infelix, qua te regione reliqui? si autem 'Diomeden' dixerimus, nec Latinum est, nec Graecum, nec versus ratio consistit: numquam enim ecthlipsis fit per 'n' litteram. tamen melius est ut 'Diomede' **legamus**, ut sit Graecus accusativus. nomina enim Graeca in 'ης' exeuntia, quae genetivum in 'εος' mittunt per plenam elocutionem, cum eundem casum per synaeresin in 'ους' miserint, accusativum in 'η' mittant necesse est, ideo quia cum naturam suam servant, accusativum in vocalem mittunt, non in consonantem, et debet synaeresis plenitudinis servare rationem: ut ecce Διομήδης plena declinatio est τοῦ Διομήδεος τῷ Διομήδει τὸν Διομήδεα, per synaeresin autem facit τοῦ Διομήδους τῷ Διομήδει τὸν Διομήδη. ergo hic accusativus ideo in 'η' exit, non in 'ν', quia cum integrum est hoc nomen, in 'eos' exit et crescit eius genetivus: si enim isosyllabus sit nominativo, accusativum in 'n' mittit nec habet ' 'σ' in genetivo, ut Θουκυδίδης, τοῦ Θουκυδίδου, τὸν Θουκυδίδην ideo in genetivo 'ς' habet, quia et cum integrum est et Διομήδεος facit, habet 'ς' consonantem.

Schol. Bern. georg. 2, 413: *Exiguum*, rus. *Rusci*, idest inculti agri. *Rusti.* 'Rusci' magis **legendum**, ut ibi (Ecl. 7, 42): 'Horridior rusco.' Genus uirgulti uitem inpedientis.

Don. Ter. Eun. 315: 1 SI QVA EST HABITIOR inde et habitudo dicitur, ut (242) 'quae habitudo est corporis!' 2 Nam 'habilior' aptior intellegitur, ut 'namque humeris de more habilem suspenderat arcum' Vergilius (Aen. 1 318). *ergo 'habitior'* ***legendum*** *est.*

Serv. georg. 4, 369: SAXOSVMQVE SONANS HYPANIS Ponti fluvius. et 'saxosum' **legendum**, non 'saxosus', ne sint duo epitheta: quod apud Latinos vitiosum est.

Serv. Aen. 1, 741: DOCVIT QVAE MAXIMVS ATLAS 'quae' **legendum est** non 'quem'; nec enim istum docere potuit, qui Didonis erat temporibus, sed docuit Herculem: unde et dicitur ab Atlante caelum sustinuisse susceptum propter caeli scientiam traditam. constat enim Herculem fuisse philosophum, et est ratio, cur illa omnia monstra vidicit Nilum Melonem vocari, Atlantem vero Telamonem. *DOCVIT QVAE MAXIMVS ATLAS] id est quae ipse scit, quae ipse modulatus est * * * hic Atlas Iapeti filius in Africa natus dicitur. hic quod annum in tempora diviserit et primus stellarum cursus vel circulorum vel siderum transitus naturasque descripserit, caelum dictus est sustinere. qui nepotem suum Mercurium et Herculem docuisse dicitur.* Serv.

Serv. Aen. 7, 543: ET CAELI CONVEXA PER AVRAS Probus, Asper, Donatus dicunt, hoc loco 'per' bis accipiendum, ut 'adloquitur Iunonem per caeli convexa et per auras'. potest tamen esse epexegesis 'per auras, id est caeli convexa': nec enim aliud sunt aurae. dicit etiam quidam commentarius—*Firmiani*—'convecta' **legendum**, ut sit ipsa convecta: quod difficile in exemplaribus invenitur.

SERV. auct. Aen. 11, 152: NON HAEC O PALLA DEDERAS PROMISSA PARENTI CAVTIVS V. S. V. T. C. M. duplex expositio est. aut enim hoc dicit: non mihi talia promittebas, ut crederem cautius te dimicaturum; ut intellegamus proficiscentem Pallantem promisisse patri victoriam, caedem hostium, plurima spolia; qui enim haec cogitat, cautelae obliviscitur aviditate vincendi. aut certe 'non' pro 'nempe' accipiamus, ut inTerentio "non tu hunc rus produxisse aiebas?" id est 'nonne', 'nempe', ut nunc sit sensus: nempe haec mihi dederas promissa discedens, quia cautius fueras dimicaturus. *alii non 'parenti', sed 'petenti'* ***legunt****, ut non iure adfectionis quam filius patri debebat, sed humanitatis eum convenire videatur: petenti mihi, o Palla, fidem dederas te cautius quam fortius dimicaturum: et adfirmant, si 'parenti'* ***legendum*** *esset, potuisse dici 'non haec, o fili, dederas promissa parenti'. alii haec κατὰ τὸ σιωπώμενον dicta accipi volunt.*

CLAVD. Don. Aen. 2, 431–434: *Iliaci cineres et flamma extrema meorum, testor in occasu vestro nec tela nec ullas vitavisse vices Danaum, et, si fata fuissent, ut caderem, meruisse manu*: quia videbat Aeneas esse criminosum vel esse posse dedecori quod cadentibus tot, tantis ac talibus ipse evasisset, iurisiurandi religionem ultro ante obiectum quod metuebat opposuit. Habet enim maiorem fidem quod prius quam exigatur offertur, babet et bonae constantiae firmissimum testimonium non extorta sed oblata purgatio. hos versus nonnulli male pronuntiando intellectum planum et manifestum sic errore confundunt, ut longe aliud quam dictum est tradant; sic enim volunt: Iliaci cineres et flamma extrema meorum testor in occasu vestro ibique distinguunt addentes postea nec tela nec ullas vitavisse vices Danaum, hic rursum pronuntiationis faciunt separationem et subnectunt ac si fata fuissent ut caderem, addunt in fine accusativum singularem, ut dicant meruisse manum, cum meruisse manu **legendum sit** et intellegendum. huic alienae pronuntiationi addunt intellectum similem ducti errore quo male iungunt et deterius separant. nos sic pronuntiandum et intellegendum dicimus: Iliaci cineres et flamma extrema meorum et separamus testor, quod testor semel positum saepius debemus accipere. dehinc dicemus in occasu vestro nec tela nec ullas vitavisse vices Danaum, item separatione facta veniemus ad sequentia et, si fata fuissent, ut caderem, facta hic quoque separatione concludemus dicentes meruisse manu. ut autem evidentior fiat huius pronuntiationis integritas, ostendemus iam quotiens accipi debeat testor: vos, inquit, testor, Iliaci cineres et flamma extrema meorum; in occasu vestro nec tela nec ullas vitavisse vices Danaum testor (dicturus est recentiores et diversos hostis venisse, cum domui Priami soceri sui et pro ea pugnantibus cuperet subvenire); et, si fata fuissent, ut caderem, testor (ut sit Iliaci cineres et flamma extrema meorum, vos testor sic ad certamen exisse, ut, si fieri ullo modo potuisset, obtinerem, sin vero aliud fata voluissent, ut caderem; utrumque enim viro forti congruens fuit, utrumque gloriosum, ut, si posset, vinceret, sin vero adverso eventu fuisset exceptus, cum patriae genitalis et suorum cineribus interiret); testor meruisse manu. aperiendi melius huius loci causa continuum dicamus intellectum, ibi et pronimtiationis invenietur integritas: testor vos, Iliaci cineres et flamma extrema meorum, testor in occasu vestro non timuisse arma et hostium vices, et cum altemis recentiores occurrerent, aeque testor non timuisse pugnare vel mori, et, si fata fuissent, ut caderem (sic, inquit, processi ad bellum, non ut viverem tantummodo verum etiam ut caderem, si hoc fata voluissent), militis autem officio functum testor me plurimum meruisse hoc est laborasse. cineres, inquit, Iliaci, ut ostenderet non remansisse praeter cinerem. iuravit et flamma extrema meorum: extrema flamma est quae illo usque perseverat, donec sit aliqua substantia, qua conversa in cineres et materies simul interit et consumitur incendium. Per haec igitur iurabat Aeneas, quoniam fidem rerum nullis poterat testibus adprobare, quae necessitas cum existit, itur ad ea quae maximae sunt venerationis, ut credi possit quod deficientibus probamentis adseritur. adstruit iam rebus manifestis quae collegerat, cum iuraret, ut evidenter ostendat et animum suum et labores proprios, firmabat hoc ipsum dicendo se non gladios timuisse hostium, non †sub recentiorum succedentes.

b) Melius est legere

SERV. Aen. 1, 246: PRORVPTVM id est effusum fluens. et melius 'proruptum', quam 'praeruptum' **legere**. bene autem definit, quid est largus fons? solutum mare.

SERV. georg. 2, 417: IAM CANIT EFFECTVS EXTREMOS VINITOR ANTES melius est 'effectus' **legere**, quam 'effectos', ut quidam **legunt**. et 'antes' alii extremos vinearum ordines accipiunt, alii macerias, quibusvineta cluduntur, quae maceriae fiunt de assis, id est siccis, lapidibus: unde et 'assae tibiae' dicuntur, quibus canitur sine chorivoce. dicuntur autem antes a lapidibus eminentioribus, qui interponuntur ad materiem sustentandam: nam proprie antes sunteminentes lapides vel columnae ultimae, quibus fabrica sustinetur, et appellantur antes ἀπὸ τοῦ ἀντιστήκειν: ad quam etymologiametiam extremos ordines vinearum possumus trahere, qui antestant. hoc autem dicit: iam cantat rusticus labore finito; tamendeesse non potest, quod exercere circa culturam vitium debeat. *Et aliter: Cato de re militari "pedites quattuor agminibus, equitesduobus antibus ducas". sunt autem extremae quadrarum partes.*

1.8 LEGERE EN LAS *SUBSCRIPTIONES*

Svbscr. Mart. epigr. 2a: Ego Torquatus Gennadius emendavi feliciter. Constantine lege feliciter Constantine floreas.

Svbscr. Apul. 3: Ego Salustius legi ET emdaui Romae felix Olibrio et Probino v.c. cons. in foro Martis controversiam declamans oratori Endelechio. Rursus Constantinupoli recognovi Caesario et Attico coss.

Svbscr. Verg. 12: Distincxi emendans, gratum mihi munus amici suscipiens operi sedulus incubui tempore quo penaces circo subiuncximus atque scenam euripo extulimus subitam ut ludos currusque simul uariumque ferarum certamen iunctim Roma teneret ouans. Ternum quippe sofos merui terna agmina uulgi per caueas plausus concinuere meos. In quaestum famae census iactura cucurrit nam laudis fructum talia damna serunt. Sic tot consumptas seruant spectacula gazas festorumque trium permanet una dies Asteriumque suum uiuax transmitit in aeuum qui parcas trabeis tam bene donat opes. quisque legis relegasque felix parcasque benigne siqua minus uacuus praeteriit animus.

Svbscr. Mart. Cap. 13: Securus Memor Felix v. sp. Com. Consit. Rhetor R. ex mendosissimis exemplaribus emendabam contra legente Deuterio scholastico discipulo meo Romae ad portam Capenam cos. Paulini v. c. sub d. non. Martiarum Christo adiuvante.

Svbscr. Hor. 14: Vettius Agorius Basilius Mavortius v.c. et inl. ex com. dom. ex cons. ord. legi et ut potui emendavi conferente mihi magistro Felice oratore urbis Romae.

Svbscr. Caes. 17a: Iulius Celsus Constantinus v.c. legi.

Svbscr. Caes. 17c: Flavius Licerius Firminus Lupicinus legi.

Svbscr. Iuv. 18: D. IVNII IVVENALIS• S•L•B•I•EXPLICIT FELICIT INCIP• L•B• II•L•F•VRSEDIO POSTVMO LEGI EGO NICEVS AIUD M. SERBIU ROME ET EMDAVI

Svbscr. Front. 19: Caecilius saepe rogatus legi emendaui.

2. *DISTINCTIONES*

a) Secuencias

Porph. Hor. sat. 1, 2, 120: Illam 'post paulo', 'sed pluris', 'si exierit uir' Gallis: Haec distinguenda sunt, ut singula **legantur**. Ita demum enim significabuntur uerba eius, qua<e s>e magno uend<a>t et differendo amatorem cupidiorem sui faciat. Gallis autem has ait aptiores esse, quia Filodamus Epicurius, cuius sensum transtulit, relegat tales ad Gallos, qui magno adulteria mercantur uel propter diuitias, uel quod incensioris libidinis sint.

Don. Ter. Ad. 259: 1 FRATREM noue dixit 'unam rem fratrem'. FRATREM 2 *Sed ego puto 'fratrem' non subdistinguendum sed* ***legendum*** *contexte usque ad 'principem'. nam si distinxeris 'fratrem', bis erit 'arbitror' subaudiendum, et supra et infra. quod si 'fratrem' inferioribus iunxeris,* *et cum admiratione pronuntiabitur et subaudietur 'quam mihi'.*___ hanc sane locutionem scire debemus propter personam elaboratam. nam et nimium gaudet et rusticus adulescens est, qui conatur laudare Aeschinum titubans ac paene balbutiens.

Don. Ter. Ad. 693: 2 QVID CREDEBAS DORMIENTI HAEC TIBI CONFECTVROS DEOS incerta distinctio, nam et per se 'quid' et 'quid credebas' **legi** potest.

Don. Ter. Andr. 940: 4 DIGNVS C(VM) T(VA) R(ELIGIONE) O(DIVM) aut 'dignus odio', *aut accusatiuus pro ablatiuo est positus, pro 'odio'*, aut separatim 'odium' **legendum**, ut sit: dignus qui male habearis.

Don. Ter. Eun. 46: 7 NON EAM NE NVNC QVIDEM 'non eam' Probus distinguit; iungunt qui secundum Menandri exemplum **legunt**.

Don. Ter. Hec. 424: 3 HAVD CLAM ME EST λιτότης pro: "ego maxime intellego, quam odiosum sit". nam qui **iungunt** et sic legunt, errant et non intellegunt.

Don. Ter. Hec. 563: 3 INTERDICO separatim dicendum **legendum**que, quia 'interdico ne uelis' non est integrum.

Don. Ter. Hec. 590: 1 VT QVI NOBIS MATER MALEDICTVM VELIT ab honesto. 2 NON FACIES NEQVE SINAM primo 'non facies', deinde si facere perseueraueris, 'non sinam'. 3 Et 'non facies' non est interdicentis, sed quasi dicat: non te scio facturam rem tam prauam. sunt autem qui 'neque sinam' iungant inferioribus, sunt qui totum contexte **legant** 'non facies' usque 'modestia'.

Don. Ter. Phorm. 169: 1 QVOD HABES ITA VT VOLVISTI 'uoluisti' subdistinguendum est et sic **legendum** 'uxorem' ἐμφατικώτερον. 2 VT VOLVISTI VXOREM bona praeparatio uxoris futurae. 3 SINE MALA FAMA PALAM multi superioribus iungunt 'palam'.

Don. Ter. Phorm. 175: 23 RETINERE AMARE AMITTERE coniuncte **legendum est** 'quid uelis retinere', ut duo sint 'amare amittere', quia et infra duo reddit 'ut neque mihi sit amittendi neque retinendi copia'.

Don. Ter. Phorm. 849: 9 PERGIT HERCLE potest distingui hic 'pergit' et coniuncte **legi** 'hercle numquam tu odio tuo me uinces'.

Serv. ecl. 2, 20: QVAM DIVES P. N. tria sunt quibus amatores possunt placere, divitiis, pulchritudine, cantilena: quae omnia se valere commemorat. et multi secundum Homerum, qui ait καὶ γάλα λευκὸν, **legun**t 'nivei quam lactis'. sed melius est 'quam dives pecoris nivei': nam candidae oves in ingenti sunt pretio, unde in georgicis legimus "continuoque greges lege mollibus albos", item alibi "munere sic niveo lanae, si credere dignum est".

Serv. ecl. 9, 15: ANTE SINISTRA CAVA MONVISSET AB I(LICE) C(ORNIX) *'ante sinistra' indivise* ***legendum.*** *et dicendo 'monuisset' oscinem fuisse demonstrat. sane* hoc ad auguralem pertinet disciplinam: augures enim designantspatia lituo et eis dant nomina, ut prima pars dicatur antica, posterior postica, item dextra et sinistra. modo ergo cornicem denulla harum parte venisse dicit, sed ab antica ad sinistram partemvolasse et in cava ilice consedisse: quae res agrorum damnum significabat. ilex enim glandifera arbor est, quae quoniam vitiosa est, vitium possessionis ostendit fore per milites, clamore gaudentes etlitibus, sicut cornix est: nam haec avis et clamore laetatur et aliasfrequenter invadit. hoc ergo nunc dicit, augurio se esse admonitum, ut abstineret ab occursu litigiosi militis, qui retenturus fueratpossessionem.

Serv. ecl. 10, 31: TRISTIS AT ILLE alii 'tamen' superioribus iungunt; sed melius ut sic **legamus** 'tamen cantabitis', ut sit sensus: licet ego duro amore consumar, tamen erit solacium, quia meus amor erit vestra cantilena quandoque. *videtur enim neque obiurgationes neque consolationes recipere obstinate moriturus; nihil enim ad dicta ab eis respondit.*

Serv. georg. 2, 446: VIMINIBVS SALICES FECVNDAE **legitur** et 'fecundae frondibus ulmi'.

Serv. georg. 3, 46: MOX TAMEN id est postquam georgica scripsero. et 'ardentis pugnas' **legendum** est: nam male quidam 'ardentis Caesaris' accipiunt, ut 'is' communis sit syllaba. *et aliter: ('ardentis accingar dicere pugnas') hic distingue, ut Aeneida significasse videatur, quia una Actiaca pugna Octaviani Caesaris fuit.*

Serv. auct. georg. 3, 165: *DVM MOBILIS AETAS 'mobilis' flexilis. et est duplex lectio: potest enim et sic* ***legi*** *'iuvenum dum mobilis aetas'.*

Serv. georg. 4, 489: EVRYDICENQVE SVAM IAM alii **legunt** 'iam luce sub ipsa'.

Serv. auct. georg. 1, 67: SVB IPSVM ARCTVRVM id est autumnali tempore, quo arcturus oritur. et sciendum quia 'sub' praepositio, quando tempus significat, accusativo gaudet, ut hoc loco 'sub arcturum', id est circa arcturum, item "aut ubi sub lucem densa inter nubilasese", et "sub noctem cura recursat" et item "sublucem exportant calathis". *hoc autem est tum cum iam pluere . . .: arcturus enim pluviarum et tempestatum (sidus est.) arcturus autem idem arctofylax, quia post u(rsae caudam) locatus sit; idem bootes, quod boves cum plau(stro agat.) alii Arcadem fuisse filium Callistus et Iovis (dicunt: qui) cum matrem in figuram ursae Iunonis (ira transfiguratam) vellet occidere, ambo in caelum (a Iove translati sunt, et) ille arcturus, illa Helice dicta. alii (hunc Icarium volunt) esse, qui a pastoribus, quod eos vino tunc (primum reperto) ebrios fecerat, veluti dato veneno occisus (est. ipsius> manu adiecti sunt deletis duobus, quorum <alter totus* ***legi***> *potuit 'ipsis officiant segetes ne frugibus illic'; ex altero hoc tantum 'ne deserat umor harenam'.*

Serv. auct. georg. 2, 70: STERILES PLATANI MALOS GESSERE V. dicit quid in quamarborem debeamus inserere: in arbuto nucem, in platano malum, in fago castaneam, in orno pirum. sed 'castaneae fagos' eget expositione; non enim in castanea fertili infecunda fagus inseritur: unde aut hypallage est, ut 'castaneae fagos' sit pro 'fagi castaneas'; aut est mutanda distinctio, ut sit 'et steriles platani malos gessere valentes castaneae',–id est infecundae arbores platanifortes ramos castaneae portaverunt– 'fagos ornusque incanuitalbo flore piri': secundum quam distinctionem 'fagos', licet brevissit 'gos', finalitatis tamen ratione producitur; 'fagos' enim incipit graecus esse nominativus singularis, non pluralis noster accusativus. alii neutrum probant et ita accipiunt 'castaneae fagos, piri floreornus incanuit', ut similiter 'fagos' nominativus sit graecus. *et aliter: alii* ***legunt*** *'et steriles platani malos', ut subintellegas 'inserit'. si ita* ***legendum*** *erit, in sequenti sensu hypallage est, ut sit 'valentes fagi gessere castaneas'.*

Serv. auct. Aen. 1, 548: NON METVS hoc loco distinguendum est. cuius autem rei, ex sequentibus probat; nam vult eam non timere, ne inaniter praestet. *alii 'non metus officio'* ***legunt*** *et hunc sensum dicunt: non metuo pro officio nostro, id est non timeo, ne non sit unde satisfaciamus officio ac parem gratiam reddamus.*

Serv. auct. Aen. 3, 151: IN SOMNIS multi hic distingunt et volunt unam partem esse orationis, id est vigilantis: *nam quemadmodum videbat lunam infusam fenestris?* multi 'in somniis' dicunt, ut sit conlisio, quomodo 'peculi' pro 'peculii'. *multi 'in somniis'* ***legunt*** *et posterioribus iungunt: unde et visi: et corpus somno vinci volunt, mentem vero vigilare et meminisse omnium. ideo etiam dormiens de luna scire potuit.*

Serv. Aen. 6, 123: MAGNVM QVID MEMOREM ALCIDEN? melius sic distinguitur, licet quidam **legant** 'quid Thesea magnum', ut epitheton ei dent, qui per se non est magnus: nam Herculem etiam sine epitheto magnum intellegimus. sed melius est 'magnum' dare Herculi, quam sacrilego.

Serv. Aen. 7, 454: RESPICE multi hic distingunt et superioribus iungunt, ut sit sensus: respice eam quam dicis falsa deludi formidine. AD HAEC ADSVM id est ad regum arma et ad bella. quomodo ergo dicis, quod superfluo his inserar rebus, ad quas veni? alii 'respice ad haec' **legunt**, ut sit quasi demonstrantis 'respice, bella et letum gero'.

Serv. Aen. 8, 409: TENVIQVE MINERVA non filo tenui, id est subtili artificio; sed parvo pretio lanificii, id est tenuiter et exiliter victum praebente. et alii hic distinguunt et subaudiunt 'mos est' aut 'placet', ut sit sensus 'cui tolerare colo vitam tenuique Minerva mos est' vel 'placet' et sic inferunt 'inpositum cinerem et sopitos suscitat ignes', ut e contra Horatius "incedis per ignes suppositos cineri doloso". alii sic **legunt** 'tenuique Minerva inpositum', *quasi fato datum*, id est cui haec est necessitas fataliter data.

Serv. Aen. 8, 559: HAERET INEXPLETVS multi hic distinguunt, ut sit 'inexpletus haesit et talia locutus est lacrimans'. alii **legunt** 'inexpletus lacrimis'. honestius tamen est 'inexpletum lacrimans', ut sit nomen pro adverbio, id est inexplebiliter.

Serv. Aen. 9, 37: HOSTIS ADEST hic distinguendum, ut 'heia' militum sit properantium clamor. et est Ennianum, qui ait "heia machaeras". ergo 'heia' ingenti clamore dicentes ad portas ruebant. alii 'hostis adest, heia' **legunt**. alii 'heia' non a persona ad personam dictum putant, sed ipsum poetam quasi actu rei et imaginatione exclamasse.

Serv. auct. Aen. 9, 219: VIGILES SIMVL EXCITAT qui vigiliarum officium habebant, *hoc est futuros vigiles; alioquin quomodo excitat? et totum iunctim* ***legendum*** *est, ut simul et dictum et factum videatur.*

Serv. auct. Aen. 9, 395: *FRAVDE LOCI ET NOCTIS 'fraude loci' difficultate loci, 'noctis' pro tenebris et obscuritate fraudem appellat. quidam 'noctis subito turbante tumultu'* ***legunt****, ut sit 'noctis tumultu' nocturno. tumultum explorantium dicit.*

Serv. Aen. 10, 585: DICTA PARAT potest **legi** et 'dicta parat contra'.

Serv. Aen. 11, 358: VENIAMQVE OREMVS AB IPSO CEDAT Asper hic distinguit, *id est hanc veniam oremus, ut cedat: aut si coniuncte* ***legeris*** *'cedat ius proprium regi', nova erit elocutio accusativo iunctum 'cedat'. et 'cedat ius proprium, id est quod proprium regum est, aut 'cedat' Aeneae. quod autem hic dixit 'cedat', mox 'pone animos et pulsus abi'.*

Schol. Veron. ecl. 6, 7. CVPIANT Κατ' ἐξοχὴν **legendum**: 'dicere cupiant', sed inplere non possint.

Schol. Veron. Aen. 9, 397. Hater.: 'fraude loci' postest per se **legi**, deinde subiungi: 'et noctis subito t.t.', ut duplex terror fuerit et ex loci fraude et ex noctis tumultu repentino. Sed et alio modo haut absurde distinctio: 'fraude loci et noctis'; deinde: 'subito turbante tumultu': nam duplex est terror, quem incutiebat et nox et locus ignotus et tumultus obvallantis comitatus.

Schol. Veron. Aen. 11, 566. hic distinctio. Potest enim sic **legi**: quinquaginta oribus ignem pectoribusque arsisse Iovis,/ idest ignem Iovis, ut ποιητικῶς 'ignem Iovis' dixerit fulmen, ut:/ Ipsa Iovis rapidum iaculata e nubibus ignem. (A.1, 42). Potest et sic distingui: quinquaginta oribus ignem pectoribusque arsisse,/ ut hic sit mora, deinde inferatur: Iovis cum fulmina contra tot paribus streperet clypeis.

Clavd. Don. Aen. 8, 71: *nymphae, Laurentes nymphae, genus amnibus unde est*: hic versus diversas potest pronuntiationes admittere. dicimus ergo unam sic: nymphae Laurentes, quoniam ipsarum causa praedicabatur et ipsae in tempore fuerant necessariae, secundo addendum nymphae, genus amnibus unde est, ut nymphae Italiae universis amnibus genus dedisse videantur; item alia sic: nymphae Laurentes nymphae, ut duplicatio nominis significans potestatem cumulaverit honorificentiam deprecantis, dehinc dicendum genus amnibus unde est; tertia sic: nymphae, et subsistendum, ut incipiens generalitatem videatur ingressus, dehinc correcta ea ad speciem redeat dicens Laurentes nymphae, quoniam ipsae ceteris fuerant praeponendae, quas rogabat et quarum in praesenti beneficium senserat. ergo cum omnes habeant rationem suam, aut iudicio **legentis** eligenda est melior aut sequendae sunt omnes. tu que, o Thybri, tuo, genitor, cum flumine sancto, accipite Aenean: genitorem Thybrim aut honorifice dixit aut suum, quoniam ad similitudinem paterni amoris consulta eius acceperat. interea videamus cur primo nymphas induxerit et secundo loco nominaverit Thybrim quem primo debuit venerari.

CLAVD. DON. Aen. 9, 390: *Euryale, infelix qua te regione reliqui <qua ve sequar>:* in hoc versu diversa distinctio est; infelix enim sic in medio positum est, ut et Niso et Euryalo possit adiungi. si Niso, sic pronuntiandum, ut dicamus Euryale et hoc nomine suspenso consequatur infelix qua te regione reliqui? deinde accedat quave sequar? ut inde magis infelix Nisus, quia nesciit cum amicum perderet et ignorabat ubi amicum deberet inquirere. alia distinctio est Euryale infelix, ut miserationis videatur esse cum perditum nominat, et ideo infelix, quia amici peritioris gressus observare non potuit: qua te regione reliqui? quave sequar? inde quoque infelix, quia sic erraverit, ut inveniri non posset. iudicium hic **legentis** est necessarium, ut sequatur utrumque aut deligat alterum quod putaverit melius. mihi tamen videtur secundum animum Nisi tantum doluisse perditum, ut se potius infelicem diceret, quia tardus respexit. denique addidit accusationem suam dicendo qua te regione reliqui? non dixit qua me regioni reliquisti, ut inde infelix Nisus, quia nesciit cum perderet et perditum tarde intellexit.

SCHOL. Bern. ecl. 10, 31: *Tristis at,* uerum tristis amator. *Ille,* Virgilius uel Gallus. *Tamen cantabitis,* de se dicit. 'Tamen' alii superioribus iungunt, sed melius ut sic **legamus**: 'Tamen cantabitis.' Sensus enim hic est: licet ego duro amore consumar, tamen erit solacium, quia meus amor erit uestra cantilena. *Inquit,* Gallus.

LACT. PLAC. Stat. Theb. 11, 257: (NEC DESVNT REGNI COMITES) SINE MOENIA PVLSET (IRRITVS ILLE ... ... 262 IVBE) membratim ista **legenda sunt** ut uideantur a multis satellitibus dici, ut alterius sit: 'sine, moenia pulset irritus', alterius uero: 'ille autem fractis huc audeat usque uiribus', alterius item: 'hic furor est miseris instare periclo nec librare metus <et tuta odisse>' id est: haec est infelicium consuetudo in pericula ruere et tuta uitare, <alterius denique: 'resiste hic fretus solio, nos propulsabimus hostem, nos bellare iube'>.

ADNOT. Lucan. 7, 507: FUDIT aut 'fusa est' aut 'se fudit' accipimus, ut ait Virgilius 'insinuat pavor'. Belli autem ultima fallaciam dixit; nam si ense comminus nihil egissent, tunc debuerant fraude pugnare. Possumus autem et hic distinguere: bellique per ultima fudit, id est fudit eques cornua, et qui sequitur versus, separatim **legendus est.**

b) Palabras

PS. ACRO Hor. sat. 1, 1, 97: Non umquam seruo m(elius) u(estiret)] Potest et 'nonnumquam' **legi**, ut perraro melius seruo uestitus fuerit.

Ps. Acro Hor. sat. 2, 8, 52: Quidam sic **legunt**: inulas et erucas monstraui incoquere 'in luto', idest in cinere, ut sit Scurtillus nomen.
Alii 'inlutos' echinos **legunt**, idest cum luto πεπηλωμένους idest inlutos, ut sit Curtillus nomen, ideo que dupliciter distinguitur.
Porph. Hor. sat. 2, 3, 69: Scribe decem a Nerio: Quidam 'Anerio' ὑφ' ἕν **legunt**. Verum et hic et Cicuta iuris studiosi fuerunt, quos quasi auaros tangit. Sensus: pecunia[m] a faeneratore accepta[m] lege decem tabularum, quas Nerio instituit, et aliis centum, quas Perellius Cicuta auarissimus, consignatores frustrabitur.
Don. Ter. Andr. 315: 2 QVIDNI SI NIHIL I. aut QVID NISI NIHIL IMPETRES? in utroque idem sensus est, sed superior per ironiam, inferior per simplicem explanationem soluitur. 3 *Et* si 'quidni' **legeris,** subaudiendum 'adeas', ut sit: quidni adeas, ut te arbitretur s(ibi) p(aratum m(oechum), s(i) i(llam) d(uxerit)? 4 QVIDNI SI NIHIL IMPETRES 'nihil' ironia uidetur dictum: quidni? si nihil petas? quoniam petitionem saepe impetratio sequitur.
Don. Ter. Eun. 551: 2 CVM PERPETI ME POSSVM animaduertendum quod 'cum' si coniuncte **legeris**, quando significat, si separatim, 'cum' dum significat. [Prete: quom]
Serv. Aen. 2, 270: IN SOMNIS aut per somnos: aut si 'in somniis' **legeris**, erit synizesis.
Serv. georg. 3, 82: SPADICES quos phoeniciatos vocant pressos, myrteos. GLAVCI autem sunt felineis oculis, id est quodam splendore perfusis. COLOR DETERRIMVS ALBIS atqui alibi ait "qui candore nives ante irent c. a." sed aliud est candidum esse, id est quadam nitenti luce perfusum; aliud album, quod pallori constat esse vicinum. 'gilvus' autem est melinus color. multi ita **legunt** 'albis et gilvo', ut non album vel gilvum, sed albogilvum vituperet. *quod falsum est.* quod si singuli colores vituperandi sunt, quanto magismixtus uterque, id est albogilvus? *et aliter*: *ET GILVO spadix phoenicius est, quales sunt fructus palmarum, neque satis diluti coloris, neque nimium pressi. 'glaucus' autem caeruleus est color, id est subviridis albo mixtus et quasi clarior. nam ille sine dubio displicet, quiex albo et gilvo constat, ut sit unum 'albis et gilvo': aliqui repugnantilli "qui candore nives anteirent, cursibus auras" et "bigis it Turnus in albis".*
Serv. auct. georg. 3, 187: *ATQVE HAEC IAM PRIMO DEPVLSVS AB VBERE MATRIS non 'primo ubere', sed 'iam primo' quasi unum* ***lege****, ut sit 'iam primo audeat depulsus ab ubere matris'.*
Lact. Plac. Stat. Theb. 5, 388: 389 (DAT OPERTA FRAGOREM/ PINVS) ET AB IVNCTIS [AB ILLA] REGEMVNT TABVLATA (CAVERNIS) ab iunctis ergo ὑφ'ἕν noli accipere. operta autem pinus pellibus, ut mos est. abiunctis quidam ὑφ'ἕν **legunt:** diuisis. sic in Olympio <Nemesian. frg. 1>: 'abiungere luna /iunices'. [cui contrarium est iungere.]

SERV. auct. Aen. 1, 11: TANTAENE ANIMIS CAELESTIBVS IRAE hic iam non de qua litate iracundiae, sed de quantitate quaerit; nimia etenim ira est quae pietatis non habet considerationem. et hoc quidem secundum Stoicos dicit, [sed miratur, cur tantum] nam Epicurei dicunt deos humana penitus non curare. 'tantaene' quasi exclamatio est mirantis, *cum es ipsa narratione sententiam trahentes nostram personam interponimus, ut 'tanton' placuit concurrere motu. non nulli 'tantae ne'* ***legunt****, ut interrogatio sit potius quam exclamatio.*

SERV. auct. Aen. 3, 367: QVAE PRIMA PERICVLA VITO? QVIDVE SEQVENS TANTOS POSSIM SVPERARE LABORES duo petit: quemadmodum aut periculis careat, aut quibus consiliis par esse et laboribus possit. *et totum hoc per interrogationem* ***legendum*** *est. <QVIDVE> SEQVENS quid observans.*

c) Personajes

DON. Ter. Ad. 228: 1 INIECI SCRVPVLVM HOMINI hoc leno non audit: simul enim dicitur, cum ille clamat, et ideo simul **legi** non potest. 2 Et hic ostendit Syrus, quo consilio haec locutus sit.

DON. Ter. Ad. 336: 1 AV MI HOMO SANVS NE ES hoc ex persona nutricis **legendum** est: illa enim dissimulandam rem putat

DON. Ter. Phorm. 485: 2 DORIO AVDI OBSECRO sunt qui sic **legant**, ut 'Dorio' dicat Phaedria, 'audi' leno, 'obsecro' iterum Phaedria.

DON. Ter. Phorm. 811: 1 VIN SATIS QVAESITVM hoc totum pro una persona quidam **legunt**.

d) Tono interrogativo, exclamativo, otras maneras de leer el texto

PS. ACRO Hor. epist. 2, 2, 212: ° Cum miraculo **legendum** 'quid', idest 'quantum'.

PORPH. Hor. sat. 2, 7, 104: Obsequium uentris mihi: Percontatiue **legendum.** ||

DON. Ter. Ad. 119: 1 VBI NON ERIT (...) 2 FORTASSE EXCLVDETVR 3 *Et* totum hoc τῷ ἐξουθενισμῷ **legendum est.**

DON. Ter. Ad. 260: 4 ELLVM 'ecce illum'. 5 <ELLVM> uel pronomen est uel aduerbium demonstrantis. — <alii> 'ellum' interrogatiue **legunt**, ut sit: 'ellum dicis? te expectat domi'; id est 'illum'. nam et 'illum' et 'ellum' et 'ollum' ueteres dixerunt.

DON. Ter. Andr. 28: 5 ABITE concitatius **legendum est**, quia respectantes properat et discernit a Sosia. 6 <SOSIA> Sosiae persona protatica est, non enim usque ad finem perseuerat, ut est Daui in Phormione, in Hecyra Philotidis et Syrae.

SERV. auct. Aen. 1, 11: TANTAENE ANIMIS CAELESTIBVS IRAE hic iam non de qua litate iracundiae, sed de quantitate quaerit; nimia etenim ira est quae pietatis non habet considerationem. et hoc quidem secundum Stoicos dicit, [sed miratur, cur tantum] nam Epicurei dicunt deos humana penitus non curare. 'tantaene' quasi exclamatio est mirantis, *cum es ipsa narratione sententiam trahentes nostram personam interponimus, ut 'tanton' placuit concurrere motu. non nulli 'tantae ne'* ***legunt****, ut interrogatio sit potius quam exclamatio.*

Serv. auct. Aen. 3, 367: QVAE PRIMA PERICVLA VITO? QVIDVE SEQVENS TANTOS POSSIM SVPERARE LABORES duo petit: quemadmodum aut periculis careat, aut quibus consiliis par esse et laboribus possit. *et totum hoc per interrogationem* ***legendum*** *est. <QVIDVE> SEQVENS quid observans.*

Cornvt. Pers. sat. 3, 52: § HAVD TIBI INEXPERTVM CVRVOS DEPREHENDERE M. interrogatiue **legendum**, tamquam si dixisset: ignotum tibi non est corrupti mores qui sunt intellegere, id est praui? certe degustasti philosophiam? (2) item haud tibi inexpertum c. d. m. aut interrogatiue aut pronuntiatiue **legendum**, dicens non illi esse incognitum prauos et turpes et peccantes mores, quos curuos appellauit. (3) ergone uidisti dextrum litterae Pytagoricae? (4) aut magis pronuntiatiue: certe degustasti philosophiam.

Clavd. Don. Aen. 3, 207–208: *vela cadunt, remis insurgimus, haut mora, nautae adnixi torquent spumas et caerula verrunt*: conparationem fecit praesentis temporis et praeteriti: in tempestate enim mare ipsos agebat invitos, sicuti dixit "excutimur cursu", nunc ipsi, quoniam ventomm successerat quies et montes ac fumus videri coeperant vanescente caligine, remis undas urgebant, ut ad litus procedere potuissent. interea diligenti ratione tractandum est, ut ostendamus poetam non posuisse contraria; fecit enim quaestionem quandam non attente **legentibus** dicendo "ipse diem noctem que negat discernere caelo", "involvere diem nimbi et nox umida caelum abstulit" et ipse dixit "tris adeo incertos caeca caligine soles erramus pelago, totidem sine sidere noctes", ipse rursum posuit "quarto terra die primum se attollere tandem visa". quemadmodum igitur dierum colligi numerus potuit, si dies noctes que discerni nequiverant? possumus hunc locum hac ratione dissolvere, ut dicamus poetam obscuritatem aeris ventis saevientibus factam nimium satiare voluisse: ceterum qui fieri potuit per diei tempus sic accidere tenebras, ut inter ipsas et veram noctem nihil interesset? memor tamen poeta ipse "tris adeo", inquit, "caeca caligine soles", ut probaret fuisse in caligine aliquid lucis quod dierum tempora separaret a noctibus. vel certe sic intellegi potest dierum et noctium numerus, quia dixit crebras fuisse coruscationes, quae ruptis nubibus stellas possent demonstrare vel solem.

Clavd. Don. Aen. 12, 855: *illa volat celerique ad terram turbine fertur*: volat et celeri fertur turbine, utpote quae ducebatur inmani natura et iussionis inpulsu. interponitur parabola, qua orationis continuatio rumperetur, ut interiectio media taedium **legentis** excludat:

Schol. uet. Iuv. sat. 15, 13 1 Carnibus humanis (vesci licet): usque adeo de Aegyptiis vanum aut incredibile est, si <vix> his Ulixi[s] similia de

L<a>estry[n]gonibus referenti creditum fu<er>it in mensa Alcinoi. 2 Haec cum exclamatione **legenda sunt**.

2. MÉTRICA

Don. Ter. Ad. 225: 4 HOC SCIO ANIMVS TIBI PENDET 'hoc' et correpte **legi** potest, ut articulus demonstratiuus sit, et producte, ut significet aut <ad> hanc rem aut ad hunc locum, id est Cyprum.

Don. Ter. Andr. 81: 3 VT VNA ESSET M(EVM) et producte **legitur** 'esset', ut cibum capiat, et correpte, ut alibi (Eun. III 5, 26). 4 VNA simul, id est: una cibum capturus.

Don. Ter. Eun. 331: 3 DEIERARE ualde iurare, – *ut* (Hec. 529) '*demiror*' *et* (Heaut. 825) '*deamo te, Syre*', -si DE producta **legeris**, si correpta, deos iurare intellegitur.

Serv. ecl. 3, 85: PIERIDES VITVLAM L(ECTORI) P(ASCITE) V(ESTRO) vel pascite eius armenta, quia **legit** hoc carmen: vel vitulam ei nutrite pro praemio. sane alii **legunt** 'Polio', ut prima producatur, alii 'Pollio'.

Serv. auct. georg. 2, 293: NON FLABRA hoc nomen tantum pluralem recipit numerum. ab eo vero, quod est 'flamina', 'flamen' possumus dicere: licet sit vitandum propter aliam significationem; nam dicitur flamen Dialis, flamen Martialis. *et aliter: 'flabra' producta prima syllaba **legendum***.

Serv. Aen. 1, 535: CVM SVBITO ADSVRGENS FLVCTV NIMBOSVS ORION Oenopion rex cum liberos non haberet, a Iove Neptuno Mercurioque, *vel ut quidam tradunt, non Neptuno, sed Marte*, quos hospitio susceperat, hortantibus, ut ab his aliquid postularet, petiit, ut sibi concederent liberos. illi intra corium immolati sibi bovis urina facta praeceperunt, ut obrutum terra conpletis maternis mensibus solveretur. quo facto inventus est puer, cui nomen ab urina inpositum est, ut Οὐρίων diceretur, quod Dorica lingua commutatum est, ut ου diphthongus in ω converteretur. quod autem plerumque prima syllaba brevis invenitur, ut hoc loco, cum sit naturaliter longa, Graecae rationis est; nam detractio fit υ litterae et ο remanet brevis, quo modo "οὔρεά τε σκιόεντα" pro "ὄρεα, ποίησον pro πόησον". et hoc, quia aut ω est naturaliter longa, aut ου diphthongus; ceterum si sit in proprio nomine dichronos, ut omnes Latinae sunt, propriorum nominum abutemur licentia, ut in artibus **lectum est**. Orion ergo postea venator factus, *velut trium parentum viribus fisus*, dum vellet cum Diana concumbere, ut Horatius dicit, eius sagittis occisus est, ut Lucanus, inmisso scorpione periit, et deorum miseratione relatus in sidera signum famosum tempestatibus fecit. verisimilius autem est a scorpione interemptum, quo oriente occidit, *quia et scorpionem tamquam ultorem pudicitiae Diana inter sidera collocavit: cuius chelae amputatae aliud signum fecerunt; nam ipsae sunt libra*. sane *ipse Orion* magnitudine sua multis oritur diebus, et ideo eius etiam apud peritos est incerta tempestas: unde dictum est 'cum subito adsurgens' ad excusationem non praevisae tempestatis. et multi superfluo quaerunt, cur ortus commemoretur Orionis, cum sit inmissa a Iunone tempestas. sed Ilioneus ista non novit quae a poeta supra dicta sunt, per musam, ut diximus, cognita. et constat numina nisi inventa occasione nocere non posse: quod in omni suo opere Vergilius diligenter observat. *bene autem 'nimbosus', qui et ortu suo et occasu tempestates conmovet, sicut ait Horatius "qua tristis Orion cadit"; et quia hoc signum ibi est, ubi Hyades circa frontem Tauri.*

SERV. Aen. 12, 365: EDONI BOREAE *'Edoni'* Thracii. nam Edon mons est Thraciae. sane sciendum hoc loco errasse Donatum, qui dicit 'Edonii' **legendum**, ut 'do' brevis sit, secundum Lucanum, qui dicit <1, 675> Edonis Ogygio decurrit plena Lyaeo: namque certum est systolen fecisse Lucanum: unde 'Edoni' **legendum** est, ut sit 'hic Edonus, huius Edoni'. Statius et Vergilium et artem secutus ait "tristius Edonas hiemes Hebrumque nivalem", non 'Edonias'.

SERV. Aen. 4, 22: LABANTEM INPVLIT id est inpulit et labare fecit; non enim lababat qui ante inmobilis fuerat. cavendum sane, ne 'labentem' contra metrum **legamus**: nam 'la' longa est, ut <11, 588> "labere nympha polo".

SERV. Aen. 4, 132: MASSYLI Massylorum gens est non longe a Mauritania. et 'Massyli' **legendum** per unum 'i' *litteram*, ne non stet versus: 'sy' enim longa est, ut <483> hinc mihi Massylae gentis monstrata sacerdos.

SERV. Aen. 5, 299: TEGEAEAE si derivativum fuerit 'de' non sequitur; si 'Tegeae' **legerimus**, non stat versus, nisi addita 'de' syllaba. derivativum autem ille indicat locus "tunc lateri atque umeris Tegeaeum subligat ensem". et Tegeum oppidum est Arcadiae, a Tegeo Arcadis filio.

SERV. Aen. 7, 740: ET QVOS MALIFERAE DEPECTANT MOENIA BELLAE multi Nolam volunt intellegi et dicunt iratum Vergilium nomen eius mutasse propter sibi negatum hospitium, et id aperte noluisse dicere, sed ostendere per periphrasin; nam illic Punica mala nascuntur: ut nunc 'Bella' pro 'Nola' posuerit. alii ita volunt accipi, ut sit synalipha et **legatur** 'moenia Abellae'. quidam hanc civitatem a rege Murano conditam Moeram nomine vocatam ferunt, sed Graecos primum eam incoluisse. quae ab nucibus Abellanis Abella nomen accepit. alii quod inbelle vulgus et otiosum ibi fuerit, ideo Abellam appellatam. huius cives cum loca circa Capuam possiderent, †ortu tumultu interisse, aliosque fugientes Moeranum abisse et eius incolis se iunxisse: et quod inbelliores fuerint Abellanos dictos.

SERV. Aen. 9, 759: SVCCISO POPLITE GYGEN EXCIPIT ordo est: excipit et succidit poplitem, ut "postibus haesit adesis" et "scuta latentia condunt": nam ante fuit ut eum circumveniret insidiis. 'poples' autem 'po' correpta est, sicut in Sereno **legitur**; sed producitur positione.

SERV. Aen. 10, 24: MOERORVM pro 'murorum' antique: nam veteres pleraque eorum quae nos per 'u' dicimus, per 'oe' diphthongon pronuntiabant. hinc est 'moerorum' pro 'murorum' et e contra 'punio' pro 'poenio', quod verbum a poena venit, hinc est et <I 338> Punica regna vides, cum Poenos ubique **legerimus**. hoc autem facit orthographia Graeca: nam quam nos 'u' habemus, illi diphthongon habent 'ου': et ideo putarunt posse pro hac littera, licet non eandem, diphthongon poni.

Serv. Aen. 10, 129: MENESTHEO non 'Mnestheo', de quo paulo post dicturus est, **legendum** est, ne versus non stet, sed 'Menestheo', ita tamen ut meminerimus in ultima syllaba esse synaeresin propter rectam scansionem.

Serv. Aen. 10, 471: ETIAM SVA TVRNVM multi 'et iam' **legunt**, ut sit 'ecce'. et pertinet ad consolationem si cito periturus est ille qui vincit.

Schol. Bern. georg. 4, 8: *Principio sedes* et reliqua. Vbi aluearia sunt ponenda; in qua re satis peritiae, et ea quae abesse debent, ne noceant apibus, nosse, et ea quae adesse *ut* prodesse possint, et ideo commemorat, quia supra dixit 'magnanimos duces', ideoque modo intulit: 'sedes statioque'. *Sedes apibus statioque.* Translationem diligenter seruat. *Statioque petenda,* ne nociua fiant apibus. *Statio,* producta o littera **legere** debemus 'statio', ut (Aen. 1, 1): 'Arma uirumque cano'.

Serv. ecl. 10, 18: ADONIS 'A' habet accentum, quia graecum est nomen; tamen et*iam* latine sic dicimus: nam 'Adon' nusquam **lectum est**. Et est de hoc fabula talis.

Ps. Ascon. Cic. Verr. II, 1, 66: "Poscunt maioribus". Sunt qui producta O litera "poscunt" **legunt,** quasi "saepe potant". Sed "poscunt provocant" intelligendum est, ut sit sensus: provocant se invicem. Poscunt, a pincerna petunt; "maioribus" autem "poculis," ut subaudiatur "bibere".

3. MORFOSINTAXIS

Ps. Acro Hor. sat. 2, 3, 144: Vappa dicitur uinum, quod sine sapore est. Vappa uinum, cui miscetur aqua. Vappa, quod fit ex perfusa uinatia. Et hoc uinatium **lectum** est et haec uinatia.

Ps. Acro Hor. sat. 2, 4, 68: <Croco>] **Lectum** est et hic crocus et hoc crocum

Serv. Aen. 1, 2: ITALIAM ars quidem hoc exigit, ut nominibus provinciarum praepositiones addamus, civitatum numquam. tamen plerumque perverso ordine **lectum est**; nam ecce hoc loco detraxit provinciae praepositionem dicens 'Italiam venit' *pro ad Italiam venit.* Tullius in Verrinis "ea die Verres ad Messanam venit" pro Messanam venit. sane sciendum est usurpari ab auctoribus, ut vel addant vel detrahant praepositiones; namque ait Vergilius "silvis te, Tyrrhene, feras agitare putasti" pro in silvis. ut ergo illic detraxit loco praepositionem, sic hic provinciae. et est figura. Italia autem pars Europae est. Italus enim rex Siculorum profectus de Sicilia venit ad loca, quae sunt iuxta Tiberim, et ex nomine suo appellavit Italiam. ibi autem habitasse Siculos ubi est Laurolavinium, manifestum est, sicut ipse alio loco dicit "Siculi veteresque Sicani et gentes venere Sicanae saepius". *sane 'Italiam' i contra naturam producta est, cum sit natura brevis.*

SERV. Aen. 1, 4: MEMOREM IVNONIS OB IRAM constat multa in auctoribus inveniri per contrarium significantia: pro activis passiva, ut "pictis bellantur Amazones armis"; pro passivis activa, ut "populatque ingentem farris acervum". et haec varietas vel potius contrarietas invenitur etiam in aliis partibus orationis, ut sit adverbium pro adverbio, ut est "hoc tunc ignipotens caelo descendit ab alto" pro huc; et in participio, ut "et qua vectus Abas" pro qua vehebatur; et in nomine, ut 'memorem Iunonis ob iram' non quae meminerat, sed quae in memoria erat. de his autem haec tantum quae **lecta sunt** ponimus nec ad eorum exemplum alia formamus. *sane memor apud veteres non tantum dicebatur ὁ μεμνημένος, sed etiam ὁ μνήμων. et hoc per confusionem verbi et nominis; nam 'memorem' est verbi significatio, cum non sit nomen.*

SERV. Aen. 1, 174: ACHATES adlusit ad nomen, nam achates lapidis species est: bene ergo ipsum dicit ignem excusisse. Unde etiam Achaten eius comitem dixit. **lectum est** enim in naturali historia Plinii, quod si quis hunc lapidem in anulo habuerit, gratiosior est.

SERV. Aen. 1, 96: FORTISSIME GENTIS atqui in artibus **legimus** superlativum gradum non nisi genetivo plurali iungi. constat quidem, sed 'gens' nomen est enuntiatione singulare, intellectu plurale. bene ergo iunxit, in gente enim plures sunt, ut alibi ipse ditissimus agri Phoenicum; non enim unus est ager Phoenicum. item Sallustius Romani generis disertissimus. *aut superlativo pro comparativo usus videtur, quasi fortissimis comparandus, non ut vulgo creditur praeferendus.* sane quaeritur, cur Diomedem fortissimum dixerit, cum post Achillem et Aiacem ipse sit tertius, unde et Sallustius ait primum Graecorum Achillem. multi dicunt ideo fortissimum, quia iuxta Homerum et Venerem vulneravit et Martem. alii ad gentem referunt, quod Achilles Thessalus fuit, Aiax Graecus, Diomedes Danaus. multi ad excusationem Aeneae volunt fortissimum dictum, a quo eum constat esse percussum, *ut Iuvenalis vel quo Tydides percussit pondere coxam Aeneae.*

SERV. Aen. 1, 587: SCINDIT SE NVBES nubes tantum dicimus, non nubs, licet dicamus trabs trabes, stirps stirpes, prex preces, plebs plebes. sed de his tantum quae **legimus** sunt ponenda; non enim artis sunt *ista,* sed usurpationis, qua metri causa utuntur poetae, ut vel minuant vel augeant nominativum. inde est et supellex supellectilis.

SERV. auct. Aen. 1, 625: IPSE HOSTIS TEVCROS Troianorum laudis exaggeratio, quod etiam ab hoste laudantur. *et quidam 'hostis' singularem, quidam pluralem* ***legunt.***

SERV. Aen. 1, 635: TERGA SVVM non declinatio 'u' *litteram* hoc loco geminat, sed ratio nominis in quo est 'u', sicut et in 'rum' mittit genetivum pluralem non per declinationem, sed quia est in nomine 'r', ut patrum. alituum vero ubi **legimus**, parenthesis est, sicut Mavortis, nam alitum facit.

SERV. Aen. 1, 701: TONISQVE FERVNT MANTELIA VILLIS 'tonsis villis' vel minutis vel conpositis, *ut tonsa coma, pressa corona est*; constat enim maiores mappas habuisse villosas, *quibus etiam in sacris utebantur, sicut in georgicis manibus liquidos dant ordine fontis germanae, tonsisque ferunt mantelia villis; de supplicaturis enim hoc dixit.* 'mantelia' vero a manibus tergendis dicta, et est nominativus mantele, quo modo torale. quod autem **legimus** ne turpe toral, apocope est.

SERV. auct. Aen. 2, 20: VTRVMQVE uterus est mulierum: *nam praegnantis proprie est.* quem modo ideo dixit, quia dicturus est "feta armis". alvus est quo defluunt sordes, ut Sallustius "simulans sibi alvum purgari". venter qui videtur, ut Iuvenalis "Montani quoque venter adest abdomine tardus". *sane et in tragoedia de hoc equo ἐγκύμονα* ***legitur;*** *hinc ergo hic 'uterum' dixit.*

SERV. Aen. 2, 453: LIMEN ERAT contra illud, obsessis foribus quemadmodum ingressus sit: et dicit per posticum, quod generis est neutri, ut Horatius "atria servantem postico falle clientem". nam si generis feminini **legeris** 'postica', augurale est, ut 'antica', 'postica'.

SERV. Aen. 3, 22: CORNEA VIRGVLTA ET MYRTVS bene **legit** hastis apta virgulta: nam **legimus** "et bona bello cornus" item <7, 817> "et pastoralem praefixa cuspide myrtum" *et alibi ac myrtus validis hastilibus* ergo si telis fuerat confixus, merito illic haec coaluere virgulta. 'cornus' autem declinatur ut ficus, si arbor sit: nam 'cornu' animalis indeclinabile est, licet genetivum usurparit Lucanus, ut "cornus tibi cura sinistri Lentule" (7.217). sic Cicero in Arato "huius genus" pro genu.

SERV. Aen. 3, 278: TELLVRE POTITI 'potior' et 'illa re' dicimus et 'illius rei': sed per septimum casum in usu est, per genetivum figurate ponitur. Sallustius "ut prius quam legatos conveniret Adherbalis potiretur". **legimus** et per accusativum, sed uti non possumus: Terentius "patria potitur commoda".

SERV. auct. Aen. 3, 403: *TRANSMISSAE quidam 'transmissae'* ***legunt****, ut sit praepositio; trans autem adverbium, † ut sit 'transtulit'.*

SERV. Aen. 5, 85: GYROS nomen **legimus**; verbum exinde non invenimus.

SERV. Aen. 5, 370: PARIDEM venit ab eo quod est 'Paris, Paridis' vel 'Paridos', quod autem **legimus** <10, 705> 'urbe paterna Parin creat' venit ἀπὸ τοῦ ὁ Πάρις, τοῦ Πάριος, τῷ Πάρι, τὸν Πάριν: et volunt, si proprium sit, in 'dos' exire genetivum, si appellativum, in 'os'. sane hic Paris secundum Troica Neronis fortissimus fuit, adeo ut in Troiae agonali certamine superaret omnes, ipsum etiam Hectorem. qui cum iratus in eum stringeret gladium, dixit se esse germanum: quod adlatis crepundiis probavit qui habitu rustici adhuc latebat. hos autem ludos transfert Vergilius ad Hectoris tumulum: qui sunt facti, cum habuisset Hector occidi.

SERV. Aen. 5, 822: INMANIA CETE τὸ κῆτος καὶ τὰ κήτη, ut βέλος βέλη: nam Latine sic declinari non potest. nullum enim apud nos animal generis neutri est: nisi forte 'hic cetus, huius ceti' dicamus, quod nusquam **lectum est**; nam dicuntur canes marini.

Serv. Aen. 5, 610: NULLI VISA ad ipsum retulit numen: nam arcus semper videtur: quem non Irim, sed viam Iridis dixit. alii celeritatis esse volunt 'nulli visa'. notandum sane etiam de Iride arcum genere masculino dicere Vergilium: Catullus et alii genere feminino ponunt, referentes ad originem, sicut 'haec cattus' et 'haec gallus' **legimus**.

Serv. Aen. 6, 383: GAVDET COGNOMINE TERRA nominis sui similitudine. facit autem 'hic' et 'haec cognominis': nam in Plauto **lectum est** cum una de Bacchidibus diceret "illa mea cognominis fuit". Quod autem communi genere in 'e' misit ablativum, metri necessitas fecit.

Serv. Aen. 7, 231: INDECORES decus decoris facit, sicut 'pecus pecoris, nemus nemoris' 'o' in genetivo correptum est: omnia enim in 'us' exeuntia neutra in genetivo singulari paenultimam corripiunt, excepto 'pelagus', quod Graecum est: unde et 'vulgeris' dicitur secundum regulam, licet de hoc nomine aliud auctoritati placuerit. decor vero decoris facit, paenultima in genetivo producta: omnia enim in 'or' exeuntia in genetivo producuntur, exceptis quinque 'arbor marmor memor inmemor aequor'. unde quaeritur 'indecores' a quo sit nominativo: ab eo quod est 'indecus' non potest venire, quia **lectum** non est et quia 'decus' neutrum regit genus, non masculinum. restat ut dicamus ab eo, quod est 'indecor', venire 'indecores', nam et **lectum est**. sed decor decoris facit producta paenultima, quam Vergilius corripuit. ergo aut systole est, aut certe dicimus huius nominis nominativum non inveniri, ut in multis nominibus fit: quod et melius est, nam systole sine exemplo fieri non debet. Verecunde autem hoc dicit, sua coniunctione etiam ornari Italos.

Serv. Aen. 7, 605: ARABISVE PARANT venit ab eo quod est 'hic Arabus' nam ab eo quod est 'hic Arabs, ab hoc Arabe', 'Arabibus' facit sicut 'Hiberus', unde est in Lucano "occurrat Hiberis alter", et 'Hiber', ut Horatius "discet Hiber Rhodanique potor". item **lectum est** 'Aethiopus', sed tantum 'Aethiops' dicimus.

Serv. Aen. 7, 787: TAM MAGIS ILLA FREMENS ET TRISTIBVS EFFERA FLAMMIS QVAM MAGIS EFFVSO CRVDESCVNT SANGVINE PVGNAE **legitur** in arte quod 'tam magis maxime minus minime' positivo tantum iungantur: quod tamen tunc observatur si ponantur ad augmentum istae particulae; tunc enim vitiosam faciunt elocutionem. ceterum si ad exaequationem positae sint, possunt vel comparativo vel superlativo vel pro his gradibus ipsae inter se iungi: hinc ergo est 'tam magis illa fremens et tristibus effera flammis, quam magis effuso crudescunt sanguine pugnae': non enim ad praelationem positae sunt, sed ad exaequationem. maiores enim nostri vitia non in dicto, sed in significatione esse voluerunt. hinc est in Sallustio "ita quam quisque pessime fecit, tam maxime tutus est": nam et hic exaequatio est, non comparatio.

Serv. Aen. 8, 144: TEMPTAMENTA TVI PEPIGI cum nullo ante pactus sum, ut te aut per artem aliquam, aut per legatos probarem, sed intrepidum me tibi commisi. 'temptamenta pepigi' experimenta pactus sum: nam geminus est † hic praeteritus ab eo quod est paciscor: facit enim et 'pepigi' et 'pactus sum', sicut 'placeo' et placui et placitus sum. 'pago' enim, unde multi volunt venire 'pepigi', nusquam **est lectum**.

SERV. auct. Aen. 8, 603: TARCHO ET TYRRHENI Tarcho, *sic* ***legitur,*** *et* Latinus nominativus est de Graeco veniens, ab eo quod est Tarchon, perdito 'ω' et 'o' in 'o' mutata, ut Apollo Ἀπόλλων: aliter versus non stat.

SERV. Aen. 9, 706: ET CLIPEVM SVPER INTONAT INGENS aut ipse ingens super clipeum intonat: aut ingens clipeum supra ipsum tonat: nam **lectum est** etiam 'hoc clipeum', ut probat Caper: quod magis debemus accipere: nam Homerum imitatus est, qui ait ἀράβησε δὲ τεύχε' ἐπ' αὐτῷ.

SERV. Aen. 10, 788: A FEMINE ut etiam supra <344> diximus, secundum Caprum erit nominativus 'hoc femen', licet nusquam **lectum sit**, ut etiam ipse commemorat.

SERV. Aen. 10, 198: MANTVS genetivus Graecus est: nam si latine declinaveris 'Mantonis' facit, sicut in Plauto **legimus** "Ionis".

SERV. Aen. 10, 788: A FEMINE ut etiam supra <344> diximus, secundum Caprum erit nominativus 'hoc femen', licet nusquam **lectum sit**, ut etiam ipse commemorat.

SERV. auct. Aen. 12, 375: *LANCEA raro* ***lectum****: et est telum missile.*

SERV. auct. Aen. 12, 568: *FRENVM singulari numero raro* ***lectum est****. et quidam hunc versum per figuram Graecam dictum tradunt, ὁμολογοῦσιν μέλλειν λαβεῖν.*

SERV. Aen. 12, 766: SACER OLEASTER fere omnia Latina arborum nomina generis feminini sunt, exceptis paucis, ut 'hic oleaster' *et* 'hoc siler': Vergilius ut molle siler *lentaeque genistae.* item 'hoc buxum', licet et 'haec buxus' dicatur: nam superfluam quidam volunt facere discretionem, ut 'haec buxus' de arbore dicamus, 'buxum' vero de ligno conposito: **legimus** enim in Vergilio de tibiis <9, 616> buxus que vocat Berecyntia matris Idaeae.

SERV. georg. 1, 94: RASTRIS et 'hos rastros' dicimus et 'haec rastra'; **legimus** enim at istos rastros interea depone in Terentio, item rastraque et incurvi saevum rubuere ligones. et rastra dicta, quia terram radunt.

SERV. georg. 1, 111: QVID QVI NE GRAVIDIS P.C. ARISTIS gravidas aristas periphrasticos pro spicis posuit. dicimus autem et 'hic spicus' et 'hoc spicum': Cicero in Arato "spicum inlustre ferens insigni corpore Virgo". sed scire debemus in usu esse a masculino utrumque numerum, a neutro vero raro, et tantum singularem inveniri: nam pluralis nusquam **lectus est.** *et 'quid' id est 'quid di cam quantum iuvet arva'.*

SERV. georg. 2, 103: SED NEQVE QVAM MVLTAE SPECIES NEC N(OMINA) Q(VAE) S(INT) scit apud diversos **lecta esse** innumerabilia vitium genera: quibus offensus ait, colligere tanta vitium genera nec utile est nec possibile. Qui enim conatur universa cognoscere, debet etiam inpossibilia scire, ut est harenarum vel fluctuum numerus.

SERV. georg. 4, 165: CECIDIT CVSTODIA SORTI ex sorte, nam adverbium est: quod traxit a militia; **legimus** enim "partibus aequabat iustis aut sorte trahebat".

SERV. georg. 4, 296: ANGVSTIQVE IMBRICE TECTI licet et 'hic imbrex' **lectum sit**, melius tamen secundum Plautum 'haec imbrex' dicimus, namque ait "fregisti imbrices meas, dum te dignam sectaris simiam".

SCHOL. Bern. ecl. 6, 35: *Durare*, pro durescere; *solum*.... sed melius, nominatiuo **legi**, uel *durare*, durum fieri. *Solum*, terrae. *Discludere*, terram a mari separare. *Nerea*, animalia, uel deus maris, ut putant, uel *Nerea*, dea filia Neptuni.

Mendosvs, -a, -vm

B: TLL s.v. 'mendosus' 8.0.710.1–8.0.710.69 (Gundel, 1949).

Probablemente proveniente de *menda* y no de *mendum*[707], esta palabra tiene escasas ocurrencias en la literatura escoliástica y aún menos referidas a los textos de los autores comentados.

En Pseudo-Acrón hay una ocurrencia que no ha sido recogida por no estar vinculada al texto de Horacio y que muestra preocupación por la validez del texto de Tito Livio: *Non censeo, inquit, Liuii carmina delenda, quae quondam mihi dictabat s<a>euus [Orbilius] magister, sed indignor et miror praeferri illa quasi emendata nihil que distantia a perfectis carminibus, cum sint adhuc mendosa*[708]. Este escolio está vinculado al propio Horacio, a su experiencia en las clases de gramática con su maestro Orbilio[709].

A pesar del bajo rendimiento de este lema, se encuentran palabras del mismo campo semántico, como los sustantivos *mendum* y *menda*[710], y, sobre todo, el verbo *emendo*, que tiene una presencia mucho más común en los escolios y comentarios. Estas ocurrencias permiten entrever la aportación a la crítica textual de estos escoliastas anónimos.

Así pues, la única ocurrencia de este adjetivo califica a unos *exemplares* que aparecen connotados no solo en grado positivo, sino en grado superlativo: no solo con "errados", sino "erradísimos". La suscripción en la cual aparece se ubica al final del libro primero de Marciano Capela *De nuptiis Philologiae et Mercurii*[711]. El personaje que firma la suscripción aparece en otra, la de Horacio[712], aquí como maestro del suscriptor. En este caso se nos proporciona información sobre el proceso que realiza el suscriptor. En efecto, los muchísimos errores se subsanan en unos ejemplares que son contrastados con la lectura del discípulo Deuterio en la ciudad de Roma.

1. Acepción textual. Que contiene errores, defectos, imperfecciones

   Svbscr. Mart. Cap. 13: Securus Memor Felix v. sp. Com. Consit. Rhetor R. ex **mendosissimis** exemplaribus emendabam contra legente Deuterio scholastico discipulo meo Romae ad portam Capenam cos. Paulini v. c. sub d. non. Martiarum Christo adiuvante.

707 *Cf.* TLL.
708 Ps. Acro Hor. Epist. 2, 1, 70.
709 Svet. gramm. 20.
710 Asc. Cic. enarratio, In Cornelianam, p. 68, l. 6.
711 Svbscr. Mart. Cap. 13.
712 Svbscr Hor. 14.

Notare

B: Schad (2007: 270–171); Uhl (1998: 111, 234); Diederich (1999: 193); Steinova (2015).

Este lema se encuentra etimológica, semántica y funcionalmente muy cerca de *adnoto*. No obstante, hay ciertas divergencias entre ambos. Como puede apreciarse en un escolio del Pseudo-Acrón, que no hace referencia al texto de Horacio, sino a la actividad de Aristarco, se nos ofrecen ambos lemas contrapuestos y diferenciados: *Fiet Aristarchus] Nomen Graeci grammatici, qui Homeri carmen adnotauit. Ille ergo iudex etiam optimi poetae fiet. Qui Aristarchus Homerum emendans hoc signo notauit uersus, quos iudicauit Homeri non esse*[713].

En este escolio puede apreciarse cómo la labor de Aristarco era *anotar poemas* y, después, se especifica que esta acción consistía en *una anotación de los versos con un signo* que, además, denota un claro posicionamiento en cuanto a la naturaleza del texto y su autoría.

En el apartado que hace referencia a la crítica textual se han registrado escolios que han dejado un impacto en la tradición manuscrita. No obstante, es cierto que también hay escolios parecidos[714], que no han dejado ningún impacto en la tradición textual y por eso no han sido incluidos.

En algunos casos[715], estos escolios aportan variantes como *illic-ibi*, que no implican una gran diferenciación en cuanto al texto transmitido y se repiten en otros comentarios[716].

En otros casos refieren cuestiones más relevantes pertenecientes al proceso de adaptación de los textos de Menandro al latín en Terencio[717]. En Servio hay un comentario en el que se menciona un *verso anotado* a causa de una '*elocutio vitiosa*', es decir motivado por una cuestión de estilo.

Es destacable que tanto en Servio como en Servio Aucto aparecen precisados los sujetos de la acción: *critici*[718], y, si bien en otros escolios de Servio no hay sujeto explícito para un *notandum* impersonal, es cierto que esta fórmula está contrapuesta a un *Asper dicit*, es decir a un gramático y a sus aproximaciones al texto de Virgilio[719]. En muchas otras ocurrencias hay predilección por el impersonal *notandum*, no solo en Servio, como se ha ejemplificado, sino también en otros *corpora*[720].

---

713 Ps. Acro Hor. ars 450.
714 Don. Ter. Andr. 259.
715 Don. Ter. Andr. 638.
716 Don. Ter. Andr. 638; Phorm. 91.
717 Don. Ter. Andr. 483.
718 Serv. auct. Aen. 8, 731;11,24; 11, 188.
719 Serv. Aen. 10, 565.
720 Schol. Bern. georg. 4, 247; Comment. Lucan. 2, 486; 3, 264.

En Pseudo-Acrón va a materializarse en las acepciones que remiten a la morfosintaxis. Pero esta acepción morfosintáctica va a devenir la más prolífica en este lema y va a cubrir un gran amplio espectro semántico: número singular-plural, dudas frente al género de un sustantivo, tiempos verbales, casos, regímenes de preposiciones y de verbos y precisiones semánticas, entre muchas otras.

Finalmente, está la acepción que se refiere a la métrica, en cuanto presenta ocurrencias vinculadas a la cantidad y a problemas en la adaptación del griego.

1. Acepción textual

DON. Ter. Andr. 483: 1 NVNC PRIMVM FAC ISTA VT LAVET imperitiae **notantes** Menandrum aut Terentium ipsi ultro imperiti inueniuntur, nam et ille 'λούσατ' αὐτήν dicens a consuetudine non recessit, † cum lauisse se aut non lauisse a parte totum significantes†, et Terentius propius ad significationem accessit 'ista' dicendo, ne pudenda nominaret.

DON. Ter. Andr. 638: 1 ILLIC VBI NIHIL **nota** 'illic' et 'ibi': aptum irascenti repetitionis genus. (...) 2 ILLIC legitur et 'illi'.

DON. Ter. Phorm. 91: 2 ILLI INTERVENIT 'illi' pro 'ibi', ut (Verg. Aen. 2, 548) 'illi mea tristia facta'. 3 *Et* **nota** 'illi' pro 'illic'.

SERV. Aen. 1, 224: DESPICIENS deorsum aspiciens, sicut 'suspiciens' sursum aspiciens. **notandum** sane, quia si dispiciens dixerimus, diligenter inquirens significamus, sicut deduco et diduco; nam deduco est prosequor, diduco vero divido.

SERV. Aen. 4, 504: AT REGINA PYRA **notatus est** hic versus: vitiosa est enim elocutio quae habet exitus similes, licet sit casuum dissimilitudo.

SERV. auct. Aen. 8, 731: *ATTOLLENS UMERO FAMAMQVE ET FACTA NEPOTVM si 'fata' legeris, hoc est, quae nepotes fataliter fecerunt. hunc versum* ***notant*** *critici quasi superfluo et humiliter additum nec convenientem gravitati eius: namque est [eius] magis neotericus.*

SERV. Aen. 10, 565: IGNEM PECTORIBVS ARSISSE Asper dicit, ignem hunc animae intellegendum calorem, venientem ex ferocia, ut sit 'cum vim suae crudelitatis efflaret', *ut in georgicis "spirantem naribus ignem" de equo.* alii ignem hunc fulminis volunt, ut sit dictum quemadmodum in primo "illum expirantem transfixo pectore flammas". sane **notandum** 'ignem arsisse', cum igni alia res ardeat.

SERV. auct. Aen. 11, 24: *ITE AIT vitiose in media oratione 'ait' positum critici* ***notant.***

SERV. Aen. 11, 188: CINCTI FVLGENTIBVS ARMIS *id est incincti et instructi* frustra hoc epitheton **notant** critici, quasi circumeuntes rogos alia arma habere debuerint.

SERV. Aen. 8, 130: FORES pro 'fuisses'. et **notandum** 'fores' de praeterito.

SCHOL. Bern. georg. 4, 247. *Aranea casses.* Aranea puella lanificii perita nimia exultatione improba opus suum Mineruae praetulit. Hanc dea in araneam uertit deditque ei, ut opere, quo gaudebat, non desineret fatigari. Haec laqueo uitam finiuit; inde casses in alto suspendit. Et **notandum** aranearum texta 'casses' dicta, cum 'casses' proprie dicantur quidam sinus ex modico reti facti, qui in uicem laqueorum fera decipiunt, ut ibi (Georg. *3, 371):* 'Non cassibus ullis.'

Ps. Ascon. Cic. diu. in Caec. 57: "Rediit ad se atque ad mores suos". **Nota** 'redire ad se' homines. "Rediit" autem iam ad argumentum, non ad similitudinem pertinet.

Vult enim innuere: quod recte fecit alienum esse et parvissimi temporis, proprium vero et perpetuum quod admisit.

Comment. Lucan. 2, 486 ATQ • OMNES TRAE G • A • **notandum** 'gurgitem' dictum fluuium.

Comment. Lucan. 3, 264 INTER CAESAREAS **notandum** 'Caesareas' anti tou 'Caesareanas'.

2. Morfosintaxis

Ps. Acro Hor. epod. 17, 48: (...) Et **notandum** pulueres pluraliter usurpatum esse [sicut sepius multa usurpatiue posuit].

Ps. Acro Hor. carm. 2, 7, 3: QVIRITEM] Romanum; **notandum** tamen, quia singularem numerum posuit, cum pluraliter dicantur.

Ps. Acro Hor. carm. 2, 11, 16: ASSIRIAQVE NARDO] (...) **Notandum** autem, quod nardum genere feminino posuerit.

Ps. Acro Hor. carm. 3, 21, 8: PROMERE] **Notanda** elocutio 'descende promere' pro 'descende, ut promas'.

Ps. Acro Hor. sat. 1, 5, 3: Gr<a>ecorum l(onge) d(octissimus)] **Notandum**, quod hanc particulam superlatiuo iunxit; nos enim dicimus longe doctior, quoniam nimietas admittitur, comparatio non admittitur. Possumus enim dicere 'longe doctior', non possumus dicere 'ualde doctior' et 'tam doctissimus'.

Ps. Acro Hor. ars 18: Aut flumen R(henum)] **Notandum** flumen Rhenum genere neutro, sicut Salustius in historiis (fragm. III 79 M.): Nomenque Danubium habet.

Ps. Acro Hor. sat. 1, 1, 61: ° Decepta c(upidine)] Falsa opinione, aut inepta et inani cupiditate § Cupidine f(also)] Pro eo, quod est falsa cupiditate. Et **notandum** cupidinem genere masculino pro cupiditate noue omnino.

Ps. Acro Hor. sat. 1, 2, 67: § Exclusus fore] A familia scilicet Longareni moechi. Et **notandum** fore numero singulari: Terentius in adelphis (II 3, 11): Quidnam concrepuit fores? Item Cicero pro Cornelio (I fragm. 49 Kayser): 'Aperui forem scalarum', sed ex uerbis accusatoris ridentur, ut in Flacciana (schol. Bobiens. p. 230 Or., pro Flacco 2, 5) 'strangulauit' posuit.

Ps. Acro Hor. sat. 1, 5, 47: § Clitellas] Sagmas siue sellas, alii instrumenta, quibus animalia sternuntur, alii uncinos ligneos, quibus onera inponuntur. Et **notandum** tempore pro tempori. Alii dicunt, quod ligna sint, idest uncini, quae super animalia posita hinc inde onera sustentant. Alii dicunt, quod ligna sint, idest uncini, quae super animalia posita hinc inde onera sustentant.

Porph. Hor. carm. 1, 9, 1: Vides vt alta stet nive candidvm S: Thaliarchum ad laetiorem uitam hortatur, ut lusibus adulescentiae, quamdiu aetas permitti<t, uta>tur. **Notandum** autem, quod neutro genere Soracte dixerit, cum uulgo Sorax dicatur. Est autem hic mons in Faliscis. Stet autem 'plenum sit' significat, ut Ennius: "Stant puluere campi", et Vergilius: "Iam puluere caelum stare uides" et in Bucolicis: "Stant et iuniperi et castaneae hirsutae".

Porph. Hor. sat. 2, 4, 14: Ponere, namqve m<a>rem: apponere [aut existimare]. Cohibent callosa vitellvm: [a] Vitellus oui pars media. Et **nota**, quod, cum hic masculino genere dicat, alibi feminino sic: Quatenus ima petit uoluens aliena uitellus Et <est> anafora ad pullum.

Porph. Hor. sat. 2, 4, 73: Et allec: **Nota**, <quod> allec neutro genere dixit. Faecem. Condimenti genus sic appellatur.

Don. Ter. Ad. 766: 1 PRODEAMBVLARE **nota** duas praepositiones uni dictioni adiunctas, ut (Verg. Geo. 3, 256) 'pede prosubigit terram' et (Homer. Il. 2, 305) 'ἀμφιπερικρήνην'. 2 *Et* opportune ad delicias exprimendas hoc uerbum conuenit, nam procedere segnem 'prodeambulare' significat. *nam deambulare etiam intus potuit.*

Serv. georg. 1, 192: NEQVIQVAM PINGVES non pingues, id est sine frugibus: alibi "nequiquam seros exercet noctua cantus", id est 'non'. et **notandum**, paleam dictam numero singulari contra artem: nam ea, quae ex pluribus constant, numeri sunt tantum pluralis, ut 'cancelli, scopae, bigae', licet abutantur poetae. *'pinguis' sane et 'quamvis pinguis' potest accipi. 'area' vero pro 'in area'.*

Serv. Aen. 2, 601: LACAENAE a provincia Laconica. et **notandum**, derivationem minorem esse a principalitate, quod rarum est.

Serv. auct. Aen. 10, 603: *TORRENTIS AQVAE* ***notandum*** *quod 'aquae' addiderit, cum absolute 'torrens' dicatur.*

Schol. Bern. ecl. 5, 21. *Flebant*, lamentabantur. *Vos*, estis. *Coryli et flumina*, populum et senatores appellat; **notandum** tamen, quod feminino nomine et neutri respondit dicendo 'testes coryli et flumina.'

Schol. Bern. georg. 2, 12: *Curua.* Epitheton perpetuum; nam omnia flumina curuata. *Lentae*, flexibiles. *Molle siler.* **Notandum** genus neutrum in arboribus, quod admodum rarum est.

Schol. Bern. georg. 2, 98. *Tmolius.* Lydiae mons. **Notandum** hic quod uinum masculino genere dixit 'Tmolius', nec inmerito, quoniam et aput *Petronium* in Satira inuenitur. *Tmolius adsurgit* et reliqua. Duplex est expositio. Nam alii uolunt sine uitio '*uinus*' *subaudiri*; alii ad superiora referunt, et non ad poma, sed ad uites, ut sit: 'quibus cedit Tmolius et Phanaeus', montes uitibus consiti. *Phanaeus*, promuntorium Chii. *Tmolius*, mons in Cilicia. Tmolium dicit et Phanaeum cedere Amineae uiti, licet uitibus fertiles.

Schol. Bern. georg. 3, 325. *(...) Mane nouum* idest secundum morem prouinciae suae. *Nouum,* recens. **Notandum** quod 'mane' nomen posuit, pro aduerbio.

Schol. uet. Iuv. sat. 1, 5: (Telephus): Telephus filius <H>eraclis et Auges a cerva nutritus est. 2s [Telephus a. s.] p(lena iam margine libri): **notandum:** marginem femino genere dicit, Ovidius (Met. I 13) masculino.

Schol. uet. Iuv. sat. 3, 231: [Fecisse] lacertae: **notandum** quia feminino genere dixit 'lacertae', cum Virgilius (Ecl. II 9) masculino dixit 'lacertos'.

Schol. uet. Iuv. sat. 7, 208: Spirantisque crocos: **notandum** quia masculino genere dicit crocum. Virgilius (Georg. IV 182) 'crocumque rubentem'. Sal<l>ustius dicit neutro (Hist. II fr. 81 M.) 'in qua crocum gignitur'.

Schol. uet. Iuv. 10, 200: 1d Frangendus m(isero) g(ingiva) p(anis inermi): **notandum** masculino genere dixisse ut 'hic gingiva'. 2 Quia dentes ruerunt, gingiva panis frangendus est.

Lact. Plac. Stat. Theb. 1, 81: HVC ADES E(T) T(OTOS) I(N) P(OENAM) O(RDIRE) N(EPOTES) ordire dispone. hoc est: persequere genus meum omne usque ad nepotes. **notandum** sane quod totos pro 'omnibus' dicit. cum numerum significare uolumus, 'omnes' dicimus, cum corpus, 'totum'. usurpatiue tamen poeta posuit totos pro 'omnibus'. ut Vergilius <Aen. I 185>: 'hos tota armenta s(ecuntur)', et econtra pro 'toto' 'omne' ut <Aen. II 750–751>: 'omnemque reuerti per Troiam'

Lact. Plac. Stat. Theb. 1, 360: (VETERI SPVMAVIT) LERNA (VENENO) lacus est apud Argos, in quo Hydram superasse Hercules dicitur. ait ergo in hoc stagno tantam uim undarum fuisse ut iterum ueneno scatere uideretur. **notandum** autem quod ueteri dixit, cum omne nomen generis neutri quod in '-us' exit numquam nisi 'e' littera terminetur, ut 'pecus pecore', 'nemus nemore'.

Lact. Plac. Stat. Theb. 3, 242: COLVS pensa. **notandum** plurali numero declinatas.

Lact. Plac. Stat. Theb. 6, 279: [IVPPITER ATQVE] H(OSPES) (IAM TVNC AVRORA COLEBAT) hoc est: hi qui in oriente sunt. colitur autem et in Aegypto, ubi etiam Isis uocatur. simul **notandum** quod communis generis declinauit hospes, cum legerimus <Aen. 3, 539>: 'bellum, o terra hospita, portas'.

Lact. Plac. Stat. Theb. 6, 379: [MERITIS TAMEN] ILLE (SED HVIVS) <ille> Admetus. et **notandum** uarietatem nominum solis pronominibus separatam ille et huius.

Lact. Plac. Stat. Theb. 10, 594: (TE TAMEN INFELIX ...) PERITVRA QVE THEBE (SI TACEAM NEQVEO MISER EXAVDIRE CADENTEM ARGOLICVM QVE OCVLIS HAVRIRE VACANTIBVS IGNEM) <periturque Thebe> **notandum** quia Thebe singulariter dixit.

Lact. Plac. Stat. Theb. 3, 546: QVID FVRTIM INLACRIMAS (ILLVM VENERANDE MELAMPV/ QVI CADIT AGNOSCO) Amphiaraus Melampo dicit: 'quid fles, quia uides me moriturum? augurium cadentis cygni mihi finem uitae portendere ego cognosco'. **notandum** quia uocatiuum Melampu dixit.

COMMENT. Lucan. 6, 106 AD LIBER TERRE **notandum** 'liber illius rei'.

COMMENT. Lucan. 1, 43: LEVCAS ET ARDENTI SERVILIA BELLA SVBAETHNA apud Leucadiam Marcum Antonium Caesar nauali proelio superauit. Et **nota** Lucanum feminino genere posuisse, Virgililun masculino 'totumque instructo marte uideres feruere Leucaten'.

COMMENT. Lucan. 3, 299 NVBIFERAM ALPEM **notandum** singulariter 'Alpen' dictam.

ADNOT. Lucan. 4, 100: ABSORPSIT **notandum** absorpsit, cum absorbui declinetur.

ADNOT. Lucan. 9, 497: MULTAQUE D. T. M. C, **notandum**, quod 'margine' dixit genere masculino. Dicit autem marginem extremitatem orbis.

ADNOT. Lucan. 1, 481: ALPEMQUE IACENTES **notandum** numero singulari Alpem dictum.

COMMENT. Lucan. 4, 100: ABSORSIT PENITVS RVPES **notandum** 'absorbsit', cum 'absorbuit' dicamus. Plautus 'quid enim absorbui?'

3. Métrica. Remarcas métricas, efectos sonoros

PS. ACRO Hor. epist. 1, 11, 8: **Notandum** Fidenam prima syllaba productam; Maro uero breuem posuit, ut (Verg. Aen. 6, 773): "Vrbem que Fidenam"

PS. ACRO Hor. sat. 1, 2, 70+: § Velatum que st(ola)] Proprie toga muliebris stola dicitur, et **notandum** in hoc uersu, quod toga et stola communem syllabam fecerint.

PS. ACRO Hor. sat. 2, 3, 38: Caue faxis] **Notandum** 'ue' syllabam breuem, cum secundae sit coniugationis. Et Persius 'uide' breuem posuit (1, 108. 109): Vide sis, ne maiorum tibi forte Limina frigescant.

DON. Ter. Phorm. 373: 2 AIN TANDEM 'ain': ἀπόστροφος **nota** est, quae separat E ab N †littera ·i· tenuit sed sonum. est enim integrum 'aisne'.

SERV. Aen. 2, 417: EOIS EVRVS EQVIS ab Eois equis, id est Solis, *unde equi Solis oriuntur*: nam Eurus ab oriente flat. **notandum** sane, quod, cum 'Eous' 'e' naturaliter longum habeat, metri necessitate correptum est propter sequentem vocalem. rarum autem est: nam nec proprium nomen est, ut 'Diana', nec sermo compositus, ut <7, 524> "sudibusve praeustis".

SERV. auct. Aen. 7, 464: FVRIT INTVS AQVAI FVMIDVS (...) . hanc autem diaeresin Tucca et Varius fecerunt: nam Vergilius sic reliquerat "furit intus aquae amnis" et "exuberat amnis": quod satis asperum fuit. ***notandum*** *quod in toto Vergilio non reperiuntur nisi quattuor diaereses, hoc loco, et in tertio <354>, ut aulai medio libabant pocula Bacchi, et in VI. <747> ut aurai simplicis ignem, et in IX. <26> dives pictai vestis et auri.*

LACT. PLAC. Stat. Theb. 1, 355: IAM] NEMEA palus iuxta Cleonam, Graeciae ciuitatem, ubi Hercules leonem uicit. ut Lucanus <IV 612>: ,ille Cleonaei proiecit terga leonis'. **notandum** autem, quod nomen 'a' littera terminatum longum est. Latinitas hoc non habet, sed ideo, quoniam Graecum est nomen, in eo melius Graeca ratio considerabitur.

LACT. PLAC. Stat. Theb. 6, 722: [VICTORI] TI<G>RIN (INANEM) simili modo etiam in primo <uu. 483–484> de pelle dixit: 'tergo uidet huius inanem/ impexis utrimque iubis horrere leonem'. et **notandum** quia metri necessitate tigrin accusatiuum Graecum posuit pro 'tigrem'.

SCHOL. BOB. Cic. In Clodium et Curionem Frg. 27: *Quasi ego non contentus sim, quod mihi quinque et XX iudices crediderunt, ... qui sequestres abs te locupletes acceperint.* **Notemus** verborum medietates elegantissime ab oratore suspendi. Nam cum prae se ferret Clodius victoriam iudicii, quod liberatus sententiis pluribus videretur, ait Tullius ad confirmandam testimonii sui religionem XX et quinque sibi iudices credidisse, illos videlicet, qui reum damnaverant; sed etiam illos, qui pro reo sententiam dixerint, ipsi Clodio nihil credidisse, quando ab senatu auxilium petierint et aput sequestres idoneos illam deponi pecuniam voluerint, ne frustrarentur ea spe, quam reo paciscente praesumserant. Et has ergo sententias, quae videbantur Clodio aliquid honestatis adquirere, in vituperationem convertit, ut pars iudicum damnarit incestum, pars vero privatum lucrum praeposuerit religioni. Et hic subest ... postulasse iudices ab senatu praesidium, non ut fortiter et libere iudicarent, sed ne illam sibi pecuniam reus absolutus eriperet.

Omittere

B: TLL s.v. 'omitto' 9.2.581.15–9.2.588.53 (Baer, 1974).

Con pocas ocurrencias en la literatura escoliástica, estas resultan, a pesar del bajo rendimiento, bien elocuentes en cuanto a su impacto en la transmisión de los textos.

Estas dos acepciones provienen de Servio Aucto. En ambos casos se alude a una hipotética omisión del verso. En el primero[721], se hace referencia a una anotación del gramático Probo al texto de Virgilio: *si se omitiera este verso, se haría mejor.* Nótese que el *sane* que acompaña a *adnotavit* está reafirmando la opinión de Probo en voz del Servio Danielino. En ambos casos, la explicación que se ofrece para justificar esta omisión —entiéndase supresión del verso— no proporciona ninguna información detallada acerca de los motivos que suscitan una decisión textual tan importante. Es más, en el segundo caso[722], no se precisa quiénes apoyan esta omisión, sino que estos son neutralizados por el *quibusdam* ('ciertos').

1. Acepción textual

a) Versum omittere

Serv. auct. Aen. 4, 418: ET LAETI NAVTAE id est *aut* minime timentes: *aut adeo non necessitate, nec iussu abeunt, sed volentes. et hoc aut ad spem retinendi, aut ad indignationem commovendam dictum est. et Sicut supra, prope ad invidiam Annae loquitur, ut et alibi "tu prima furentem his germana malis". Probus sane sic adnotavit si hunc versum* ***omitteret****, melius fecisset.*

Serv. auct. Aen. 8, 627: HAVD VATVM IGNARVS *litotes figura, id est* futurorum non inscius. *et quibusdam videtur, hunc versum* ***omitti*** *potuisse.*

721 Serv. auct. Aen. 4, 418.
722 Serv. auct. Aen. 8, 627.

PRONVNTIARE

B: TLL s.v. 'pronuntio' 10.2.1921.8–10.2.1929.71 (HAJDÚ, 2000); JAKOBI (1996: 8–18); DIEDERICH (1999: 17, 21–24), SCHAD (2007: 329–331).

Como en el sustantivo siguiente, este verbo se encuentra asociado a la esfera de la dicción, de la comunicación oral de una acción. A diferencia del sustantivo y de sus acepciones, *pronuntio* aporta también la introducción de variantes textuales con presencia en la tradición manuscrita. Aunque no sean numerosas, devienen por este motivo especialmente significativas, pues podrían señalar algún tipo de conexión entre la oralidad y la escritura. Ciertamente este tipo de comentarios o escolios se ubican en el contexto de la clase de gramática y de la *poetarum enarratio*, si bien en el caso de Tiberio Claudio Donato, en el contexto de la retórica. Así pues, en este contexto, *pronunciar* puede equivaler a *leer*. En el caso de Servio Aucto, por ejemplo, este verbo está relacionado con la oración siguiente 'otros transmiten 'iratam''[723].

En cuanto al ámbito del establecimiento de las *distinctiones*, viene a ser este apartado el que reúne un número mayor de acepciones. Entre estas están las que proponen una articulación separada, aislada: *singillatim*, *singula-singulis*, *separatim*. En algunas de estas ocurrencias se proporciona aun más información, además de una pronunciación separada de los elementos, en un caso se especifica *et morandum in sungulis verbis*[724], es decir, 'demorándose en cada palabra'. Las ocurrencias de Donato aparecen en la mayoría de las ocasiones con indicaciones de la puesta en escena *pauido et attonito uultu*[725]. *Separatim* parece estar vinculada a especificaciones semánticas, pues en muchos casos se establece la pronunciación separada de los elementos motivada por cuestiones estilístico-semánticas *ne fiat vitium, si porcis et pecudibus iungantur*[726]. En forma de verbo aparece también *separo* asociado a *pronuntio*. Destaca aquí también la inquietud por evitar los *vitia* recién mencionados, véase en este caso *ne coniuncta vitium faciant*[727], así como también por facilitar la comprensión *ne coniuncta minuant intellectum magna subtilitate dispositum*[728]. En muchos casos se especifica cuál debe de ser la pronunciación, generalmente con la fórmula *sic... ut*[729]. En el último apartado de las *distinctiones* hay una esperada sección dedicada a la entonación interrogativa o exclamativa.

---

723 SERV. auct. Aen. 1, 37.
724 SERV. auct. Aen. 4, 93.
725 DON. Ter. Eun. 943.
726 CLAVD. DON. Aen. 11, 198–9.
727 CLAVD. DON. Aen. 9, 132–133.
728 CLAVD. DON. Aen. 9, 427–428.
729 DON. Ter. Ad. 43.

En cuanto al ámbito de la métrica, es interesante constatar de nuevo la interferencia del griego en la adaptación de ciertos nombres propios.

1. Acepción textual

Serv. auct. Aen. 1, 37: VICTAM sic et in septimo “vincor ab Aenea”. *se victam* ***pronuntiat*** *velut victam. Alii iratam tradunt.*

Clavd. Don. Aen. 7, 485–486: *cui regia parent armenta et late custodia credita campi:* melius autem est propter cumulandam laudem Tyrrhi “late” **pronuntiare** quam “lati”: in latitudine enim multa specialia intellegi possunt, ne unus campus minuat studium praeferentis. in appellatione campi continuatio intellegitur et una planities; si enim camporum diceret, interpositos significaret montis aut tumulos, qui inde multos campos efficerent. rediit ad aliam partem laudis cervi; nam ab his quae communia sunt omnium cervorum transit ad ea quae propria ipsius fuerunt; quippe multi alii reperiri potuerunt et grandes et cornibus satis superque sublimes.

2. Indicaciones sobre las *distinctiones*

a) Singillatim

Porph. Hor. epist. 2, 2, 99: Quis? quis: Singillatim **pronuntianda sunt** haec pronomina.

Don. Ter. Eun. 379 4 TIBI EQVIDEM DICO <MANE> singillatim ista **pronuntianda sunt**, ex quibus intellegatur non cessare Chaeream, quin adhuc impellat et trudat.

b) Singula/ singulis

Don. Ter. Eun. 943: 2 PRO D. F. hoc loco simulata perturbatione sui Parmenonem terret Pythias. 3 PRO D(EO) F(IDEM) haec singula **pronuntianda sunt** pauido et attonito uultu.

Don. Ter. Eun. 986: 1 HEM QVID AMAT haec singula **pronuntianda sunt,** ut stuporem nimiae indignationis ostendat.

Don. Ter. Hec. 516: 3 PERII QVID AGAM singula **pronuntia**, ut perturbatam ostendas.

Don. Ter. Phorm. 294: 3 IMPRVDENS TIMVIT ADVLESCENS SINO σχῆμα διανοίας· συγχώρησις. 4 *Et* singula **pronuntianda,** ut plura uideantur.

Don. Ter. Phorm. 751: DESERTA EGENS IGNOTA singula **pronuntianda** sunt argumenta: haec enim ad uenialem statum proferuntur.

Serv. auct. Aen. 1, 349: IMPIVS ANTE ARAS probavit impium, qui ante aras. *et singula* ***pronuntianda***.

Serv. Aen. 2, 731: NATE haec singula **pronuntianda sunt**, quia perturbatis iugis non datur sermo, *nec gaudentibus, nec dolentibus. quidam adfectiose distinguunt.*

Serv. auct. Aen. 3, 295: *PRIAMIDEN HELENVM hoc totum cum admiratione* ***pronuntiandum est***.

Serv. Aen. 4, 19: HVIC VNI FORSAN POTVI SVCCVMBERE CVLPAE *bene 'forsan', quasi adhuc dubitet.* singula **pronuntianda sunt**: ingenti enim dicta sunt libra, quibus confessioni desiderii sui quandam inicit refrenationem.

Serv. auct. Aen. 4, 93: EGREGIAM VERO LAVDEM ironia est, inter quam et confessionem sola interest pronuntiatio: et ironia est cum aliud verba, aliud continet sensus. *sane huius verbi initium tractum est, quia proprie egregium dicebatur, quasi in grege amplissimum, quod emineret ex grege. singula autem hic **pronuntianda sunt** et morandum in singulis verbis; habent enim .*

Serv. Aen. 12, 800: DESINE IAM TANDEM singula **pronuntianda sunt.** Dicendo autem 'tandem' odium perseverantis ostendit.

Clavd. Don. Aen. 1, 383–385: *vix septem convulsae undis euroque supersunt, ipse ignotus. egens Libyae deserta peragro Europa atque Asia pulsus*: singula verba quam teneant vim quemve habeant intellectum necessario noscendum est. ait enim bis denis navibus veniebam: designatione numeri magnis copiis motam navigationem suam voluit demonstrare.vix septem convulsae undis euroque supersunt: qui vult animum dolentis conpetenter excutere separatis singulis **pronuntiare** debet, vix, ut ostenderet se magna cum difficultate evasisse, septem, ut ex magno numero exiguum quid superesset, convulsae undis euroque supersunt, hoc est dissolutae duplici malo, vi maris et tempestatum. (...)

Schol. uet. Iuv. sat. 3, 180d: (Hic ultra vires habitus nitor): potest esse genetivus 'huius habitus nitor', possunt et singula **pronuntiari** nominativo casu.

Schol. uet. Iuv. sat. 8, 103: Phidiacum v(ivebat ebur): 2 Cum ἐκφωνήσει **pronuntiandum**, ut signa vivere videantur.

c) *Separatim*

Don. Ter. Hec. 523: 1 ATQVE ECCAM VIDEO apparet mulierem fugere et auersari ob conscientiam, et ideo hoc separatim **pronuntiandum**.

Don. Ter. Eun. 530: HEVS HEVS ECQVIS HIC EST haec separatim **pronuntianda sunt**, nam apparet inter haec uerba pulsatam ianuam personare.

Don. Ter. Eun. 636: 8 HEM BIDVVM H(IC) M(ANENDVM) E(ST) (...) 'biduum' sic **pronuntia** ut longum nimiumque tempus; tum deinde 'hic' tamquam in loco solo atque tristi.

Clavd. Don. Aen. 3, 593: *dira inluvies*: non respicimus dira inluvies, sed separatim **pronuntiandum est** et absolute intellegendum, ut sit quod respeximus dira inluvies fuit.

Clavd. Don. Aen. 11, 198–9: *saetigerosque sues raptasque ex omnibus agris in flammam iugulant pecudes*: quod de bubus dictum est separari convenit, ne fiat vitium, si porcis et pecudibus iungantur; non enim cohaeret mactantur Morti boum corpora et mactantur saetigeros sues et pecudes. quocirca distinguendum est multa boum circa mactantur corpora Morti et separatim **pronuntiandum** saetigerosque sues raptasque ex omnibus agris in flammam iugulant pecudes, ut singula diversis animalium generibus aptentur et sit, sicut est, plena locutionis integritas: boves intellegamus esse mactatos, iugulatam vero porcorum et pecorum multitudinem. in flammam non tantum ad porcos et pecora verum etiam ad boves pertinet, ut sit boves mactantur in flammam et porci ac pecora iugulantur in flammam.

d) Incerta distinctione

Don. Ter. Phorm. 255: 4 CREDO HOC RESPONDE MIHI hoc incerta distinctione **pronuntiatur**.

e) Simul

Don. Ter. Phorm. 950: <NOLO VOLO> VOLO NOLO primo singula separatim, deinde simul utraque **pronuntianda sunt.**

f) Sine lectionis intercapedine

Schol. Veron. Aen Aen. 7, 341. EXIM. Asp.: statim. Haec sine ulla lectionis intercapedine **pronuntianda sunt**, quia κοφοπρόσωπον induxit hoc ex nocendi festinatione ideoque illam perfecto officio induxit loquentem. Sic et in primo (A.1, 689) Cupido matri non respondit. Et 'Gorgoneis venenis infectam' abusive, non quoniam Gorgonis angues habeat, sed quoniam ut Gorgo serpentibus armata fuerit.

g) Separo

Serv. auct. Aen. 4, 627: *NVNC OLIM modo 'olim' futuri temporis: et quidam separant* ***pronuntiantes****, ut sit 'nunc' modo, 'olim' postea, quasi dicat 'vel nunc vel olim, quocumque dabunt se tempore vires', quia quotienscumque valuerunt Poeni bella renovaverunt: nam ideo ait 'pugnent ipsique nepotesque'.*

Clavd. Don. Aen. 2, 557: *<iacet ingens litore truncus avulsumque umeris caput et sine nomine corpus>*. (...) separanda sunt haec a superioribus dum **pronuntiantur,** ne intellectus patens facta confusione turbetur. ab accusativo enim casu transiens si ad nominativi casus declinationem **pronuntians** veniat, facit vitium iungens Troiam incensam et prolapsa videntem Pergama, tot quondam populis terrisque superbum regnatorem Asiae et iacet ingens litore truncus, iacet avulsum umeris caput, iacet sine nomine corpus, ut semel positum iacet ad tria supra dicta pertineat, quae ipsa tria cum nominativo sunt posita, superiora vero cum accusativo, proinde haec oportet separari.

Clavd. Don. Aen. 3, 319: *Hectoris,* inquit, *Andromache Pyrrhin conubia servas?* (...) haec nomina secundum dicentis animum sic debemus posita intellegere, ut sciamus duo dicta cum laude, tertium vero cum vituperatione. unde cum **pronuntiamus,** Hectoris et Andromachae nomen debemus attollere, deicere tertium Pyrrhi, quoniam et ipse hostis fuerat et patris eius memoria esse debuit odiosa; Achilles enim

Hectorem peremit. insultatio et iniuria ultima fuit, ut interemptoris filius uxorem teneret occisi.

CLAVD. DON. Aen. 9, 132–133: *tot milia, gentes arma ferunt Italae*: hunc locum cum **pronuntiamus**, separare debemus tot milia, separare gentes, ne coniuncta vitium faciant, si dicamus tot milia gentes, separatione vero facta non semel intellegamus positum tot, ut sit tot milia, tot gentes arma ferunt. quod ipsum sic intellegitur posuisse atque dixisse, ut adsereret se nec illud metuere, quod cum auxiliis Aeneas sperabatur esse venturus. hinc transit ad aliam quaestionem; potuit enim dici frustra contendimus contra eos qui diis et fatis volentibus ad Italiam venerunt.

CLAVD. DON. Aen. 9, 308–310: *protinus armati incedunt, quos omnis euntis primorum manus ad portas, iuvenumque senumque, prosequitur votis*: quos omnis euntis cum **pronuntiamus**, separare debemus quos et moram facere, dehinc dicere omnis euntis primorum manus ad portas, iuvenumque senumque. si enim de duobus dixerimus quos omnis, faciemus vitium male **pronuntiando,** ut dicamus quos omnis euntis qui fuerunt duo. ordinari autem debet sensus sic: quos euntis, id est Euryalum et Nisum, primorum, et senum et iuvenum, omnis manus, hoc est multitudo ad portas votis prosequitur, optans scilicet bona. primi eos prosequebantur, ad quos cura pertinebat et summa tractatuum publicorum, iuvenes vero, quibus adhuc fuerat laborandum et excitabantur exemplo, senes vero, qui quicquid Nisus et Euryalus fuerant adgressi mirabantur omnes: ergo isti votis prosequebantur duos et ad incerta pergentis.

CLAVD. DON. Aen. 9, 427–428: *me, me, adsum qui feci, in me convertite ferrum, [o Rutuli]* deficientis vox fuit per nimium dolorem. denique quod animus tenebat non potuit semel effundere. ait ergo me et, cum deesset continuatio verborum sequentium, ait iterum me, tertio, ubi coepit paulatim sese colligere, adiunxit adsum qui feci, quarto in me convertite ferrum. cum igitur haec **pronuntiantur**, separanda sunt, ne coniuncta minuant intellectum magna subtilitate dispositum. quod autem duplicatum est me, infra conpletum est adiectione facta verborum quae inter initia secuta non fuerant. si, inquit, reum in vos admissi quaeritis, Rutuli, praesto sum, audite confitentem et ferrum retorquete in me ab exitio innocentis. me percutite, me poenis quibus volueritis absumite. me quippe auctore et inventore factum constat quicquid vobis inflictum est.

CLAVD. DON. Aen. 9, 208–209: *non, ita me referat tibi magnus ovantem Iuppiter*: non separandum est a sequentibus, cum versum ipsum **pronuntiare** coeperimus, tunc dicendum ita me referat tibi magnus ovantem Iuppiter. nam si totum iungamus, erit maledictum potius quam iusiurandum. aut quicumque oculis haec aspicit aequis: aut Iuppiter aut dei alterius numen cui aequitas placet.

h) Descripción *distinctio* (generalmente *sic... ut*) también otras fórmulas

Don. Ter. Ad. 43: 4 ET QVOD FORTVNATVM ISTI PVTANT quidam putant sic **pronuntiandum** 'et quod fortunatum isti putant uxorem', et haec bona et concinnata locutio est.

Don. Ter. Andr. 958, 2: 1 NVNC SIC ESSE HOC VERVM L(VBET) 'sic' delicate **pronuntiandum est** et separatim distinguendum.

Don. Ter. Eun. 187: ME HOC MACERABO BIDVVM **pronuntiandum** 'biduum', ut si dixisset 'biennio'.

Serv. Aen. 12, 577: DISCVRRVNT ALII AD PORTAS PRIMOS QVE TRVCIDANT subaudis 'inproviso': et haec simul **pronuntianda sunt**, ut simul facta videantur, quo vehementer vis bellica possit agnosci. *'primosque trucidant' autem, id est qui primi ad portas erant obvii, scilicet stationem agentes.*

Clavd. Don. Aen. 1, 327–328: *o, quam te memorem, virgo? namque haut tibi vultus mortalis nec vox hominem sonat, o dea.* cum **pronuntiatum** fuerit o dea, sic debet dici *certe, an Phoebi soror, an nympharum sanguinis una*, ut sit certe, an Phoebi soror an nympharum sanguinis una, *sis felix nostrumque leves quaecumque laborem.*

Clavd. Don. Aen. 1, 347–348: *ante alios inmanior omnis quos inter medius venit furor.* hoc loco sic est retinenda pronuntiatio, ne sic intellegamus, ut Pygmalioni in scelere commisso defensio relinquatur per venialem statum. sic enim plurimi inprudentes volunt, ut furor medius inter Sychaeum et Pygmalionem venerit. hoc si ita est, defendi potest Pygmalionis factum, si non voluntate, sed furore peccavit, et videbitur Sychaeus Pygmalionem furentem potuisse perimere ac per hoc fient pares. quod ne ita sit, sic **pronuntiandum** est, ut Sychaeus ita ut fuit innoxius, Pygmalion vero sceleratior aliis omnibus demonstretur quos in facinus inpulit furor. alii, inquit Vergilius, si in crimina gravissima ceciderunt, furor fecit, hoc est amor aut insania aut animi dolor, et possunt habere veniam facti, Pygmalion vero inde sceleratior per aliorum conparationem demonstratur, quia voluntate, non casu aut necessitate scelus admisit. quod ipsum ut melius adstrueret, paucis expressit, ut talis perpetrandi sceleris diceret causas quae reum multorum criminum Pygmalionem fortissime detinerent.

Clavd. Don. Aen. 1, 637: *at domus interior regali splendida luxu instruitur.* (...) idcirco non sic **pronuntiandum est**, ut simul universa iungantur, sed separentur hoc modo: at domus interior regali splendida luxu et interiecta mora dicamus instruitur, ut iam splendida ex iugi consuetudine melius ornaretur propter Aenean. et Didonis enim splendori adsignari debuit hic ornatus et Aeneae contemplatio considerari, ne regina ante adventum Aeneae nullum regiae ambitionis cultum videatur habuisse aut Aeneas humilis redderetur, si nihil propter ipsum praeter consuetudinem iungeretur ornatui. domus ergo interior excolebatur solito melius.

CLAVD. DON. Aen. 2, 291–2: *si Pergama dextra defendi possent etiam, hac defensa fuissent*: quia poterat Aeneas dicere auxiliabor captae urbi, ille praevenit et ait contra tantam vim humanam nihil posse virtutem. et subnexuit huius rei probationem, si possent, inquit, Pergama humano auxilio communiri etiam hoc est adhuc, et mea potuit dextera defendi. sic ergo **pronuntiandum** est, ut dicamus si Pergama dextera defendi possent etiam. sic enim et alio loco (4, 38) positum legimus "placito ne etiam pugnabis amori?" hoc est adhuc. ipso verbo hic quoque usus est, scilicet potuisse sua dextera defendi patriam, si ei adhuc incolumitas sineretur.

CLAVD. DON. Aen. 2, 431–434: CLAVD. Don. Aen. 2, 431–434: *Iliaci cineres et flamma extrema meorum, testor in occasu vestro nec tela nec ullas vitavisse vices Danaum, et, si fata fuissent, ut caderem, meruisse manu*: (...) hos versus nonnulli male **pronuntiando** intellectum planum et manifestum sic errore confundunt, ut longe aliud quam dictum est tradant; sic enim volunt: Iliaci cineres et flamma extrema meorum testor in occasu vestro ibi que distinguunt addentes postea nec tela nec ullas vitavisse vices Danaum, hic rursum pronuntiationis faciunt separationem et subnectunt ac si fata fuissent ut caderem, addunt in fine accusativum singularem, ut dicant meruisse manum, cum meruisse manu legendum sit et intellegendum. huic alienae pronuntiationi addunt intellectum similem ducti errore quo male iungunt et deterius separant. nos sic **pronuntiandum** et intellegendum dicimus: Iliaci cineres et flamma extrema meorum et separamus testor, quod testor semel positum saepius debemus accipere. dehinc dicemus in occasu vestro nec tela nec ullas vitavisse vices Danaum, item separatione facta veniemus ad sequentia et, si fata fuissent, ut caderem, facta hic quoque separatione concludemus dicentes meruisse manu. ut autem evidentior fiat huius pronuntiationis integritas, ostendemus iam quotiens accipi debeat testor: vos, inquit, testor, Iliaci cineres et flamma extrema meorum; in occasu vestro nec tela nec ullas vitavisse vices Danaum testor (dicturus est recentiores et diversos hostis venisse, cum domui Priami soceri sui et pro ea pugnantibus cuperet subvenire); et, si fata fuissent, ut caderem, testor (ut sit Iliaci cineres et flamma extrema meorum, vos testor sic ad certamen exisse, ut, si fieri ullo modo potuisset, obtinerem, sin vero aliud fata voluissent, ut caderem; utrumque enim viro forti congruens fuit, utrumque gloriosum, ut, si posset, vinceret, sin vero adverso eventu fuisset exceptus, cum patriae genitalis et suorum cineribus interiret); testor meruisse manu. aperiendi melius huius loci causa continuum dicamus intellectum, ibi et pronuntiationis invenietur integritas: testor vos, Iliaci cineres et flamma extrema meorum, testor in occasu vestro non timuisse arma et hostium vices, et cum alternis recentiores occurrerent, aeque testor non timuisse pugnare vel mori, et, si fata fuissent, ut caderem (sic, inquit, processi ad bellum, non ut viverem tantummodo verum etiam ut caderem, si hoc fata voluissent), militis autem officio functum testor me plurimum meruisse hoc est laborasse.

CLAVD. DON. Manuscripta 37 (1993), lib. 6, pag. 8, linea: 20 [56] PHOEBE. Hic moram facere debemus et sic **pronuntiare** sequentia.

CLAVD. DON. Aen. 7, 484–485: *Tyrrhidae pueri quem matris ab ubere raptum nutribant Tyrrhusque pater:* hic versus habet non parvam confusionem, si personarum ratio lateat. nonnulli enim sic **pronuntiant**, ut dicant cervus erat forma praestanti et cornibus ingens Tyrrhidae pueri. quod si ita remanserit reliquum, non apparebunt qui eum retraxerint uberibus matris. proinde personae constituendae sunt, ut intellectus fiat illustrior.

CLAVD. DON. Aen. 9, 390: *Euryale, infelix qua te regione reliqui [quave sequar]:* in hoc versu diversa distinctio est; infelix enim sic in medio positum est, ut et Niso et Euryalo possit adiungi. si Niso, sic **pronuntiandum**, ut dicamus Euryale et hoc nomine suspenso consequatur infelix qua te regione reliqui? deinde accedat qua ve sequar? ut inde magis infelix Nisus, quia nesciit cum amicum perderet et ignorabat ubi amicum deberet inquirere. alia distinctio est Euryale infelix, ut miserationis videatur esse cum perditum nominat, et ideo infelix, quia amici peritioris gressus observare non potuit: qua te regione reliqui? quave sequar? inde quoque infelix, quia sic erraverit, ut inveniri non posset. iudicium hic legentis est necessarium, ut sequatur utrumque aut deligat alterum quod putaverit melius. mihi tamen videtur secundum animum Nisi tantum doluisse perditum, ut se potius infelicem diceret, quia tardius respexit. denique addidit accusationem suam dicendo qua te regione reliqui? non dixit qua me regione reliquisti, ut inde infelix Nisus, quia nesciit cum perderet et perditum tarde intellexit.

CLAVD. DON. Aen. 9, 657–8: *mortalis medio aspectus sermone reliquit et procul in tenuem ex oculis evanuit auram:* hunc locum sic **pronuntiare** debemus: sic orsus Apollo mortalis, hoc est constitutus sub hominis forma, tunc dicendum medio aspectus sermone reliquit. antequam responsum acciperet, medium sermonem reliquit et deseruit humanos aspectus et in auram tenuem repente discessit. medius sermo qui communicatur cum alio vel medius qui non inpletur aliqua occurrente causa, quod intellegendum est in praesenti; multa enim adhuc dici potuerant, sed in corpore mortali deum diutius esse non decuit, proinde ulterius videri noluit et abscessit.

CLAVD. DON. Aen. 10, 146–7: *Illi inter sese duri certamina belli contulerant, media Aeneas freta nocte secabat:* illis inter se certantibus Aeneas in otio non fuit; agebat quippe navigationem huic etiam tempore noctis intentus. hunc locum cum **pronuntiamus,** sic debemus distinguere, ut aequora adsignemus media, non noctem, hoc modo: media Aeneas freta et faciamus moram et sic dicamus nocte secabat, ut ostendatur regis properantis instantia et labor, qui nec noctem metuebat nec medium maris.

CLAVD. DON. Aen. 10, 229: *vigila et velis inmitte rudentis*: (...) haec est una distinctio: est et altera, ut sic **pronuntiemus:** vigilasne, deum gens? ut suppresso interim nomine divini sanguinis diceret prolem, atque ut melius ostenderet notam loqui personam, addidisse nomen eius: Aenea, vigila. si, inquit, vigilas, persevera in eo et habenas omnis velis inmitte. exhortatio istiusmodi fuit in duplicatione eiusdem dicti, ut cetera attentius audiret. illud vero non erat in totum dubitantis, quod post incertae vocem subsecutum est Aenea, vigila. videtur enim removisse in quo dubia fuit dicendo Aenea, vigila, quia gubernans navem dormire non debuit. sequitur personae loquentis evidens demonstratio, ut Aeneas nosset quae omnium nomine loqueretur, in quo ipso et gesta posset apertius noscere.

CLAVD. DON. Aen. 10, 807: *dum pluit, in terris ut possit sole reducto exercere diem*: hunc locum cum **pronuntiamus,** ibi moram facere debemus ubi dixit dum pluit et sic addere in terris ut possit sole reducto exercere diem, ut rusticus vel viator fugiens grandinem tamdiu se abscondat quamdiu pluit, reducto vero sole exeat de lateribus et in terris exerceat diem, scilicet ut operetur rusticus et viator reliquum itineris adgrediatur ac repetat. ceterum si ita **pronuntiemus**, ut pluit in terris velimus esse, fiet vitium, non poetae, sed male pronuntiantis; pluit enim in terras dicimus, non pluit in terris.

CLAVD. DON. Aen. 12, 210–211: *numquam fronde levi fundet virgulta nec umbras, cum semel e silvis imo, de stirpe, recisum matre caret posuitque comas et bracchia ferro, olim arbos, nunc artificis manus aere decoro inclusit patrihusque dedit gestare Latinis:* hunc scrupulum qui declinare voluerit sic **pronuntiare** debet et sic intellegere, ut quod dictum est imo separetur, ut sit ab imo abscisum, hoc est ab inferiore arboris parte et a stirpe eius. talibus inter se firmabant foedera dictis prospectu in medio procerum, tum rite sacratas in flammam iugulant pecudes et viscera vivis eripiunt cumulantque oneratis lancibus aras: cum verborum supra dicta forma concessisset, fiebat consequenter quod pertinebat ad sacrificiorum ritum: in flammam fundebatur sanguis animalium et, antequam morerentur, extrahebantur eorum viscera et aris inponebantur. At vero Rutulis inpar ea pugna videri iamdudum et vario misceri pectora motu: supererat ut iuraret et Turnus, sed Rutulis condicio ipsa iam coeperat displicere.

CLAVD. DON. Aen. 12, 41–42: *quid consanguinei Butuli, quid cetera dicet Italia, ad mortem si te (Fors dicta refutet) prodiderim, natam et conubia nostra petentem? (...)* hic locus nisi cautius fuerit **pronuntiatus,** intellectum integrum non dabit. Latinus enim ubi necessitatem passus est nominandi triste illud quod in Turno metuebat, ne omen adferret pugnaturo, interposuit Fors dicta refutet, ut quod dicturus fuerat de morte Turni nec audiret Fortuna nec faceret. ergo, cum **pronuntiamus,** sic debemus distinguere quid consanguinei Rutuli, quid cetera dicet Italia, ad mortem si te et suspendere, ut separatum sit Fors dicta refutet et sic sequatur prodiderim, sic rursum separandum natam et conubia nostra petentem. ordinemus iam totum: quid consanguinei Rutuli, quid cetera dicet Italia, si te petentem natam et nostra conubia ad mortem prodiderim? Fors dicta refutet.

CLAVD. DON. Aen. 9, 52–53: *et iaculum attorquens emittit in auras, principium pugnae, et campo sese arduus infert:* iecit telum, lege scilicet observata bellorum; nulli enim fas est movere arma vel telum iacere priusquam mittat qui ducit exercitum. iacit autem, non ut aliquem feriat, sed ut sollemnitatem conpleat et legem. denique Turnus in auras iaculum, non in hominem contorsit. hyperbaton hic debet adverti, cuius causa, cum **pronuntiatur**, totum debet uno tractu suspendi et illic finiri ubi primo verbo respondetur ex fine. coepit enim sic atque ita ordinatur: Turnus ut antevolans venit et ait ecquis erit me cum, iuvenes, et misit telum, clamorem excipiunt socii fremituque sequuntur horrisono: ecce quo loco respondit universis quae fecerunt hyperbaton. descripti sunt actus Rutulorum: videamus quid Troiani post haec.

CLAVD. DON. Aen. 9, 145: *at non viderunt moenia Troiae Neptuni fahricata manu considere in ignis?:* (...) proinde, cum **pronuntiamus,** moenia Troiae extollere debemus, ut fuerint magna, Neptuni etiam nomen cum laude extendere, ut muros Troiae ille fecisse videatur qui integri elementi habeat potestatem, rursum, cum dicimus considere in ignis, ita intellegamus, ut nullae ipsorum reliquiae post flammam superesse valuerint. redigitur dehinc intellectus ad eum finem, quia, si magna et dei manu constructa perdiderunt, multo facilius possent praesentia perdere, quae non fulcirentur tanto firmitatis subsidio nec tali niterentur auctore.

CLAVD. DON. Aen. 12, 155: *vix ea. vix ea, cum lacrimas oculis Iuturna profudit terque quaterque manu pectus percussit honestum:* hunc locum cum **pronuntiamus,** sic debemus distinguere, ut dicamus vix ea, hoc est statim quod ea dicta sunt, et sic sequantur cetera de lacrimis et verberibus pectoris. haec cum videret Iuno, talia subiunxit*: non lacrimis hoc tempus, ait Saturnia Iuno, adcelera et fratrem, si quis modus, eripe morti aut tu bella cie conceptumque excute foedus*:

CLAVD. DON. Aen. 12, 897–8: *saxum circumspicit ingens, [saxum antiquum, ingens], campo quod forte iacebat, limes agro positus, litem ut discerneret arvis:* (...) hunc locum **pronuntiantes,** cum diximus campo quod forte iacebat, et moram interponere debemus et separare limes agro positus, ne male iungendo nos faciamus vitium quod poeta non fecit. vix illum lecti bis sex cervice subirent, qualia nunc hominum producit corpora tellus: vix, inquit, illum, non dixit illud; limiti enim, non saxo respondit, perdiderat quippe saxi nomen et limes, non saxum dicebatur. quod autem ait vix et addidit lecti, adiecit et duodecim cervice subirent, totum ad difficultatem tollendi pertinet, sed tamen cum laude Turni.

SCHOL. Bob. Cic. Flac. 17: *Quod se velle dixit, id sutores et zonarii conclamarunt. Hoc testimonium est civitatis?* ... ως in clausula **pronuntiandum est** ... quid sit testimonium. Ad quod destruendum . . . ab oratore praemissa est dicendo sutores et zonarios, ut volgaribus et sordidis artificiis appareat humilitas personarum nec ullum genus publicae maiestatis obtineat.

PS. ACRO Hor. epod. 12, 22: CVI PROPERABANTVR] Interrogatiue **pronuntiandum**.

PORPH. Hor. carm. 3, 4, 5: Auditis: His distinguendum et **pronuntiandum** interrogatiua figura. Dicit autem audire se uocem Musae can<en>-t<i>s

PORPH. Hor. epist. 2, 2, 70: Verum p[l]urae sunt: Interrogatiue **pronuntiandum.**

PORPH. Hor. epod.. 16, 23: Sic placet an melivs qvis habet svadere? secvnda: Sic placet interrogatiue **pronuntiandum est**. Sensus: hoc nempe placet? an numqui uestrum habet melius, quod suade<a>t? Et adtende figuram elocutionis, an melius quis[que] habet suadere? 'Suadere' [uadere] enim uerbum loco nominis positum est pro suadela, quia sic accipiendum: an quis habet meliorem suadelam?

PORPH. Hor. sat. 1, 10, 53: <Nil comis tragici et reliqua: Ordo est:> Tragici Acci nihil mutat Lucilius? Et hoc interrogatiua figura cum hironia quadam **pronuntiandum**, quia ex contrario intellegendum est. Comis autem Lucilius propter urbanitatem dicitur, et 'mutat' pro eo, quod est 'emendat', positum est. Facit autem haec Lucilius cum alias, tum uel maxime in tercio libro; meminit VIIII. et X.

DON. Ter. Ad. 253: 4 DE AMICA potest hoc et interrogatiue **pronuntiari**.

DON. Ter. Ad. 924: 3 TV IVBES HOC DEMEA interrogatiue **pronuntiandum** totum; ita erit una persona et breuiter ostendetur ex huius uerbis, quid prior dixerit Syrus.

DON. Ter. Andr. prologus, 17: 1 FACIVNT NE INTELLEGENDO 'ne' quidam corripiunt et cum interrogatione **pronuntiant**, quidam producunt. Quorum alii 'ne' pro nonne accipiunt, id est non, alii 'ne' pro ualde, ut (Ad. 540) 'ne ego homo sum infelix' et Cicero (Catil. II 3, 6) 'ne illi ueh. e'. 2 Et hoc melius, nam statim infert 'quorum aemulari exoptat n.p.q.i.o.d.' (20–21) 3 NE nimis, multum, plurimum.'

DON. Ter. Eun. 653: 11 1 EVNVCHVM QVEM DEDISTI NOBIS QVAS TVRBAS DEDIT aut σύλληψις, ut (Verg. Aen. 1 573) 'urbem quam statuo, uestra est', aut 'quem' cum interrogatione **pronuntiandum**, ut sit qualem. 2 Et quidam uolunt 'quem' subdistinguere, quasi dicat 'qualem', sed nesciunt hac figura multum ueteres usos esse; 'eunuchum' enim ad 'dedisti' uerbum rettulit nunc. ad 'dedit' ergo propter aliud ἀξίωμα adsumendum extrinsecus 'is eunuchus'; nam quotiens uno nomine aut pronomine diuersae declinationis enuntiationes comprehenduntur, necesse est quod alteri accommodatum fuerit ab altern discrepare. 3 QVEM DEDISTI QVAS TVRBAS DEDIT et 'quem' et 'quas' sic accipe, quasi dixerit 'qualem eunuchum' et 'quales turbas'.

DON. Ter. Eun. 733: SED THAIS MVLTO ANTE VENIT interrogatiue **pronuntiandum est**. et scias de his esse interrogationibus hanc ipsam, in quibus ita quaerimus, ut quod interrogatur responsuri nobis ipsi nescire uideantur.

DON. Ter. Phorm. 56: 2 SI QVIS QVID REDDIT MAGNA H(ABENDA) <E(ST) G(RATIA)> hoc qui interrogatiue **pronuntiauerit**, parum belle explicat conceptam sententiam.

DON. Ter. Phorm. 132: 1 †CVM TV HORVM NIHIL REFELLES VINCAM SCILICET † hoc interrogatiue **pronuntiandum est**.

DON. Ter. Phorm. 136: 1 QVID NARRAS admirantis uox est, non interrogantis. 2 † HOC QVOD AVDIS † sic **pronuntia,** quasi periturum contempleris Getam et iam eum sub certo interitu defleas.

DON. Ter. Phorm. 159: 3 FVISSET TVM ILLOS MIHI AEGRE ALIQVOT DIES interrogatiue quidam **pronuntiant** totum, nempe 'fuisset t(um) i(llos) m(ihi) ae(gre) a(liquot) d(ies)?'

DON. Ter. Phorm. 162: 2 TIBI QVIA SVPEREST DOLET (...) scire autem debemus <et> enuntiatiue et per interrogationem hoc ipsum posse **pronuntiari.**

DON. Ter. Phorm. 525: 1 IAM NE EA PRAETERIIT interrogatiue **pronuntiandum**.

SCHOL. uet. Iuv. sat. 10, 185d: Sed qualis (rediit): interrogative **pronuntiandum.**

SCHOL. uet. Iuv. sat. 14, 15: 1d Mitem animum (et mores modicis erroribus aequos praecipit): interrogative **pronuntiari** potest, sed melius ironicos.

PS. ASCON. Verr. 253, 22: "De populo accedere?" Hucusque <a> capite quod est "At enim" interrogative **pronuntiandum est**, et contra responsive "Omnes reiecti sunt".(...)

ADNOT. Lucan. 7, 664. EXIGUAE C. per interrogationem **pronuntiandum**, ac si diceret 'parumne est me cum stirpe procumbere, si orbis removeatur exitium?'

ADNOT. Lucan. 8, 528. T<u> P. P. per interrogationem **pronuntiandum.**

DON. Ter. Hec. 63: 6 1 EM DVXIT **pronuntia,** ut mirantem ostendas.

DON. Ter. Hec. 570: 1 HOC MIHI VNVM EX PLVRIMIS MISERIIS (...) 2 *Et* uide an quasi cum gemitu et percontatiue **pronuntiandum sit**; etenim 'si' (v. 56) obscuram locutionem facit, nisi forte cum uel quod significat. 3 HOC MIHI VNVM EX PLVRIMIS MISERIIS R. F. MALVM ex omnibus malis 'reliquum' cum dicat, maximum malum significat;

nam non mediocre est, quod omnium miseriarum est ultimum et inter multa mala reliquum. – quod si accipimus, possumus et nos interrogatiue **pronuntiare**.

Don. Ter. Phorm. 159: 3 FVISSET TVM ILLOS MIHI AEGRE ALIQVOT DIES interrogatiue quidam **pronuntiant** totum, nempe ‘fuisset t(um) i(llos) m(ihi) ae(gre) a(liquot) d(ies)?’

Don. Ter. Phorm. 162: 2 TIBI QVIA SVPEREST DOLET (...) scire autem debemus <et> enuntiatiue et per interrogationem hoc ipsum posse **pronuntiari.**

Cornvt. Pers. sat. 3, 108: § SVMMOSQVE PEDES ATTENDE M. Q. N. F. (...) (2) ergo ‘nil calet’ et ‘nil friget’, quod ait, aut ipsius aegroti interrogantis uerba sunt et aliter **pronuntiandum est,** quoniam ex cupiditate manuum sumrnitates pedumque frigescunt, aut uerba sunt respondentis.

Ps. Ascon. Cic. Verr. II, 1, 148: “De populo accedere?” Hucusque <a> capite quod est “At enim” interrogative **pronuntiandum** est, et contra responsive “Omnes reiecti sunt”. Omnia, inquit, facta sunt ne quis de populo redemptor fieret, qui aut pupillo parceret aut conscius praedae praetoris non esset. Respondetur Ciceronem impensam operis parvam putare, non moram: ‘sed has’ inquit ‘angustias temporis non timuit Habonius propter coniventiam Verris’.

i) Cum admiratione/ exclamatione

Ps. Acro Hor. sat. 1, 1, 109: § Laudet diuersa] Ad sermonis sui sensum, quem inchoauerat, recurrit. Cum coeperit autem dicere nullum hominum statu rerum suarum gaudere et laudare diuersa, a quibus dissentiret, tamen auarum ait solum proposito suo gaudere (ex Porph.). Haec autem admiratio **pronuntiantis** non ad illud pertinet, quod auarus se non probet, sed quod nemo alius.

Porph. Hor. epod. 12, 7: Malus undique membris: Hoc iam **pronuntiandum** uel efferendum cum admiratione.

Porph. Hor. sat. 1, 1, 108: Illvc, vnde abii, redeo, nemon vt avarvs se probet ac potivs. Ad sermonis sui sensum, quem inchoauerat, recurrit. Cum coeperit a<n>te<a> dicere nullum hominum statu rerum suarum gaudere et laudare diuersa: a quibus dissentire tamen auarum ait, qui proposito suo gaudeat solus. Haec autem admiratio **pronuntiantis** non ad illud pertinet, quod auarus se probet, sed quod nemo alius.

Don. Ter. Ad. 96: 1 NVLLVM HVIVS SIMILE FACTVM hac comparatione Micio tangitur, quasi ipsius culpa sit, non fratris. 2 NVLLVM HVIVS SIMILE <FACTVM> hoc cum admiratione indignantis est **pronuntiandum** et ardentibus in Micionem oculis; et subaudiendum est ‘esse’ aut ‘inueniri’. 3 HAEC CVM ILLI MICIO DICO TIBI DICO ‘illi’ pro in illum et ‘tibi’ pro in te.

Don. Ter. Ad. 259: 1 FRATREM noue dixit ‘unam rem fratrem’.FRATREM 2 *Sed ego puto ‘fratrem’ non subdistinguendum sed legendum contexte* *usque ad 'principem'. nam si distinxeris 'fratrem', bis erit 'arbitror' subaudiendum, et supra et infra. quod si 'fratrem' inferioribus iunxeris, et cum admiratione **pronuntiabitur** et subaudietur 'quam mihi'.___* hanc sane locutionem scire debemus propter personam elaboratam. nam et nimium gaudet et rusticus adulescens est, qui conatur laudare Aeschinum titubans ac paene balbutiens.

Don. Ter. Ad. 262: 1 QVIN OMNIA admiratiue additum 'quin' et sic **pronuntiandum**.

Don. Ter. Andr. 663: 1 DAVVS INTERTVRBAT 'Dauus' cum admiratione **pronuntiandum.** .2 INTERTVRBAT deerat, ut et hic 'Dauus' diceret, sed plus intulit 'interturbat'. 3 *Et* 'inter' modo † **pronuntiabat** habetur significatio †; est enim auctiua particula, ut (Plaut. Merc. V 1, 4) 'interfectus, interemptus'.

Don. Ter. Andr. 719: 2 NVNC MISERA QVEM C(APIT) D(OLOREM) cum admiratione **pronuntia** 'quem' et cum exclamatione quadam.

Don. Ter. Eun. 233: 2 QVID INTEREST hoc admirantis <est> et ideo sic **pronuntiandum**.

Comment. Lucan. 8, 95 HOC IVRIS HABEBAT INTANTVM FORTVNA CAPVT hoc cum admiratione **pronuntiandum est.**

Adnot. Lucan. 8, 454. QUANTUM SPES ULTIMA id est etiam Lentulus Pompeio imperavit, quid faceret, quia in ultimis rebus omnis [homo] liber est ad loquendum. 'Quantum' cum admiratione **est pronuntiandum**.

Lact. Plac. Stat. Theb. 2, 486: ET SANCTVM (POPVLIS PER SAECVLA NOMEN/ LEGATVM) definitio legati. et cum exclamatione **pronuntiandum.** ut sensum exaggerationis adiuuaret, sanctum, legationis nomen adiecit.

3. Mètrica

Don. Ter. Phorm. 537: 1 ADIVVERIT secundum V **pronuntiari** <non> debet. text problemàtic [Prete: adiuuerit *codd.* adiuerit editt.]

Don. Ter. Andr.194: 5 NON OEDIPVS si Latine **pronunties**, genetiuus Oedipi faciet, si Graece, Oedipodis.

Serv. auct. Aen. 2, 124: *MIHI quidam graviter **pronuntiandum** tradunt 'mihi', hoc est Sinoni.*

Serv. Aen. 10, 24: MOERORVM pro 'murorum' antique: nam veteres pleraque eorum quae nos per 'u' dicimus, per 'oe' diphthongon **pronuntiabant**. Hinc est 'moerorum' pro 'murorum' et e contra 'punio' pro 'poenio', quod verbum a poena venit, hinc est et "Punica regna vides", cum Poenos ubique legerimus. hoc autem facit orthographia Graeca: nam quam nos 'u' habemus, illi diphthongon habent 'ου': et ideo putarunt posse pro hac littera, licet non eandem, diphthongon poni.

Serv. georg. 1, 194: NIGRA PERFVNDERE AMVRCA olei sordibus, sed his, quae praecedunt; nam sordes, quae sequuntur oleum, faeces vocantur.

et 'amurca' per 'c' scribitur et per 'g' **pronuntiatur**, ut 'C.' Gaius, 'Cn.' Gnaeus. *et 'perfundere' pro 'vidi perfundentes'.*

SERV. auct. georg. 1, 185: *POPVLATQVE veteres 'populo' 'munero' 'aucupo' 'lucto' dicebant, nos addita 'r' littera **pronuntiamus**.*

CLAVD. DON. Aen. 7, 521: *nec non et Troia pubes:* Troia sic **pronuntiare** debemus, ut, cum ipsa patria significatur, duae syllabae fiant, quando aliquid ipsius, tres syllabae numerentur, ut nunc prima sit tro, secunda i, tertia a.

CLAVD. DON. Aen. 11, 346–351: *det libertatem fandi flatusque remittat cuius oh auspicium infaustum moresque sinistros (dicam equidem, licet arma mihi mortemque minetur) lumina tot cecidisse ducum totamque videmus consedisse urbem luctu, dum Troia temptat castra fugae fidens et caelum territat armis:* (...)Troia castra sic **pronuntiare** debemus, ut Troia non duas, sed tris syllabas faciat, tro separatim et vocales i et a separatim. castra quoque non solos parietes, sed exercitum dictum debet intellegi. huius loci sensus sic ordinatur: licet arma mihi mortemque minetur cuius ob auspicium infaustum moresque sinistros lumina tot cecidisse ducum totamque videmus consedisse urbem luctu, dum Troia temptat castra fugae fidens et caelum territat armis.

PORPH. Hor. sat.. 1, 1, 1: Qvi[d] fit Maecenas. Mirari se ait tantam esse animis hominum inconstantiam, ut omnibus aliena sors uitae magis quam propria[e], siue eam ratio dederit siue fortuna elegerit, placeat. Qui autem circumflexe **pronuntiandum.** Significat enim 'quare', sicut etiam multi locuntur dicentes 'qui fieri potest' pro 'quomodo fieri potest'. Signate autem locutus est dicens: ratio dederit, fors obiecerit.

PORPH. Hor. epod.. 11, 9: In quis amantem languor et silentium arguit: 'Argui<t>' media syllaba producta **pronuntiandum**, quia praesentis temporis est.

DON. Ter. Ad. 27: 3 IERANT 'ierant' producta <I> **pronuntiandum**, quod nos addita V 'iuerant' dicimus. tale est illud Vergilii (Aen. 2, 25) 'nos abiisse rati et uento petiisse Mycenas'.

CLAVD. DON. Aen. 8, 423: *hoc tunc ignipotens caelo descendit ab alto*: augmentum illorum est quae superius dicta sunt, relictam coniugem formosam et blandam, stratum molle medio noctis desertum, laborem deliciis praepositum. Vulcanus enim in tali negotio et urgente tempore, in ea causa quae vehementer urgebat, uxore in periculo fili suspensa non misit aliquem, sed ipse caelo relicto perrexit. hoc cum **pronuntiamus** producenda est o, non ut adverbium loci sit et fiat vitium, sed sit hoc caelo id est eodem in quo gesta sunt quae superius dixit: ceterum, si speluncae locum significare voluisset, diceret huc descendit.

DON. Ter. Eun. 283: 2 SINE BIDVVM HOC PRAETEREAT et hoc lentius; nam si aliter **pronuntiaueris**, secreta produntur.

PRONVNTIATIO, -ONIS

B: TLL s.v. 'pronuntiatio' 10.2.1917.18–10.2.1920.24 (HAJDÚ, 2000); JAKOBI (1996: 8–9).; SCHAD (2007: 328–329).

Con ocurrencias en esferas de la retórica y de la gramática, esta palabra resulta polivalente en función del autor y de su contexto de uso.

Así pues, por una parte pertenece al ámbito de la retórica en la medida en que deviene uno de los cinco *officia* del rétor[730]. Siguiendo los preceptos de Cicerón acerca de la importancia de la mirada y del rostro expresados en el gesto[731], el comentario de Donato, a causa de la naturaleza dramática del texto terenciano, presta especial atención a la exteriorización física de esta *pronuntiatio*. De este modo, en los comentarios de Donato hay múltiples ocurrencias en las que a la pronunciación se le añade una concreción (*uultuosus*). Este tipo de indicaciones no aparecen tan solo en el género dramático, sino que el escolio de Servio deja constancia del impacto emocional que produjo en Augusto y su hermana la lectura del canto VI de la *Eneida*[732]. Tal es el alcance que atañe a la parte performativa que hay algunos escolios de Donato en los que se subraya esta tenue frontera entre la pronunciación y su actuación, mientras que hay otros escolios que dejan entrever cómo se hace evidente en el *performance*.

Por otra parte, esta palabra queda también vinculada al ámbito de la gramática por lo que se refiere al establecimiento de pausas o separaciones en el discurso. Es necesario tomar en consideración que, en una clase de gramática, el establecimiento de separaciones y pausas en el texto resultaba de enorme importancia. Así, es menester insistir, por ejemplo, en la pronunciación separada o seguida de determinadas palabras. Además, hay un grupo de ocurrencias que se centran en su interpretación en cuanto se plantea la necesidad de formular preguntas o exclamaciones.

Por último, hay también una serie de escolios que están relacionados con las indicaciones métricas que se proporcionan con el objetivo de indicar la cantidad adecuada de determinadas sílabas.

1. *Distinctio*

   a) *Singula pronuntiatione*

      SERV. auct. georg. 1, 146: DVRIS VRGENS IN REBVS EGESTAS *(...) et bene expresse dixit, ideoque singula* ***pronuntiatione*** *adiuvanda sunt.*

730 QUINT. inst. 3,3,1; CIC. div. 1, 9.

731 CIC. de orat. 3,221.

732 SERV. Aen. 6, 861.

b) Retinenda pronuntiatio

CLAVD. DON. Aen. 1, 347–348: *ante alios inmanior omnis quos inter medius venit furor.* hoc loco sic est retinenda **pronuntiatio**, ne sic intellegamus, ut Pygmalioni in scelere commisso defensio relinquatur per venialem statum. sic enim plurimi inprudentes volunt, ut furor medius inter Sychaeum et Pygmalionem venerit. hoc si ita est, defendi potest Pygmalionis factum, si non voluntate, sed furore peccavit, et videbitur Sychaeus Pygmalionem furentem potuisse perimere ac per hoc fient pares. quod ne ita sit, sic pronuntiandum est, ut Sychaeus ita ut fuit innoxius, Pygmalion vero sceleratior aliis omnibus demonstretur quos in facinus inpulit furor. alii, inquit Vergilius, si in crimina gravissima ceciderunt, furor fecit, hoc est amor aut insania aut animi dolor, et possunt habere veniam facti, Pygmalion vero inde sceleratior per aliorum conparationem demonstratur, quia voluntate, non casu aut necessitate scelus admisit. quod ipsum ut melius adstrueret, paucis expressit, ut talis perpetrandi sceleris diceret causas quae reum multorum criminum Pygmalionem fortissime detinerent.

c) Indicaciones sobre cómo deben hacerse las *distinctiones*

CLAVD. DON. Aen. 3, 188: *et moniti meliora sequamur* (...) **pronuntiatio** talis esse debet, ut separatim dicamus moniti, separatim meliora sequamur.

CLAVD. DON. Aen. 5, 426–427: *constitit in digitos extemplo arrectus uterque bracchiaque ad superas interritus extulit auras*: (...) **pronuntiatio** et intellectus loci istius talis est: constitit, et facienda est mora, dehinc dicendum in digitos arrectus uterque, id est et ille et ille, brachia que uterque interritus in auras superas extulit, et ille scilicet et ille.

CLAVD. DON. Aen. 8, 18–21: *quae Laomedontius heros cuncta videns magno curarum fluctuat aestu atque animum nunc huc celerem nunc dividit illuc in partisque rapit varias perque omnia versat.* nos hanc **pronuntiationem** propositi versus sic trademus addita ordinatione sensus: quae cuncta talia videns Laomedontius heros per Latium geri, magno curarum fluctuat aestu et cetera quae sequuntur, ut nulla sit separatio.

CLAVD. DON. Aen. 1, 180–190: Ait ergo *Aeneas scopulum interea conscendit et omnem prospectum late pelago petit, Anthea si quem iactatum vento videat Phrygiasque biremis aut Capyn aut celsis in puppibus arma Caici. navem in conspectu nullam, tris litore cervos prospicit errantis, hos tota armenta sequuntur a tergo et longum per vallis pascitur agmen. constitit hic arcumque manu celerisque sagittas corripuit, fidus quae tela gerebat Achates, ductoresque ipsos primum capita alta ferentis cornibus arboreis sternit, tum vulgus et omnem miscet agens telis [nemora inter frondea turbam. nec prius absistit quam septem ingentia victor corpora fundat humi et numerum cum] navibus aequet*: (...) Interea videamus quemadmodum de ipsis cervis locutus sit poeta. reprehenditur enim temerariorum voce, quod dixerit a tergo sequuntur: et revera vitium est, non poetae, sed pessime pronuntiantium.ponamus iam verba ipsa cum **pronuntiatione** sua et ordinatione: tris litore cervos prospicit errantis, hos tota armenta sequuntur, eos scilicet tris qui cum ipsis per litus errabant, alios vero a tergo pascentis describit per vallis, ut sit ordo et a tergo longum per vallis pascitur agmen; non enim omnes errabant aut omnes pascebantur, sed alii subiecti fuerant oculis eius, alii vero fuerant post ipsum. subiciamus exemplum.

Clavd. Don. Aen. 2, 431–434: *Iliaci cineres et flamma extrema meorum, testor in occasu vestro nec tela nec ullas vitavisse vices Danaum, et, si fata fuissent, ut caderem, meruisse manu*: (...) hos versus nonnulli male pronuntiando intellectum planum et manifestum sic errore confundunt, ut longe aliud quam dictum est tradant; sic enim volunt: Iliaci cineres et flamma extrema meorum testor in occasu vestro ibi que distinguunt addentes postea nec tela nec ullas vitavisse vices Danaum, hic rursum **pronuntiationis** faciunt separationem et subnectunt ac si fata fuissent ut caderem, addunt in fine accusativum singularem, ut dicant meruisse manum, cum meruisse manu legendum sit et intellegendum. huic alienae **pronuntiationi** addunt intellectum similem ducti errore quo male iungunt et deterius separant. nos sic pronuntiandum et intellegendum dicimus: Iliaci cineres et flamma extrema meorum et separamus testor, quod testor semel positum saepius debemus accipere. dehinc dicemus in occasu vestro nec tela nec ullas vitavisse vices Danaum, item separatione facta veniemus ad sequentia et, si fata fuissent, ut caderem, facta hic quoque separatione concludemus dicentes meruisse manu. ut autem evidentior fiat huius **pronuntiationis** integritas, ostendemus iam quotiens accipi debeat testor: vos, inquit, testor, Iliaci cineres et flamma extrema meorum; in occasu vestro nec tela nec ullas vitavisse vices Danaum testor (dicturus est recentiores et diversos hostis venisse, cum domui Priami soceri sui et pro ea pugnantibus cuperet subvenire); et, si fata fuissent, ut caderem, testor (ut sit Iliaci cineres et flamma extrema meorum, vos testor sic ad certamen exisse, ut, si fieri ullo modo potuisset, obtinerem, sin vero aliud fata voluissent, ut caderem; utrumque enim viro forti congruens fuit, utrumque gloriosum, ut, si posset, vinceret, sin vero adverso eventu fuisset exceptus, cum patriae genitalis et suorum cineribus interiret); testor meruisse manu. aperiendi melius huius loci causa continuum dicamus intellectum, ibi et pronuntiationis invenietur integritas: testor vos, Iliaci cineres et flamma extrema meorum, testor in occasu vestro non timuisse arma et hostium vices, et cum alternis recentiores occurrerent, aeque testor non timuisse pugnare vel mori, et, si fata fuissent, ut caderem (sic, inquit, processi ad bellum, non ut viverem tantummodo verum etiam ut caderem, si hoc fata voluissent), militis autem officio functum testor me plurimum meruisse hoc est laborasse.

d) Suspendenda pronuntiatio/totum debet in pronuntiatione suspendi

SERV. Aen. 7, 278: DEMISSA MONILIA PENDENT suspendenda **pronuntiatio** est, et ambitus maior est: nam monilia non nisi hominum dicimus, quae nunc ad laudem pro phaleris posuit.

CLAVD. DON. Aen. 7, 236–238: *multi, inquit, nos populi, multae (ne temne, quod ultro praeferimus manibus vittas ac verha precantia) et petiere sibi et voluere adiungere gentes*: multi populi rogaverunt volentes sibi adiungi societatem nostram: nec dixit qui nec dixit quanti, ut quod adserebat extolleret. multae: hic suspendenda **pronuntiatio** est, quoniam interposuit rem necessariam; et ne contemnas, inquit, personam supplicum, quia ultro venimus preces tibi fundentes: et rogaverunt nos multae gentes et voluerunt multi populi sibi coniungi.tractatus hic magnus est, ut credibile fiat quod non poterat credi. gentes enim plures, plurimi populi, quos nulla quaerendorum auxiliorum necessitas cogeret, quando poterant aliorum adminiculum quaerere, nisi quia muniri fortiore manu et meliorum accessu ornari cupiebant? unde quia potuit dici si rogati estis, cur non est factum quod petebamini et supplices nunc esse maluistis? huic parti mox occurrit dicens *sed nos fata deum vestras exquirere terras imperiis egere suis.*

CLAVD. DON. Aen. 9, 59–68: *ac, veluti pleno lupus insidiatus ovili cum fremit ad caulas ventos perpessus et imbris nocte super media, tuti sub matribus agni balatum exercent, ille asper et inprobus ira saevit in absentis, collecta fatigat edendi ex longo rabies et siccae sanguine fauces: haut aliter Rutulo muros et castra tuenti ignescunt irae et duris dolor ossibus ardet, qua temptet ratione aditus et qua via clausos excutiat Teucros vallo atque effundat in aequor:* et hic hyperbaton est; nam proposito capiti respondet in fine, unde totum debet in **pronuntiatione** suspendi; media enim pronuntiationis sunt.

CLAVD. Don. Aen. 4, 651: *dulces exuviae*: hic suspendenda **pronuntiatio** est nec iungendum *dum fata deusque sinebant*, ne expressum mire moriturae vexemus adfectum, ut putetur illas vestes amare desisse, quas in tantum diligebat, ut earum favillas suis voluerit misceri cineribus. amat igitur has ostendens quod illas non odii, sed amoris causa se cum decresset incendi. hanc ergo esse meliorem **pronuntiationem** et hunc praeponendum intellectum tunc apparebit, cum sensus fuerit ordinatus, ut excludamus eos qui iungendum putant dulces exuviae dum fata deusque sinebant, ut videantur illo usque dulces quo fuerat peritura. quodsi amor earum mortis tempore recessisset, non diceret accipite hanc animam, quo adfectu ostendit cum his se interire voluisse quas amabat. sensus ergo integer sic est, quo expresso ipse se intellectus sine cuiusquam opera demonstrabit: dulces exuviae, *vixi* quamdiu deus et fata sinebant *et quem dederat cursum fortuna peregi, accipite hanc animam meque his exolvite curis.*

e) Diversa pronuntiatio

Clavd. Don. Aen. 8,71: *nymphae, Laurentes nymphae, genus amnibus unde est*: hic versus diversas potest **pronuntiationes** admittere. dicimus ergo unam sic: nymphae Laurentes, quoniam ipsarum causa praedicabatur et ipsae in tempore fuerant necessariae, secundo addendum nymphae, genus amnibus unde est, ut nymphae Italiae universis amnibus genus dedisse videantur; item alia sic: nymphae Laurentes nymphae, ut duplicatio nominis significans potestatem cumulaverit honorificentiam deprecantis, dehinc dicendum genus amnibus unde est; tertia sic: nymphae, et subsistendum, ut incipiens generalitatem videatur ingressus, dehinc correcta ea ad speciem redeat dicens Laurentes nymphae, quoniam ipsae ceteris fuerant praeponendae, quas rogabat et quarum in praesenti beneficium senserat. ergo cum omnes habeant rationem suam, aut iudicio legentis eligenda est melior aut sequendae sunt omnes.

Clavd. Don. Aen. 3, 541–542: *sed tamen idem olim curru succedere sueti quadrupedes et frena iugo concordia ferre*: nonnumquam solet, inquit, hoc animalium genus et ad currum iungi et iuga portare et frena concorditer ferre: quo genere reductus in aliam partem *spes et pacis* ait. quomodo, inquit, significant bellum pacem quoque significare possunt. dixit quemadmodum valeant etiam spem pacis ostendere, quoniam signa pacis sunt quae de numero, de curru et de frenis ostendit, **pronuntiatione** tamen duplici atque diversa utramque fecit incertam.

f) Commatica pronuntiatio

Lact. Plac. Stat. Theb. 7, 123: NI FALLIMVR AVRE hoc est: nisi decipimur auditu. et uidentur interposita uerba Pauoris esse quasi respondentis, ut docet ipsa commatica **pronuntiatio**. denique conclusit: ‘haec Pavor attonitis’.

g) En relación con la *subdistinctio*

Porph. Hor. sat. 1, 3, 2: Vt numquam inducant animum cantare rogati: Subdistinguendum ‘cantare’ et sic inferendum ‘rogati’ cum **pronuntiatione,** quia significat ‘etiam rogati’.

Porph. Hor. epist. 2, 1, 117: Scribimus indoct<i>: Hoc cum **pronuntiatione** inferendum est supra dictis.

Don. Ter. Hec. 668: 3 RIDICVLE ROGAS ‘ridicule’ uel aduerbium uel nomen potest esse. et si nomen est, subdistingue ‘ridicule’ et sic infer ‘rogas’ cum ui **pronuntiationis.**

h) Cambio de actos

Don. Ter. Excerpta de comoedia, 5, 2: comoediae autem more antiquo dictae, quia in uicis huiusmodi carmina initio agebantur apud Graecos – ut in Italia compitaliciis ludicris -, [[admixto **pronuntiationis** modulo, quo, dum actus commutantur, populus attinebatur]], *ἀπὸ* *τῆς κώμης*, hoc est ab actu uitae hominum, qui in uicis habitant ob mediocritatem fortunarum, non in aulis regiis, ut sunt personae tragicae.

i) Pronunciar con interrogación o exclamación:

Don. Ter. Ad. 686: VIRGINEM VITIASTI uide et rem dici et abesse tragicam exclamationem, et delictum ostendi et ad ueniam festinari; nam statim dicet 'iam id peccatum primum magnum, at humanum tamen'. et tota **pronuntiatio** in huiusmodi uerbis submissa <esse> debet.

Don. Ter. Andr. 6252 HOCINE EST C. A. M. et incredibile est, inquit, et nefandum; e contrario enim ab interrogatione quadam incipiunt, qui nimis irascuntur, ut est illud (I 5, 1) 'hocine est humanum f(actu) a(ut) i(nceptu)? h(ocine) e(st) o(fficium) p(atris)?' 3 Et totum in **pronuntiatione** est: hoc enim genus interrogationis uim negandi exprimit.

Don. Ter. Eun. 171: 1 OB HAEC FACTA ABS TE SPERNOR hic duplex **pronuntiatio** est: uel per interrogationem uel per inuidiosam exprobrationem.

2. Métrica

Clavd. Don. Aen. 9, 430: *tantum infelicem nimium dilexit amicum.* quod ait tantum, corripi debet in **pronuntiatione**, non `produci, ut sit hoc solum deliquit, quia venit huc me cum amicitia infelicis hominis ductus, non odio vestro. errant autem qui producunt tantum et sic intellegunt, quasi Nisus dixerit tantum me amavit quasi multum me. quodsi solum est, hunc inplet intellectum, ut excusetur Euryalus. multum enim putavit interesse Nisus inter reum facti et eum qui interfuerit facto nec tamen aliquid fecerit, cum ambos teneat una sententia. sed hoc Vergilius non adprobans pro dolentis et turbati per amentiam persona posuit, ut quasi hoc genere parceretur ei qui divelli ab amico non potuit.

Serv. Aen. 1, 116: IBIDEM 'ibidem' et 'ubinam' multi dubitant ubi esse debeat accentus, quia 'ib' et 'ubi' naturaliter breves sunt, sed ratione finalitatis plerumque producuntur in versu, nescientes hanc esse rationem, quia **pronuntiationis** causa contra usum Latinum syllabis ultimis, quibus particulae adiunguntur, accentus tribuitur, ut 'musaque' 'illene' 'huiusce'. sic ergo et 'ibidem'.

Serv. Aen. 4, 93: EGREGIAM VERO LAVDEM ironia est, inter quam et confessionem sola interest **pronuntiatio**: et ironia est cum aliud verba, aliud continet sensus. *sane huius verbi initium tractum est, quia proprie egregium dicebatur, quasi in grege amplissimum, quod emineret ex grege. singula autem hic pronuntianda sunt et morandum in singulis verbis; habent enim singula invidiam.*

Separare

B: Jocelyn (1985).

Especialmente ligado al ámbito de las *distinctiones*, este lema implica también una novedad y es que *separo* encuentra un amplio campo de acción para la separación de palabras.

En el campo semántico de las *distinctiones* o establecimiento de pausas en una secuencia determinada, una *locutio*[733], *separo* aparece especificado como asociado a *et moram facere*, *subdistinguo*[734], *distinguo*[735]; y contrapuesto a *iungo*[736], o al mismo *non separo*[737]. Cuando las causas que motivan esta acción aparecen mencionadas, están vinculadas con una mayor comprensión del significado del texto *ut intellegas*[738], o *ne coniuncta minuant intellectum magna subtilitate dispositum*[739], con una elusión de la confusión de sentido *ne intellectus patens facta confusione turbetur*[740]; con no cometer errores uniendo secuencias *ne coniuncta vitium faciant*[741], o *facit vitium iungens*[742]; con una no determinada *ratione poetica*[743], y *ordinari autem debet sensus sic*[744].

En cuanto a la novedosa separación de palabras, que tiene grandes consecuencias en el ámbito semántico, hay ciertas ocurrencias destacadas. En Donato, se recomienda la unión de dos elementos (*de* y *repente*), que constituyen una única palabra[745]. Esta unión aparece marcada en Terencio con el termino griego ὑφέν, en una sola palabra, que, desde Dionisio de Tracia, discípulo de Aristarco, aparece usada en los manuscritos. Esta transcripción del símbolo puede dar lugar a la hipótesis de que Donato estuviera leyendo un manuscrito con el símbolo uniendo así *de-repente*, después de aclarar que estas dos palabras deben ir unidas, pues *si separaueris, non est Latinum*. En efecto, si las palabras se separan, ya no dan una fórmula correcta en la lengua latina. Los motivos que suele suscitar esta separación o unión excepcional pueden también serlo para realizar ajustes

---

733 Don. Ter. Andr. 57.
734 Don. Ter. Ad. 382.
735 Serv. georg. 2, 371.
736 Don. Ter. Ad. 805.
737 Clavd. Don. Aen. 7, 102–105.
738 Schol. Veron. Aen. 10, 242–243.
739 Clavd. Don. Aen. 9, 427–428.
740 Clavd. Don. Aen. 2, 557.
741 Clavd. Don. Aen. 9, 132–133.
742 Clavd. Don. Aen. 2, 557.
743 Clavd. Don. Aen. 7, 102–105.
744 Clavd. Don. Aen. 9, 308–310.
745 Don. Ter. Hec. 518.

métricos según las necesidades del verso[746], o pueden estar motivados por causas morfosintácticas[747].

A veces es preciso dar más explicaciones del motivo de la separación de los elementos, pues esta no es tan evidente para el lector[748]. Tiberio Claudio Donato pone especial énfasis en la semántica, es decir, en el impacto que tiene la pronunciación separada en el sentido de las secuencias[749]. En algunos casos se subraya la separación y su efecto en el tono exclamativo de la secuencia[750].

Finalmente en Porfirión, concretamente en sus *Comentarios a las Odas*, se discute la conveniencia de dividir las composiciones en un punto u otro[751].

1. *Distinctio*
   a) Secuencia

Don. Ter. Ad. 382: 1 VTRVM STVDIONE aut ordo est 'utrumne' aut est παρέλκον tertium aut uero per ἔλλειψιν accipitur, quasi dicat 'utrum est?' aut 'utrum uerum est?' quod qui accipit, 'utrum' subdistinguat et **separet** a sequentibus necesse est.

Don. Ter. Ad. 805: 1 FACETE NVNC DEMVM ISTAEC ORATIO NATA EST alii totum iungunt, alii **separant** 'facete'.

Don. Ter. Andr. 56: 2 AVT EQVOS ALERE AVT CANES AD VENANDVM Sic et equos 'ad uenandum' alunt, quomodo canes. quod multi docti improbant, ut dicant **separata esse** et 'ad uenandum' extra rationem esse pro 'ad uenatum', *ut* (Verg. Aen. 4, 117) 'uenatum Aeneas unaque m. D.'

Don. Ter. Andr. 57: 1 AVT <AD> PHILOSOPHOS mira ἔλλειψις et familiaris Terentio. nam possumus subaudire 'audiendos' siue 'sectandos'. 2 AD PHILOSOPHOS uitium est, quia dixit 'ad aliquod studium'. 3 Aut si 'ad philosophos', **separanda erit** locutio sic 'ut animum adiungant ad philosophos'.

Serv. georg. 2, 371: TEXENDAE SAEPES ETIAM alii hic distingunt, alii **separant** 'texendae saepes, etiam et pecus omne tenendum'.

Schol. Veron. Aen. 10, 242–243: (IGNI INVICTUM) Haterianus: idest enim 'igni'; **separa** ergo 'igni', ut intellegas 'etiam igni invictum' idest adversus *ign*[em***] | enim ablativus casus [***] '*igni invictum' idest* [***]*m* [***]*invictum.*|

Clavd. Don. Aen. 9, 132–133: huic ex occulto respondit dicens *tot milia, gentes arma ferunt Italae*: hunc locum cum pronuntiamus, **separare**

746 Serv. auct. Aen. 1, 5.
747 Serv. Aen. 1, 8.
748 Serv. auct. Aen. 4, 62.
749 Clavd. Don. Aen. 1, 383–385; 9, 485–486.
750 Lact. Plac. Stat. Theb. 1, 238.
751 Porph. Hor. carm. 3, 24, 25; 3, 3, 17–18; 4, 15, 1.

debemus tot milia, **separare** gentes, ne coniuncta vitium faciant, si dicamus tot milia gentes, separatione vero facta non semel intellegamus positum tot, ut sit tot milia, tot gentes arma ferunt. quod ipsum sic intellegitur posuisse atque dixisse, ut adsereret se nec illud metuere, quod cum auxiliis Aeneas sperabatur esse venturus. hinc transit ad aliam quaestionem; potuit enim dici frustra contendimus contra eos qui diis et fatis volentibus ad Italiam venerunt.

CLAVD. DON. Aen. 12, 41–42: *quid consanguinei Rutuli, quid cetera dicet Italia, ad mortem si te (Fors dicta refutet) prodiderim, natam et conubia nostra petentem? (...)* hic locus nisi cautius fuerit pronuntiatus, intellectum integrum non dabit. Latinus enim ubi necessitatem passus est nominandi triste illud quod in Turno metuebat, ne omen adferret pugnaturo, interposuit Fors dicta refutet, ut quod dicturus fuerat de morte Turni nec audiret Fortuna nec faceret. ergo, cum pronuntiamus, sic debemus distinguere quid consanguinei Rutuli, quid cetera dicet Italia, ad mortem si te et suspendere, ut **separatum** sit Fors dicta refutet et sic sequatur prodiderim, sic rursum **separandum** natam et conubia nostra petentem. ordinemus iam totum: quid consanguinei Rutuli, quid cetera dicet Italia, si te petentem natam et nostra conubia ad mortem prodiderim? Fors dicta refutet.

CLAVD. DON. Aen. 12, 169: *procedunt castris*: haec est causa propter quam diximus suspendendum et **separandum** "interea reges"; hic enim quod singulorum regum descriptio **separavit** redditur sibi et facit interea reges procedunt castris. Explanatur qui reges: Latinus, inquit, Turnus, Aeneas, Ascanius, nondum quidem rex Ascanius, sed destinatus ad regnum et patri interim in ipso processu coniunctus.

CLAVD. DON. Aen. 1, 637: *at domus interior regali splendida luxu instruitur.* (...) idcirco non sic pronuntiandum est, ut simul universa iungantur, sed **separentur** hoc modo: at domus interior regali splendida luxu et interiecta mora dicamus instruitur, ut iam splendida ex iugi consuetudine melius ornaretur propter Aenean. et Didonis enim splendori adsignari debuit hic ornatus et Aeneae contemplatio considerari, ne regina ante adventum Aeneae nullum regiae ambitionis cultum videatur habuisse aut Aeneas humilis redderetur, si nihil propter ipsum praeter consuetudinem iungeretur ornatui. domus ergo interior excolebatur solito melius.

CLAVD. DON. Aen. 2, 45–48: *aut hoc inclusi ligno occultantur Achivi aut haec in nostros fabricata est machina muros inspectura domos venturaque desuper urbi aut — aliquis latet error equo*: [ne credite, Teucri, quicquid id est]: dixit evidenter quid primo et secundo loco sentiret, tertio vero dixit aut et, cum non suppeteret sequens dictum, confugit ad generalem suspicionem et ait aliquis latet error equo. quod cum ita sit, **separandum est** aut et sic dicendum aliquis latet error equo, ut de eo quod fuit incertus iudicasse videatur, quo genere firmavit, quicquid illud fuisset, esse debere suspectum, quia originem ducebat ab hostibus.

CLAVD. DON. Aen. 2, 431–434: CLAVD. DON. Aen. 2, 431–434: *Iliaci cineres et flamma extrema meorum, testor in occasu vestro nec tela nec ullas vitavisse vices Danaum, et, si fata fuissent, ut caderem, meruisse manu*: (...) hos versus nonnulli male pronuntiando intellectum planum et manifestum sic errore confundunt, ut longe aliud quam dictum est tradant; sic enim volunt: Iliaci cineres et flamma extrema meorum testor in occasu vestro ibi que distinguunt addentes postea nec tela nec ullas vitavisse vices Danaum, hic rursum pronuntiationis faciunt separationem et subnectunt ac si fata fuissent ut caderem, addunt in fine accusativum singularem, ut dicant meruisse manum, cum meruisse manu legendum sit et intellegendum. huic alienae pronuntiationi addunt intellectum similem ducti errore quo male iungunt et deterius separant. nos sic pronuntiandum et intellegendum dicimus: Iliaci cineres et flamma extrema meorum et separamus testor, quod testor semel positum saepius debemus accipere. dehinc dicemus in occasu vestro nec tela nec ullas vitavisse vices Danaum, item separatione facta veniemus ad sequentia et, si fata fuissent, ut caderem, facta hic quoque separatione concludemus dicentes meruisse manu. ut autem evidentior fiat huius pronuntiationis integritas, ostendemus iam quotiens accipi debeat testor: vos, inquit, testor, Iliaci cineres et flamma extrema meorum; in occasu vestro nec tela nec ullas vitavisse vices Danaum testor (dicturus est recentiores et diversos hostis venisse, cum domui Priami soceri sui et pro ea pugnantibus cuperet subvenire); et, si fata fuissent, ut caderem, testor (ut sit Iliaci cineres et flamma extrema meorum, vos testor sic ad certamen exisse, ut, si fieri ullo modo potuisset, obtinerem, sin vero aliud fata voluissent, ut caderem; utrumque enim viro forti congruens fuit, utrumque gloriosum, ut, si posset, vinceret, sin vero adverso eventu fuisset exceptus, cum patriae genitalis et suorum cineribus interiret); testor meruisse manu. aperiendi melius huius loci causa continuum dicamus intellectum, ibi et pronuntiationis invenietur integritas: testor vos, Iliaci cineres et flamma extrema meorum, testor in occasu vestro non timuisse arma et hostium vices, et cum alternis recentiores occurrerent, aeque testor non timuisse pugnare vel mori, et, si fata fuissent, ut caderem (sic, inquit, processi ad bellum, non ut viverem tantummodo verum etiam ut caderem, si hoc fata voluissent), militis autem officio functum testor me plurimum meruisse hoc est laborasse. (...)

CLAVD. DON. Aen. 2, 434: *divellimur inde*: inde, inquit, divellimur hoc est necessitate adacti violentiae inviti **separamur** ab eo loco in quo certamen supra dictum nobis fuerat. quales vel quanti non inaniter posuit a qualitate et quantitate ducens probationem laboris sui; hoc enim genere ostendit mori se voluisse, sed fato voluntati eius adverso esse servatum. divellimur inde inquit, dicit qui vel quanti vel quales:

CLAVD. DON. Aen. 2, 557: *<iacet ingens litore truncus avulsumque umeris caput et sine nomine corpus>*. (...) **separanda** sunt haec a superioribus dum pronuntiantur, ne intellectus patens facta confusione turbetur. ab accusativo enim casu transiens si ad nominativi casus declinationem pronuntians veniat, facit vitium iungens Troiam incensam et prolapsa videntem Pergama, tot quondam populis terrisque superbum regnatorem Asiae et iacet ingens litore truncus, iacet avulsum umeris caput, iacet sine nomine corpus, ut semel positum iacet ad tria supra dicta pertineat, quae ipsa tria cum nominativo sunt posita, superiora vero cum accusativo, proinde haec oportet separari.

CLAVD. DON. Aen. 4, 672–674: *audiit*: hic distinguendum est, dehinc addendum *exanimis trepido que exterrita cursu, unguibus ora soror foedans et pectora pugnis per medios ruit ac morientem nomine clamat*. audiit et cum audisset sororis interitum, soror exanimis facta advolavit turbata ferali nuntio et morientem vocare coepit nomine suo. idcirco **separandum** diximus audiit, quia multi audiit exanimis pronuntiant, quod contra est: nam audiit et accepto nuntio exanimis facta advolavit, hoc rectum est, ceterum audiit exanimis non est verum; non enim, antequam audiret, exanimis fuit, cum non fuisset causa. cum igitur audisset et ex eo quod audiit exanimis fuisset effecta, ut in doloribus fieri solet, unguibus ora sua, utpote unanimis soror, foedabat et pectora pugnis. bis accipiendum est foedans, ut sit foedans ora unguibus et pugnis foedans pectora.

CLAVD. DON. Aen. 5, 79–80: *ac talia fatur*: *salve, sancte parens, iterum*: iterum ideo, quia haec fuit secunda post illam qua, cum sepeliretur, salutatus est. quod autem ait sancte et non dixit care, ut in secundo libro meminimus positum (707) "ergo age, care pater, cervici inponere nostrae", hoc intellegendum est; illic enim cum vivo loquebatur et cum eo a quo nollet **separari**, hic cum eo loquitur quem religione nimia noluit mortuum dicere, sed receptum "volebat inter deos. nam et in libro tertio, cum finem vitae eius apud Didonem referret, ait (710) hic me, pater optime, fessum deseris": duxi te, inquit, et deseruisti me, non dixit mortuus es. et in quarto libro hoc tenuit, cum diceret (5, 722) "visa dehinc caelo facies delapsa parentis Anchisae". sancte ergo cum diis conveniat, patrem suum numinibus iunxit. hoc fecit fili religioso adfectu et hominum more, qui praecipuos viros migrare potius dicunt quam interire moriendo.

CLAVD. DON. Aen. 7, 102–105: *haec responsa patris Fauni monitus que silenti nocte datos non ipse suo premit ore Latinus, sed circum late volitans iam fama per urbis Ausonias tulerat*: quid silentio noctis Latinus audisset nec ipse tacere potuit et per omnia loca atque universas urbis

Ausonias circumtulerat fama, cui tantum licuit, ut haec mox ubique vulgasset. circum quod dixit, non **separatum** esse debet, ut iuxta dixisse videatur, sed quod ratione poetica divisum est colligi debet et iungi. non enim possumus dicere quod circum iuxta sit, cum poeta dixerit late volitans iam per urbis Ausonias tulerat. unde circum et tulerat iungendum est, ut faceret circumtulerat.

Clavd. Don. Aen. 9, 208–209: *non, ita me referat tibi magnus ovantem Iuppiter*: non **separandum est** a sequentibus, cum versum ipsum pronuntiare coeperimus, tunc dicendum ita me referat tibi magnus ovantem Iuppiter. nam si totum iungamus, erit maledictum potius quam iusiurandum.

Clavd. Don. Aen. 9, 308–310: *protinus armati incedunt, quos omnis euntis primorum manus ad portas, iuvenumque senumque, prosequitur votis*: quos omnis euntis cum pronuntiamus, **separare** debemus quos et moram facere, dehinc dicere omnis euntis primorum manus ad portas, iuvenumque senumque. si enim de duobus dixerimus quos omnis, faciemus vitium male pronuntiando, ut dicamus quos omnis euntis qui fuerunt duo. ordinari autem debet sensus sic: quos euntis, id est Euryalum et Nisum, primorum, et senum et iuvenum, omnis manus, hoc est multitudo ad portas votis prosequitur, optans scilicet bona. primi eos prosequebantur, ad quos cura pertinebat et summa tractatuum publicorum, iuvenes vero, quibus adhuc fuerat laborandum et excitabantur exemplo, senes vero, qui quicquid Nisus et Euryalus fuerant adgressi mirabantur omnes: ergo isti votis prosequebantur duos et ad incerta pergentis.

Clavd. Don. Aen. 9, 427–428: *me, me, adsum qui feci, in me convertite ferrum, [o Rutuli]* deficientis vox fuit per nimium dolorem. denique quod animus tenebat non potuit semel effundere. ait ergo me et, cum deesset continuatio verborum sequentium, ait iterum me, tertio, ubi coepit paulatim sese colligere, adiunxit adsum qui feci, quarto in me convertite ferrum. cum igitur haec pronuntiantur, **separanda sunt**, ne coniuncta minuant intellectum magna subtilitate dispositum. quod autem duplicatum est me, infra conpletum est adiectione facta verborum quae inter initia secuta non fuerant. si, inquit, reum in vos admissi quaeritis, Rutuli, praesto sum, audite confitentem et ferrum retorquete in me ab exitio innocentis. me percutite, me poenis quibus volueritis absumite. me quippe auctore et inventore factum constat quicquid vobis inflictum est.

Clavd. Don. Aen. 11, 198–199: *saetigerosque sues raptasque ex omnibus agris in flammam iugulant pecudes*: quod de bubus dictum est **separari** convenit, ne fiat vitium, si porcis et pecudibus iungantur; non enim cohaeret mactantur Morti boum corpora et mactantur saetigeros sues et pecudes. quocirca distinguendum est multa boum circa mactantur corpora Morti et separatim pronuntiandum saetigeros que sues raptas que ex omnibus agris in flammam iugulant pecudes, ut singula diversis animalium generibus aptentur et sit, sicut est, plena locutionis integritas: boves intellegamus esse mactatos, iugulatam vero porcorum et pecorum multitudinem. in flammam non tantum ad porcos et pecora verum etiam ad boves pertinet, ut sit boves mactantur in flammam et porci ac pecora iugulantur in flammam.

Clavd. Don. Aen. 11, 415–418: *quamquam o si solitae quicquam virtutis adesset! ille mihi ante alios fortunatus que laborum egregius que animi qui, ne quid tale videret, procubuit moriens et humum semel ore momordit*: multi totum iungunt, et quod generaliter optavit et quod coepit signare per species: quod fieri dictionis natura non patitur, proinde **separandum est** quod ait quamquam o si solitae quicquam virtutis adesset. hoc enim optantis est, illud vero quod secutum est † hoc fuit quod optabatur. ille mihi ante alios: ille, inquit, vel maxime, cui profuit quod fortiter cecidit, ne tale dedecus cerneret, qui fuerat felix, magni animi et in laboribus patiens. laudat fortunam viri fortis et non dicit nomen, omnes tamen Mezentium sentiunt, qui cum sua felicitate procubuit interfectus nec ad illa consilii ludibria reservatus est, ut sumeret praemia qui non vicerat et qui vinci potuerat rogaretur. qui, ne quid tale videret, procubuit moriens sic positum est, quasi non victus cecidisset, sed voluntate sua: hoc ideo, ut victoris minueretur gloria et praevenisse talium consiliorum turpitudinem crederetur qui necessitate potius quam voluntate conciderat.

Clavd. Don. Aen. 12, 161: *Interea reges*: hic distinguendum est, ne fiat per numeros vitium; de omnibus enim dictum est qui procedebant ad confirmationem foederis, **separandum** vero ubi singuli describuntur.

Ps. Ascon. Cic. Verr. I, 55: “Si quis erit qui perpetuam orationem”. Vides quia argumentis se usurum non negat iam modo, quamquam perpetuam orationem se neget habiturum in hac Actione quae prima est. “Si quis erit qui perpetuam orationem accusationem que”. Bene haec **separavit,** ut ostenderet etiam sine perpetua oratione accusationem tamen esse, et intelligi posset ut res non una, sed ut duae sunt.

Ps. Ascon. Cic. Verr. II, 1, 49: “Equos, munera”. Quaerendum cur equos a ceteris muneribus **separavit.** An quia Asiani magno pretio aestimant equos?

Lact. Plac. Stat. Theb. 6, 379: AT TRIPODVM DOMES Amphiaraus scilicet et notandum uarietatem nominum solis pronominibus **separatam** ille et huius. meritis tarnen ille Admetus.

b) Palabra

Don. Ter. Hec. 518: 2 *Et* ‘derepente’ una pars orationis est ut ‘defessus’; aduerbiis enim praepositiones separatim non adduntur. 3 DEREPENTE ὑφέν: nam si **separaueris**, non est Latinum ‘de repente’.

DON. Ter. Phorm. 373: 2 AIN TANDEM 'ain': ἀπόστροφος nota est, quae **separat** E ab N + littera .i. tenuit sed sonum. es enim integrum 'ais ne'.

SERV. Aen. 1, 5: MVLTA QVOQVE ET BELLO PASSVS *hoc ad posteriores sex pertinet libros. sane* duas coniunctiones **separatas** naturaliter nemo coniungit. sed hoc plerumque a poetis causa metri fit. ergo hic una vacat, sicut alio loco "dixitque et proelia voce diremit". *Sallustius "tyrannumque et Cinnam".*

SERV. Aen. 1, 8: QVO NVMINE LAESO 'quo' in quo, in qua causa. et est septimus casus et communis elocutio; dicimus enim 'quo te laesi'. est et alia expositio. namque Iuno multa habet numina: est Curitis, quae utitur curru et hasta, ut est "hic illius arma, hic currus fuit"; est Lucina, quae partibus praeest, ut "Iuno Lucina fer opem"; est regina, ut "quae divum incedo regina"; sunt et alia eius numina. merito ergo dubitat quod eius laeserit numen Aeneas. alii tamen dicunt **separandum esse**, ut de odio Iunonis non dubitet, quaerat autem quod aliud numen est laesum.

SERV. Aen. 1, 27: SPRETAEQVE INIVRIA FORMAE epexegesis est, hoc enim fuit iudicium Paridis: ut 'que' particula vacet, sicut illo loco "dixitque et proelia voce diremit". licet multi **separent** dicentes aliud esse; numquam enim coniunctio ponitur nisi inter duas res. et 'spretae formae' referunt ad Antigonam, Laomedontis filiam, quam a Iunone propter formae adrogantiam in ciconiam constat esse conversam.

SERV. Aen. 2, 128: VIX TANDEM aut iunge, et vacat 'tandem'; aut **separa,** et est exaggeratio a synonymis, ut abiit excessit, evasit erupit. et est ordo 'vix tandem rumpit vocem'.

SERV. georg. 2, 405: FRVSTRA secundum Epicureos: et est **separatum**.

SERV. Aen. 4, 373: EIECTVM naufragum: legimus enim "huc pauci vestris adnavimus oris". et **est separandum** *'eiectum'.* LITORE EGENTEM id est 'egentem litoris', ut "hospitio prohibemur harenae". *vel si iungas 'eiectum litore', pro 'in litus', ut "inferretque deos Latio" pro 'in Latium'. et in tribus modis haec elocutio profertur: 'egeo hanc rem', Plautus menaechmis "linum, lanam praebeo, neque quicquam eges": 'egeo huius rei', "has ego Dardanio iuveni, cum classis egeret": et 'egeo hac re', ut 'litore egentem'.*

SERV. auct. Aen. 4, 627: *NVNC OLIM modo 'olim' futuri temporis: et quidam* ***separant*** *pronuntiantes, ut sit 'nunc' modo, 'olim' postea, quasi dicat 'vel nunc vel olim, quocumque dabunt se tempore vires', quia quotienscumque valuerunt Poeni bella renovaverunt: nam ideo ait 'pugnent ipsi que nepotes que'.*

SERV. Aen. 12, 486: HEV QVID AGAT omne adverbium verbo cohaeret: unde 'heu' *'en'* et 'attat' et similia, quia verbo cohaerere non possunt, **separata** fecerunt aliam partem orationis, scilicet interiectionem, quam sola Latinitas possidet. *sane hoc poeta dedit rerum* *miserationem movens. alii ab Aeneae persona dictum accipiunt, ut diceret 'heu quid agam?'*

Clavd. Don. Aen. 1, 383–385: *vix septem convulsae undis euro que supersunt, ipse ignotus. egens Libyae deserta peragro Europa atque Asia pulsus*: singula verba quam teneant vim quemve habeant intellectum necessario noscendum est. ait enim bis denis navibus veniebam: designatione numeri magnis copiis motam navigationem suam voluit demonstrare. vix septem convulsae undis euro que supersunt: qui vult animum dolentis conpetenter excutere **separatis** singulis pronuntiare debet, vix, ut ostenderet se magna cum difficultate evasisse, septem, ut ex magno numero exiguum quid superesset, convulsae undis euro que supersunt, hoc est dissolutae duplici malo, vi maris et tempestatum. ad adprobandam vero calamitatem suam utitur occasione loci ac temporis dicendo ipse ignotus, quod est in rebus humanis extremum, in alienis terris nullius habere notitiam, egens, quod fuit infelicitatis augmentum, si enim non egeret, non esset ei cuiusquam notitia necessaria. iuncta igitur fuerunt mala duo, ut incognitus esset et egens, et additum est ad cumulum malorum ut solitudo quoque et deserta concurrerent, ut nihil ad victum vel ex agresti ministerio suppeteret nec inveniretur quispiam qui miserere posset. Europa atque Asia pulsus: duas partis orbis nominavit, de tertia parte conticuit, quae Africae fuit et in ipsa positus loquebatur.

Clavd. Don. Aen. 9, 485-–486: *heu, terra ignota, canibus data praeda Latinis alitibus que iaces*: transiit ad doloris augmentum; praeter orbitatem quippe accesserat aliud quod gemeretur vehementer, quod iaceret insepultus ignotis in terris, relictus et canibus Latinis et avibus praeda. dolebat ergo mortis eius accidentia, quae magis orbatae pectus validius vulnerabant; si enim ignotae terrae non essent, potuisset existere qui noti funus traderet sepulturae, qui eriperet canibus et alitibus † tradam. ubicumque est heu **separari** a ceteris debet; adfectus enim dolentis a verborum contextione secernendus est.

Lact. Plac. Stat. Theb. 1, 238: FACINVS SINE MORE facinus **separandum**, ut sit irascentis exclamatio.

a) Poema, composición

Porph. Hor. carm. 3, 24, 25: O quisquis uolet inpias: Non recte a superiore ὠ<ι>δῇ<ι> haec **separata sunt**, cum inde pendeant et illi[s] adnexa sint.

Porph. Hor., carm. 4, 15, 1: Foebus uolentem proelia me loqui: Quidam **separant** hanc ὠ<ι>δὴν a superiore, sed potest illi iungi, quoniam et hic laudes dicuntur Augusti.

Porph. Hor. carm. 3, 3, 17–18: Gratvm elocvta consiliantibvs I. d.: Non est alia haec ὠ<ι>δὴ qua<m> superior, sed illi adh<a>eret. Quare falluntur, qui eas **separant**, quippe cum manifeste superi<ori> adh<a>ereat hoc modo: hac Quirinus Martis equis Acheronta fugit, gratum eloquuta consiliantibus Iunone diuis Significat enim hoc Romulum in caelum receptum, Iunone iam mitigata Romanis, quibus propter iram, quam in Troianos habuit, aliquamdiu irata <fuit>.

Svbdistinctio, -onis

B: Schad (2007: 381); Jakobi (1996: 16–18).

Según los gramáticos latinos que se han ocupado del establecimiento de pausas en el discurso, *subdistinctio* equivaldría a una pausa breve, que no indica una división del sentido de la secuencia[752]. Se marcaría esta pausa con un *punctum*, o bien bajo la última letra[753], o bien bajo el verso, o bien bajo la última parte llena de sentido de la oración[754].

En los escolios y comentarios aparece en muy pocas ocasiones el sustantivo, en cambio, el verbo *subdistinguo* tiene un rendimiento mucho más prolífico. En el caso de Donato, tal y como apunta Jakobi, el poco uso de *subdistinctio* y la tendencia hacia *distinctio* hacen pensar en el marcado carácter escolar de los comentarios y no en un trabajo filológico realizado por un editor[755]. Esta labor se esperaría más ligada a las figuras de autores de "ediciones" de Terencio, por ejemplo, Probo[756]. Parece ocurrir algo semejante con Servio y su *Comentario* a Virgilio. En este caso el gramático vinculado a una edición anotada con símbolos críticos para la edición del texto de Virgilio podría haber sido Aspro[757].

1. *Distinctio*
   a) Secuencia

      Don. Ter. Eun. 508: NIMIRVM DABIT HAEC THAIS MIHI MAGNVM MALVM solue 'nimirum' et fac non est mirum, et statim consequens erit per ἀσύνδετον tota sententia, quasi dixerit non est mirum, et **subdistinctione** interposita mox intulerit dabit haec Thais mihi magnum malum. nam 'ni' ne significat et 'ne' non: 'ni' pro 'ne' Vergilius (Aen. III 685–86) 'leti discrimine paruo n. t. c. c. <e.> d. 1. r.'; 'ne' pro 'non' Plautus (Epid. IV 2, 16; alibi) 'ne uult' inquit pro 'non uult'.

   b) Signo de interrogación

      Serv. auct. georg. 2, 434: *QVID MAIORA SEQVAR SALICES HVMIL(ESQVE GENESTAE salicis hoc genus. †quomodo 'maiora', si salices plus sunt humiles, quam mirice. solvitur: hic sensus est et haec* ***subdistinctio****: quid maiora sequar? et transit iam ad illa, quae putes esse contemnenda: multum possunt et salices et myricae sive genestae prodesse.*

752 Diom. 1.436.24.1.437.18.1.438.5; Don. 612.2; Don. 4.372.17; Dosith. 7.428.16.

753 Don, 612.5.

754 Diom. 1,437.18; Dion. 1.438.7; Dosith. 7.428.17.

755 Jakobi (1996: 17).

756 Don. Ter. Eun. 47; Andr. 720.

757 Serv. Aen. 9, 30–3; Serv. Aen. 11, 358–359.

SVBDISTINGVERE

B: SCHAD (2007: 381); JAKOBI (1996: 16–18).

El mayor número de ocurrencias de este verbo perteneciente al establecimiento de pausas y moras en el discurso está asociado al comentario de Donato a Terencio, el resto pertenece a Servio y a Porfirión.

En las ocurrencias de Donato puede apreciarse un nivel de explicación muy detallado. La fijación de pausas en el discurso y, dentro de estas, su determinación suele estar en los comentarios de Donato bien argumentada e incluso algunas veces ejemplificada. Una de las motivaciones recurrentes que hace que Elio Donato se incline por una opción u otra es el orden[758], como único motivo, o acompañado por figuras retóricas (pleonasmo o *parelkon*, en griego[759], *elipsis*, también en griego[760], y *archaismós*, también en griego[761]).

Las formas verbales que se usan del verbo también indican una inclinación mayor o menor, y a la vez una mayor o menor recomendación. Se encuentra en gran número la forma perifrástica pasiva *subdistinguendum* o bien el imperativo *subdistingue*, formas que indican una fuerte obligación y posicionamiento en favor de esta opción.

Para la ilustración de los distintos razonamientos que suscitan las diversas opciones aparece como modelo de autoridad el texto de Virgilio: la *Eneida*[762]; el mismo texto de Terencio[763]; fragmentos de Nevio[764]; de Pomponio y de Varrón[765]. A menudo está asociado este verbo a la expresión *et sic infer*[766], o a expresiones similares, como *sic inferendum*[767], y se introduce entonces la secuencia de la cual se está separando la anterior.

En algunos casos de Donato, aparece también preferida una opción por un adverbio del tipo *melius*[768]. En tres casos aparece vinculada esta ocurrencia a la segunda mano de Donato, así llamada por Paul Wessner; que habría ido realizando comentarios posteriores al texto de Donato y que aparece posicionada, contrapuesta y enunciada por un *Sed ego puto*[769]. Se trata de una mano que entra

---

758 DON. Ter. Andr., prologus 11.
759 DON. Ter. Ad. 382; Andr. 55.
760 DON. Ter. Ad. 382.
761 DON. Ter. Andr. 55; Eun. 649.
762 DON. Ter. Ad. 256; Andr. 75.
763 DON. Ter. Andr. 55; Eun. 357.
764 DON. Ter. Andr. 55.
765 DON. Ter. Eun. 649.
766 DON. Ter. Andr. 55; 815; Hec. 668.
767 DON. Ter. Ad. 545.
768 DON. Ter. Andr. 348.
769 DON. Ter. Ad. 259.

en contraposición con la primera, pero que desconcierta, porque en muchos casos muestra ciertos problemas de comprensión con la primera.

En cuanto a las ocurrencias de Porfirión, Servio, Servio Aucto y la única del Pseudo Asconio, cabe señalar mecanismos de operación similares, pero con un nivel de explicación y de detalle mucho menor.

1. *Distinctio*
   a) Secuencia

DON. Ter. Ad. 256: 1 O FRATER FRATER- *Vergilius (Aen. X 600) – 'et fratrem ne desere, frater'.* -unum relatum ad appellationem, alterum ad laudem. et **subdistinguendum,** ut uideatur quaesisse quid ultra diceret et plus inuenire non potuisse quam 'frater'.

DON. Ter. Ad., 259: FRATREM 2 *Sed ego puto 'fratrem' non* ***subdistinguendum*** *sed legendum contexte usque ad 'principem'. nam si distinxeris 'fratrem', bis erit 'arbitror' subaudiendum, et supra et infra. quod si 'fratrem' inferioribus iunxeris, et cum admiratione pronuntiabitur et subaudietur 'quam mihi'.-* hanc sane locutionem scire debemus propter personam elaboratam. nam et nimium gaudet et rusticus adulescens est, qui conatur laudare Aeschinum titubans ac paene balbutiens.

DON. Ter. Ad. 382: 1 VTRVM STVDIONE aut ordo est 'utrumne' aut est παρέλκον tertium aut uero per ἔλλειψιν accipitur, quasi dicat 'utrum est?' aut 'utrum uerum est?' quod qui accipit, 'utrum' **subdistinguat** et separet a sequentibus necesse est.

DON. Ter. Ad. 545: 2 NISI ME CREDO HVIC ESSE NATVM 'nisi me <credo>' noua locutio pro: nisi quia credo. et 'huic rei' potest subtrahi incolumi sensu, ut <sit>: nisi me credo natum esse ferundis miseriis. ergo 'huic rei' **subdistinguendum** et sic inferendum 'ferundis miseriis'.

DON. Ter. Andr., prologus 11: 1 NON ITA DISSIMILI SVNT AR. ordo: ita non sunt. ergo 'ita' **subdistinguendum**.

DON. Ter. Andr. 55: 3 PLERIQVE OMNES F. ἀρχαϊσμός est. -*nam errat, qui 'plerique' παρέλκον intellegit aut qui* ***subdistinguit*** *'plerique' et sic infert 'omnes'. hoc enim pro una parte orationis dixerunt ueteres eodem modo, quo Graeci 'πάμπολλα' et Latini 'plus satis' (Eun. I 2, 5).-* Naeuius in bello punico (*libr. inc. fr. 14 M.)* 'plerique omnes subiguntur sub unum iudicium'.

DON. Ter. Andr. 75: 1 LANA ET TELA VICTVM Q(VAERITANS) **subdistingue** 'tela': finis enim laboris est 'uictum quaeritans', ut Vergilius (Aen. VIII 408 – 10) 'cum femina primum, c(ui) t(olerare) u(itam) c(olo) t(enui) (que) M(inerua) i(mpositum), c(inerem) e(t) s(opitos) s(uscitat) i(gnes)' et deinde finem laboris intulit.

DON. Ter. Andr. 88: QVID SYMBOLAM DEDIT non 'quid symbolam dedit?', sed **subdistingue** 'quid', ut sit uox quaerentis, quid dicat de Pamphilo.

DON. Ter. Andr. 348: 5 OBTVNDIS TAMETSI sincerius est et melius **subdistinguere.**

DON. Ter. Andr. 815: SYCOPHANTAM 3 Et 'sycophantam' **subdistingue** et sic infer sequentia.

DON. Ter. Andr. 926: 1 ITA NE VERO OBTVRBAT si **subdistinguit,** interstrepit accipe, sin distinguit, euertit intellegas. 2 ITA NE VERO OBTVRBAT potest 'ita ne uero' **subdistingui** et sic cum comminatione inferri 'obturbat'.

DON. Ter. Eun. 357: 4 SENEM MVLIEREM non communi genere dixit 'senem', quippe qui alibi (Hec. 621) separauerit dicendo 'senex atque anus', sed **subdistinguendum est,** ut sit duplex uituperatio: una ab aetate quod ait 'senem', altera <a> membrorum mollitie quod ait 'mulierem'.

DON. Ter. Eun. 649: 1 NESCIO QVID PROFECTO ABSENTE NOBIS TVRBATVM EST DOMI aut **subdistinguendum** et subaudiendum 'me', aut ἀρχαϊσμός est figura 'absente nobis' pro 'absentibus nobis'. Pomponius in Ergastilo (Ribb. com.3 fr. 2) 'praesente amicis inter cenam d. o.'; Varro in Marcello (De serm. Lat. V fr. 82 Wilm.) 'id praesente legatis omnibus exercitu pronuntiat'.

DON. Ter. Eun. 653: 1 EVNVCHVM QVEM DEDISTI NOBIS QVAS TVRBAS DEDIT 2 Et quidam uolunt 'quem' **subdistinguere**, quasi dicat 'qualem', sed nesciunt hac figura multum ueteres usos esse; 'eunuchum' enim ad 'dedisti' uerbum rettulit nunc. ad 'dedit' ergo propter aliud ἀξίωμα adsumendum extrinsecus 'is eunuchus'; nam quotiens uno nomine aut pronomine diuersae declinationis enuntiationes comprehenduntur, necesse est quod alteri accommodatum fuerit ab altern discrepare.

DON. Ter. Hec. 668: 3 RIDICVLE ROGAS 'ridicule' uel aduerbium uel nomen potest esse. et si nomen est, **subdistingue** 'ridicule' et sic infer 'rogas' cum ui pronuntiationis.

DON. Ter. Hec. 761: 1 4 LINGVA TVA IAM **subdistingue** 'iam', ut appareat: si lingua iam, quanto magis facta.

DON. Ter. Phorm. 96: 1 MISERAM 2 Et subdistinguendum, ut ad 'uirginem' referatur.

DON. Ter. Phorm.. 169: 1 QVOD HABES ITA VT VOLVISTI 'uoluisti' **subdistinguendum** est et sic legendum 'uxorem' ἐμφατικώτερον. 2 VT VOLVISTI VXOREM bona praeparatio uxoris futurae. 3 SINE MALA FAMA PALAM multi superioribus iungunt 'palam'.

PORPH. Hor. carm 3, 1, 21: *Somnus agrestium l(enis) u(irorum) n(on) h(umilis) || d(omos) || f(astidit):* || Ordo est: non fastidit humiles domos; et ideo apud 'non' particulatim **subdistinguendum.**

PORPH. Hor. epist. 1, 6, 17: *Et artes suspice*: Potest et suspice **subdistingui**.

Porph. Hor. epist. 2, 2, 108: *Laudant quidquid dixere beati:* **Subdistingue** [re] dixere et sic infer beati.

Porph. Hor. sat. 1, 3, 2: *Vt numquam inducant animum cantare rogati:* **Subdistinguendum** 'cantare' et sic inferendum 'rogati' cum pronuntiatione, quia significat 'etiam rogati'.

Porph. Hor. sat. 1, 5, 45: *Proxima Campano ponti quae uillula, tectum praebuit:* Hic **subdistinguendum** et audiendum extrinsecus uerbum 'est', quia plenum sic fit: quae uilla proxima [id] est ponti Campano, tectum praebuit. Significat autem iuxta pontem Campanum, qui est citra sextum decimum miliarium a Capua in uilla se mansisse.

Serv. auct. Aen. 2, 604: ASPICE de Homero tractum, qui inducit Minervam praestantem ista Diomedi. *et bene **subdistinguit**, quia non solum dicitur, sed etiam manu significatur.*

Serv. auct. Aen. 3, 216: *VIRGINEI VOLVCRVM VVLTVS si **subdistinguas** 'virginei', maior erit admiratio.*

Serv. auct. Aen. 4, 323: *DESERIS **subdistinguendum**: dubitat enim quo eum nomine potissimum appellet.*

Serv. auct. Aen. 5, 67: *QVIQVE PEDUM deest 'hinc' vel 'inde'.* VIRIBVS AVDAX hoc ad omnia pertinet, *et potest non **subdistingui**: quamvis quidam luctationem accipiant, quod non reddidit.*

Serv. auct. Aen. 8, 381: *NVNC] id est 'nunc vero'. et **subdistingue**: nunc autem, Iovis imperio.*

Serv. auct. Aen. 10, 173: ILVA *quidam Ilvam Ithacen dictam volunt; est autem insula adiacens Tusciae, in conspectu Populoniae. Probus 'trecentos' **subdistingui** vult, ut 'insula' sequentibus iungatur.*

Serv. Aen. 10, 485: ET PECTVS PERFORAT hic **subdistinguendum,** ut 'ingens', sicut diximus, ad superiora possit referri.

Serv. ecl. 3, 29: EGO HANC VITVLAM **subdistingue**, ut ita intellegamus: ne eam vilem existimes.

b) Interrogación

Porph. Hor. epod. 16, 15: *Forte quid expediat communiter aut melior pars malis carere quaeritis laboribus?:* **subdistinguendum**. Hoc enim interrogatiua figura dicitur.

Serv. Aen. 2, 391: ARMA **subdistingue,** ut sit quasi interrogantis, *et responsio 'dabunt ipsi'.*

Ps. Ascon. Cic. Verr. II, 2, 34: "Si quid perperam iudicarit senatus". Multi **subdistinguunt** et separatim addunt "senatus," ut quasi per interrogationem ostendat ne senatui quidem cuiusquam civitatis in potestate fuisse iudicare quod senserat.

Tradere

Las ocurrencias de este lema que pertenecen a la acepción textual ofrecen en solo un caso testimonios en la transmisión textual[770], pero no en el resto. No obstante, las otras ocurrencias son similares en cuanto a sus planteamientos y comportamientos. El caso indicado presenta una lectura '*prora*', que no solo aparece en manuscritos de Virgilio, sino que, además de presentarse en los comentarios de Servio al verso citado ofrece también un paralelismo en Porfirión[771]: La lectura alternativa '*proram*', en cambio, cuenta con el apoyo de los códices Mediceo y Romano, así como de Tiberio Claudio Donato en sus *Interpretationes*. Cabe añadir que editores como Geymonat optan precisamente por la variante señalada por Servio[772]. No se especifica ninguno de los motivos que suscitan esta decisión textual, ni tampoco se le atribuye ningún defensor o detractor.

El resto de ocurrencias presentadas no han dejado restos en la transmisión textual, pero proveen detalles, ofreciendo una explicación de la lectura propuesta[773], o añadiendo otra interpretación que justificaría el no apoyo de la lectura o explicación de Elio Donato, pues *nam male sentit Donatus*[774].

La última ocurrencia de Servio presenta un caso que ya desde la Antigüedad muestra dificultades de lectura[775]. La ocurrencia que se encuentra en Tiberio Claudio Donato introduce una variante textual *terebramus*, por *tenebramus*[776]. Esto viene reforzado por Servio quien, en su correspondiente escolio al mismo verso, sostiene que *alii terebramus legunt*[777]. Si bien esta variante no ha dejado ningún impacto en la tradición manuscrita, sí que lo ha dejado en la tradición comentarística. Hecho que podría hacer reflexionar acerca de los testimonios que debemos de haber perdido en la cadena de la transmisión textual.

En cuanto al campo del establecimiento de pausas en el discurso, puede apreciarse que su vinculación queda también marcada por la concatenación de otros vocablos recurrentes, como son *pronuntiatio, sequor, separatio*[778], y *pronuntio, distinguo, separo, subnecto*[779]. Se trata de pasajes que están anclados en el vocabulario

---

770 Serv. auct. Aen. 1, 104.
771 Porph. Hor. s. 1, 3, 55.
772 Geymonat (2008).
773 Serv. auct. Aen. 1, 54.
774 Serv. auct. Aen. 3, 636.
775 Serv. auct. Aen. 8, 40.
776 Clavd. Don. Aen. 3, 633–637.
777 Serv. Aen. 3, 635.
778 Clavd. Don. Aen. 2, 431–434.
779 Clavd. Don. Aen. 8, 18–21.

utilizado no solo por Tiberio Claudio Donato, sino también por los otros escoliastas y comentaristas.

La acepción que hace referencia a la métrica aparece también referenciada en Servio Aucto[780]. En cuanto a la acepción que atañe a la morfología, hay temas de nuevo recurrentes: la duda ante el número de ciertos sustantivos colectivos, como los dioses penates[781]; el caso[782]; la conjugación de un verbo[783]; la naturaleza de sus preverbios[784], o del séptimo caso[785].

1. Acepción textual

SERV. auct. Aen. 1, 54: AC VINCLIS ET CARCERE FRENAT translatio est per poeticam licentiam facta. carcer autem est undecumque prohibemur exire, dictus quasi arcer ab arcendo. locum autem, in quo servantur noxii, carcerem dicimus numero tantum singulari; unde vero erumpunt quadrigae, carceres dicimus numero tantum plurali, licet plerumque usurpet poeta, ut est "ruuntque effusi carcere currus". *alii vinclis carceris* ***tradunt****, ut quam ferro excisam crebris que bipennibus instant.*

SERV. auct. Aen. 1, 104: *TVM PRORAM AVERTIT alii 'prora' legi* ***tradunt****.*

SERV. auct. Aen. 3, 636: LATEBAT dormientis scilicet: nam male sentit Donatus dicens 'late patebat' contra metrum. Item dicit 'capillis tegebatur', aut 'latebat corporis conparatione'. absolutus tamen est prior sensus. *alii 'latebat' subiectum erat fronti et intra frontem recesserat* ***tradunt****.*

SERV. auct. Aen. 8, 40: TVMOR OMNIS ET IRAE CONCESSERE DEVM *quidam 'concessere' pro 'discessere' accipiunt. alii ita* ***tradunt****: nondum concesserunt, sed utiliter dissimulat. sed* aliqua hemistichia in Vergilio tam sunt sensu inminuta, quam verbis, ut ecce hoc loco: namque non possumus intellegere quievisse omnem tumorem et iram deorum, cum et adhuc inimica sit Iuno, et ad Troianorum perniciem addantur alia numina, ut furia, ut Iuturna: unde mire quidam conclusit hunc versum, dicens 'concessere deum profugis nova moenia Teucris'. *'concessere' ergo indulserunt vel cesserunt, id est permiserunt, ut nec, si muneribus certes, concedat Iollas, id est permittat, indulgeat, et extremum hunc Arethusa mihi concede laborem.* quodsi ita acceperimus, ut dicat Teucros constituere civitatem, nec ea numina, quae irata sunt, vetant, nihil erit contrarium: nam et ipsa Iuno hoc dicit "non dabitur regnis, esto, prohibere Latinis: atque inmota manet fatis Lavinia coniunx". hic autem sensus, etiamsi detrahas subauditionem, potest accipi a superioribus, ut sit: tumor omnis et irae concessere deum, ut hic tibi sit certa domus certique penates.

---

780 SERV. auct. Aen. 2, 124.
781 .SERV. auct. Aen. 1, 378.
782 SERV. auct. Aen. 1, 599; 2, 554. SCHOL. Veron. Aen. 2, 473.
783 SERV. auct. Aen. 2, 418.
784 SERV. auct. Aen. 2, 695.
785 SERV. auct. Aen. 3, 83; SCHOL. Veron. Aen. 2, 473.

CLAVD. DON. Aen. 3, 633–637: *nos magna precati numina sortitique vices una undique circum fundimur et telo lumen tenebramus acuto ingens, quod torva solum sub fronte latebat [Argolici clipei aut Phoebeae lampadis instar]*: dederat Ulixes consilium ut uno oculo, quem solum sub torva fronte latentem habuit, caecaretur: periculosum fuit quamvis dormientem, quamvis sepultum vino adgredi violenter, precati, inquit, deos, accessimus simul undique circumfusi adpetentes eas corporis eius partis quas sumpseramus de sorte, quoniam non unum aut simile esse periculum potuit, si adversa cessissent, aliud fuit eorum qui caput tenerent aut manus, aliud eorum qui ceteras inpetebant membrorum partis. Hoc facto tenebravimus eius lumen telo acuto. quod ait acuto telo tenebravimus, celeritatem facti voluit demonstrare; in hoc enim consilii consistebat effectus, ne mora facientum et dolor vulneris quamvis graviter dormientem excitaret. hoc loco nonnulli terebramus **tradunt,** sed, cum terebratio habeat moram, quae fuit inimica facientibus, melius est ut telo acuto uno iactu videatur esse caecatus. quod autem ait sub fronte latebat quod ingens fuisse dicebatur, usque adeo ut orbi lunae vel solis aequari potuisset, faciebant rugae torvae frontis et ingentes capitis comae.

2. *Distinctio*

CLAVD. DON. Aen. 2, 431–434: *Iliaci cineres et flamma extrema meorum, testor in occasu vestro nec tela nec ullas vitavisse vices Danaum, et, si fata fuissent, ut caderem, meruisse manu*: (...) hos versus nonnulli male pronuntiando intellectum planum et manifestum sic errore confundunt, ut longe aliud quam dictum est **tradant**; sic enim volunt: Iliaci cineres et flamma extrema meorum testor in occasu vestro ibi que distinguunt addentes postea nec tela nec ullas vitavisse vices Danaum, hic rursum pronuntiationis faciunt separationem et subnectunt ac si fata fuissent ut caderem, addunt in fine accusativum singularem, ut dicant meruisse manum, cum meruisse manu legendum sit et intellegendum. huic alienae pronuntiationi addunt intellectum similem ducti errore quo male iungunt et deterius separant. nos sic pronuntiandum et intellegendum dicimus: Iliaci cineres et flamma extrema meorum et separamus testor, quod testor semel positum saepius debemus accipere. dehinc dicemus in occasu vestro nec tela nec ullas vitavisse vices Danaum, item separatione facta veniemus ad sequentia et, si fata fuissent, ut caderem, facta hic quoque separatione concludemus dicentes meruisse manu. ut autem evidentior fiat huius pronuntiationis integritas, ostendemus iam quotiens accipi debeat testor: vos, inquit, testor, Iliaci cineres et flamma extrema meorum; in occasu vestro nec tela nec ullas vitavisse vices Danaum testor (dicturus est recentiores et diversos hostis venisse, cum domui Priami soceri sui et pro ea pugnantibus cuperet subvenire); et, si fata fuissent, ut caderem, testor (ut sit Iliaci cineres et flamma extrema meorum, vos testor sic ad certamen exisse, ut, si fieri ullo modo potuisset, obtinerem, sin vero aliud fata voluissent, ut caderem; utrumque enim viro forti congruens fuit, utrumque gloriosum, ut, si posset, vinceret, sin vero adverso eventu fuisset exceptus, cum patriae genitalis et suorum cineribus interiret); testor meruisse manu. aperiendi melius huius loci causa continuum dicamus intellectum, ibi et pronuntiationis invenietur integritas: testor vos, Iliaci cineres et flamma extrema meorum, testor in occasu vestro non timuisse arma et hostium vices, et cum alternis recentiores occurrerent, aeque testor non timuisse pugnare vel mori, et, si fata fuissent, ut caderem (sic, inquit, processi ad bellum, non ut viverem tantummodo verum etiam ut caderem, si hoc fata voluissent), militis autem officio functum testor me plurimum meruisse hoc est laborasse.

Clavd. Don. Aen. 8, 18–21: *Talia per Latium*: multi hic distinguunt et finiunt et faciunt caput cum quodam transitu et sequuntur dicentes *quae Laomedontius heros cuncta videns magno curarum fluctuat aestu atque animum nunc huc celerem nunc dividit illuc in partisque rapit varias perque omnia versat.* nos hanc pronuntiationem propositi versus sic **trademus** addita ordinatione sensus: quae cuncta talia videns Laomedontius heros per Latium geri, magno curarum fluctuat aestu et cetera quae sequuntur, ut nulla sit separatio. cuncta videns, id est plane considerans omnia et habens conperta ac manifesta. quod ait cuncta, illud exprimere voluit, ex illis quae pars diversa agitabat nihil Aenean latuisse. Laomedontium dixit astutum, callidum, vigilantem et respondentem virtutibus Laomedontis. et revera haec prima sollicitudo est in ratione bellorum, ut unusquisque noverit quid hostes agant, quid moliantur. haec igitur Aeneas sic noverat, ut eadem ipsa non solum audisse, sed cernere videretur, ita omnis actus diversae partis investigando collegerat. magno autem animi aestu et vehementi agitabatur considerans totius Italiae factionem. aestus animi ex causa translationis dicti sunt, ceterum proprie maris dicuntur aestus, cum ultra naturam suam aliqua ex causa tollitur aut inundat. Nec inmerito igitur prudentissimus diversis cogitationibus et inaestimabili cura huc atque illuc propria cogitata tenebat. videbat enim adversis omnem Italiam studiis conspirasse, missum quoque etiam ad Diomeden, quem non sperabat auxilia negaturum, considerabat opes suas, quae contra tantos ac talis stare non possent, utpote quae essent satis exiguae et nullis extrinsecus subsidiis fultae. haec exposuimus capta coniectura ex praesentibus, ceterum poeta nullas cogitationum specialis causas aperuit aestimationi relinquens quae ille pro loco, pro tempore, pro persona, pro causa volvere se cum ipse potuit. nihilominus mira arte tractavit naturam animi, qui, cum diversis ut mare coeperit aestibus agitari, cito in alta rapitur et cito revocatur. mittit conparationem, ut unusquisque animi mobilitatem, quam latentem in interiore pectoris non poterat cernere, proposito videret exemplo.

3. Métrica

Serv. auct. Aen. 2, 124: *MIHI quidam graviter pronuntiandum* ***tradunt*** *'mihi', hoc est Sinoni.*

4. Morfosintaxis

SERV. auct. Aen. 1, 378: RAPTOS QVI EX HOSTE PENATES optima locutio est, plusque significat de pluralitate ad singularitatem transire, ut 'venor multis canibus' et 'multa cane'. ut Horatius "aut trudit acres hinc et hinc multa cane apros in obstantes plagas". *sane de diis penatibus licet varias opiniones secutus sit Vergilius, omnes tamen diversis locis complexus est: nam alii, ut Nigidius et Labeo, deos penates Aeneae Neptunum et Apollinem* ***tradunt****, quorum mentio fit "taurum Neptuno, taurum tibi, pulcher Apollo". Varro deos penates quaedam sigilla lignea vel marmorea ab Aenea in Italiam dicit advecta, cuius rei ita Vergilius meminit "effigies sacrae divum Phrygiique penates, quos mecum a Troia mediisque ex ignibus urbis extuleram". idem Varro hos deos Dardanum ex Samothraca in Phrygiam, de Phrygia Aeneam in Italiam memorat portavisse. alii autem, ut Cassius Hemina, dicunt deos penates ex Samothraca appellatos θεοὺς μεγάλους, θεοὺς δυνατοὺς, θεοὺς χρηστούς. quorum diversis locis ita meminit "natoque penatibus et magnis dis", hoc est θεοὺς μεγάλους, et iterum "Iunonis magnae primum. dominamque potentem" τοὺς δυνατούς, et "bona Iuno" τοὺς χρηστούς. ecce ergo diversis locis omnia tria conplexus, quae omnia locis suis dicentur.*

SERV. auct. Aen. 1, 599: OMNIVM EGENOS egeo honestius genetivo iungitur quam ablativo, cui iungit Cicero, ut "eget ille senatu". item contra Vergilius "quorum indiget usus". *quidam autem 'egenos' pro egentes dictum* ***tradunt****, nomen pro participio.*

SERV. auct. Aen. 2, 418: STRIDVNT SILVAE excursus poeticus: qui ultra tres versus fieri non debet. [ne sit vitiosissimum.] *et 'stridunt' quidam antique declinatum* ***tradunt****, ut sit prima verbi positio 'strido stridis stridit', et faciat 'stridimus striditis stridunt'. nos 'strident' dicimus a prima positione 'strideo', ut sit 'stridemus stridetis strident'.*

SERV. auct. Aen. 2, 554: SORTE fatali necessitate. *vel 'sorte' fortuna, ut "utere sorte tua". et quidam 'exitus sorte' pro 'sortis'* ***tradunt,*** *ablativum pro genetivo.*

SERV. auct. Aen. 2, 695: *SVPER LABENTEM quidam hoc verbum unam partem orationis esse* ***tradunt.***

SERV. auct. Aen. 3, 83 HOSPITIO *licet Probus quaerat, quid sit 'iungimus hospitio dextras', tamen* septimus casus est, id est iure hospitalitatis: nam 'ad hospitium' non potest intellegi, quia iam amicus fuit. *aut sicut quidam* ***tradunt*** *'iungimus dextras et hospitio tecta subimus'.*

SERV. auct. Aen. 3, 233: TVRBA SONANS metum ostendit; nam de tribus loquitur. et adludit ad furias, de quibus ait alibi "vocat agmina saeva sororum". *ergo 'turba' tamquam turba. quare turba, cum tres dixerit? quia apud Graecos qui dualem numerum habent, pluralis numerus a tribus incipit: ergo bene 'turba', quasi plures. vel 'turba' propter tumultum et strepitum alarum. Alii* ***tradunt*** *ideo turbam, quod plures, non tres tantum harpyiae* *sint: alii quod eis cum furiis consortium, unde <252> 'vobis furiarum ego maxima': alii eas etiam parcas esse, unde et divinatio ei data est.*

SERV. auct. Aen. 4, 610: DI MORIENTIS ELISSAE aut manes dicit: unde est "vos o mihi manes este boni: quoniam superis adversa voluntas": aut certe ἀναιρετικοὺς dicit, id est Martem et Saturnum, qui intercidunt vitae rationem, si radiis suis ortum geniturae pulsaverint: Horatius "te Iovis impio tutela Saturno refulgens eripuit volucresque fati tardavit alas". et bene 'tardavit', quia necessitas fati impediri potest, non penitus eludi: sic Vergilius "nec fata vetabant stare decemque alios Priamum superesse per annos". *quidam hoc quod dicit 'di morientis Elissae' secundum eos* ***tradunt****, qui dicunt habere nos singulos deos nostros, ut <XII 539> nec di texere Cupencum, Aenea veniente, sui.*

SCHOL. Veron. Aen. 2, 473: Quaeritur ab aliquibus, utrum bene positum sit 'exuviis' in significatione pellis. Dialectici enim **tradunt**, inde bene dici 'exuvias', unde dici et 'induviae' recte possint.

Bibliografía

1. Bibliografía primaria

Ps. Acro	Pseudoacronis scholia in Horatium vetustiora, ed. O. Keller, 2 voll., Lipsiae 1902–1904
Adnot. Lucan.	Adnotationes super Lucanum, ed. I. Endt, Lipsiae 1909
Ps. Ascon.	Ciceronis Orationum Scholiastae, ed. T. Stangl, Vindobonae 1912.
Cic.	div. in Caec. et Verr.M. Tullii Ciceronis Opera quae supersunt omnia, J. C. Orelli – J. G. Baiter – C. Halm, Ciceronis opera omnia, vol. 2.1, pp. 103–461, Turici-Londinii-Amstelodami 1854
Cic.	Arch. Flacc. Mil. Planc. M. Tullii Ciceronis Opera quae supersunt omnia J. C.p. red.ad Quir. p. red. Orelli – J. G. Baiter – C. Halm, Ciceronis opera omnia, vol. 2.2, in sen. Sest. Sull. Vat pp. 753–858/928–999/1102–1134/1151–1183, Turici-Londinii-Amstelodami 1856
Clavd. Don.	Tiberius Claudius Donatus, Interpretationes Vergilianae, ed. H. Georgii, Lipsiae 1905–1906
Comment. Lucan.	M. Annaei Lucani commenta Bernensia, ed. H. Usener, Lipsiae 1869
Cornvt.	Commentum Cornuti in Persium, edd. W. V. Clausen et J.E.G. Zetzel, Lipsiae et Monachii 2004.
Don. Ter.	Aeli Donati quod fertur commentum Terenti, rec. P. Wessner, 2 voll., Lipsiae 1902–1905
Hor.	Q. Horati Flacci opera, edd. O. Keller et A. Holder, 2 voll., Lipsiae-Ienae, [1864–1869] 18992–19252.
Ivv.	D. Junii Juvenalis saturarum libri V, ed. L. Friedländer, Lipsiae 1895.
Lact. Plac. Stat.	Lactantii Placidi in Statii Thebaida et Commentum, rec. R. D. Sweeney, Stutgardiae 1997
Lvcan.	M. Annaei Lucani belli civili libri decem, ed. A. E. Housman, Oxonii1926
Pers.	Auli Persii Flacci satirarum liber. edd. O. Jahn (F. Bücheler emend.), Lipsiae [1843] 1893^{3}.
Porph.	Hor. Pomponi Porfyrionis commentum in Horatium Flaccum, ed. A. Holder, Ad Aeni Pontem 1894.

Schol. Bob	Ciceronis Orationum Scholiastae, ed. T. Stangl, Vindobonae 1912.
Schol. uet. Iuv.	Scholia in Iuvenalem vetustiora, ed. P. Wessner, Stutgardiae 1931.
Schol. Bern.	Scholia Bernensia ad Vergili Bucolica atque Georgica, ed. H. Hagen, Lipsiae 1867
Schol. Veron.	Gli scolii veronesi a Virgilio, ed. C. Baschera, Veronae 1999
Serv. auct.	Scholia Servianis inserta, quae primus edidit P. Daniel, Parisiis 1600, quae italicis litteris notantur
Serv.	Servii grammatici qui feruntur in Vergilii carmina commentarii, edd. G. Thilo – H. Hagen, 3 voll., Lipsiae 1881–1887
Stat.	P. Papini Stati Thebais, ed. H. P. Kohlmann, Lipsiae 1884.
Svbscr.	"Über die Subscriptionen in den Handschriften römischer Classiker", ed. O. Jahn, pp. 327–372, Lipsiae 1851
Ter.	P. Terenti Afri comoediae, ed. S. Prete, Heidelbergii 1954
Verg	P. Vergili Maronis Opera, rec. M. Geymonat, Romae [1972] 2008²

2. Bibliografía secundaria

Anderson 1970 = W. S. Anderson, " 'Lascivia vs. ira': Martial and Juvenal", *California Studies in Classical Antiquity* 3 (1970), pp. 1–34.

Anderson-Parsons-Nisbet 1979= R. D. Anderson, P. J. Parsons, R. G. M. Nisbet, "Elegiacs by Gallus from Qaṣr Ibrîm", *JRS* 69 (1979), pp. 125–155.

Aricò 1983 = G. Aricò, "Per il Fortleben di Stazio", *Vichiana* 12 (1983), pp. 36–43.

Barth 1664= C. von Barth, *Publii Papinii Statii quae exstant Caspar Barthius recensuit, & animadversionibus locupletissimis illustravit: inspersis ad Thebaida & Achilleida commentariis ac glossis Veterum, hactenus bonam partem ineditis, & Scholiaste Lutatio multis locis corruptis castigato. Ad auctoritatem & opem manuscriptorum exemplarium, praecipue unius alteriusque admirandae bonitatis,* Zwickau 1664.

Barwick 1911 = K. Barwick, "Zur Serviusfrage", *Philologus* 70 (1911), pp. 106–145.

Baschera 1999 = C. Baschera, *Gli Scolii Veronesi a Virgilio,* Verona 1999.

Benario 1973 = H. W. Benario, "Asconiana", *Historia* 22 (1973), pp. 64–71.

Berlincourt 2013 = V. Berlincourt *Commenter la "Thébaïde" (16e-19e s.). Caspar von Barth et la tradition exégétique de Stace. Mnemosyne. Supplements, 354.* Leiden.

Bernadó 2015= G. Bernadó, "*Accipio*: un ejemplo de crítica textual en escolios y comentarios", en M.T. Muñoz-L. Carrasco (Eds.), *Miscellanea latina,* Madrid 2015, pp. 245–251.

Bernadó 2016= G. Bernadó, "*Legitur et* a les *Adnotationes super Lucanum*", en E. Borrell, P. Gómez, Ó. De la Cruz (Eds.), *Omnia mutantur: canvi, transformació i pervivència en la cultura clàssica, en les seves llengües i en el seu llegat*, Vol. 2, Barcelona 2016.

Bloch 1963 = H. Bloch, "The Pagan Revival in the West at the End of the Fourth Century", en A. Momigliano (ed.), *The Conflict between Paganism and Cristianity in the fourth Century*, Oxford 1963, pp., 193-218

Blundell 1987 = J. Blundell, *A commentary on Donatus, Eunuchus 391–453 and 471–614*, Diss. London 1987.

Bonner 1960 = S. F. Bonner, "Anecdoton Parisinum", *Hermes* 88 (1960), pp. 354–360.

Bonner 1966 = S. F. Bonner, "Lucan and the Declamation Schools", *AJPh* 87/3 (1966), pp. 257–289.

Bonner 1977 = S. F. Bonner, *Education in ancient Rome: from the elder Cato to the younger Pliny*, London 1977.

Borzsák 1998 = I. Borzsák, "Esegesi Antica", *Enciclopedia Oraziana* vol. 3, 1998, pp. 17–23.

Bruggisser 1984 = P. Bruggisser, "Précaution de Macrobe et datation de Servius", *MH* 41 (1984), pp. 162–173.

Brugnoli, G. 1987 = G. Brugnoli, "Lattanzio Placido", Enciclopedia Virgiliana, vol. III, Roma 1987, pp. 138–139

Brugnoli, G. 1988 = G. Brugnoli, "Servio", *Enciclopedia Virgiliana,* vol. IV, Roma 1988, pp. 805–813.

Brugnoli, G. 1988a = G. Brugnoli, "Sulpicio Apollinare", *Enciclopedia Virgiliana,* vol. IV, Roma 1988, pp. 1068–1071.

Brugnoli 1998 = G. Brugnoli, *Identikit di Lattanzio Placido. Studi sulla scoliastica staziana*, Pisa 1998.

Bücheler 1930 = F. Bücheler, "Prosopographica", a *Kleine Schriften. Dritter Band*, Leipzig- Berlin 1930, pp. 383–388. (= *RhM* 63 (1908), pp. 190–197).

Buffa 1977 = M.F. Buffa, "Emilio Aspro: i commentarî sallustiano e terenziano", *SRIL* 1 (1977), pp.7–49.

Buongiovanni 2014= C. Buongiovanni, "L'uso degli avverbi *bene* ed *eleganter* nel commento di Porfirione al terzo libro dei Carmina di Orazio". En C. Longobardi, C. Nicolas, M. Squillante (edd.), *Scholae discimus. Pratiques scolaires dans l'Antiquité tardive et le Haut Moyen Âge*, Lyon-Paris, 2014. pp. 170–190.

Cadili 2003 = L. Cadili, " Gli Scholia Bernensia alle Georgiche di Virgilio", *Lexis* 21 (2003), pp. 381, 392.

Cain 2013 = A. Cain, "Chapter 20. Terence in Late Antiquity",en A. Augoustakis – A. Traill, ed., *A Companion on Terence*, Oxford 2013, pp. 381–396.

CAMERON 1966 = A. Cameron, "The Date and Identity of Macrobius", *JRS* 56 (1966), pp. 25–38.

CAMERON 1977 = A Cameron, 'Paganism and Literature in late fourth century Rome';en M. FUHRMANN (ed.) *Entretiens sur l'Antiquité Classique, 23. Chrisianisme et formes littéraires de l'Antiquité tardive en occident. Huit exposés suivis de discussions.*, Vandoeuvres-Genève, 1977, pp. 1–40.

CAMERON 2011 = A. Cameron, *The last pagans of Rome*, Oxford-New York, 2011.

CASTILLO 1991 = M. Del Castillo, "La interpretación antigua de los versos líricos de Horacio", *Emerita* 59 (1991), pp. 297–312.

CAVALLO 1992 = G. Cavallo, *Libri, editori e pubblico nel mondo antico. Guida storica e critica,* Roma 1992².

CAVAJONI 1979 = G.A. CAVAJONI, ed., *Supplementum adnotationum super Lucanum, I: Libri I-V,* Testi e documenti per lo Studio dell'Antichità 63, Milano 1979.

CLARK 1896 = A. C. Clark, "The Madrid Manuscript of Asconius [M. 81]", *CR* 10 (1896), pp. 301–305.

CLARK 1899 = A. C. Clark, "The Literary Discoveries of Poggio", *CR* 13 (1899), pp. 119–130.

CLARK 1907 = A. C. Clark, ed., *Q. Asconii Pediani Orationum Ciceronis Quinque Enarratio*, Oxford 1907.

CLARK 1913 = A. C. Clark, "Poggio and Asconius", *CR* 27 (1913), p. 38.

COCCIA 1959 = M. Coccia, "Studi sulla critica antica: Il canone di Volcacio Sedigito", *StudRom* 7 (1959), pp. 62–65.

COLSON 1914 = F. H. Colson, "The Grammatical Chapters in Quintilian", *CJ* 8/1 (1914), pp. 33–47.

COLTON 1973 = R. E. Colton, "Ausonius and Juvenal", *CJ* 69 (1973), pp. 41–51.

CONSOLI 1922 = S. Consoli, "Studi intorno agli scolii di Giovenale e di Persio", *RFIC* 50 (1922), pp. 38–54.

CONTE (2009) = G. B. Conte, *P. Vergilius Maro: Aeneis. Bibliotheca scriptorum Graecorum et Romanorum Teubneriana*, Berlin/New York 2009.

CRAIG 1930 = J. D. Craig, "Priscian's Quotations from Terence", *CQ* 24 (1930), pp. 65–73.

DAINTREE – GEYMONAT 1988 = D. Daintree – M. Geymonat, "Scholia non Serviana", *Enciclopedia Virgiliana,* vol. IV, Roma 1988, pp. 706–720.

DE NONNO 1998 = M. De Nonno, "grammatici latini", en *EO* III (1998), pp. 31–39.

DE NONNO 1988a = M. De Nonno, "Prisciano", *EV* IV, Roma 1988, pp. 279–281.

DELLA CORTE 1985a = F. Della Corte –, "Cecilio Epirota", *EV,* vol. I, Roma 1984, pp. 717–718.

DELLA CORTE 1985b = F. Della Corte –, "Iginio", *EV,* vol. II, Roma 1985, pp. 900–901.

Delvigo 1987 = M. L. Delvigo, *Testo virgiliano e tradizione indiretta. Le varianti probiane*, Pisa 1987.

Deufert 2002 = M. Deufert, *Textgeschichte und Rezeption der plautinischen Komödien im Altertum*, Berlin-New York 2002.

Diederich 1999 = S. Diederich, *Der Horazkommentar des Porphyrio im Rahmen der kaiserzeitlichen Schul- und Bildungstradition*, Berlin- New York 1999.

Döpp 1978 = S. Döpp, "Zur Datierung von Macrobius' 'Saturnalia' ", Hermes 106 (1978), pp. 619–632.

Endt 1909 = J. Endt, ed., *Adnotationes super Lucanum*, Stuttgart 1909.

Fowler 1997 = D. Fowler, "The Virgil commentary of Servius", en C. Martindale, ed., *The Cambridge Companion to Virgil*, Cambridge 1997, pp. 73–78.

Funaioli 1907 = G. Funaioli, *Grammaticae Romanae Fragmenta*, Leipzig, 1907.

Funaioli 1930 = G. Funaioli, *Esegesi virgiliana antica. Prolegomeni alla edizione del commento di Giunio Filargirio e di Tito Gallo*, Milano 1930.

Garrod 1913 = H. W. Garrod, "Asconius, Statius, Poggio, Politian, and Pithou", *CR* 27 (1913); pp. 88–90.

Garrod 1913a = H. W. Garrod, "Stàtius Poggio and Politian", *CR* 27 (1913), pp. 265–266.

Georgii 1971 = H. Georgii, *Die antike Aeneiskritik aus den Scholien und anderen Quellen*, Stuttgart 1891, reimpr. Hildesheim 1971.

Georgii 1912 = H. Georgii, "Zur Bestimmung der Zeit des Servius", *Philologus* 71 (1912), pp. 518–526.

Gessner 1888 = J. A. Gessner, *Servius und Pseudo-Asconius*, Zürich 1888.

Geymonat 1984 = M. Geymonat, "La scoliografia non serviana: una prospettiva di studio", *Atti del convegno di studi su Virgilio*, Mantova – Roma – Napoli 1981, Milano 1984, vol. I, pp. 259–260.

Geymonat 1984a = M. Geymonat, "Aspro", *Enciclopedia Virgiliana*, vol. I, Roma 1984, pp. 373–374.

Geymonat 1984b = M. Geymonat, "Ateriano", *Enciclopedia Virgiliana*, vol. I, Roma 1984, pp. 388–389.

Geymonat 1984c = M. Geymonat, "Celso", *Enciclopedia Virgiliana*, vol. I, Roma 1984, p. 727.

Geymonat 1984d = M. Geymonat, "Codici", *Enciclopedia Virgiliana*, vol. I, Roma 1984, pp. 831–838.

Geymonat 1984e = M. Geymonat, "Cornuto", *Enciclopedia Virgiliana*, vol. I, Roma 1984, pp. 897–898.

Geymonat 1984f = M. Geymonat, "Carminio", *Enciclopedia Virgiliana*, vol. I, Roma 1984, pp. 671.

GEYMONAT 1985 = M. Geymonat, "Filargirio", *Enciclopedia Virgiliana,* vol. II, Roma 1985, pp. 520–521.

GEYMONAT 1985a = M. Geymonat, "Gallo, Tito", *Enciclopedia Virgiliana,* vol. II, Roma 1985, p. 631.

GEYMONAT 1985b = M. Geymonat, "Gaudenzio", *Enciclopedia Virgiliana,* vol. II, Roma 1985, pp. 637–638.

GEYMONAT 1986 = M. Geymonat, "Interventi su più antichi codici virgiliani: memoria di singoli manoscritti perduti o sintesi di precedenti edizioni critiche del testo?", en *La fortuna di Virgilio. Atti del Convegno internazionale (Nápoli 24–26 ottobre 1983),* Napoli 1986, pp. 109–124.

GEYMONAT 1987 = M. Geymonat, "Melisso", *Enciclopedia Virgiliana,* vol. III, Roma 1987, pp. 461–462.

GEYMONAT 1990 = M. Geymonat, "Urbano", *Enciclopedia Virgiliana,* vol. V*, Roma 1990, pp. 400–401.

GEYMONAT 2008 = M. Geymonat (ed.), *P. Vergili Maronis Opera,* Roma [1972] 2008^2

GIGANTE 1986 = M. Gigante, "Virgilio da Pompei all'Egitto", en *La fortuna di Virgilio,* Napoli 1986, pp. 7–43.

GIOSEFFI 2000 = M. Gioseffi ed., *E io sarò tua guida: raccolta di saggi su Virgilio e gli studi virgiliani,* Milano 2000, pp. 143–150.

GIOSEFFI 2000a = M. Gioseffi, 'Ritratto d'autore nel suo studio. Osservazioni a margine delle *Interpretationes Vergilianae* di Tiberio Claudio Donato ', a M. Gioseffi *E io sarò tua guida: raccolta di saggi su Virgilio e gli studi virgiliani,* Milano 2000, pp. 151–215.

GIOSEFFI 2003 = M. Gioseffi, "Ut sit integra locutio. *Esegesi e grammatica in Tiberio Claudio Donato*", en F. GASTI *Grammatica e grammatici latini: teoria ed esegesi. Atti della I Giornata ghisleriana di Filologia classica (Pavia, 5–6 aprile 2001),* Pavia 2003.

GOOLD 1970 = G. P. Goold, "Servius and the Hellen Episode", *HSCPh* 74 (1970), pp. 101–168.

GRANT 1985 = J. N. Grant, rev., "Latin Textual Criticism in Antiquity. by James E. G. Zetzel. New York: Arno Press. 1981. Pp. ix, 307.", *Phoenix* 39/1 (1985), pp. 86–88

GRANT 1986 = J. N. Grant, *Studies in the Textual Tradition of Terence,* Phoenix Suppl. 20, Toronto – Buffalo – Londres 1986.

GRAZZINI 2011 = S. Grazzini, ed., *Scholia in Iuvenalem recentiora: secundum recensiones φ et χ tomus I (satt. 1–6),* Testi e commenti 11, Pisa 2001.

HABINEK 1985 = T. N. Habinek, *The Colometry of latin prose,* Berkeley 1985.

HELM 1952 = R. HELM, "Pomponius Porphyrio", *RE* XXI, 2 (1957), cols. 2412–2416.

HILDEBRANDT 1907 = P. Hildebrandt, ed., *Scholia in Ciceronis orationes bobiensia,* Leipzig, 1907.

Horsfall 1995 = N. Horsfall, ed., *A Companion to the Study of Virgil*, Leiden-New York-Köln 1995.

Horsfall 2003 = N. Horsfall, *Virgil, Aeneid 11. A commentary*, Leiden 2003.

Housmann 1926 = A. E. Housman (ed.), M. Annaei Lucani belli civili libri decem, Oxford 1926.

Jahn 1851 = O. Jahn, "Über die Subscriptionen in den Handschriften römischer Classiker", *Berichte der sächs. Ges. der Wiss. zu Leipzig. Phil.-Hist. Klasse* 3 (1851), pp. 327–372.

Jahn 1854 = O. Jahn, "Vermischtes", *RhM* 9 (1854), pp. 625–630.

Jahnke 1898 = R. Jahnke (ed.), *Lactantii Placidi Qvi Dicitvr Commentarios in Statii Thebaida Et Commentarivm in Achilleida*, Leipzig 1898.

Jakobi 1996 = R. Jakobi, *Die Kunst der Exegese im Terenzkommentar des Donat*, Berlin-New York 1996.

Jocelyn 1984 = H. D. Jocelyn, "The annotations of M. Valerius Probus", CQ 34 (1984), pp. 464–478.

Jocelyn 1984a = H. D. Jocelyn, 'Servius and the second edition of the Georgics ', en *Atti del convegno mondiale scientifico di studi su Virgilio*, Milan, 1984.

Jocelyn 1985 = H. D. Jocelyn, "The annotations of M. Valerius Probus II", CQ 35 (1985), pp. 149–161.

Jocelyn 1985a = H. D. Jocelyn, "The annotations of M. Valerius Probus III. Some Virgilian scholia", CQ 35 (1985), pp. 466–474.

Kalinina 2007 = A. Kalinina, *Der Horazkommentar des Pomponius Porphyrio. Untersuchungen zu seiner Terminologie und Textgeschichte*, Stuttgart 2007.

Kaster 1978 = R. A. Kaster, "Servius and idonei auctores", *AJPh* 99 (1978), pp. 181–209.

Kaster 1980 = R. A. Kaster (1980), "The grammarian's authority", *CPh* 75 (1980), pp. 216–241.

Kaster 1980a = R. A. Kaster (1980), "Macrobius and Servius. *Verecundia* and the grammarian's function", *HSPh* 84 (1980), pp. 219–262.

Kaster 1987 = R. A. Kaster, "Islands in the stream: The Grammarians of Late Antiquity", en D. J. Taylor (ed.), *The History of Linguistics in the Classical Period* Amsterdam-Philadelphia 1987, pp. 149–168.

Kaster 1988 = R. A. Kaster, *Guardians of language: The Grammarian and Society in Late Antiquity*, Berkeley – Los Angeles – Londres 1988.

Kaster 1998 = R.A. Kaster, "Becoming 'Cicero' ", en *Style and Tradition. Studies in Honor of Wendell Clausen, Style and Tradition. Studies in Honor of Wendell Clausen*, Beiträge zur Altertumskunde 92, edd. Knox, P.E.-Foss, C., Stuttgart-Leipzig 1998.

KASTER 1995 = R. A. Kaster, *Suetonius 'De grammaticis et rhetoribus'*, Oxford 1995.

KELLER 1864–1867 = O. Keller, "Über Porphyrion, Pseudoacron und Fulgentius, Scholiasten des Horaz", *Symbola in honorem F. Ritschelii,* Leipzig 1864–1867, pp. 489–502.

KENYON 1980 = F.G. Kenyon; *Books and Readers in ancient Greece and Rome,* Oxford, 1980.

KLINGNER 1935 = F. Klinger, "Über die Recensio der Horazhandschriften I", *Hermes* 70 (1935), pp. 249– 268; "II", pp. 361–403.

KLOTZ 1908a = A. Klotz, "Die Statiusscholien", *Archiv für Lateinische Lexikographie und Grammatik* 16 (1908), pp. 485–525.

KLOTZ 1882 = R. Klotz, *Quaestiones Servianae,* Greifswald 1882.

KOLLMANN 1973= E.D. Kollmann, " 'Cerno' und 'decerno' bei Vergil (Zu Aeneis XII, 709)", *RhM* 116/3–4 (1973), pp. 269–275.

LEHNUS 1988 = L. Lehnus, "Probo", *Enciclopedia Virgiliana,* vol. IV, Roma 1987, pp. 284–286.

LEO 1909 = F. Leo, "Doppelfassungen bei Iuvenal", *Hermes* 44 (1909), pp. 600–617.

LERSCH 1845 = L. Lersch, "Römische Diorthosen", *Museum des Rheinisch-Westphälischen Schulmänner- Vereins* 3 (1845), pp. 229–274.

LEVY 1971–1972 = H. L. Levy, "Servius in His Classroom", *CJ* 67 (1971 – 1972), pp. 167–174.

LINDSAY 1927 = W. M. Lindsay, "The Donatus-excerpts in the codex Victorianus (D) of Terence", *CQ* 21 (1927), pp. 188–194.

LLOYD 1961 = R.B. Lloyd, "Republican Authors in Servius and the Scholia Danielis", *HSPh* 65 (1961), pp. 291–341.

LOMANTO 1984 = V. Lomanto, "Capro", EV, vol. I, Roma 1984, pp. 655–656.

LOMANTO 1991 = V. Lomanto, "Velio Longo", *EV,* vol. V*, Roma 1991, p. 473.

LOMANTO – MARINONE 1989–1990 = V. Lomanto – N. Marinone, *Index grammaticus. An Index to the Latin Grammarians,* 3 vols., Hildesheim-Zürich, New York, 1989–1990.

LONG 2000 = J. Long, *Claudian's In Eutropium. Or, How, When, and Why to Slander a Eunuch,* Chapel Hill-London, 1a ed. 1996, 20005.

LONGOBARDI 2014a= C.T. Longobardi, "Il corpus pseudoacroniano: Per una revisione dell'edizione de Keller". En Dalla civiltà classica all'umanesimo, ed. F.Longo Auricchio (Firenze), 186–196.

LONGOBARDI 2014B="Il corpus pseudoacroniano:Lemmi, citazioni, tradizione indiretta", en Longobardi et al. (2014), 203–212.

LONGOBARDI, NICOLAS, SQUILLANTE (2014). Scholae discimus: Pratiques scolaires dans l'Antiquité tardive et le Haut Moyane Äge. Lyon.

LUHTALA 2005 = A. Luhtala, *Grammar and Philosophy in Late Antiquity: a study of Priscian's sources,* Amsterdam 2005.

LUCK 1972 = G. Luck, "The Textual History of Juvenal and the Oxford Lines", *HSCPh* 76 (1972), pp. 217–231.

MADVIG 1828 = J. N. Madvig, *De Q.Asconii Pediani et aliorum veterum interpretum in Ciceronis orationes commentariis. Disputatio Critica*, København 1828.

MAMBELLI 1940 = G. Mambelli,, *Gli studi virgiliani nel secolo XX*, vol. II, Firenze 1940, pp. 372–385.

MANITIUS 1889 = M. Manitius, "Beiträge zur Geschichte römischer Dichter im Mittelalter. 1. Persius", *Philologus* 47 (1889), pp. 710--720.

MANITIUS 1891 = M. Manitius, "Beiträge zur Geschichte römischer Dichter im Mittelalter. 4. 5", *Philologus* 50 (1891), pp. 354–372.

MARINONE 1969–1970 = N. Marinone, "Per la cronologia di Servio", *AAT* 104 (1969–70), pp. 181–211.

MARROU 1955 = H. I. Marrou, *L'histoire de l'éducation dans l'Antiquité,* 1948, 3ed. rev. i augmentada, Paris, 19553·

MARSHALL 1985 = B.A. Marshall, *A Historical Commentary on Asconius*, Columbia 1985.

MARSHALL 1983 = P. K. Marshall, "Servius", a L. D. Reynolds, ed., *Texts and transmission. A Survey of the Latin Classics,* Oxford 1983, pp. 385–388.

MARTI 1950 = B.M. Marti, "Vacca in Lucanum", *Speculum* 25/2 (1950), pp. 198–214.

MASTELLONE 1994 = E. Mastellone, "Osservazioni di lingua nel commento di Porfirione ad Orazio", *BstudLat* 14 (1994), pp. 101– 128.

MASTELLONE 1998 = E. Mastellone, *L'Auctoritas di Virgilio nel commento di Porfirione ad Orazio*, Napoli 1998.

MAZZARINO 1955 = A. Mazzarino, *Grammaticae Romanae Fragmenta. Aetatis Caesareae*, Torino 1955.

MCDONNELL 1996 = M. McDonnell, 'Writing, Copying, and Autograph manuscripts in ancient Rome', *CQ* 46 (1996), pp. 469–491.

MEYER 1874 = W. Meyer, *Pomponii Porphyrionis Commentarii in Q. Horatium Flaccum*, Leipzig 1874.

MOMMSEN 1909a = T. Mommsen, "Zeitalter des Scholiasten Juvenals", *Gesammelte Schriften*, vol. VII, Berlin 1909, pp. 509–511.

MONCEAUX 1894 = P. Monceaux, *Les Africains. Étude sur la littérature latine d'Afrique. Les Païens*, Paris 1894.

MONNO 2009 = O. Monno, *Iuvenalis docet: le citazioni di Giovenale nel commento di Servio*, Bari 2009.

MOUNTFORD, J. F – SCHULTZ 1930 = J. F. Mountford – J. T. Schultz, *Index rerum et nominum in scholiis Servii et Aelii Donati tractatorum*, Ithaca 1930.

MÜLLER 1964 = R. W. Müller, *Rhetorische und syntaktische Interpunktion. Untersuchungen zur Pausenbezeichnung im antiken Latein*, Diss., Tübingen 1964.

MURGIA 2003 = C. E. Murgia, "The Date of the Helen Episode", *HSPh* 101 (2003), pp. 405–426.

MYNORS 1969= R. A. B. Mynors, *P. Vergili Maronis: Opera*, Oxford 1969,

NETTLESHIP 1898 = H. Nettleship, "On some of the early criticisms of Virgil's poetry" i "Virgil and His Ancient Critics", a M. A. Conington - H. Nettleship, edd., *The Works of Virgil. With a Commentary. Vol. I Eclogues and Georgics*, London 1898, pp. XXIX-XCIX.

NISBET - HUBBARD 1970 = R. G. M. Nisbet - M., Hubbard, "4. The Ancient Commentators" en R.G.M. Nisbet, M. Hubbard edd.. *A commentary on Horace: Odes. Book 1*, Oxford 1970, pp. xlvii-li.

NOSKE 1969 = G. Noske, *Quaestiones Pseudacroneae*, Diss. München 1969.

PANIAGUA 2008 = D. Paniagua, "Una nueva fuente de exégesis en los *Scholia in Iuuenalem vetustiora*:: la obra de Solino", *Emerita* 76 (2008), pp. 105–124.

PASCAL 1918= C. Pascal, "Emendare", *Athenaeum* 6 (1918), pp. 209–214.

PECERE 1982 = O. Pecere, "La 'Subscriptio' di Statilio Massimo e la tradizione delle 'Agrarie' di Cicerone", *IMU* 25 (1982), pp. 73–122.

PECERE 1984 = O. Pecere, "Esemplari con *subscriptiones* e tradizione dei testi latini: l'Apuleio Laur. 68,2", en C. QUESTA - R. RAFFAELLI, *Il libro e il testo,* Urbino 1984, pp. 111–137.

PECERE 1986 = O. Pecere, "La tradizione del testi latini tra IV e V secolo attraverso i libri sottoscritti", en A. GIARDINA, ed., *Tradizione dei classici, transformazioni della cultura,* Roma 1986, pp. 19–81.

PECERE 1991a = O. Pecere, "Antichità tarda e trasmissione dei testi. Qualche riflessione", en O. PECERE, ed., *Itinerari dei testi antichi,* Roma 1991, pp. 55–83.

PERL 1967 = G. Perl, "Die Zuverlässigkeit der Buchangaben in den Zitaten Priscians", *Philologus* 111.3/4 (1967), pp. 283–288.

PELLIZZARI 2003 = A. Pellizzari, *Servio. Storia, cultura e istituzioni nell'opera di un grammatico tardoantico*, Firenze 2003.

PIROVANO 2004 = L. Pirovano, "El sistema de los *statvs* de Eugrafio", *Voces* 15 (2004), pp. 95–109.

PIROVANO 2006 = L. Pirovano, *Le 'Interpretationes Vergilianae' di Tiberio Claudio Donato. Problemi di Retorica*, Roma 2006.

PIROVANO 2007 - 2008 = L. Pirovano, "Tiberio Claudio Donato e i '*progymnasmata*' ", *Incontri triestini di filologia classica* 7 (2007–2008), 177–199.

PIROVANO 2009 = L. Pirovano, "«Per Bibliotaphos quosdam». Pierio Valeriano e le *Interpretationes Vergilianae* di Tiberio Claudio Donato nella Roma del Cinquecento", *ACME* 62/2 (2009), pp. 135–155.

PIROVANO 2010 = L. Pirovano, "*Cursim scripsi quae potui*: Tiberio Claudio Donato rilegge il suo 'libro'", *CentoPagine* IV (2010), pp. 108–119.

RAMMINGER 1985 = J. Ramminger, "Varronisches Material in den Scholien zu Lukan, Pharsalia II 356. 359. 371", *Maia* 37 (1985), pp. 255–259.

RAMMINGER 1986 = J. Ramminger, "Quellen und Genese der Scholien und Glossen zu Lukan 'Pharsalia' 2, 355–371", *Hermes* 114 (1986), pp. 479–490.

RAND 1909 = E.K. Rand, "Early Mediaeval Commentaries on Terence", *CPh* 4 (1909), pp. 359–389.

RAWSON 1987 = E. Rawson, "Sallust on the Eighties?", *CQ* 37 (1987), pp. 163–180.

REEVE 1983a = M. D. Reeve, *"Asconius"*, en L. D. Reynolds, ed., *Texts and transmission. A Survey of the Latin Classics,* Oxford 1983, pp. 24–25.

REEVE 1983b = M. D. Reeve, "Terence", en L. D. Reynolds, ed., *Texts and transmission. A Survey of the Latin Classics,* Oxford 1983, pp. 412–420.

REYNOLDS – WILSON 1974 = L.D Reynolds - N. G. Wilson, *Scribes and scholars: a guide to the transmission of Greek and Latin literature*, Oxford 1968, 1974², 1991³

RICHTER 1968 = W. Richter, "Das Cicerobild in römischen Kaiserzeit", en RADKE, G., *Cicero, ein mensch seiner Zeit,* Berlin 1968, pp. 161–197.

RIZZO 1973 = S. Rizzo, *Il lessico filologico degli umanisti,* Roma 1973.

ROCHE 2009 = P. Roche, *Lucan: De Bello Civili Book 1,* Oxford 2009.

ROSTAGNI 1934 = A. Rostagni, "Dalle varianti blandiniane e dalle presunte interpolazioni in Orazio, in Virgilio, ecc. alle recensioni critiche di Probo", *RFIC* 62 (1934), pp. 1–26.

SABBADINI 1914 = R. Sabbadini, *Le scoperte dei codici latini e greci ne'secoli XIV e XV. Nuove ricerche col riassunto dei due volumi,* Firenze 1914.

SCHAD 2007 = S. SCHAD, *A Lexicon of Latin Grammatical Terminology,* Pisa-Roma 2007.

SCHANZ - HOSIUS 1927 = C. M. Schanz - C. Hosius, *Geschichte der römischen Literatur. Bis zum Gesetzgebungswerk des Kaisers Justinian. Erster Teil. Die römische Literatur in der Zeit der Republik.*, 4 ed. reelaborada, München 1927⁴.

SCHLEGELMILCH 2006 = U. SCHLEGELMILCH, "Review James E. G. Zetzel, *Marginal Scholarship and Textual Deviance. The Commentum Cornuti and the Early Scholia on Persius". BMCRev* (2006).

SCHMIDT 1989 = P. L. Schmidt, "V. Grammatik und Rhetorik", en R. Herzog, P.L. Schmidt, (Eds.), *Handbuch der lateinischen Literatur der Antike,* (HdA 8,5) a R.

SCHWEIKERT 1915 = E. Schweikert, *Zur Überlieferung der Horaz-Scholien,* Paderborn 1915.

SEEWALD 2008= M. Seewald, *Studien zum 9. Buch von Lucans Bellum Civile. Mit einem Kommentar zu den Versen 1–73,* Göttinger Forum für Altertumswissenschaft, Beihefte N.F. 2, Berlin 2008.

SHARROCK 2008 = A. Sharrock, "AEMVLATIO. The Critic as Intertext", en S. CASALI – F. STOCK (edd.), *Servio: Stratificazioni esegetiche e modelli culturali/*

Servius: Exegetical Stratifications and Cultural Models, Collection Latomus 317, Bruxelles 2008, pp. 7–23

Sihler 1910 = E. E. G. Sihler, "Serviana", *AJPh* 31/1 (1910), pp. 1–24

Simoni 1988 = C. Simoni, "Il secondo libro di Sacerdote e i Catholica Probi. Revisione dei testimoni manoscritti", *RFIC* 116 (1988) pp. 129–153.

Sittl 1882 = K. Sittl, *Die lokalen Verschiedenheiten der Lateinischen Sprache mit besonderer Berücksichtigung des afrikanischen Lateins*, Erlangen 1882.

Sivo 1998 = V. Sivo, "Grammatici medievali", *EO* III, 1998, pp. 265 – 267.

Smith 2007 = R. S. Smith, "Review Wendell V. Clausen, James G. Zetzel, *Commentum Cornuti in Persium.*Munich and Leipzig: K.G. Saur, 2004. Pp. ix, 201.", *BMCRev* (2007).

Sparrow 1977 = J.H.A. Sparrow, *Half-lines and repetitions in Virgil*, Oxford 1931, reimpr. New York – Londres 1977.

Stangl 1884 = T. Stangl, *Der sogenannte Gronovscholiast zu elf ciceronischen Reden. Überlieferung, Text und Sprache auf Grund einer Neuvergleichung der Leydener Handschrift*, Praha-Leipzig 1884.

Steinova 2015 = E. Steinova, "*Psalmos, notas, cantus*: On the Meanings of *nota* in the Carolingian Period", *Speculum* 90.02 (2015), pp. 424–457.

Stocker 1963 = A. F. Stocker, "Servius servus magistrorum", *Vergilius* 9 (1963), pp. 9–15.

Strzelecki 1961 = W. Strzelecki, "Volcacius", *RE* IX A.1, col. 758, Stuttgart 1961.

Strzelecki 1961 = W. Strzelecki, "Volcacius", RE 9 A1, 1961, col. 758.

Sweeney 1969 = R. D. Sweeney, *Prolegomena to an edition of the scholia to Statius*, Mnemosyne Supplement 8, Leiden 1969.

Sweeney 1997 = R.D. Sweeney, ed., *Lactantii Placidi In Statii Thebaida commentum*, Stuttgart 1997.

Tandoi 1984 = V. Tandoi, "Calvo", *EV* I, Roma 1984, pp. 624–626.

Tarrant 1983 = R. J. Tarrant, "Horace" a L. D. Reynolds, ed., *Texts and transmission. A Survey of the Latin Classics*, Oxford 1983, pp. 24–251983, p. 182–186.

Thilo 1867 = G. Thilo, *Quaestiones Servianae*, Halle 1867.

Thilo 1894 = G. Thilo, "Über Probus Commentar zu Vergils Bucolica und Georgica", *JCPh* 149 (1894), pp. 289–304 i 421–432.

Thilo 1860 = G. Thilo, "Beiträge zur Kritik der Scholiasten des Vergilius", *RhM* 15 (1860), pp. 119–154.

Thilo - Hagen 1881 = G. Thilo - H. Hagen, edd., *Servii grammatici qui feruntur in Vergilii carmina commentarii. Vol. I Aeneidos librorum I-V Commentarii, rec. Thilo*, Leipzig 1881.

Thomas 1880 = E. Thomas, *Scholiastes de Virgile. Essai sur Servius et son commentaire sur Virgile*, Paris 1880.

TIMPANARO 1986 = S. Timpanaro, *Per la storia della filologia virgiliana antica*, Roma 1986.

TIMPANARO 2001 = S. Timpanaro, *Virgilianisti antichi e tradizione indiretta*, Firenze 2001.

TOMSIN 1952 = A. Tomsin, *Étude sur le commentaire virgilien d'Aemilius Asper*, Paris 1952.

TOWNEND 1972 = G. B. Townend, "The Earliest Scholiast on Juvenal", *CQ* 22 (1972), pp. 376–387.

UHL 1998 = A. Uhl, *Servius als Sprachlehrer. Zur Sprachrichtigkeit in der exegetischen Praxis des spätantiken Grammatikerunterrichts*, Hypomnemata 117, Göttingen 1998.

UMPFENBACH 1867 = F. Umpfenbach, "Die Scholien des Codex Bembinus zum Terentius", *Hermes* 2 (1863), pp. 337–402.

URBA 1885 = C.F. Urba, *Meletemata Porphyrionea*, Wien 1885.

USENER 1863 = H. Usener, *De scholiis horatianis commentatio*, Bern 1863.

VALMAGGI 1893 = L. Valmaggi, "La fortuna di Stazio nella tradizione letteraria latina e bassolatina", *RFIC* 21 (1893), pp. 409–462; (1893a) "Continuazione e Fine", pp. 481–554.

VAN DE WOESTIJNE 1940 = P. Van De Woestijne, "Le Codex Valentinianus 394 de Lactantius Placidus". *Revue belge de philologie et d'histoire*, 19, 1940. pp. 37–63.

VAN DE WOESTIJNE 1948 = P. Van De Woestijne, "Marginaliën bij Lactantius Placidus", *AC* 17 (1948), pp. 573–584

VELAZA 1999 = J. Velaza, "Activité éditrice et circulation de livres dans le milieu culturel de l'HA", *Historia Augusta Colloquium Genevense*, Bari 1999, pp. 291–300.

VELAZA 2001 = J. Velaza, *Itur in antiquam silvam. Un estudio sobre la tradición antigua del texto de Virgilio*, Frankfurt 2001.

VELAZA 2005 = J. Velaza, *M. Valeri Probi Beryti fragmenta*, Barcelona 2005.

VELAZA 2007 = J. Velaza, *La historia del texto de Terencio en la Antigüedad*, Barcelona 2007.

VELAZA 2016 = J. Velaza (ed.), *From the Protohistory to the History of the Text* (Studien zur klassischen Philologie 173), Frankfurt am Main 2016.

WELSH 2017 = J. Welsh, "The Manuscripts of Asconius and Pseudo-Asconius", *Phoenix* 71.3/4 (2017), pp. 321–344.

WERNER 1998 = S. Werner, *The Transmission and Scholia to Lucan's* Bellum civile, Münsteraner Beiträge zur Klassischen Philologie Band 5, Hamburg 1998.

WESSNER 1893 = P. Wessner, *Quaestiones Porphyrioneae*, Diss. Leipzig 1893.

WESSNER 1905 = P. Wessner, *Aemilius Asper, ein Beitrag zur römischen Literaturgeschichte*, Diss. Halle 1905.

WESSNER 1912 = P. Wessner, " HeleniusAcron", *Real-Encyclopädie* 7,, col. 2840–2844, Stuttgart 1912.

WESSNER 1924 = P. Wessner, "Lactantius Placidus", *PW* 12 1 (1924), col. 355–361.

WESSNER 1931 = P. Wessner, ed., *Scholia in Iuvenalem vetustiora*, Stuttgart 1931.

WIENER 2001 = C. Wiener, "Auf der Suche nach Cornutus. Die mittelalterliche Persius-Kommentierung und Elie Vinets Arbeit an der Edition des *Commentum Cornuti* (1563)" a B. KÖRKEL, T. LICHT, J. WIENDLOCHA, Eds., *Mentis Amore Ligati (Festgabe für Reinhard Düchting)*, Heidelberg 2001, pp. 571–584.

WINGO 1972 = O. E. Wingo, *Latin Punctuation in the classical age*, The Hague-Paris 1972.

WINSTEDT 1899 = E. O. Winstedt, "A Bodleian MS. of Juvenal", *CR* 13 (1899), pp. 201–205.

WINTERBOTTOM 1983 = M. Winterbottom ''. En L.D. Reynolds (ed.) *Texts and Transmission*, Oxford 1983.

WIRZ 1880 = H. Wirz, "Handschriftliches zu Iuvenalis", *Hermes* 15 (1880), pp. 437–448.

ZETZEL 1973 = J. E. G. Zetzel, "Emendavi ad Tironem: Some notes on Scholarship in the II Century A.D.", *HSCPh* 77 (1973), pp. 225–243.

ZETZEL 1974 = J. E. G. Zetzel, "Statilius Maximus and Ciceronian Studies in the Ancient Age", *BICS* 21, (1974), pp. 107–123.

ZETZEL 1980 = J. E. G. Zetzel, "The Subscriptions in the Manuscripts of Livy and Fronto and the Meaning of Emendatio", *CPh* 75, 1 (1980), pp. 38–59.

ZETZEL 1981 = J. E. G. Zetzel, *Latin Textual Criticism in Antiquity*, New York, 1981.

ZETZEL 1984 = J. E. G. Zetzel, "Servius and Triumviral History in the Eclogues", *CPh* 79 (1984), pp. 139–142.

ZETZEL 2005 = J. E. G. Zetzel, *Marginal scholarship and textual deviance: the Commentum Cornuti and the early scholia on Persius, BICS* Supplement 84 (2005).

ZETZEL 2009 = J. E. G. Zetzel, "Review a A. KALININA *Der Horazkommentar des Pomponius Porphyrio", Bryn Mawr Classical Review*, (2009.02.06), pp. 1–4.

ZIOLKOWSKI - PUTNAM 2008 = J. M. Ziolkowski - M. C. J. Putnam, *The Virgilian Tradition. The First Fifteen Hundred Years*m, New Haven & London 2008.

ZWIERLEIN 1999 = O. Zwierlein, *Die Ovid- und Vergil-Revision in tiberischer Zeit, I: Prolegomena*, Berlin-New York 1999.

ZWIERLEIN 2000 = O. Zwierlein, *Antike Revisionen des Vergil und Ovid*, Nordrhein-Westfälische Akademie der Wissenschaften, Vorträge G 368, Wiesbaden 2000.

STUDIEN ZUR KLASSISCHEN PHILOLOGIE

Herausgegeben von Michael von Albrecht

Band 25 Manfred Gerhard Schmidt: Caesar und Cleopatra. Philologischer und historischer Kommentar zu Lucan. 10,1-171. 1986.

Band 26 Wolfgang Jäger: Briefanalysen. Zum Zusammenhang von Realitätserfahrung und Sprache in Briefen Ciceros. 1986.

Band 27 Lewis A. Sussman: The Major Declamations Ascribed to Quintilian. A Translation. 1987.

Band 28 Klaus Kubusch: Aurea Saecula: Mythos und Geschichte. Untersuchung eines Motivs in der antiken Literatur bis Ovid. 1986.

Band 29 Helmut Mauch: O laborum dulce lenimen. Funktionsgeschichtliche Untersuchungen zur römischen Dichtung zwischen Republik und Prinzipat am Beispiel der ersten Odensammlung des Horaz. 1986.

Band 30 Karl Meister: Studien zu Sprache, Literatur und Religion der Römer. Herausgegeben von Viktor Pöschl und Michael von Albrecht. 1987.

Band 31 Hubert Müller: Früher Humanismus in Oberitalien. Albertino Mussato: Ecerinis. 1987.

Band 32 Andrea Scheithauer: Kaiserbild und literarisches Programm. Untersuchungen zur Tendenz der Historia Augusta. 1987.

Band 33 Carlos J. Larrain: Die Sentenzen des Porphyrios. Handschriftliche Überlieferung. Die Übersetzung von Marsilio Ficino. Deutsche Übersetzung. 1987.

Band 34 Catherine J. Castner: Prosopography of Roman Epicureans from the Second Century B.C. to the Second Century A.D. 2nd unchanged edition. 1991.

Band 35 Gabriele Möhler: Hexameterstudien zu Lukrez, Vergil, Horaz, Ovid, Lukan, Silius Italicus und der Ilias Latina. 1989.

Band 36 Clara-Emmanuelle Auvray: Folie et Douleur dans Hercule Furieux et Hercule sur l'Oeta. Recherches sur l'expression esthétique de l'ascèse stoïcienne chez Sénèque. 1989.

Band 37 Thomas Weber: Fidus Achates. Der Gefährte des Aeneas in Vergils Aeneis. 1988.

Band 38 Waltraut Desch: Augustins Confessiones. Beobachtungen zu Motivbestand und Gedankenbewegung. 1988.

Band 39 Maria-Barbara Quint: Untersuchungen zur mittelalterlichen Horaz-Rezeption. 1988.

Band 40 Eugene Michael O'Connor: Symbolum Salacitatis. A Study of the God Priapus as a Literary Character. 1989.

Band 41 Michael von Albrecht: Scripta Latina. Accedunt variorum Carmina Heidelbergensia dissertatiunculae colloquia. 1989.

Band 42 Werner Rutz: Studien zur Kompositionskunst und zur epischen Technik Lucans. Herausgegeben und mit einem bibliographischen Nachwort versehen von Andreas W. Schmitt. 1989.

Band 43 Henri Le Bonniec: Etudes ovidiennes. Introduction aux *Fastes* d'Ovide. 1989.

Band 44 Stefan Merkle: Die Ephemeris belli Troiani des Diktys von Kreta. 1989.

Band 45 Michael Gagarin: The Murder of Herodes. A Study of Antiphon 5. 1989.

Band 46 Joachim Fugmann: Königszeit und Frühe Republik in der Schrift *De viris illustribus urbis Romae.* Quellenkritisch-historische Untersuchungen. 1990.

Band 47 Sabine Grebe: Die vergilische Heldenschau. Tradition und Fortwirken. 1989.

Band 48 Bardo Maria Gauly: Liebeserfahrungen. Zur Rolle des elegischen Ich in Ovids Amores. 1990.

Band 49 Jörg Maurer: Untersuchungen zur poetischen Technik und den Vorbildern der Ariadne-Epistel Ovids.1990.

Band 50 Karelisa V. Hartigan: Ambiguity and Self-Deception. The Apollo and Artemis Plays of Euripides. 1991.

Band 51 Hermann Lind: Der Gerber Kleon in den 'Rittern' des Aristophanes. Studien zur Demagogenkomödie. 1990.

Band 52 Alexandra Bartenbach: Motiv- und Erzählstruktur in Ovids Metamorphosen. Das Verhältnis von Rahmen- und Binnenerzählungen im 5., 10. und 15. Buch von Ovids Metamorphosen. 1990.

Band 53 Jürgen Schmidt: Lukrez, der Kepos und die Stoiker. Untersuchungen zur Schule Epikurs und zu den Quellen von *De rerum natura*. 1990.

Band 54 Martin Glatt: Die 'andere Welt' der römischen Elegiker. Das Persönliche in der Liebesdichtung. 1991.

Band 55 John F. Miller: Ovid's Elegiac Festivals. Studies in the *Fasti*. 1991.

Band 56 Elisabeth Vandiver: Heroes in Herodotus. The Interaction of Myth and History. 1991.

Band 57 Frank-Joachim Simon: Ta; kuvll j ajeivdein. Interpretationen zu den Mimiamben des Herodas. 1991.

Band 58 Arthur J. Pomeroy: The Appropriate Comment. Death Notices in the Ancient historians. 1991.

Band 59 Martina Kötzle: Weibliche Gottheiten in Ovids Fasten. 1991.

Band 60 Glynn Meter: Walter of Châtillon's Alexandreis Book 10–A commentary. 1991.

Band 61 Burghard Schröder: Carmina non quae nemorale resultent. Ein Kommentar zur 4. Ekloge des Calpurnius Siculus. 1991.

Band 62 Michele V. Ronnick: Cicero's Paradoxa Stoicorum. A Commentary, an Interpretation and a Study of Its Influence. 1991.

Band 63 Mary Frances Williams: Landscape in the *Argonautica* of Apollonius Rhodius. 1992.

Band 64 Christine Walde: Herculeus labor. Studien zum pseudosenecanischen Hercules Oetaeus. 1992.

Band 65 Anna Elissa Radke: Harmonica vitrea. 1992.

Band 66 Werner Schubert: Die Mythologie in den nichtmythologischen Dichtungen Ovids. 1992.

Band 67 Karl Galinsky (Hrsg.): The interpretation of Roman poetry. Empiricism or hermeneutics? 1992.

Band 68 Alexander Kessissoglu: Die fünfte Vorrede in Vitruvs De architectura. 1993.

Band 69 Peter Prestel: Die Rezeption der ciceronischen Rhetorik durch Augustinus in De doctrina Christiana. 1992.

Band 70 Ursula Hecht: Der Pluto furens des Petrus Martyr Anglerius. Dichtung als Dokumentation. 1992.

Band 71 Richard Laqueur: Diodors Geschichtswerk. Die Überlieferung von Buch I - V. Aus dem Nachlaß herausgegeben von Kai Brodersen. 1992.

Band 72 Christine Korten: Ovid, Augustus und der Kult der Vestalinnen. Eine religionspolitische These zur Verbannung Ovids. 1992.

Band 73 Kurt Scheidle: Modus optumum. Die Bedeutung des "rechten Maßes" in der römischen Literatur (Republik – frühe Kaiserzeit), untersucht an den Begriffen Modus – Modestia – Moderatio – Temperantia. 1993.

Band 74 Sibylle Tochtermann: Der allegorisch gedeutete Kirke-Mythos. Studien zur Entwicklungs- und Rezeptionsgeschichte. 1992.

Band 75 Hansgerd Frank: *Ratio* bei Cicero. 1992.

Band 76 Günter Klause: Die Periphrase der Nomina propria bei Vergil. 1993.

Band 77 Jelle Bouma: Marcus Iunius Nypsus – Fluminis Varatio / Limitis Repositio. Introduction, Text, Translation and Commentary. 1993.

Band 78 Sabine Rochlitz: Das Bild Caesars in Ciceros *Orationes Caesarianae*. Untersuchungen zur *clementia* und *sapientia Caesaris*. 1993.

Band 79 Anna Lydia Motto / John R. Clark: Essays on Seneca. 1993.

Band 80 Ernst Zinn: Viva Vox. Römische Klassik und deutsche Dichtung. 1993.

Band 81 Hee-Seong Kim: Die Geisttaufe des Messias. Eine kompositionsgeschichtliche Untersuchung zu einem Leitmotiv des lukanischen Doppelwerks. Ein Beitrag zur Theologie und Intention des Lukas. 1993.

Band 82 Tilmann Leidig: Valerius Antias und ein annalistischer Bearbeiter des Polybios als Quellen des Livius, vornehmlich für Buch 30 und 31. 1994.

Band 83 Thomas Zinsmaier: Der von Bord geworfene Leichnam. Die sechste der neunzehn größeren pseudoquintilianischen Deklamationen. Einleitung, Übersetzung, Kommentar. 1993.

Band 84 Victoria Tietze Larson: The Role of Description in Senecan Tragedy. 1994.

Band 85 Eugen Braun: Lukian. Unter doppelter Anklage. Ein Kommentar. 1994.

Band 86 Sabine Wedner: Tradition und Wandel im allegorischen Verständnis des Sirenenmythos. Ein Beitrag zur Rezeptionsgeschichte Homers. 1994.

Band 87 Karlhermann Bergner: Der Sapientia-Begriff im Kommentar des Marius Victorinus zu Ciceros Jugendwerk *De Inventione*. 1994.

Band 88 Angelika Seibel: Volksverführung als schöne Kunst. Die Diapeira im zweiten Gesang der Ilias als ein Lehrstück demagogischer Ästhetik. 1994.

Band 89 Gabriele Ledworuski: Historiographische Widersprüche in der Monographie Sallusts zur Catilinarischen Verschwörung. 1994.

Band 90 Aldo Setaioli: La vicenda dell'anima nel commento di Servio a Virgilio. 1995.

Band 91 James S. Hirstein: Tacitus' Germania and Beatus Rhenanus (1485-1547). A Study of the Editorial and Exegetical Contribution of a Sixteenth Century Scholar. 1995.

Band 92 Thomas Stäcker: Die Stellung der Theurgie in der Lehre Jamblichs. 1995.

Band 93 Egert Pöhlmann: Studien zur Bühnendichtung und zum Theaterbau der Antike. 1995.

Band 94 Barbara Feichtinger: Apostolae apostolorum. Frauenaskese als Befreiung und Zwang bei Hieronymus. 1995.

Band 95 Andreas W. Schmitt: Die direkten Reden der Massen in Lucans Pharsalia. 1995.

Band 96 Burkard Chwalek: Die Verwandlung des Exils in die elegische Welt. Studien zu den *Tristia* und *Epistulae ex Ponto* Ovids. 1996.

Band 97 Axel Sütterlin: Petronius Arbiter und Federico Fellini. Ein strukturanalytischer Vergleich. 1996.

Band 98 Oleg Nikitinski: Kallimachos-Studien. 1996.

Band 99 Christiane Reitz: Zur Gleichnistechnik des Apollonios von Rhodos. 1996.

Band 100 Werner Schubert (Hrsg.): Ovid – Werk und Wirkung. Festgabe für Michael von Albrecht zum 65. Geburtstag. 1999.

Band 101 Martin Korenjak: Die Ericthoszene in Lukans *Pharsalia*. Einleitung, Text, Übersetzung, Kommentar. 1996.

Band 127 Karelisa V. Hartigan: Muse on Madison Avenue. Classical Mythology in Contemporary Advertising. 2002.

Band 128 Milena Minkova: The Protean *Ratio*. Notio verbi *rationis* ab Ioanne Scotto Eriugena ad Thomam Aquinatem (synchronice et diachronice). 2001.

Band 129 Antje Schäfer: Vergils Eklogen 3 und 7 in der Tradition der lateinischen Streitdichtung. Eine Darstellung anhand ausgewählter Texte der Antike und des Mittelalters. 2001.

Band 130 Christian Rudolf Raschle: Pestes Harenae. Die Schlangenepisode in Lucans Pharsalia (IX 587-949). Einleitung, Text, Übersetzung, Kommentar. 2001.

Band 131 Jörg Schulte-Altedorneburg: Geschichtliches Handeln und tragisches Scheitern. Herodots Konzept historiographischer Mimesis. 2001.

Band 132 Silvia Strodel: Zur Überlieferung und zum Verständnis der hellenistischen Technopaignien. 2002.

Band 133 Francis Robert Schwartz: Lucans Tempusgebrauch. Textsyntax und Erzählkunst. 2002.

Band 134 Rüdiger Niehl: Vergils Vergil: Selbstzitat und Selbstdeutung in der *Aeneis*. Ein Kommentar und Interpretationen. 2002.

Band 135 Andreas Heil: Alma Aeneis. Studien zur Vergil- und Statiusrezeption Dante Alighieris. 2002.

Band 136 Elizabeth H. Sutherland: Horace's Well-Trained Reader. Toward a Methodology of Audience Participation in the *Odes*. 2002.

Band 137 Stephan Hotz: Mohammed und seine Lehre in der Darstellung abendländischer Autoren vom späten 11. bis zur Mitte des 12. Jahrhunderts. Aspekte, Quellen und Tendenzen in Kontinuität und Wandel. 2002.

Band 138 Chrysanthe Tsitsiou-Chelidoni: Ovid, *Metamorphosen* Buch VIII. Narrative Technik und literarischer Kontext. 2003.

Band 139 Rosa García Gutiérrez / Eloy Navarro Domínguez / Valentín Núñez Rivera (eds.): Utopía. Los espacios imposibles. 2003.

Band 140 C. Valerius Flaccus: Argonautica / Die Sendung der Argonauten. Lateinisch / Deutsch. Herausgegeben, übersetzt und kommentiert von Paul Dräger. 2003.

Band 141 Antonio Mauriz Martínez: La palabra y el silencio en el episodio amoroso de la Eneida. 2003.

Band 142 Joachim Fugmann: Königszeit und Frühe Republik in der Schrift "De viris illustribus urbis Romae". Quellenkritisch-historische Untersuchungen. II,2: Frühe Republik (4./3. Jh.). 2004.

Band 143 Zsigmond Ritoók: Griechische Musikästhetik. Quellen zur Geschichte der antiken griechischen Musikästhetik. Aus dem Griechischen übersetzt von Hadwig Helms. 2004.

Band 144 Studia Humanitatis ac Litterarum Trifolio Heidelbergensi dedicata. Festschrift für Eckhard Christmann, Wilfried Edelmaier und Rudolf Kettemann. Herausgegeben von Angela Hornung, Christian Jäkel und Werner Schubert. 2004.

Band 145 Monica Affortunati: Plutarco: Vita di Bruto. Introduzione e Commento Storico. Edito da Barbara Scardigli. 2004.

Band 146 Kurt Wallat: *Sequitur clades* – Die Vigiles im antiken Rom. Eine zweisprachige Textsammlung. 2004.

Band 147 Paolo Pieroni: Marcus Verrius Flaccus' *De significatu verborum* in den Auszügen von Sextus Pompeius Festus und Paulus Diaconus. Einleitung und Teilkommentar (154, 19–186, 29 Lindsay). 2004.

Band 148 Marcus Valerius Martialis: Epigrammaton liber decimus. Das zehnte Epigrammbuch. Text, Übersetzung, Interpretationen. Mit einer Einleitung, Martial-Bibliographie und einem rezeptionsgeschichtlichen Anhang herausgegeben von Gregor Damschen und Andreas Heil. 2004.

Band 149 Michael von Albrecht / Walter Kißel / Werner Schubert (Hrsg.): Bibliographie zum Fortwirken der Antike in den deutschsprachigen Literaturen des 19. und 20. Jahrhunderts. 2005.

Band 150 Sabine Lütkemeyer: Ovids Exildichtung im Spannungsfeld von Ekloge und Elegie. Eine poetologische Deutung der *Tristia* und *Epistulae ex Ponto*. 2005.

Band 151 Arne Feickert: *Euripidis Rhesus*. Einleitung, Übersetzung, Kommentar. 2005.

Band 152 Raymond Marks: From Republic to Empire. Scipio Africanus in the *Punica* of Silius Italicus. 2005.

Band 153 Quesiti, temi, testi di poesia tardolatina. Claudiano, Prudenzio, Ilario de Poitiers, Sidonio Apollinare, Draconzio, *Aegritudo Perdicae*, Venanzio Fortunato, *corpus* dei *Ritmi Latini*. A cura di Luigi Castagna. Con la collaborazione di Chiara Riboldi. 2006.

Band 154 Daria Santini: *Wohin verschlug uns der Traum?* Die griechische Antike in der deutschsprachigen Literatur des Dritten Reichs und des Exils. 2007.

Band 155 Anna Elissa Radke: Franciscus Dionysius Kniaznin *Carmina selecta*. Edition mit einem Kommentar. Ein Blick in die Dichterwerkstatt eines polnischen Neulateiners. 2007.

Band 156 Carsten Heinz: Mehrfache Intertextualität bei Prudentius. 2007.

Band 157 Andrea Scheithauer: Verfeinerte Lebensweise und gesteigertes Lebensgefühl im augusteischen Rom. *Urbanitas* mit den Augen Ovids gesehen. 2007.

Band 158 Barbara Anceschi: Die Götternamen in Platons *Kratylos*. Ein Vergleich mit dem Papyrus von Derveni. 2007.

Band 159 Helmut Schneider: Ovids Fortleben bei Puschkin. 2008.

Band 160 Thomas Cole: Ovidius Mythistoricus. Legendary Time in the Metamorphoses. 2008.

Band 161 Marion Clausen: *Maxima in sensibus veritas?* – Die platonischen und stoischen Grundlagen der Erkenntniskritik in Ciceros *Lucullus*. 2008.

Band 162 Judith Hindermann: Der elegische Esel. Apuleius' *Metamorphosen* und Ovids *Ars amatoria*. 2009.

Band 163 Anna Lydia Motto: Additional Essays on Seneca. 2009.

Band 164 Florian Schaffenrath (Hrsg.): Silius Italicus. Akten der Innsbrucker Tagung vom 19.-21. Juni 2008. 2010.

Band 165 Aldo Setaioli: *Arbitri Nugae*. Petronius´ Short Poems in the *Satyrica*. 2011.

Band 166 Milagros del Amo Lozano: *Aelii Antonii Nebrissensis grammatici in A. Persium Flaccum, poetam satyricum, interpretatio*. Edición y estudio. 2011.

Band 167 Thaddäus Zielinski: Mein Lebenslauf – Erstausgabe des deutschen Originals – und Tagebuch 1939-1944. Herausgegeben und eingeleitet von Jerzy Axer, Alexander Gavrilov und Michael von Albrecht. Unter Mitwirkung von Hanna Geremek, Piotr Mitzner, Elżbieta Olechowska und Anatolij Ruban. 2012.

Band 168 Oliver Wehr: Die *Ilias* und Argos. Ein Beitrag zur homerischen Frage. 2015.

Band 169 María Elisa Sala: Metamorfosis Discursivas. *Tenerorum lusor amorum*. Publio Ovidio Nasón. 2015.

Band 170 Jürgen Blänsdorf: Vorträge und Aufsätze zur lateinischen Literatur der Antike und des Mittelalters. 2015.

Band 171 Andrea Scheithauer: Die Welt der Auleten. Musikerkarrieren im griechischen Kulturkreis. 2015.

Band 172 Andrés Tabárez: *Poeta ludens*. Juego y humor en la poesía de Virgilio. 2015.

Band 173 Javier Velaza (ed.): From the Protohistory to the History of the Text. 2016.

Band 174 Christina Serafimidis: Ererbte Waffen. Homerische Wörter aus dem Sachbereich ‚Kampf und Krieg' in den *Argonautika* des Apollonios Rhodios. 2016.

Band 175 Janna Regenauer: Mesomedes. Übersetzung und Kommentar. 2016.

Band 176 Barbara Dowlasz: Catull-Rezeption in lateinischen Dichtungen von 1897 bis 2010. 2017.

Band 177 Chiara Pfisterer Bissolotti: Claudius Claudianus. L'epitalamio per Palladio e Celerina. Commento a *carm. min.* 25. 2017.

Band 178 Amor Pontifex. Ausgewählte „Römische Epigramme" des Sinan Gudžević, Lateinisch und Deutsch. Übersetzt und mit kommentierenden Gedichten fortgesetzt von Anna Elissa Radke. 2018.

Band 179 Michael von Albrecht: Carmina Latina. Cum praefatione Valahfridi Stroh. 2019.

Band 180 Jürgen Blänsdorf: Interpretationsmethoden in der griechischen und römischen Philologie. 2020.

Band 181 Dietmar Schmitz: Kleine Schriften. Antike – Spätantike – Neuzeit – Fachdidaktik. Analysen griechischer und römischer Texte, Aspekte ihrer Rezeption und Transformation, Übersetzungen lateinischer Texte und Gedanken zur didaktischen Umsetzung. 2021.

Band 182 Gemma Bernadó Ferrer: Léxico filológico en la Antigüedad tardía. Selecciónde vocabulario filológico en escolios y comentarios latinos tardoantiguos. 2021.

Band 183 Anja Glaab: Sexualität als Rätsel. Fallstudien zur Darstellung der Ambiguität des Geschlechtlichen in der antiken Literatur. 2021.

www.peterlang.com

www.ingramcontent.com/pod-product-compliance
Ingram Content Group UK Ltd.
Pitfield, Milton Keynes, MK11 3LW, UK
UKHW021835290926
8980IPUK00004B/470

9 783631 846575